艺文散论

文艺心理学拾遗及其他

张化本◎编著

学苑出版社

图书在版编目（CIP）数据

艺文散论：文艺心理学拾遗及其他 / 张化本编著.
— 北京：学苑出版社，2015.12
ISBN 978-7-5077-4901-4

Ⅰ. ①艺… Ⅱ. ①张… Ⅲ. ①文艺心理学 Ⅳ. ①I0-05

中国版本图书馆CIP数据核字（2015）第261149号

出 版 人：孟　白
责任编辑：李　耕　徐志琴
出版发行：学苑出版社
社　　址：北京市丰台区南方庄2号院1号楼
邮政编码：100079
网　　址：www.book001.com
电子信箱：xueyuanpress@163.com
联系电话：010-67601101（营销部）、010-67603091（总编室）
经　　销：全国新华书店
印 刷 厂：北京京华虎彩印刷有限公司
开本尺寸：700×1000　1/16
印　　张：27.5
字　　数：500千字
版　　次：2015年12月北京第1版
印　　次：2015年12月北京第1次印刷
定　　价：128.00元

目 录

序言 ………………………………………………………………… 1

第一部分

关于文艺心理学 …………………………………………………… 3
反映论与创作心理 ………………………………………………… 6
创作活动中的感觉和知觉 ………………………………………… 13
表象在文艺创作中的功用 ………………………………………… 21
表象运动的心理形式 ……………………………………………… 26
再造想象与创造想象 ……………………………………………… 33
文艺创作中的抽象思维活动 ……………………………………… 39
语言与形象 ………………………………………………………… 46
认识与情感的关系 ………………………………………………… 52
情感在创作中的作用 ……………………………………………… 60
文艺创作中的情感表现 …………………………………………… 68
文艺创作与个性（上）…………………………………………… 73
文艺创作与个性（下）…………………………………………… 81
文艺创作者的职业敏感问题 ……………………………………… 86
文艺创作与通感 …………………………………………………… 92
艺术构思与灵感 …………………………………………………… 99

文艺创作中的无意识问题	106
艺术欣赏中的感受与理解	113
艺术欣赏中的联想与想象	121
艺术欣赏中的情感活动	127
创作要适应欣赏的认识规律	135
创作与欣赏心理反馈	142

第二部分

谈谈文艺心理学的几个问题	149
文艺创作中的表象、思维与情感	155
艺术知觉的特征和艺术家的知觉能力	168
中国古代诗歌比喻手法的心理分析	180
艺术创造中情感与形象的关系	189
文艺创作者的个性问题	202
审美心理类型	213
艺术欣赏的个体心理意义	216
欣赏心理中的"泛化"与"分化"	223
文艺创作与定势	230
艺术欣赏与心理调节	236
情感宣泄与情感表现	
——关于艺术中情感表现的思考	240
通感及其类型分析	243
比喻心理研究	247
文艺欣赏的鲜明性与含蓄性	254
文艺创作与社会心理	258
关于艺术感知的几个问题	264
艺术活动中的表象运动	271

艺术活动中的情感问题 …………………………………… 286
情感机能对文艺创作的意义 ………………………………… 302
比喻、对比、含蓄手法的心理学分析 ……………………… 305
艺术欣赏中的几个心理学问题 ……………………………… 311
艺术欣赏的心理调节功能 …………………………………… 320

第三部分

艺术美育 ……………………………………………………… 325
艺术还是要发挥教育功能 …………………………………… 377
苏珊·朗格的符号学美学 …………………………………… 381
"情景交融"刍议 …………………………………………… 392
"入乎其内"与"出乎其外" ……………………………… 395
感官愉悦与精神陶冶
　　——欣赏漫谈之一 …………………………………… 398
浅尝辄止与玩味无穷
　　——文艺欣赏漫谈之二 ……………………………… 401
囫囵吞枣与精细分析
　　——文艺欣赏漫谈之三 ……………………………… 403
置入与超出 …………………………………………………… 406
诗中有乐 ……………………………………………………… 408
"情景交融"小议 …………………………………………… 410
马烽小说的幽默风格 ………………………………………… 412
试析《鸿门宴》的艺术特色 ………………………………… 416
文艺欣赏心理趣谈（七则） ………………………………… 420
看为基础，想为主导，落实到写
　　——读金开诚教授《艺文丛谈》 …………………… **428**

序　言

20世纪80年代初，金开诚教授在北京大学开设了文艺心理学选修课。这给万马齐喑的中国文坛吹来了一股清新之风，前来听课的学生挤得水泄不通，一时社会广为流传，颇有洛阳纸贵之势。我那时自山西师范学院毕业回京，被分配到九三学社北京分社工作。出于对金先生的仰慕与敬佩，也出于对所学汉语言文学专业的喜爱，我萌生了随金先生研修文艺心理学的念头。于是贸然给他写了一封信，表达了希望考他文艺心理学研究生的想法。没想到很快接到金先生的电话，约我面谈。先生说，他没有文艺心理学专业研究生课，如果我有兴趣，可随他业余研修文艺心理学。我喜出望外。从此，我开始了随金开诚先生学习、研究文艺心理学的历程。

在先生的指导下，我仔细研读了他《文艺心理学论稿》一书。先生常拨冗为我讲述他文艺心理学的基本观点和结构体系。他旁征博引，侃侃而谈，以心理学的原理解释日常生活中司空见惯的艺术现象，阐述他对古今中外文艺创作与欣赏中心理活动的理解与感悟，其深邃的思想、广博的学识令我钦佩不已。先生还常常向我谈起他的成才思想和为学之道。他认为真正的人才不是考出来的，而是干出来的。为此他招研究生从不看考试成绩，而是看实际成果，用他的话说就是"拿文章来"。那么怎么能取得高水平的成果，或者说怎么能成才呢？先生总结了三句话十二个字："看为基础，想为主导，落实到写。"所谓"看为基础"，就是为了研究而有目的的读书，而不是为读书而读书。所谓"想为主导"，就是把思考作为学习和研究过程的核心环节。这里的"想"不是胡思乱想，而是要想方设法在"已有的知识和面临的课题之间建立联系"，形成焦点。"落实到写"，是学习研究过程的最后一个环节。金先生认为，在明确的创造目的和艰难的写作任务催逼下，开动脑筋才有一定的方向，脑力劳动才有深度和强度。因此，这里的"写"不能仅看作一种文字表达技能，而应是一种创造智能的综合表现。先生认为，"看为基础，想为主导，落实到写"是统一的学习创造过程中三个既相互联系，又相互作用的环节。他特别强调"写"对"想"、"想"对"看"的积极作用。他认为，只要充分发挥主观能动作用，勤于并善于思考和实践，即使学习和研究条件有一定限制，也能较快地取得成果。

先生的教诲不仅使我领会了他文艺心理学深刻而完整的体系，更重要的是为我指明了如何学习与研究的途径。在后来的日子里，我按照先生教授的方法，带着文艺心理学的问题阅读了大量的书籍，从文艺学、心理学等相关知识的联系中思考问题，形成焦点，写成了一篇篇文章。给我留下深刻印象的是《艺术创造中情感与形象的关系》[①]一文。在这篇文章中，我根据金先生文艺心理学中的一个基本观点：在艺术创造中，情感依赖于认识（感知、想象、思维）又反作用于认识，从神经心理学的角度阐述了这一关系的原理机制，受到了先生的表扬。在将近10年的时间里，我业余从先生开展文艺心理学的理论研究与写作实践，先后与先生合作发表了8篇论文，合作出版了《文艺心理学》一书（《应用心理学丛书》之一册），参与编写了先生主编的《现代美育教程》和《文艺心理学术语详解词典》两部书，独自撰写与发表了《比喻心理研究》《文艺创作与定势》等一批文章。

后来，我的工作岗位发生了变化，担负了一定的责任，工作也比以前忙多了，因此很难再抽出时间从事文艺心理学的研究。但是师从金先生学习研究文艺心理学这10年，却对我的进步与成长产生了重要的影响。它不仅使我全面、系统地掌握了金开诚文艺心理学的理论体系，更重要的是极大提高了我的研究能力和写作能力，这对我后来从事的工作产生了极为重要的影响和作用。而先生也把我作为践行他"自学成才"思想的一个典型，在很多场合都以我为例来阐述他的人才思想，鼓励年轻人自学成才。

2008年，先生患病住进了医院。我几次去医院看他，看到他被疾病折磨的痛苦的面容，我心如刀绞。记得最后一次看他，他已处于半昏迷状态，我俯下身在他的额头上轻轻地亲吻，心中默默地为他祈祷和祝福。但是还是没能留住先生，几天之后，先生最终离我们而去了。

---

① 《社会科学辑刊》1985年第5期。

序　言

　　斗转星移，转眼我已过花甲之年，从工作岗位上退了下来。退休之后有了更多的闲暇时间，常喜欢翻阅过去发表的一些文稿，相关往事便一幕幕涌上心头。当翻阅到文艺心理学文稿时，我忽然产生了一个想法：何不把这些散发的文章集为一册？这不仅是对我师从金开诚先生学习研究文艺心理学成果的总结，抑或也是对先生文艺心理学理论体系大厦的添砖加瓦。更重要的，是对先生"看为基础，想为主导，落实到写"为学之道的验证，对先生"自学成才"思想的验证。基于此，我对过去发表的文稿进行了整理，形成了这本书。

　　本书分三部分：第一部分收录了我和金开诚先生合写的《文艺心理学》一书，该书系统阐述了金开诚文艺心理学的理论体系。第二部分收录了一批文艺心理学文章，一部分是我和金先生合作撰写的，另一部分是我独自撰写的。这些文章，有些是对金开诚文艺心理学体系的阐述，如《谈谈文艺心理学的几个问题》；有些是对体系观点的挖掘与深化，如《艺术创造中情感与形象的关系》；有些是对体系思想的开掘和延展，如《比喻心理研究》；有些是对体系的补充，如《文艺创作与定势》。第三部分是与文艺相关的一批文章，大部分是由我自己撰写的。需要特别指出的是，本部分最后一篇文章《看为基础，想为主导，落实到写——读金开诚教授〈艺文丛谈〉》虽不涉文艺，却体现了先生一贯倡导的"发挥主观能动作用，边学习边创造"的思想与方法，而正是在这一思想与方法的指导下，才有了文集中这些成果和我人生的成长与进步，故也予以收录。

　　本书的出版要感谢学苑出版社孟白社长和李耕编辑，是他们的大力支持、鼎力相助，本书才得以出版发行；还要感谢金开诚先生的女儿金舒年女士，是她的鼓励、支持使本书得以准确圆满地完成。当然最要感谢的是我的恩师金开诚先生，是他把我引入了文艺心理学的殿堂，也才有了这本文集。因此谨以此书献给金先生的在天之灵，并作为对他永久的深切的纪念。

张化本
2015 年 2 月 15 日

第一部分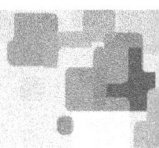

关于文艺心理学[①]

文艺心理学是心理学的一个分支，又是文艺学的一个分支，二者的交叉，使它成为一门研究文学艺术创作和欣赏中的心理活动规律的科学。

文艺创作和欣赏中的心理活动，必然受到一般心理活动规律的制约。这是因为创作者与欣赏者也都是具有正常心理的人，因此那普遍适用于一切正常人的心理活动规律自然也要在这些人身上起作用。如果不了解或不承认这一点，就有可能对文艺创作和欣赏中的心理情况产生错觉与误解，或仅据个人的愿望、见解，来提出一些事实上不可能实行的创作主张。

但是，文学艺术又的确是一种特殊的意识形态。因此，在创作和欣赏中出现的心理活动也就不能不有其特殊性。必须充分认识这种情况，才能真正揭示创作与欣赏中的心理活动的特点与规律。

研究文艺心理学有何实际用处呢？看来有两个事实是明显的：一是有利于探索人类已经积累的创作和欣赏经验，即深入到心理活动领域去寻求创作与欣赏的奥秘。二是有利于人们在当前创作与欣赏中自觉地通过有效的心理活动去取得最佳效果，而不至于听信那些事实上行不通的主张，在创作或欣赏中枉费心力。举一个例子来说，对形象思维的探讨本来是文艺心理学的一个重要课题，但在我国文艺界却曾长期争论形象思维是不是存在。有人断言，从古至今根本就没有形象思维这样一种心理活动。不仅如此，在一个相当长的时期中，形象思维还成了一个不许探讨的"禁区"。直到毛泽东同志《给陈毅同志谈诗的一封信》公开发表，其中明确指出"诗要用形象思维"，不同的意见才得到统一；随后又展开了关于形象思维的较为深入的讨论。通过讨论，既加深了对前人创作经验的探索，也促进了当前的文艺创作的发展。由此可

[①] 本篇及其后21篇系与金开诚教授合作《应用心理学丛书·文艺心理学》，吉林教育出版社，1988年4月出版。

见，对文艺心理学中的重要课题有没有一个正确的认识，是会对文艺的创作和研究产生深刻影响的。现在回顾起来，毛泽东同志谈诗的信不仅在强调艺术思维的特点方面起了巨大作用，而且事实上还成了整个文艺心理学在我国复苏的契机。

文艺心理学的研究对象和研究目的虽然都很明确，但从国内外研究情况来看，整个学科的研究在内容、课题、观点和发展方向各方面都出现了多元化、多角度的趋势。这显然是由以下几个原因造成的：第一，文艺心理学是多种学科（如心理学、文艺学、美学、语言学等等）的边缘学科，因此在实际研究工作中，个人可能分别侧重于一边：有人较为靠拢这一学科，有人又较为靠拢那一学科；于是，各种著作所阐述的重点和所取的角度便出现了显著的差别。第二，文艺心理学所要解决的问题很多，个人所选的研究课题可能很不一样。因此，他们的著作内容看起来也就有所不同。第三，文艺心理学要运用心理学原理来研究文艺创作和欣赏中的心理活动，而心理学却是一门学派众多、新说竞起的学科。文艺心理学研究者即有可能信从并采取不同的心理学学说，使其著作各不相同。这不但是观点不同，而且课题的选择、内容的重点也会有所不同。例如，相信弗洛伊德心理学说的人，显然会把文艺创作和欣赏中的"潜意识"作为主要研究对象，并由此影响所有的内容与观点。反之，也有人并不相信弗洛伊德的学说，并认为他所说的"潜意识"即使存在，也必须转化为自觉的意识才能在创作和欣赏中发挥作用，那么在著作中当然也将把自觉的意识活动作为研究的对象和内容的重点。

那么，我们所讲的文艺心理学究竟重点何在，想要说明哪些问题呢？显然，我们不可能进行全方位的探索；只想根据主客观条件集中论述一个问题：这就是在唯物主义反映论的指导下，根据心理科学所阐明的大脑机能定位与大脑活动整体性原则之间的辩证关系，来说明文艺创作只能是在反映客观世界的基础上实现了形象、理性和情感三者的统一；落实到心理过程来说，也就是表象活动、思维活动与情感活动的交织与结合。这种情况的必然性是由一般的心理活动规律所决定的，是不以人的意志为转移的。但是，世界上也有其他的认识创造活动是需要形象、理性、情感三者并用的，那么文艺创作的心理活动究竟有什么特点呢？我们认为，特点就在于创作过程中的"自觉表象运动"占有突出的地位，它在自觉性、深广度和普遍性上都远远超过了其他认识与创造过程中所可能出现的表象活动。而且文艺创作中的"自觉表象运动"是遵循美的法则来进行的，又始终得到情感活动的有力渗透，它的直接结果就是创造出富有情感色彩的典型艺术形象。这也与其他认识与创造过程中的表象活动很不相同。在具体论述中，我们将采用分析的方法，先讲"自觉表象运动"，然后讲它必然受到理性的思维活动的指导与制约，再讲情感活动的作用。但分析方法的目的在于综合，即最终能够揭示文艺创作的实际心理过程主要是表象活动、思维活动与情感活动的有机结合。

围绕以上这个根本问题，我们也将具体说明主观与客观、感性与理性、语言与形象、情感与认识、修养与创造、构思与外化、创作与欣赏等各种辩证关系。当然，相对于整个文艺心理学来说，我们想要解决的问题是很有限的。但是，我们也认为以上所说的各个课题在文艺心理学中是重要的。它们也是彼此关联而成为一个系统的。希望读者把我们所说的一切都只作为进一步学习和研究的参考，不要以为整个文艺心理学就是这样，更不要以为我们所说的一切都是正确可信的。相对地看，文艺心理学还是一门新兴学科，我们和读者一样，也尚在学习，研究未深，只为学术发展形势所迫，所以不惮于发表管窥蠡测之见，以便为促进这一很有意义的学科稍尽微力。

反映论与创作心理

任何文艺作品都是通过艺术家的大脑创造出来的，我们所感知到的物质形态的艺术形象，实际上都是艺术家头脑中精神形态的形象的外化。也就是说，一幅画、一支乐曲，艺术家首先要在自己的头脑中通过各种心理活动创作出来，然后再物化到画布、乐器上。由于创作中的心理活动结出了大量奇妙的艺术之果，所以从古至今都有人对它做出神秘的、唯心主义的解释。这些解释不仅在理论上是错误的，而且在实践中也行不通，甚至有害于身心。

唯物主义反映论认为，物质第一性，意识第二性。所谓创作心理，主要也就是作者在创作过程中的意识活动。这种意识活动当然有它的特殊性。但它无论多么特殊，仍然是客观世界的反映。没有反映就没有意识；连意识都没了，当然也就谈不上什么特殊性了。列宁说："我们的感觉，我们的意识只是外部世界的印象。"[①] 人对客观世界的反映与认识都是从感觉开始的，而"感觉是客观地存在于我们之外的自在之物作用于我们的感官的结果。"[②] 这种唯物主义的反映论观点为我们正确地认识文艺创作的心理活动提供了正确的哲学根据和指导思想。

除了哲学所作出的普遍结论之外，历史上文艺创作的实践也充分证明了反映论的正确性。法国著名雕塑家罗丹在谈到自己的创作经验时说："你问我在什么地方学来的雕刻？在深林里看树，在路上看云，在雕刻室里研究模型学来的。"我国清初山水画大师石涛也有一句名言，即"搜尽奇峰打草稿"。这些创作经验告诉我们，艺术家头脑中创造的艺术形象，并不是大脑自身生产出来的，而是树木、白云、山峰等客观事物作用于他们感官的结果，是客观世界在他们大脑上留下的痕迹。有的同志可能会问，有些艺术形象在现实

---

① 列宁：《唯物主义和经验批判主义》，人民出版社1960年版，第266页。
② 《列宁选集》，第2卷，人民出版社1960年版，第117页。

生活中并不存在，难道也是艺术家对客观事物的反映吗？答案是肯定的。试看文艺复兴时期大画家拉斐尔所画的圣母，俨然就是现实生活中的一位母亲。他的名画《花园中的圣母》，就是以在花园中碰到的一位正在花丛中剪枝的美丽健康的姑娘为模型的。当然文艺创作出现的妖魔鬼怪往往比这更缺乏现实性，但归根结底仍然取材于现实人世，是作者对现实的素材做了非现实的组合，从而对客观世界做出了曲折的、幻想形式的反映。正因为如此，这些非现实的创作也能够在现实人世中发生这样那样的作用。

马克思说："观念性的东西不外是移入人的头脑并在人的头脑中改造过的物质性的东西而已。"① 创作心理也是如此。那么，客观物质的东西是怎样移入艺术家的头脑，又怎样变成"观念性的东西"的呢？关于这个问题，现代神经生理科学已经做出了较为具体的解释。人对客观事物的反映是通过大脑及其外周神经系统来实现的。作用于个体各感受器（眼、耳、鼻、舌、身）的各种信息，不论是光波、声波、压力、温度，都一律要编译成生物电脉冲的信号，就像电视台将光波、声波的信息一律编译成无线电波的信号一样。这些电脉冲信号通过传入神经传导到大脑皮层的各感觉投射区，通过极为复杂的转换活动，以电脉冲信号的特定时空分布形成一个相应于客观对象的主观印象，个体就感知到了客观对象。感知对象消失后，信号在皮层上留下了痕迹；过后，当大脑的神经活动触发了这些信号的痕迹，它们就会程度不同地恢复活动，从而在大脑中复现曾经感知过的对象，这就是表象。同时，这些信号和痕迹通过大脑的复杂的分析与综合又会形成概念。当艺术家进行艺术构思时，从神经生理过程上说，大脑就有极其复杂的电信号活动；而从心理过程上说，就表现为表象、概念与情感的活动。信号活动在大脑中形成了艺术形象，也形成了制造这一艺术形象的行为程序。这些行为程序又以电脉冲的形式通过传出神经系统传至效应器官并引起效应活动，从而把艺术形象由精神形态外化为物质形态。

创作心理是艺术家的大脑对客观现实的反映。但是，这种反映并不是像镜子那样的简单被动的反映，而是一种积极能动的反映，这一点不论从个体的神经生理过程中或从个体的心理过程中都是可以看出来的。恩格斯说："世界体系的每一思想映象，总是在客观上被历史状况所限制，在主观上被得出

---

① 《马克思恩格斯选集》，第2卷，人民出版社1972年版，第217页。

该思想映像的人的肉体状况和精神状况所限制。"①就总体来说，人类对客观世界的反映受到人类"肉体状况和精神状况"的限制；就个体来说，个人的"肉体状况和精神状况"又千差万别。因此，艺术家对客观现实的反映总是一种近似的反映，总是既要受到人类大脑神经生理机能和一定社会历史时期的思想文化、社会心理的影响，又要受到艺术家本人的大脑神经生理机能特点和其知识经验、思想感情乃至性格气质的影响。这种影响就意味着艺术家个体的主观条件、主观因素不能不在对客观世界的艺术反映中发挥作用。宋末著名画家郑思肖在南宋灭亡之后多画墨兰，而所画之兰皆有根无土。有人问他为什么作无土之兰，他满怀悲愤地反问说："地为番人夺去，汝不知耶？"兰花本是有根有土的，但是在郑思肖的艺术反映中却是有根无土，因为这种反映活动受到了艺术家主观心理因素——亡国丧土之痛的影响。

至此，我们可以对创作心理的本质取得一种较为全面的认识。包括创作心理在内的一切心理活动，"都是人在实践活动中实现的对客观现实的反映，这种反映既是客观的又是主观的。所以说它是客观的，因为它是由客观现实所引起来的，并表现于言行之中；所以说它是主观的，因为它总是产生在具体人身上并同个人的知识经验、个性特征相结合的。所以说，人对现实的反映，人的心理是主观与客观的统一。"②

※※※

主客观统一在文艺创作反映客观世界的过程中有非常明白的表现。因为任何创作过程实际上都包含了"客观世界→主观反映和加工→艺术形象"三个环节。这中间的一个环节，就是创作的心理过程。没有这个过程，显然客观事物是不会变成艺术形象的。而在这个过程中，主要有三件事情需要分析：

（一）信息的接收

艺术家对客观事物信息的接收是通过感觉和知觉来进行的。无数客观事物的信息作用于艺术家的眼、耳、鼻、舌、身等各种感官，艺术家不可能同时对它们做出同等程度的反映，而总是要有所选择。这种选择是通过"注意"来实现的。所谓注意，就是心理活动对一定事物的指向和集中。"由于心理活

---

① 《列宁选集》，第2卷，人民出版社1972年版，第332页。
② 伍棠棣等主编：《心理学》，人民教育出版社1982年版，第26页。

动对一定对象的指向和集中,这些少数对象就被清晰地认识出来;而在同时作用着的其他对象,就没有意识到或意识得比较模糊了。""在日常生活中可以观察到,人的心理活动常常指向和集中于对他最有意义的事物。因此,注意也受人的个性特征的制约。不同的人可能有不同的兴趣、信念、世界观等,因而他们的心理活动会有不同的方向和不同的内容,所注意的事物也就会有所不同。"①现代山水画大师黄宾虹雨中揽胜的故事就很能说明这个问题。有一次,六十七岁的黄宾虹入蜀揽胜时遇到了大雨。他正待避雨,突然发现对面山岙的崖壁上飞瀑争流,异常壮美。老人不禁心驰神往,竟坐在一块岩石上欣赏了三个小时,浑身上下全湿透了。大雨、瀑布同时作用于老人的肤觉和视觉,老人选择了瀑布作为感知对象,将心理活动主要集中指向于瀑布,以至不在乎或没意识到滂沱大雨对身体的刺激。为什么如此?因为观瀑比躲雨对他来说更有意义,专业兴趣,创造愿望这些主观因素在感知对象的选择上发挥了作用。事后,他在给友人的信中说:"千条飞泉令我恍悟,若雨淋墙头,干而润,润而见骨,墨不碍色,色不碍墨也。"实际上不仅是在感知对象的选择上,而且在接收信息的内容上也会因主观因素的不同而异。试想若有一水文地质学家也与黄宾虹一起冒雨观看瀑布,那么他所接收的信息恐怕绝不会是黄宾虹信上所谈的内容了。

(二)信息的加工

信息的加工是创作心理过程的核心。在这个阶段的主客观统一中,艺术家的主观因素所起的作用尤为明显。这主要表现在以下几方面:

1. **艺术形式的作用**。客观事物的形象通过艺术家的感知而保存在他的记忆中,变成了心理形态的表象。艺术家对信息的加工主要就是对表象的分解和综合、提炼和概括,以创造出新的表象系统。但是,任何艺术都有其反映客观事物的特殊形式。所以,艺术家对表象的加工就不能不受这些形式的制约,即必须把丰富多彩的客观事物反映统一纳入特定的艺术形式之中。例如,在现实生活中,说话就是说话,动作就是动作;而在戏曲与歌剧中,说话却要变成乐歌来唱;在各种舞蹈中,动作也要变为各式各样的舞蹈语汇来表现。尤其是音乐的创作,它竟要把人们本应由各个感觉器官来感知的事物,统一

---

① 曹日昌主编:《普通心理学》,人民教育出版社1980年版,第204-206页。

表现为听觉的形象。比如说贝多芬的《田园交响乐》，尽管人们可以对它作出各种不同的解释，但总不能完全脱离田园；在客观世界中，与田园有关的一切绝不是光靠听觉所能感知的。但在《田园交响乐》中，一切就必须通过音乐旋律来表现。这就需要音乐家通过极其复杂的加工改造，将不同感觉类型的表象统一转化为相应的听觉表象，并形成体现一定主题和艺术法则的系统。表现在戏曲、歌剧、舞蹈、音乐等形式中的艺术形象，是客观事物的反映；但在它们的创造中，作者却发挥了巨大的主观能动作用。所以是极为明显地表现了主客观的统一。

2. 情感意愿的作用。在创作中，艺术家对客观事物信息的加工是将主观的情感意愿融入其中的。这和其他认识活动与创造活动都不一样。例如，发明蒸汽机的人固然也可能怀着强烈的情感和意愿来工作，但这种情感和意愿只起动力作用，而不需要熔铸到认识和创造的最终成果之中，以起到"以情动人"的作用。文艺创作却必须如此。为了表现主观的情感和意愿，艺术家甚至可以运用超现实的想象和"遗貌取神"的手法，对客观事物进行表面上不符合实际的加工和改造。例如，李白《将进酒》："君不见黄河之水天上来，奔流到海不复回！君不见高堂明镜悲白发，朝如青丝暮成雪。""黄河之水"显然不是"天上来"的，说头发"朝如青丝暮成雪"更不符合客观事物的逻辑，但它们却可以融和着诗人的情感而被创造出来，以表现那种岁月飞逝、壮志难酬的感慨。欣赏者也就可以通过艺术形象而受到情绪的感染，从而达到情感的交流。情感、意愿对事物形象的渗透，显然是主客观统一的突出表现。

3. 个性心理特征的作用。所谓个性心理特征，就是个体的各种心理因素（兴趣、爱好、能力、气质、性格等）的独特的结合并在各种行为中显出一定的风格。个性心理特征在一切实践认识活动中都会有所表现并发挥作用。例如，在从事同一工序的若干工人中，我们很难找出两个在内部心理和外部行为上一模一样的人。具体说到文艺创作，个性心理特征的作用和表现就更为突出，其原因有二：第一，文艺创作是一种感性的、形象的反映活动，在这种反映活动中，个体的神经生理特点和特定的心理状态能得到更为显著的表现。而在抽象的反映活动（如数学、哲学）中，个性心理特征的印迹有许多已在对事物的抽象概括中被淘汰。所以，假设让全班小学生做一道算术题

1+1=2，那是很难看出他们的个性特征的（这并不意味着他们在认识过程中的心理活动也没有个性特征）；而如果让他们画一朵红花加一朵黄花，那么个人的个性特征就一定有较为明显的表现。第二，在其他反映活动中，个性特征虽然发挥了作用，但并不一定在最终结果上打下烙印。而真正的文艺创作却必然在其独特的艺术风格中表现出作者的个性，并且因其直接关系到作品在思想和艺术上的创新而成为整个创作质量的有机组成。鲁迅和郭沫若是中国现代文学史上两位杰出的作家，然而两人却有着迥然不同的创作风格：前者冷峻犀利，后者热烈激荡。限于目前文艺心理学研究水平，我们还不能在艺术家的个性心理特征与其艺术风格之间找到规律性的联系。但是我们却能从鲁迅和郭沫若的作品中感受到他们各自的艺术个性，而这正是个性心理特征在艺术创作中的表现。

（三）信息的外化

所谓"外化"，就是把头脑里形成的艺术构思成果，也即新创造的心理信息系统，通过特定的艺术手段表现为作品中的艺术形象。有人可能认为，上述二者不过是一里一外，能有多大差别？其实不然。清代以画竹著称的郑板桥，就曾有过"眼中之竹"不同于"胸中之竹"、"胸中之竹"不同于"手中之竹"的创作体会。这就说明将头脑中精神形态的形象外化为物质形态的形象，并不是轻而易举的，需要艺术家付出巨大的主观努力。首先，各类艺术都有其特定的专业工艺技能，都需要进行长期的专业训练才能掌握。在专业训练过程中，不仅是大脑指挥效应器官（即指挥身体各部位的动作），而且还不断地接受效应器官的反馈信息以纠正活动的误差，直到使活动准确熟练地符合大脑的行为程序。对于一些基本功的训练，甚至要由"自觉"达到"自动化"的程度，即不必专门注意而自然地根据反馈信息做出正确的效应。例如，歌唱家在表演时不可能考虑每个音怎么发，舞蹈家在表演时也不可能考虑每个动作怎么做。可见，在训练过程中，艺术家需要以何等顽强的意志去克服困难，而这又是多么巨大的主观能动作用的表现。其次，文艺创作的外化过程并不是某种专业技能的简单复现，而是专业技能的各种因素按照大脑新设计的行为程序的重新组合。例如，水墨画在墨色的运用上可分为焦、润、浓、淡、白五种。但每幅水墨画在这五种墨色的运用上并非同一模式，而是不同形式的结合。因此，艺术家既要有机地组合各种技能因素以表现头脑中的构思成果，又要根据"外化"的情况而调整头脑中的构思。一部优秀的文艺作品大都不是一蹴而就的，而是反复修改而成的。可想而知，艺术家在"外化"的过程中要付出怎样的主观努力。

以上我们从信息的接收、加工和外化三方面分析了创作心理过程中主观因素的作用和表现。限于篇幅，我们在各阶段中只是择其主要方面进行了分析。但是在实际的创作心理过程中，艺术家主观因素并不是彼此分离的，而是彼此联系着发挥作用的。通过这些分析，可以说明，一切文艺创作都是在反映客观世界的基础上通过主客观统一的辩证过程而创作出来的。

第一部分

创作活动中的感觉和知觉

（一）感觉知觉与文艺创作

什么是感觉？感觉就是人脑对直接作用于感觉器官的客观事物的个别属性的反应。例如，一定的声波作用于我们的耳朵，我们大脑的听觉区就产生一定的反映，我们就听到一定的声音；一定的光波作用于我们的眼睛，大脑视觉区就产生一定的反映，我们就看到一定的色彩。按照受作用的感觉器官的不同，感觉可以分为视觉、听觉、味觉、嗅觉、肤觉、动觉、平衡觉和机体觉等等。它们虽然都是客观事物某种个别属性的反映，但却是一切认识活动的基础。正如列宁所说："不通过感觉，我们就不能知道实物的任何形式，也不能知道运动的任何形式。"[①] 感觉与艺术的关系十分密切。它不仅是一切审美认识的开始，而且一切艺术还都有富于感性的特点。世界上任何艺术创作都要求把各种性质的客观事物统一表现于某种特定的艺术形式，以集中作用于欣赏者的特定的感觉器官。例如，绘画是把各种感觉所感知的事物统一于视觉形式之中，音乐则统一表现于听觉的形式；还有的艺术要以几种感觉的综合形式来表现。例如，舞蹈就是通过视觉、听觉、动觉的综合形式来表现客观事物。总之，一切艺术都要求创作者某一方面或某几方面的感官具有较高的审美感受性。对画家来说，要有"画家的眼睛"；对音乐家来说，要有"音乐家的耳朵"。只有这样才能在丰富多彩的大千世界中捕捉到专业创作所需要的感觉信息。

但是，一般来说，人对客观事物的反映并不是以某一感官的孤立活动来进行的，而是各感官协同活动的结果。换句话说，人所反映的并不是客观事物某一方面的感觉属性，而是所有感觉属性的整体。这种对事物的整体反映，

---

① 《列宁选集》，第2卷，人民出版社1972年版，第308页。

就是知觉。例如，当画家对着一朵花观察的时候，他不仅看到了这朵花的颜色、形状，而且闻到了这朵花的香气，视觉与嗅觉的相互配合，就使他知觉到了这朵花。需要指出的是，知觉并不是各种感觉的简单相加，而是各种感觉的整体反映。知觉映象中不仅包含着感觉的个别属性，而且包含了各种个别属性之间的关系。画家所知觉到的这朵花，是它的颜色、形状、气味按某种特定关系结合在一起的映象。如果按其他关系结合在一起，画家所知觉的就可能是别的事物。因此，感觉对艺术家虽然重要，但在实际的认识活动中却往往是离不开知觉的，是联系着知觉的整体来感觉事物的个别属性的。当然，在不同艺术的知觉活动中，各种感觉所发挥的作用也不是平均的，而是有主有从的。在绘画艺术的知觉中，视觉发挥着主导作用，我们可以称之为视知觉；在音乐艺术的知觉中，听觉发挥着主导作用，我们可以称之为听知觉。

  人类的一切认识活动都是从感觉和知觉（以下简称感知）开始的。但是，比起一般的认识活动来，文艺创作中的感知觉有着更为重要的意义。一般认识活动中的感知觉，主要是为了形成理性的概念认识。在认识活动中，主体在感知中所获得的客观事物外部形象的感性因素经过抽象概括而成概念。当然，在概念之外，脑中仍保留有关事物的表象，但都是自然形态的（未曾努力加以深化），而且在许多认识活动中，它们是为概念服务的。文艺创作是以形象的方式来反映客观世界的。艺术家在头脑中进行创造的直接材料是表象，而不是概念。因此，创作活动中的感知觉要致力于形成深刻反映客观事物外部形象的表象。艺术家创造的艺术形象来源于对头脑中表象的加工改造。表象的鲜明、深刻、完整、丰富与否对于艺术形象的创造具有重大的意义。而这种高质量的表象的形成只能来源于艺术家对客观事物准确深入的感知。因此，艺术感知对于创作活动有着十分重要的意义。在艺术感知中，艺术家不仅不能将客观事物的感性因素抽象掉，而且要做出巨大的努力去丰富它，巩固它。李公麟是我国古代一位著名画家，宋代罗大经在《鹤林玉露》中记载了他学习画马的一段生动事例：

  李伯时工画马。曹辅为太仆卿，太仆廨舍，御马皆在焉。伯时每过之，必终日纵观，至不暇与客语。大概画马者必先有全马在胸中，苦能积精储神，赏其神骏，久久则胸中有全马矣。信意落笔，自然超妙，所谓用意不分乃凝于神者也。

李公麟（字伯时）在艺术感知中"积精储神""终日纵观"。做出巨大的努力去丰富、巩固头脑中马的表象，直至达到"全马在胸"，因而，在作画时达到"信意落笔""自然超妙"的境界。他后来所画之马之所以千姿百态，栩栩如生，是与他这种深入准确地感知分不开的。

（二）艺术感知中的理解与直觉

艺术感知要在感受客观事物外部的形象上下功夫。但是，同其他感知活动一样，艺术感知并不是客观事物的表面形象在艺术家头脑中的简单投射，而是与对客观事物意义的理解相联系的；由艺术感知所形成的表象也不是客观事物表面形象在艺术家头脑中的简单再现，而是包含了一定的理性内容。现代神经心理学的研究证明，人的大脑皮层是由三个级区构成的，具有较高抽象概括机能的皮层第三级区自然制约着具有直观综合反映机能的第一、二级区的工作并与之形成整体性活动。因此，成人对客观事物的感知以及所形成的表象不仅仅是外部形象上的反映，而且包含着对其内在实质、关系的一定理解。正如俄国作家阿·托尔斯泰所说："列夫·托尔斯泰只消看到一个庄稼汉的后脑勺在颤动，他就知道这个人是因为痛苦在哭泣。我们观察日常事物的方法也具有同样的性质。我们每个人在创作时，都得去观察伊凡·西多尔或西多尔·伊凡，并且通过一些细微的特征，一下子就看到伊凡或者西多尔的内心深处。"[①] 这就是伴随着感知的理解，而且是较深的理解。

艺术感知中的理解是以艺术家原有的知识经验为中介的，是伴随着联想、思维等心理活动的。仔细分析起来，列夫·托尔斯泰对庄稼汉后脑勺颤动的理解，实际经历了这样一个思维推理过程：因为他后脑勺颤动，所以他在哭泣；因为他在哭泣，所以他内心一定很痛苦。而这一理解是通过他平时的知识经验获得的，正因为他平时看到人们痛苦时会哭泣、哭泣时后脑勺会颤动等事物的联系，他才能得出这样的结论。但是，实际艺术感知中的理解往往并不像我们以上所分析的那样经历一个明确的推理过程，而常常表现为一种对感知对象内部实质的直接把握。这就是一般所说的直觉。列夫·托尔斯泰

---

① 龙协涛编著：《艺苑趣谈录》，北京大学出版社1984年版，第125页。

在日记中曾经记述过自己创作小说《哈泽·穆拉特》中的一件事：有一天，他走过翻耕过两次的休闲地上，放眼四望，四周是黑油油的土地，看不见一根绿草。突然，他在尘土飞扬的大道旁，看到了一丛鞑靼木（牛蒡）。它的枝芽虽然折断、损伤，并且被尘土染成黑色，但还是顽强地生长着，"枝芽里泛溢出红光"。他突然产生出一种认识："把生命坚持到最后一息，虽然整个田野就剩下它孤单单的一个，但它还是坚持住了生命。"① 他从中受到启发，成功地塑造了哈泽·穆拉特这个不屈不挠、有着顽强生命力的英雄。托尔斯泰对鞑靼木的感知，并没有经历那种意识到的思维推理过程，却一下子把握住了对象的意义。这正如英国"湖畔派"诗人华兹华斯说："一朵微小的花对于我可以唤起不能用眼泪表达出的那样深的思想。"② 人类的感知经验证明直觉的确存在，但它并不是一种超经验、超理性的神秘现象。其一，直觉的产生往往有一个经验的基础。托尔斯泰在年轻时曾以志愿者的身份到高加索服役，参加了许多次战斗。那里古老的传说、勇敢的人民给他留下了深刻的印象，潜移默化地形成着他对人民不屈不挠性格的认识。这些经验中的理解因素虽然可能是朦胧的、不明确的，却由于多次的反映，不知不觉地在作家头脑中形成一种稳定的、压缩了的反映模式。当作家感知鞑靼木时，这种反映模式会立即与感知对象建立起联系，从而迅速获得对感知对象的理解。这种现象在我们日常生活中也有表现。一个成年人对天旱少雨天气的感知会使他直接想到蔬菜价格可能上涨，至于这种判断的推理过程（天旱——菜少——供不应求——价格上涨）则由于过去经验中多次的反映而被简化、压缩为一个相对稳定的模式，在直觉中并不一定被充分意识到。其二，人对客观事物的感知是通过第一信号系统（对客观事物形象的直接反映系统）和第二信号系统（通过语言实现的对客观事物的间接反映系统）的协同活动来实现的。在实际的感知活动中这两套系统相互联系和影响。对客观事物的感知之所以伴随着理解，就是因为第一信号系统的活动必然引起第二信号系统的相应活动。但是，这两套系统在感知活动中既不是平均发挥作用的，也不是同等程度地被感知者所意识到的，而是根据感知者定向的不同而有所侧重。在艺术感知中，由于艺术家的注意自始至终离不开感知对象的外部形象，因此第一信号系统

---

① 康·洛穆诺夫著：《托尔斯泰传》（李桅译），天津人民出版社1981年版，第333-334页。
② 转引自宗白华《美从何处寻》，见《新建设》1957年第6期。

的活动比较显著，能比较清楚地被艺术家意识到；而第二信号系统的活动（表现为概念、判断、推理的形式）则比较隐蔽，常常不易察觉。通过以上两点的分析，我们可以得出这样一个结论：在艺术直觉中，理性的认识过程并不是不存在的，而是比较简约、比较隐蔽罢了。

（三）艺术感知中的心理定势

艺术家对客观事物的感知虽说是客观事物的反映，但也受到主观的"心理定势"的影响。所谓定势，就是在感知事物时的一种心理上的准备状态，"知觉定势主要来自两个方面：早先的经验和一些像需要、情绪、态度、价值观念这样重要的个人因素。简言之，我们倾向于看见我们以前看过的东西，以及看见最适合于我们当前对于世界所全神贯注的和定向的东西。"[①]

在文艺创作史上，主观心理定势对艺术感知产生影响的例子是很多的。沈括《梦溪笔谈》记宋代山水画家宋迪曾向人传授过一种作画的方法，即在破墙上挂一张绢，然后捉摸绢上映出的破墙痕迹，久而久之，就会隐约看到这些痕迹成了山水的形象。这就是画史上有名的"张素败壁"之法。宋迪为什么能从破墙上看到别人看不到的山山水水？一是因为他作为画家在对自然山水的感知中积累了丰富经验，形成了比较稳定的反映模式，习惯用看山水的眼光去看各种线和形，"倾向于看见"他"以前看过的东西"；二是因为他凝视壁痕的时候，主观上希望看到他所需要看到的山山水水，也就是倾向于"看见最适合于"他"当前对于世界所全神贯注和定向的东西"。正是这种经验和需要构成了他主观的心理定势，影响了他对墙壁痕迹的感知。（当然，在运用这种方法构思时，还有被感知所引发的想象，这里因专谈感知，所以暂不涉及其他）

心理定势对感知活动的影响有时是不自觉的。苏联定势学派创始人乌兹纳捷（1886-1950）在给被试催眠后，按着顺序（重复10-15次）将两个体积不等的球放入被试手中。而后指示他完全忘掉这些实验，把他带到另一个房间，解除催眠状态。问被试者睡眠时对他做了些什么。肯定了他不记得所做的实验后，再将两个相等的球放到他手中，并要他比较。结果是：不同的被试者都将球估计为不相等的。这就说明，被试者在催眠状态中形成的心理定势也会不自觉地对后来的感知活动产生影响。这种现象在文艺创作的感知

---

① 克雷奇等著：《心理学纲要》，下册，文化教育出版社1981年版，第78页。

活动中也有表现。俄国著名画家列宾有一次为他的一位泼辣蛮横的女邻居画像。他真心诚意地想把她画成一位心肠很好、容颜端庄的妇女。那位女邻居当然也为此而积极地配合。然而，尽管他口中不停地说着"你多么诚挚、多么善良，我可得把你画成天使"之类的话，他笔下的女人却仍是一副叫人讨厌的小市民形象。这就因为列宾平时在与这位邻居的接触中已经形成了反映她固有特点的心理定势。因此，尽管列宾作画时有意想改变她在自己头脑中的形象，但心理定势仍不自觉地发挥了作用。

定势在艺术感知中的作用，说明艺术家一方面接受着客观事物的信息，另一方面又自觉不自觉地将自己在长期的心理生活中所形成的经验、态度、需要、动机、信仰、情感、人格、素养等等主观的定势因素反馈给客观事物，从而形成对客观事物的独特感受。

（四）艺术感知中的观察与体验

艺术感知中虽然存在着一些不自觉的因素，例如前面所说的心理定势在意识域外的影响。但是从本质和整体上看，艺术感知是一种自觉的认识活动。艺术家总是为了一定的创作目的去感知客观事物。达·芬奇为什么天天到米兰的大街小巷去观察赌徒、流氓、罪犯等各种人的脸庞？是为了塑造叛徒犹大的形象。当然，艺术家的感知有时也可能是无意识地产生的。但是，一旦对象吸引了他并使他深入认识时，这种感知也就成为一种自觉的有意识的活动；而且只有这种自觉的感知才能在他头脑中形成高质量的表象。

那么，自觉的艺术感知包括哪些内容呢？主要包括以下两方面内容：

1. 观察。观察是一种有目的、有计划的知觉活动，它对于文艺创作活动具有重要意义。俄国作家阿·托尔斯泰说过："在艺术里，一切都取决于具有重大意义的艺术家的观察力。"对艺术家来说，观察的目的主要是为了探索和发现客观事物外部和内部的特征。因为特征是一事物区别于它事物的显著征象和标志，抓住了事物的特征，也就抓住了事物的关键，事物的整体也就随之被把握住了。优秀的艺术家向来重视在观察中捕捉事物的特征。福楼拜曾教导莫泊桑说："对你所要表现的东西，要长时间很注意去观察它，以便能发现别人没有发现和没有写过的特点。"[1]

---

[1] 见《文艺理论译丛》第三期《"小说"》，人民文学出版社1958年版。

那么，如何发现事物的特征呢？最根本的方法就是比较。比较是在思想中确定事物之间同和异的认识过程。人对客观事物的感知都是通过大脑的神经过程来实现的，而大脑的神经过程是遵循"兴奋泛化"和"分化抑制"的规律的。所谓"兴奋泛化"，就是大脑神经兴奋的扩散，就是对事物相同、相似、相通方面的反映过程；所谓"分化抑制"，就是大脑神经兴奋在抑制过程的作用下趋向集中，就是将某一事物或事物的某一方面从其他事物或事物的其他方面中区分出来的过程。在对客观事物的观察中，艺术家首先要通过神经兴奋的"泛化"将观察对象和与之相似、相通的事物联系起来，这也就是确定事物之间的"同"的过程；然后要通过神经过程的"分化抑制"将观察对象的某些不同方面从与之相似、相同事物的联系中区别出来，也就是确定事物之间"异"的过程。这种区别出来的不同之点就是观察对象的特征。福楼拜在指导莫泊桑怎样观察时曾这样说过：拉车的牛，早上和晚上神态不一样；赶车的人喝醉了酒和没有吃饱饭，对牛的态度也不一样[①]。从这段话中我们可以看出：当我们晚上观察拉车的牛的时候，要将它和早上拉车的牛联系起来，然后才能找出晚上拉车之牛的特征；用同样的方法，我们也可以确定喝醉了酒和没有吃饱饭的赶车人的各自的特征。这正如黑格尔在《小逻辑》中所说："我们所要求的，最要能看出异中之同，或同中之异。"

2. 体验。在艺术感知中，艺术家不仅要自觉地认识客观事物本身，而且要自觉地认识感知对象在自身引起的反应，也就是说，要体验。

所谓体验，就一般心理活动而言，可以界说为人对自己情感的产生、发展与变化的心理过程的自我感觉；就文艺创作心理而言，还要扩大一点，可以界说为艺术家对自身心理过程（包括情感以及感觉、知觉、想象等）的内省。与其他感知活动相比，体验对于艺术感知有着重要的意义。在其他感知中，感知者只需观察客观外部世界，而不必审视自己的内心世界。例如，小麦专家在观察麦苗时，只需注意麦苗的生长变化，而不必注意内心对此的感觉；因为在他的科研活动中不需要表现研究者自己内心的活动。在艺术感知中却不是这样，艺术家不仅要精心观察丰富多彩的客观事物，而且要细心审视自己内心瞬息万变的心理活动。因为一切文艺作品都不能不表现作者的思想感情，如果在感知中作者不注意体察自身的精神活动，那么在作品中又怎

---

① 见《文艺理论译丛》第三期《"小说"》，人民文学出版社1958年版。

样表现呢？试看杜甫《登岳阳楼》一诗：

> 昔闻洞庭水，今上岳阳楼。
> 吴楚东南坼，乾坤日夜浮。
> 亲朋无一字，老病有孤舟。
> 戎马关山北，凭轩涕泗流。

在这首诗中，诗人不仅抓住了洞庭湖雄伟壮阔的形象特征给以集中的表现，而且细致地窥察并再现了由这种壮阔之景所引发的内心深处丰富复杂的心理波动。诗人由昔日向往到今日登临，联想起自己几十年来四处漂流的坎坷身世。现在已是垂老之年，多病之身，而亲朋离散，只有孤舟相伴，漂泊栖身。眼下边陲之地，战争仍在进行，何时国家能安定太平，百姓能安居乐业？想至此，诗人不禁泪流满面。当然以上所分析的诗人的心理活动有可能是在离洞庭后构思并描述的；但是构思时的心理活动却是以感知时的心理活动为基础的。正是由于诗人在感知景物的同时深入辨察了自己内心丰富复杂的活动并保存在记忆之中，才可能在构思时生动地再现这一切。

艺术感知中的体验，不仅要求艺术家具有审视自己内心世界的能力，而且要求艺术家具有设身处地进入他人的心理状态、审视并感受他人心理活动的能力。高尔基指出："科学工作者研究公羊时，用不着想象自己也是一头公羊，但是文学家则不然，他虽慷慨，却必须想象自己是个吝啬鬼；他虽毫无私心，却必须觉得自己是个贪婪的守财奴；他虽意志薄弱，但却必须令人信服地描写出一个意志坚强的人。"[①] 巴尔扎克也说："当我观察一个人的时候，我能够使自己处于他的地位，过着他的生活……他们的欲望，他们的需求，这一切都深入我的心灵，我的心灵和他们的心灵已经溶而为一了。"[②] 优秀文艺作品中的人物所以那样栩栩如生、生动感人，是与作者在艺术感知中注意体验对象的心理分不开的。

[①] 高尔基：《论文学技巧》，见《论文学》第317页。
[②] 巴尔扎克：《法齐诺·加奈》前言，转引自科瓦廖夫著《文学创作心理学》（程正民译），福建人民出版社1983年版，第82页。

第一部分

表象在文艺创作中的功用

一切观念形态的东西都是人脑对客观事物的主观反映，或者说是大脑所接收加工和储存的客观事物的信息。这些信息，由于人的实践的深广度和大脑加工程度的不同，而通常表现为三种不同的认识形式，即知觉（包括感觉）、表象和思维（概念）。

人对客观事物的反映始于感觉，感觉是客观事物的个别属性在人脑中的直接反映。在感觉的基础上，人对客观事物的各种属性及其相互关系产生了有整体性的直接反映，这就是知觉。比如一辆汽车驶过，人们对它的轮子、车厢有视觉，对它的引擎声有听觉，对它的汽油味有嗅觉，大脑把这些感觉整合为一个完整的映象，这就是对汽车的知觉。知觉产生之后，由于大脑具有记忆的功能，所以又能把汽车的映像保存在脑子里，这就是对汽车的记忆表象，简称表象。汽车见得多了，了解加深了，大脑又会发挥其抽象概括的功能，终于又会透过各辆具体汽车的种种外在的属性，而形成对一切汽车所共有的内在本质的认识："汽车是以内燃机为动力、有四个或四个以上胶轮、用来载人或运货的公路交通工具。"这就是概念及其内涵，它是以语言符号为载体的对客观事物间接和概括的反映，即思维。

知觉、表象、思维（概念）这三种认识形式，在文艺创作中都是要起作用的。但能够作为创作者构想艺术形象的直接材料的，却只有表象。创作者通过构思对保存在记忆中的表象进行加工改造，这才会有生动具体的艺术形象。反之，概念却不能成为构成艺术形象的直接材料，因为它是客观事物的间接和概括的反映。比如说要画一辆汽车，任何作者都只能运用头脑中的表象材料来构想汽车的艺术形象。假如让一个作者把汽车的概念画出来，他就无法可施，因为概念不反映具体事物的外在属性，所以不能用来画成一幅画；凡是画在纸上的汽车就都成了具体的有外在形象的汽车了。当然概念在创作中也很有作用，比如汽车的概念包含"汽车有四个轮子"这一内涵，它就对画汽车的人起指导作用，使他在构想一辆汽车的形象时不至于把汽车想成只有一个轮子。总之，表象因为有形象性，所以必然成为构想艺术形象直接的心理材料；而概念则因为没有形象性，所以只能起间接的指导配合作用。

说到这里，有的同志可能提出："那么知觉呢？人的知觉岂不是比表象有更为清晰的形象性，它能不能成为构想艺术形象的直接材料呢？"回答是不能。这里有一个根本原因，就是知觉没有储存性，而表象却有储存性。前者是客观事物正在作用于人的各种感觉器官时而直接产生的映象，只要客观事物离开了人的感知范围，知觉也就消失，于是人的脑子里就只留下这一事物的表象了。知觉既然没有储存性，所以就无法用来构想艺术形象。例如画家要画一辆汽车，而他的画室里却不能有汽车开来开去，因此画家就无法运用知觉来作画。有的同志会说："汽车固然不能开进画室，难道画家不能看着窗外的汽车画一幅写生画？"要知道这也不行，因为当画家看着窗外的汽车时，固然有对汽车的知觉，而当他低下头来作画时，由于汽车已在视野中暂时消失，所以仍只能根据对汽车的记忆表象来画（有些人有"遗觉象"，但它乃是表象的一种特殊表现；而且在作写生画时，由于眼睛要盯着画幅，所以事实上也不可能再保留"遗觉象"）。总之，知觉因为没有储存性，所以不能像表象那样成为构想艺术形象的直接材料。不过知觉在文艺创作中也是很有用的：一是作者通过知觉才能获得丰富多彩的直接表象，这种直接表象对于创作来说当然是极为重要而可贵的；二是知觉往往成为创作的契机，诱发作者的创作冲动，或给艺术构思以生动有力的启示。

表象与知觉相比，除了在有无储存性上根本不同之外，还有几个显著的区别，对文艺创作来说也是很有关系的：

一是稳定性问题。表象所反映的事物形象不如知觉本象稳定；知觉不存在不稳定的问题，看到天安门的红墙黄瓦，就是红墙黄瓦，对象通过我们的眼球鲜明清晰地映在视网膜上。表象则不然，过一段时期可能模糊，是黄瓦还是绿瓦？可能记不清。

表象的不稳定性对创作构思来说有消极和积极两方面的意义。从消极方面来说，表象的不稳定必然带来它的不鲜明，这对创作来说确实会有一定影响；试想画家画竹，连竹子的形象都记不清楚，又怎能将其外化到纸上呢？

所以文艺创作者总要借助其先天的禀赋，特别是后天的锻炼，来形成很不一般的形象记忆力，使大脑中的表象尽可能稳定鲜明。意大利文艺复兴时期的绘画巨匠达·芬奇，十几岁时参观一座大教堂，里边有使他着迷的壁画；回家以后他竟能全部默画一遍，而且从整体到细节都能酷似原作。这充分说明达·芬奇在形象记忆方面的特异禀赋和有效锻炼。

表象不稳定性对创作构思的积极意义，在于它因此而具有可塑性。这样，艺术家在进行创作构思时，才有可能对原始表象进行加工改造，将自己的情感倾向、美学趣味等主观因素融入其中，使之成为既反映客观现实又反映作者主观情意的艺术形象。徐悲鸿所画奔马前腿是直伸的。对此，有人曾提出异议，认为生活中的马前蹄着地之前不可能是直的。其实画中之马乃是艺术化了的，徐悲鸿将奔马的前腿处理成伸直，更有助于表现一往无前的气势。而他之所以能做这样的处理，却是因为表象具有可塑性；如果表象也像知觉本象那样稳定和不可更改，那么所画的马就必然变化很少。

二是间接获得性问题。知觉只能产生于人们对客观事物的直接感受，表象则可能通过间接的途径获得。例如，罗贯中并没有见过刘备、诸葛亮；姚雪垠也没有见过李自成、张献忠。然而，他们却能够通过历史记载、文化知识和自身生活的经验，再加上艺术想象而在头脑中形成这些人物的表象。表象的间接获得性是由于它与第二信号系统的语言有着密切的联系，因此能通过有关的语言描述在头脑中创造一些事物的形象。表象的这一特性就使得艺术家不仅能创造出直接感知过的形象，而且能够创造出没有直接感知过的形象。当然，形象创造的材料基础还是直接表象，但却不能排斥间接表象的作用；事实上艺术形象光靠直接表象创造出来的情况是较为少见的。有志于进行文艺创作的人，不仅要重视直接经验和直接表象，而且要重视间接经验和间接表象；不然就难以创造出丰富多彩的艺术形象。

三是概括性问题。知觉没有概括性，知觉本象永远是对某一个别对象的反映；表象却有概括性，它可以是对某一类对象的概括反映。例如，说到松树，你的脑子里可能会映出一棵具有绿色针叶的松树的表象。这表象并不是你在华山或黄山看到的某一棵松树的反映，而是带有一般性的松树的反映，它是你在知觉过许多松树后所形成的概括的表象。它所突出的不是一棵特定松树的特点，而是许多松树所共有的一般特征（绿色针叶等）。表象具有概括性，所以艺术家不仅能通过对具体事物的感知而获得有概括性的表象，从而有利于认知其同类的事物（如有了花的表象，就可以认知各种各样的花）；而且通过头脑中同类表象的运动还能获得概括性更高的表象，这更有利于创造具有典型意义的艺术形象。

表象的概括性与概念不同。概念的概括性是一种抽象的概括。例如"人是一切社会关系的总和"这一概念，就是从千千万万的关于人的现象中抽象出来的。它概括了人的内在质。表象的概括性是一种具象的概括，它受到其形象性特征的制约。所以，不能像概念那样反映事物的本质和内部联系。但是，表象的具象概括的功用却是概念所无法代替的，例如根据月季花的表象很容易在公园中找到月季花；而如果根据月季花的概念去找月季花，那就很不容易了。具象的概括对文艺创作尤其重要，因为文艺创作必须创造生动具体的艺术形象。如果用概念来做加工的材料，把一切形象性的东西都抽掉，那就不是艺术创作，而是理论说教了。

表象与概念的概括性有区别，但二者又有联系。表象经过进一步的概括和抽象可以上升为概念，但概念并不排斥与之相关的表象，反而可以对表象发生作用，使其更为深刻。例如，当我们形成了"人是一切社会关系的总和"这一概念后，我们头脑里种种关于人的丰富而生动的表象并没有消失，相反却在概念的指导下变得更深刻了。表象与概念相互联系、相互渗透、相互作用、相互制约，这是文艺心理学上一个极为重要的事实。只有认识了这一点，我们才能够理解文艺创作中许多带有规律性的现象。

从上述可见，知觉有形象性而无概括性，概念有概括性而无形象性。只有表象兼有这两个特点，而且其形象性还具有可储存、可变化、可间接获得等特点，其概括性又能在概念的影响下不断加深。正是这些特点决定了表象在文艺创作中的重要地位。

一切创造活动的核心环节，都是对头脑中的心理材料进行加工改造。感觉、知觉是认识的开端，但由于不能脱离直接作用于人的客观事物，所以在创造过程中只能起辅助作用。创造活动中加工改造的心理材料主要是表象与概念。但是由于各类创造活动的目的与性质不同，因此对表象与概念的加工改造也就有所不同，并由此形成了各类创造活动的不同心理特点。文艺创作是一种形象创造活动，在这个活动中，表象发挥了突出作用。

首先，从加工改造的心理对象上看，文艺创作主要是直接对表象进行加工和改造。例如，画家要画一棵松树，他就要对头脑中众多的松树表象进行比较、分析和综合，将某一松树的树干与另一松树的枝叶结合起来；也会为了一定的创作目的而将松树的某一部分突出出来。但在其他创造中，例如科学创造，则主要是在概念上进行，是对概念进行加工改造。例如，植物学家要对松树进行研究，他就要对头脑中众多的与松树有关的概念进行分析综合，他会研究松树的针叶在光合作用中的意义，进而研究它与松树生长环境的关系等等。当然，画家并不会排斥"松树四季常青"之类的概念对表象加工的影响，植物学家也不排斥"绿色针叶"之类的表象在认识松树、形成概念中的作用；但是他们加工的主要对象毕竟一个是表象，一个是概念。

其次，从加工改造的心理过程上看，文艺创作中自觉的表象运动贯穿于创造过程的始终。表象在人的头脑中不是固定不变的，而是运动变化的。就文艺创作来说，从产生动机，到立意、构思、表现，艺术家头脑中将连续不断地进行表象的运动，它在整个心理过程中所占的比重、活跃的程度和运动的频率，都不是其他创造活动所能比拟的。在科学创造中，虽然也可能伴随着有关的表象，但贯穿创作过程的主要线索却是概念的运动；表象的活动只起辅助作用。在实用创造中，如汽车、楼房的设计，表象的运动虽然显著，但也不是连续不断、贯穿始终，而常常要被原理的推断、数据的计算等概念运动所取代。

再次，从加工改造的心理成果上看，科学创造的心理成果主要表现为概念系统；实用创造的心理成果既有概念系统，也有表象系统；文艺创作的心理成果则主要表现为表象系统。当然，由于低级认识形态必然要受到高级认识形态的制约，因此文艺创作中表象成果的形成也要受概念认识的指导和制约，并且其表象成果的内部也必然蕴涵着概念认识的成果。但是，文艺创作中概念认识对表象成果形成的影响主要是一种间接的、自然的制约。换句话说，艺术形象并不是由概念派生或捏合的，而是自觉表象运动的直接成果；概念的指导和制约实际是自觉表象运动的一种较为内在的有机构成，犹如盐溶于水一样溶化在表象成果之中。

以上三点结合在一起，就使表象及其自觉的运动成为文艺创作过程的基本心理内容，这也是文艺创作在心理活动上区别于其他创造活动的一个显著特点。

表象运动的心理形式

文艺创作的心理过程离不开全面、深入、持续的自觉表象运动。那么，在这个过程中，表象是以怎样的心理形式运动的？自发表象运动与自觉表象运动存在着怎样的关系？本篇将讨论这些问题。

（一）表象的深化、分化和变异

1. 表象的深化

这是指随着实践和反映的加深，有关事物的表象逐渐变得准确、深刻、全面、鲜明和稳定。当客观事物在人的头脑中形成表象后，这个表象是沿着消极和积极两个方向活动变化的。消极的活动变化就是表象的淡漠和遗忘，积极的活动变化就是表象的深化和稳定。表象的形成以及它的变化，一般说来带有受动性；但就表象的积极变化而言，人却可以发挥主观能动作用。例如，艺术创作者就往往要作出努力以巩固和加深头脑中的种种有用的表象。表象深化的根本途径在于集中注意力进行反复深入地感知。晚清著名艺人"泥人张"（即张明山）善塑人像，他所塑三教九流各类人像，无不形象逼真，生动传神。"泥人张"在艺术上所以能达到这种境界，是由于他头脑中形成了关于这些人物的深刻稳定的表象。但是这样的表象并不是一蹴而就的，而是他通过反复观察使表象不断深化而获得的。他喜欢流连街头，观察揣摩各种人的相貌、服饰、神态、动作。为了塑造一个理发匠的形象，他曾走了许多理发店，站在窗外仔细观察理发师的动作、神情、手势乃至剃刀的拿法。这种反复深入的感知，使他头脑中的表象不断准确、深刻、稳定，塑起人像来，自然如在目前，形神毕肖。①

---

① 见龙协涛等编《艺苑趣谈录》，北京大学出版社1984年版，第124页。

2. 表象的分化

所谓表象分化，是指对客观事物形成表象之后，能够通过自觉的表象运动，在保持表象的基本形态和主要特征的同时，构想种种类似的新表象。这种现象的心理基础在于表象具有一定的概括性，是一种类化了的映像；同时又具有可塑性，所以个体能根据某个概括的、类化的表象分化出种种大同小异、更为具体的新表象。表象分化对文艺创作十分重要。任何人都无法对千变万化、千姿百态的客观事物的每一个具体形态都形成稳定深刻的表象（而且也没必要）。对艺术家来说，要善于在掌握客观事物基本形貌、主要特征及某些细节的基础上，通过表象分化，创造出千姿百态的形象来。就拿李公麟来说，无论他对群马的表象多么深刻，也不可能记住群马的所有动态；他还是要靠表象的分化，来画出种种风貌不同、神态各异的骏马形象。舞蹈演员和戏曲演员也可以通过基本功训练所获得的视觉和运动觉的概括表象，分化出极其丰富多彩的舞蹈动作来。在音乐中，对主题乐曲的变奏表现也离不开听觉表象的分化作用。

3. 表象的变异

表象变异是指某个表象因受到其他心理因素的影响而发生变异。表象在头脑中的存在不是孤立的，而是与其他心理因素（知识、经验、态度、性格、兴趣等）和心理活动（思维、情感、意志等）相联系的。这种联系就可能对表象运动产生作用，使已形成的表象发生变异。俗话说"情人眼里出西施"。除了一见倾心以外，在很多情况下，"情人"开始结识他的对象时，脑子里并不一定会留下那么美丽的表象；只是后来双方通过不断交往产生了情感。这情感促使头脑中的表象发生了变异，才会形成如西施一般美丽的表象。具体说到文艺创作，表象变异的情况也并不少，作家杨朔在散文《荔枝蜜》中就曾描述过他头脑中表象变异的过程。他小时候曾经被蜜蜂蜇过，因此在头脑中留下了蜜蜂的不良表象，提起来总觉得疙疙瘩瘩的。通过参观养蜂场，他了解到蜜蜂终日辛勤劳作，"对人无所求，给人的却是极好的东西"，认识发生了转变。认识的转变促使他头脑中蜜蜂的表象发生了变异。由可厌变成了可爱。他不禁发出了"多可爱的小生灵啊"的赞叹。这次表象变异是那样深刻，以至他甚至梦见自己变成了一只小蜜蜂。

（二）表象联想

表象深化、分化和变异这三种形式，都表现了单个表象的变化。表象联想则是在表象与表象的联系中所展开的运动。在创作中，艺术家往往需要根据一定的创作目的，将某一表象与另一或更多表象联系起来，在思想艺术的表现上起到积极作用。表象联想大致可以分为以下四类：

1. 接近联想

接近联想是甲乙两事物在空间或时间上接近、在反映活动中常常会由甲及乙的一种联想。白居易《忆江南》词说，"江南好，风景旧曾谙：日出江花红胜火，春来江水绿如蓝。能不忆江南！"由江南想到江花、江水，就是接近联想。通过这种联想，突出地表现了诗人对江南风物的美好回忆。

2. 相似联想

相似联想是在性质或形态上相似的事物表象之间产生的联想。文艺创作中常见的比喻、象征等表现方法的心理基础，主要就是相似联想。根据事物表象相似点的心理性质的不同，相似联想又可分为外部形态、内部逻辑、情感反应三种类型。白居易《暮江吟》中"可怜九月初三夜，露似珍珠月似弓"二句，就是通过露珠与珍珠、初月与弯弓在外部形态上的相似而分别在两事物之间产生了相似联想。曹操《龟虽寿》说"老骥伏枥，志在千里，烈士暮年，壮心不已"，伏枥之老骥与暮年之烈士在外在形态上无任何相似之处，但在内部逻辑上却存在相似之处，即都表现了一种一生英烈、老而弥壮、渴望新的成就的精神实质：诗人正是通过两事物表象在内部逻辑模式上的相似而进行联想、形成比喻的。至于情感反应上的相似联想，《诗经·小雅·小旻》中"战战兢兢，如临深渊，如履薄冰"一节即为显例。诗句所要表现的是处于西周末年险恶政治环境中诗人的情绪感受，就好像身临深渊、脚踩薄冰一样惶恐不安。创作中的联想活动是通过外部形态与内部实质各不相同的两事物在诗人主观情绪感受上的相似而进行的。以上所谈相似联想的三种类型，在实际的创作活动中常常是相互联系发挥作用的；只是由于构思重点的不同，它们在整个联想活动中发挥的作用也有主从罢了。

3. 对比联想

对比联想是在两种或两种以上截然相反的事物表象之间产生的联想。文艺创作中对比、反衬等手法，在心理活动上看就是对比联想的运用，其目的是要突出所要表现的事物、特征。例如"嫩绿枝头红一点，动人春色不须多"二句，就是由"红"联想到与其在色彩上相对的"绿"，以"绿"来反衬"红一点"，从而突出"动人春色不须多"这一事物特征的。

4. 关系联想

关系联想是依据事物之间的各种关系而在有关的表象之间产生的联想。事物之间存在着各种关系。通过这些关系，表象之间能产生联想。从广义上看，接近、相似、对比等也是事物之间关系的体现，在此基础上形成的联想也可称之为关系联想。但是事物之间并非只有这三种关系，通过其他关系（例如因果关系）所形成的联想并不能为以上三种联想所包孕。因此还可以把它们另分一类，从狭义的角度，称之为关系联想。关系联想在文艺创作中的运用也是很多的。例如，齐白石所画的《蛙声十里出山泉》，画面上并无一只青蛙，只画着若干蝌蚪顺着湍流的泉水自山里游出，但欣赏者却可以通过蝌蚪与青蛙的关系联想到十里深山内的青蛙，并仿佛听到它在嘱咐自己的孩子"一路小心"的呱呱叫声。可以想见，作者在构思这幅画时，头脑中是经历了由蛙到蝌蚪的联想的，而这种联想所遵循的正是青蛙与蝌蚪之间的种系繁衍关系。

以上所谈四种表象联想，在实际的创作活动中常常并不是各自孤立的，而是相互联系的。一部作品的构思以及艺术手法的运用，常常并不是某一种联想活动单独的作用，而是多种表象联想协同活动的结果。

（三）表象的分解与综合

表象的分解与综合是在表象与表象联系中所展开的更为复杂的运动形式，是文艺创作中最重要的一种表象运动，是创造艺术形象的一种根本方法。所谓表象分解，就是把记忆中的有关表象拆散或碾碎；所谓表象综合，就是将这些经过分解的表象再重新结合成一个新的表象。高尔基说："假如一个作家能从二十个到五十个，以至从几百个小店铺老板、官吏、工人中每个人的身上，把他们最有代表性的阶级特点、习惯、嗜好、姿势、信仰和谈吐等等抽取出来，再把它们综合在一个小店铺老板、官吏、工人的身上，那么这个作家就能用这种手法创造出典型来——而这才是艺术。"[①] 导演郑君里在《角色的

[①] 高尔基：《谈谈我怎样学习写作》，见《古典文艺理论译丛》第11辑。

诞生》一书中曾介绍了他的一位朋友创作《日出》中潘月亭形象的体会。这位演员说："关于他的外形，我曾到各方面去找，遇到可以采用的特征，便画下来。我搜集了不同的'型'，最后从许多人的身体、面孔、肌肉、头发的样子中间，综合为现在的形象。"我们看到，当这位演员到各方面寻找角色的外形特征时，他的头脑中就在进行着将这些（身体、面孔、肌肉、头发等）特征从原有的表象系统中分解出来的工作，而他把这些特征集中在一起从而创造出潘月亭的形象，则是表象的综合。这正如鲁迅先生谈自己创作体会时所说的："人物的模特儿也一样，没有专用一个人，往往嘴在浙江，脸在北京，衣服在山西，是一个拼凑起来的角色。"①

表象的分解与综合不仅表现在人物形象的创造中，而且表现在人物与环境的关系上。屠格涅夫在分析自己创作的心理过程时说："例如，我在生活中遇到某个费科拉·安德烈耶夫娜，某个彼得，某个伊凡，你看，突然在这个费科拉·安德烈耶夫娜身上，在这个彼得身上，在这个伊凡身上，有某种我从别处没有见到和没有听到的特点令人感到惊奇。我观察这个特点，他或者她使我产生特别的印象，我就思索起来，而后这个费科拉，这个彼得，这个伊凡消失了，不知哪儿去了，但是他们造成的印象留下来了，成熟了。我拿这些人物同其他人比较，把他放进不同事件的环境中，这样，我就创造了一个完整而特殊的小天地。"②

表象的分解和综合是文艺创作中表象运动的一种主要形式。但是应该指出，表象的分解，不应是生硬的割裂，而应是精细的分化；表象的综合，不应是简单的捏合、凑合，而应是有机的融合。托尔斯泰在谈到自己创造《战争与和平》中娜达莎形象时说："我拿过达尼亚来，把她同苏尼雅一同捣碎，于是就出现了娜达莎。"③歌德谈他创造《少年维特之烦恼》中的主人公绿蒂，是"把许多美女们的容姿和特性合在一炉而冶之，铸成那主人公绿蒂"的。一个"捣碎"，足见表象分解之精细；一个"冶之""铸成"，足见表象综合之浑然天成。只有这样，创造出的艺术形象才能和谐、完整、血肉丰满。

---

① 鲁迅：《南腔北调集·我怎么作起小说来》，见《鲁迅全集》第 4 卷，第 394 页。
② 科瓦廖夫：《文学创作心理学》，福建人民出版社 1983 年版，第 34 页。
③ 转引自杜文远等作《谈灵感》，见《文艺研究》1979 年第 4 期。

（四）表象运动的自发与自觉

前面所说的都是表象运动的心理形式。下面还要谈谈表象运动的自发与自觉性质。

所谓自发的表象运动，就是无意识的、自然形成的表象运动。例如，去过一趟长城，留下一些表象；以后又一再前去。那么，有关长城的表象自然就会加深。这种表象深化是反映者被动地、自然而然形成的。又如，提到红花，我们脑子里在浮现出红花的表象后，会自然引发出绿叶、枝条等的表象，这就是自发的表象联想。人的梦中表象的产生与运动也是自发的。自发的表象运动是无目的的、杂乱无序的、难以预见和控制的。试想哪一个人能怀着某种预定的目的去做梦、在梦中指挥头脑中的表象运动？因此，自发的表象运动不能直接作用于文艺创作构思，只能成为引发创作冲动或构思灵感的契机。

在文艺创作中，艺术构思的进行，艺术形象的创造，只能依靠自觉的表象运动。所谓自觉的表象运动，就是有目的有意识的、有时需要意志配合的主动的表象运动。文艺创作是一种形象创造活动。创造，是人按照一定的目的、采用一定的手段去改造客观世界以生产出能满足主客观某种需要的新事物的实践活动，是人的本质力量和主观能动作用的最高体现。在创造活动中，人对自己活动的目的、性质、方式和过程都是自我知觉的，并且能够根据活动的目的和性质调节自己的心理活动方式和行为方式。在科学创造中，人根据探索事物规律的要求将心理活动调节为以概念运动为主的方式；而在艺术创造中，则是人根据塑造艺术形象的要求将心理活动调节为以表象运动为主的方式。

自发的表象运动与自觉的表象运动是有区别的，但又是有联系的，并且可以转化。因此，自发的表象运动在文艺创作中也会发生一定的作用。这种作用主要表现在：第一，自发的表象运动可以为自觉的表象运动奠定基础、创造条件。无论是自发的表象深化、分化和变异，还是自发的表象联想、分解综合，都会在大脑皮层上留下一定的痕迹（即表象之间的神经联系）。当艺术家日后进行自觉的表象运动时，这些痕迹就有可能复苏，从而影响自觉的表象运动。第二，自发表象运动可以成为自觉表象运动的契机。当艺术家头脑中无意地进行着表象运动时，某些运动成果可能会突然给艺术家以某种启发。于是艺术家据此有意地使表象运动继续下去。这样，自发的表象运动也就转化为自觉的表象运动了。但自发的表象运动虽然能在创作中发挥一定的作用，这种作用却是有条件的，是要通过自觉的表象运动才能实现的。因此，从根本上说，文艺创作还是要依靠自觉的表象运动。

再造想象与创造想象

在各种表象运动中,想象(包括再造想象和创造想象)是最为高级的形式。由于它在文艺创作中起着非常重要的作用,所以作为一个专门问题来加以讨论。

(一)想象与文艺创作

想象是人脑在原有表象的基础上加工改造形成新形象的心理过程。对于想象,我们可以从以下两方面来理解。第一,想象不是我们头脑中记忆表象的简单重现的过程,而是我们在头脑中构想新表象的过程。例如,去过华山之后,我们在与别人谈论华山的景致时,脑子里会浮现出华山的表象。这是不是想象呢?不是,这是回忆。因为这个表象是我们感知过的事物形象的再现,它不是我们脑子里产生出的新表象。但是,当我们在读小说《高山下的花环》或者作者在创作这部小说时,脑子里都会浮现出梁三喜和其他人物的形象,这却是想象。因为无论是我们还是作者,在现实生活中都没有直接感知过梁三喜及其他人物的形象,这些形象是我们新想出来的。因此,想象表象与再现表象的一个最大区别就是"新",想象是产生新表象的过程。第二,想象产生的新表象并不是从天上掉下来的,而是我们大脑通过对原有旧表象的加工改造生产出来的。艺术家们想象出来的形象无论多么离奇古怪,我们总能在现实生活中找到其构成的元素。例如,孙悟空谁也没有感知过,但他却不是凭空从作者的脑中生出的,而是作者对自己头脑中已有的人与猴的旧表象进行加工组合而创造出来的。因此,想象是对旧表象改造创新的过程。

那么,想象如何对旧表象进行加工创新呢?想象的心理机制是什么呢?就是自觉的表象运动。没有表象的深化,头脑中的表象模糊,淡漠以至遗忘了,就谈不到想象的加工改造。没有表象的分化、变异,表象凝固僵化,也无法加工改造。没有表象的联想，想象就只能对单个的表象修修补补，而无法对众多的表象进行新的组合。因此，想象离不开自觉的表象深化、分化、变异和联想。但是想象的心理机制的核心却是自觉的表象分解与综合。因为表象的深化、分化、变异和联想只是新表象产生的基础和前提，经过这样的加工过程后表象虽然有了某些新的成分，但并没有从根本上改变旧的面貌。只有通过表象的分解与综合，集众多表象的不同因素于一身，这样产生出的表象才能是全新的。

想象与任何创造活动都有密切关系。康德说："想象力是一个创造性的认识功能。"但是较之其他创造活动，想象与文艺创作的关系更为密切。黑格尔曾说过："最杰出的艺术本领就是想象。"高尔基也说过："想象是创造形象的文学技巧的最重要的方法之一。"为什么想象对文艺创作有如此重要的意义？第一，因为想象是创造新形象的过程，而文艺创作就是要创造新形象，因此它必须借助想象。其他创造活动虽然也离不开想象，但由于主要不是为了创造新形象，所以想象在其中所起的作用往往不如文艺创作中那样大。第二，其他创造活动大都是为了满足人的某种物质需要。例如，创造飞机是为了达到人们空中飞行的需要目的。因此，在这些创造活动中，问题的情境、创造的现实条件必须具有的真实性和明确性，甚至连一些细小的数据都必须确切不移；如果单纯凭主观想象，那么飞机上天后就可能掉下来。因此，在这些创造活动中，问题的最后解决主要依靠思维活动。文艺创作则不然。它主要是为了满足人的精神需要，它不具有直接的物质目的。创作一部小说、一幅画，直接的目的是为了使人们在精神上得到陶冶、受到感动、获得教益，并不是也不可能使人们实际经历那样的生活和场面。因此，艺术创造的现实条件只要求本质的真实明确，并不要求细节都很确切；而且，为了使本质更真实明确，恰恰需要具体情节上的虚构。例如，为了反映人民反抗封建统治者的意志和力量，吴承恩可以赋予孙悟空七十二变的本领和大闹天宫的行动，而不必考虑这种本领和行动的现实条件是否真实。在这种具体创造条件不明确也不需要明确的情况下，就需要想象来发挥作用。因为"在仔细考察思维与想象的相似性和差别时，必须注意到，问题情境的不明确性可能有大有小。如果问题（例如，科学问题）的原始材料是已知的，那么解决问题的进程主要服从于思维规律。当问题的情境具有很大的不明确性，很难对原始材料进行精确的分析时，会观察到另一种情景。在这种情况下想象的机制在起作用。"想象能"保证在问题情境具有不明确性的情况下拟定行为程序"，"能使人'跳过'某些思维阶段，依然想象出最终的结果。"①

（二）再造想象

根据想象的独立性、新颖性和创造性的不同，我们可以把它分为再造想象和创造想象。再造想象是根据词（言语、文字）的描述或图样的示意（图表、图解、符号、模型等），在头脑中形成相应新表象的心理过程。例如，我们在读过小说《祝福》后，脑子里就会浮现出祥林嫂的形象来。这个形象是我们从未感知过的，因此它不是靠回忆而是靠想象产生出来的；另一方面这个形象又不是我们独立想象出来的，而是我们根据鲁迅在小说中的描绘再造出来的。由此可见，再造想象在文艺欣赏、特别是语言艺术的欣赏中起着多么巨大的作用。再造想象在文艺创作中的作用也很大。例如，根据各种历史题材创作的小说、戏剧和电影，根据小说改编的电影、戏剧的创作，以及演员创造角色的过程，等等，从根本类型上说，都属于再造想象。

再造想象是依据一定的再造条件所展开的想象。因此，要想取得好的想象效果，就必须注意对再造条件的把握。首先，要正确掌握词或其他标志的意义。也就是说，要正确理解词或其他标志与相应表象之间的联系。一定的词是与一定的表象和概念相联系的，看到"树"字，我们脑子里会映出树的表象，也能理解这个表象为何物；但是，假如不认识"树"字，就不能引起相应的表象和概念，因为不明白这个字的意义，即这个符号与相应表象和概念的联系。著名京剧艺术家梅兰芳在《谈杜丽娘》一文中谈到，他开始学演《牡丹亭》时，只觉得戏里的曲子好听、身段好看，而对汤显祖所写的那些唱词和宾白，则限于文化水平不能全部理解。于是他请人逐字逐句讲解，自己也反复玩味，才渐渐能够领会。这样再到台上演出时，就觉得有些不同了。梅兰芳为什么要请讲解文？就因为不弄懂曲文就无法在头脑中再造出相应的形象，更谈不到塑造和表现人物形象。其次，要运用自身的知识经验对再造条件进行深入的理解和认识。再造想象的鲜明深刻与否，不仅取决于客观的再造条件是否明确，也取决于主观的知识经验及认识能力。同样的再造条件，

---

① 彼得罗夫斯基主编：《普通心理学》，人民教育出版社1981年版，第375页。

在不同人的脑子里，可能再造出质量不同的形象。宋代盛行命题考画选拔人才，有一次宋徽宗亲自出了一个"深山藏古寺"的题目。应试的画家有的在山腰画一座古寺，有的在深山老林中画一座古寺，宋徽宗看后都不满意。只有一幅画与众不同，画面上没有什么古寺，只是画一个老和尚在山脚的小溪边挑水，宋徽宗就将这位作者选入皇家画院。这幅画好在哪里？它好在用和尚挑水说明山中有寺；不画古寺，而古寺却"藏"在画中。这位作者之所以能在头脑中再造想象出这样的画面，则是由于他对再造条件有较深的认识和理解，特别在"藏"字上用了心思。当然，这里面也有创造想象的因素。这正是我们下面所要讨论的。

（三）创造想象

创造想象是不依据现成的语言描述或标志指导而独立地创造出新形象的心理过程。比之再造想象，创造想象的最大特点就是它的独立性和新颖性。它不依据既定的想象条件，也不模拟他人的模式，是一种真正的创造。文艺创作是一种形象创造活动。因此，一切真正的艺术家历来都把创造具有独特性的艺术形象作为自己的追求目标。无论是塞万提斯笔下的堂吉诃德，还是莎士比亚笔下的哈姆雷特，无论是曹雪芹笔下的贾宝玉，还是鲁迅笔下的阿Q，都以其鲜明的独创性而成为文学史上不朽的典型。因此，对于文艺创作来说，创造想象比再造想象有着更为重要的意义。

从心理过程来看，创造想象无论在深度还是广度上都大大超过再造想象。因此，对艺术家的心理能力有着更高的要求。再造想象有其既定的条件。例如，演员创造角色，角色的内部和外部特点是编导已经规定了的，演员主要是据此进行想象和体现。创造想象则不然，它没有既定的条件。它的问题情境要比再造想象不明确得多。因此，它解决问题的活动（想象），也比再造想象活跃得多。刘勰说："文之思也，其神远矣。故寂然凝虑，思接千载；悄焉动容，视通万里。"这是对艺术的创造想象的极好形容。在这种活跃的表象运动中，艺术家一方面要使未来形象的内质与灵魂、主观的意愿与情感渐趋明晰并融为一体，也就是陆机《文赋》所说的"情曈昽而弥鲜"；另一方面又要以这内质与意愿为核心唤醒潜藏于大脑深处的各种相关的表象，并通过对它们的分解综合而逐渐形成新的表象，也就是陆机《文赋》所说的"物昭晰而互进"（这两个过程在实际的想象活动中常常是紧密交织在一起的）。这种活跃的想象就要求艺术家具有较强的联结和反联结的能力。所谓联结的能力，就是在知识经验之间建立新的联系的能力；所谓反联结能力，就是破除知识经验之间原有联系的能力。二者是矛盾的，又是统一的。艺术创造者要善于将二者有机结合起来，一方面要反抗那些比较熟悉稳固的联结方式，另一方面又要探索新的联结方式。"例如，表店门前一块'修理钟表'的招牌会引起什么联想呢？曾记录了这样一些说法：'修理钟表……我的表早就该擦洗了，慢了……要送到这里来'；'修理钟表……表店我们那个小地方有，可是鞋店到现在还没有开门营业'，等等。然而，一个诗人看到这块招牌，却会出现诗句，引申出一连串的联想，而这些联想产生的原因就是经由相应情绪状态过滤的外界印象（在当前情况下就是这块招牌）：'修理钟表、修理分钟，修理一周，一月，'——诗人进行着联想并请求说：'请替我修理一下年代吧！它已不能按时度过'。"① 从这个例子中可以看出，一般的想象是按照习惯的、固有的联想方式展开的，而诗人的想象却反抗着这种习惯方式，他在自己的知识经验中寻找新的联结点。"这种异乎寻常的联想进程虽然破坏了习惯联系的活动，但却是创造想象的一个极为重要的方面。"②

（四）再造想象与创造想象的关系

文艺创作中的再造想象与创造想象是有区别的，但二者之间又有联系。一般说来，再造想象中总是不同程度地含有一定的创造想象的成分。外国有句谚语说："有一千个读者，就有一千个哈姆雷特。"这是因为再造条件虽然是由作者规定了的，但想象活动却是通过各不相同的个体展开的。因此，在想象活动中，个体的经验、态度、情感、趣味等主观心理因素必然会对想象活动产生影响，甚至会改变或补充作者创造的形象。这就是我们常说的文艺欣赏中的再创造。至于文艺创作，情况也是如此。前面所举"深山藏古寺"一例，再造条件中并没有提供和尚挑水的内容，但那位画家却把这个形象创造了出来，不但不违背原意，而且发展了原句的意境。这不是再创造吗？但是话又说回来，再造想象中虽然含有创造想象的成分，但从整体上看，它毕

---

① 彼得罗夫斯基主编：《普通心理学》，人民教育出版社1981年版，第380页。
② 同上。

竟是按照一定的条件想象的,其创造成分也是在这些条件的基础上产生的,因此与创造想象还是有质的区别的。

  再说创造想象。创造想象中有没有再造想象的成分呢?也有。我们已在前边说过,文艺创作不仅需要大量的直接表象,而且需要大量的间接表象。因为一个艺术家的生活天地总是很有限的。这样,他就需要通过间接渠道获取大量的表象素材。而凡是通过间接渠道获取表象,就都要经过再造想象。这些再造想象的成果保留在艺术家的头脑中。在艺术家以后的创造想象中,它们必然要发挥作用。当然,我们也不能据此就在整体上否定其创造想象的性质。

  总之,再造想象与创造想象是你中有我,我中有你。在实际的创作活动中,它们既相互区别又相互联系,共同发挥着积极的作用。

第一部分

文艺创作中的抽象思维活动

我们在前面几篇中讨论了表象及其运动在文艺创作中的巨大作用。但是，自觉的表象运动不可能是一种孤立的心理活动，它必然得到抽象思维的制约、指导和配合，也必然伴随着一定的情感活动。本篇所要讨论的是前一个问题，即文艺创作为什么离不开抽象思维活动；抽象思维对自觉表象运动有哪些影响和作用。

（一）文艺创作离不开抽象思维活动

描象思维是人脑对客观事物的间接的、概括的反映。它通过概念、判断、推理等形式反映事物的本质及其内部联系。客观事物之间存在着种种外部关系和内部关系。事物的外部关系我们可以通过感官直接感知并形成表象。例如，斧子劈木头这种现象，我们能通过眼睛看到并在头脑中留下印象；但斧子为什么能劈木头？这却涉及事物的内部关系，我们不能通过感官直接获得，而要通过抽象思维间接获得。我们通过各种铁物与木头碰撞的经验，可以逐步得到一种概括的抽象认识：铁比木头硬。同样，我们也可以通过对斧子制造过程的多次感知获得另一个概括的抽象认识，斧子是铁做的。这是两个由概念组成的判断。它们体现了一切铁与木头、斧子与铁之间的一般关系，因而是概括的。它们不能被直接感知，而是通过对种种直观印象的抽象概括获得的，因而是间接的。由这两个判断，我们就可以懂得"斧子为什么能劈木头"。这是更为间接的抽象认识，是通过推理而获得的。以上一系列认识过程主要是通过抽象概念的运动（判断、推理）来实现的，是一种抽象思维活动。

抽象思维是人在长期实践活动中所形成的、使之区别于动物的一种高级心理能力。它在人的一切实践活动中都发挥作用，对人的一切心理活动（感知、表象、情感等）都产生影响。文艺创作当然也不例外。有的同志可能会说，一般的认识活动当然离不开抽象思维，而文艺创作是一种特殊的形象认识活动，难道也离不开抽象思维？不错，因为文艺创作这种特殊的认识活动是在一般认识活动的基础上进行的。例如，一位作家在小说中描写一个人买了五角钱西红柿、三角钱黄瓜，固然此时他脑子中可能并没有明确进行 5+3=8 这样一个抽象思维认识过程，但是他还是会写这个人付给对方八角而不是六角，因为 5+3=8 这个在一般认识活动中形成的抽象思维成果毕竟还是要起作用，指导作者去描述情节。有人可能又会说，过去的抽象思维成果在创作中当然不可避免，可在创作之时却并不一定进行抽象思维活动。这话也不符合创作实际。因为文艺创作并不是形象的杂乱任意的拼凑，而是艺术家以形象的方式对客观现实进行的集中概括的反映。文艺创作不仅要反映出形象的外部联系，而且要反映其内部的联系。要反映事物的内部联系，就离不开抽象思维。例如，日本电视连续剧《血疑》的作者在构思的时候脑子里会出现幸子与光夫一起走路、一起复习功课等情景。从理论上说，这些事物的外部联系可以通过单纯的表象活动来反映。但是，他们两人的关系是什么？是同学，是兄妹，还是恋人？光靠表象就无法反映。而不反映这种关系，人物的行为就失去了根据。因此，根据已有的剧情来看，作者首先要明确"他们是同父异母兄妹，又是恋人"这样一个认识，而这已经是地地道道的由概念组成的判断了。至于由此出发去构思他们相恋而又不能如愿的种种情节，就需要更复杂的抽象思维参与到表象运动中去。

　　文艺创作中抽象思维对表象运动的制约、指导具有必然性。这与人的大脑反映活动的生理机制分不开。它主要表现在两个方面：第一，从垂直方面来看，具有抽象思维机能的大脑皮层第三级区自然制约和影响着第一、二级区的工作。人的大脑皮层是由三个级区组成的，这三个级区的反射活动遵循着特异性递减的原则。第一级区是感觉投射区，这里的神经元具有高度的特异性，一定的神经元只对一定的信号进行反映；第二级区在第一级区之上，是认知皮质区，这里的神经元特异性降低而综合性增强，能将第一级区传来的信息综合为整体的影像，知觉与表象的活动一般是在这个级区；"第三级区是人类所特有的组织。……皮质后部的第三级区乃是这样一些器官，它们的参与对于使直观知觉转变为总是以内部图式为中介的抽象思维，以及对于使有组织的经验保存在记忆中都是必要的。"① 这三级皮质区是相互联系、相互作用的，但是其作用的基本路线在幼儿期和成人期却截然相反。在幼儿期，皮质区相互作用的基本路线是"由下而上"，也就是说幼儿的一级区影响和促成着二级区的形成，而三级区则是在一、二级区的基础上到七岁以后才逐步发育成熟的。因此，所谓单纯、孤立的表象活动如果存在的话，也只有在幼儿中期才有可能；显然，这个年龄期的儿童一般还谈不到什么真正的文艺创作。"在心理机能完全成熟的成年人那里，主导地位就转移到皮质的高级区。甚至在感知周围世界的时候，成年人也把自己的印象组织到逻辑系统中去。换句话说，成年人的最高级皮质区控制着服从于它的第二级皮质区的工作，……它们的相互作用是'由上而下'。"② 因此，艺术家在进行创作时，不管他是否意识到，他实际都已经把表象活动纳入到一定的逻辑系统中去了。第二，从水平方面看，具有语言信号反映功能的大脑左半球自然制约和影响着具有直接形象反映功能的右半球的活动。人对客观事物的反映是通过第一信号系统（直观）和第二信号系统（语言）的协同活动来完成的。现代心理科学的研究证明，大脑的左半球主要负责语言、逻辑等抽象思维的活动，右半球主要负责直观形象方面的活动。但是两半球的活动是相互联系、相互作用的，因此艺术家大脑右半球进行的形象活动，会通过神经联系传导到左半球并引起相应的语言活动；反之，左半球的语言活动也会引起右半球相应的形象活动。语言信号系统是人所特有的高级反映系统。人的左半球比动物发达得多，在心理生活中发挥的作用也大得多，因而被称为优势半球。它自然要影响和制约着右半球的直观形象活动。以上大脑皮层三个级区的垂直关系和两半球的水平关系构成了其认识机能的系统性活动。在这种系统性活动中，高级认识机能自然影响制约着较低级的认识机能。因此，文艺创作离不开抽象思维活动，自觉表象运动必然要受到抽象思维的制约和影响。

（二）抽象思维对自觉表象运动的影响和作用

抽象思维对自觉表象运动的影响和作用主要表现在以下几个方面：
1. 世界观对自觉表象运动的影响。众所周知，世界观指导着人的一切实

---

① 鲁利亚：《神经心理学原理》，科学出版社1983年版，第101、102页。
② 同上。

践活动。文艺创作中艺术家头脑中的自觉表象运动必然要受到世界观的指导性影响。同样是咏梅,同样是对头脑中梅花及与其相关事物的表象进行分解综合,陆游词中所写的情况是:"无意苦争春,一任群芳妒。零落成泥碾作尘,只有香如故",反映了一个封建士大夫孤芳自怜、自艾自怨的消极情绪;而在毛泽东同志的词中则又是一种情况:"俏也不争春,只把春来报。待到山花烂漫时,她在丛中笑",表现了一个无产阶级革命家的宽广胸怀。两种不同的表象运动成果显然受到两种世界观的指导。那么,世界观是以什么样的心理形式存在于人的脑际的呢?答案非常清楚;不论是"上帝创造世界",还是"世界统一于物质",都是抽象的概念和判断。因此,从心理形式的角度看,世界观对艺术形象创造的指导,正是抽象思维对自觉表象运动影响的一种表现。

2. 创作目的、主题对自觉表象运动的影响。文艺创作中的自觉表象运动并不是毫无目的地对表象进行杂乱拼凑,而是按照一定的目的和主题对表象进行分解和综合的。为了说明这个问题,我们不妨听一听王式廓同志谈他创作《血衣》——这幅反映土改斗争的画卷的过程:"经过反复研究思考,我逐渐肯定:表现敌我阶级的矛盾和斗争——揭露封建地主阶级对农民的残酷压迫和剥削;另一方面表现农民的痛苦、仇恨和斗争,以及在党领导下斗争的必然趋势;这是我所应把握的主题思想。"主题思想明确后,作者就以此为指导塑造人物形象:"我想借血衣展开的瞬间,塑造一个在旧社会积压了无数悲苦灾难站起来向地主阶级复仇的坚强的劳动人民母亲的形象。……因此,我一方面加强她的面部手部的皱纹和瞎眼,想以此来揭露旧社会对她的煎熬和压迫,另一方面加强眉间、牙关、手势和动态、散乱的头发等,以表现她对敌人的忿恨和复仇的情绪。"①我们从中可以清楚地看到,作者是怎样在抽象思维形态的创作目的和主题思想的指导下,对表象进行加工改造的。当然,创作目的和作品主题并不都是这样明确的,有些甚至并未形成抽象思维的概括形态。但是,我们不能因此否定抽象思维对这些创作活动的影响,因为除此之外,抽象思维还以其他形式对自觉表象运动产生影响。

3. 文艺理论对自觉表象运动的影响。理论是对创作经验的总结,是抽象思维形态的认识成果。无论是文学中的典型理论,还是绘画中的透视理论或

---

① 见傅抱石等著《美术创作经验谈》,上海人民美术出版社1961年版,第34-39页。

音乐中的和声理论，都会对艺术家头脑中的自觉表象运动发生指导作用。当然，对于一个熟练的艺术家来说，这些概念判断不一定会明显地出现在脑际；但这只能说是理论指导更深入地融合于创作构思，所以能"从心所欲不逾矩"，而不能说明创作不受抽象思维的理论指导。

4. 语言活动对自觉表象运动的影响。语言是概念的物质外壳，抽象思维就是通过言语活动进行的。言语与表象又有着密切的关系，一定的言语常常会引起一定的表象活动。文艺创作离不开语言活动。语言对自觉表象运动的作用是抽象思维对自觉表象运动发生影响的一种最明显的表现。有的同志认为，语言是有形象性的，因此而有诗歌小说，怎能将语言活动看作抽象思维的表现？这是一个误解。其实，语言并没有形象性。这个问题我们将在下篇中专门讨论，在此不加赘述。还有的同志可能会说，绘画、音乐等创作并不存在言语活动，也就不存在表现为言语的抽象思维的影响。这种说法是片面的。绘画、音乐等创作也存在言语活动，只不过是一种内部言语，没有外化而已。当画家考虑色彩的深浅浓淡，音乐家琢磨音律高低缓急时，他实际上是不断地用言语做着判断的，只是这种判断是在头脑中进行而已。

5. 逻辑关系对自觉表象运动的影响。事物之间存在着内部的逻辑关系。艺术家在创作中也总是力求反映出事物的内部联系，而不是满足于对事物表面现象的拼凑。因此，在自觉表象运动中必然有对事物逻辑关系的认识的影响。即使是一些浪漫主义的、夸张的作品，例如李白的"燕山雪花大如席"这句诗，虽然在一定程度上突破了逻辑关系的束缚，但总还是符合"燕山有雪"这种逻辑。前面所举《血疑》之例也能说明这个问题。事物的逻辑关系是通过抽象思维来反映的。因此，这也是抽象思维对自觉表象运动影响的一种表现。

除了以上五方面内容之外，文学作品里的人物对话或心理描写中的一些议论、推理，也分明表现了自觉表象运动中渗透着抽象思维的活动。

（三）文艺创作中抽象思维对自觉表象运动影响与作用的特点

抽象思维对自觉表象运动的影响与作用，不仅在文艺创作中存在，在其他认识和实践活动中也存在。那么，文艺创作中抽象思维对自觉表象运动的影响与作用有什么特点呢？

1. 辅助性。在其他认识活动中，例如设计楼房、飞机，抽象思维处于主导地位。楼房、飞机的表象都是在数据计算、原理推导等抽象思维活动的直接指导下形成的，自觉表象运动处于辅助地位。文艺创作则不然。它不像飞机设计那样细致地考虑飞机各部位的表象及其组合是否严格符合有关的原理和数据。因此，其自觉表象运动处于显要地位，抽象思维只是在一个较高水平上对其进行制约和调节，处于一种辅助配合的地位。

2. 模糊性。人的一切心理活动都存在着注意的指向性，处于注意中心的心理活动在意识中比较清晰明确，处于注意边缘的心理活动则比较模糊不清。在文艺创作中，艺术家的注意力集中在处于显要地位的自觉表象运动。这样，抽象思维就往往表现为一种不清晰、不明确的模糊形态。剧作家曹禺对他的名作《雷雨》曾说过这样一段话：

> 我并没有显明地意识着我是要匡正，讽刺或攻击什么。也许写到末了，隐隐仿佛有一种情感的汹涌的流来推动我，我在发泄着被压抑的愤懑，毁谤着中国的家庭和社会。然而在起首，我初次有了《雷雨》一个模糊的影像的时候，逗起我的兴趣的，只是一两段情节，几个人物，一种复杂而又原始的情绪。①

作者在构思《雷雨》时，处于显要地位的心理活动是由一些情节和人物构成的自觉表象运动。至于抽象思维活动，虽然也在相应地发挥作用，作者却"并没有显明地意识"到。而其他的实践认识活动却不是这样，例如设计一座楼房，其设计目的和规格是被设计者鲜明地意识到，并以之为依据组织表象运动的。

3. 情感的关联。在其他认识和实践活动中，抽象思维对表象运动的指导往往是直接的，单纯的。前面所举飞机与楼房设计之例都是如此。文艺创作中抽象思维对自觉表象运动的调节却是间接的，总是与情感活动相纠结，甚或以情感倾向为中介。前面所举曹禺同志创作《雷雨》的体会就表明，开始对他直接发生作用的是"一种复杂而又原始的情绪"，末了推动他的又是"一种情感的汹涌的流"。这种情感是不可能不经思考而生。思考中也不可能没

---

① 见曹禺《雷雨·序》，文化生活出版社1953年版。

有抽象思维的参与。但它却以情感的倾向为中介促进了表象运动和形象创造。因此，只有那种由艺术家在自己切身的生活经验中得出或印证过的、并在自己内心情感中深切体验过的抽象思维认识，才能对自觉表象运动产生积极的影响。没有情感的生硬概念，只能妨碍艺术想象。

4. 有可能发生矛盾。 表象运动一方面受旧有的概念认识的影响与制约，另一方面又由于其与现实的直接联系而可能与原有的概念认识发生矛盾。因为文艺创作中的自觉表象运动相当活跃突出。以《水浒》后半部而论，作者毫无疑问地认为梁山起义只有受招安才是一条"正路"，才符合"忠义"这一封建道德概念；但受招安之后，一个个起义英雄的结局又是如此之惨，这清楚地反映了作者头脑中概念认识与表象运动的矛盾。因为表象是客观现实的直接反映。表象按照现实的逻辑自主地运动，起义英雄只能是被害的结局。表象这种活跃的运动实际在酝酿产生着一种新的概念，否定着原有的概念。还有一种情况，是创作者故意要使表象运动及其成果与原有的抽象思维积累"对着干"，使创作表现为荒诞的、反理性的形态，这就是在抽象思维与表象运动之间故意制造矛盾。

以上我们从三个方面讨论了文艺创作中的抽象思维活动。有的同志可能会说："文艺创作是要用形象思维的，为什么要如此强调抽象思维的作用？"其实，所谓形象思维，就其心理内容而言，就是抽象思维制约、配合、影响下的自觉表象运动，是抽象思维与自觉表象运动的有机统一。

语言与形象

（一）语言与形象的一般关系

文学是语言的艺术，而一切艺术又具有形象的特性。这就引出了一个问题：语言有没有形象性呢？如果我们说语言没有形象性，恐怕一些同志要说：诗歌、小说等分明是用语言来创造形象的，人们在阅读时也分明感受到了其中的形象，怎么能说语言没有形象性呢？然而语言除少数象声词外确确实实是没有形象性的。要搞清这个问题，还应该从语言的本质来看。

语言是人们反映客观世界的一种符号系统。在任何民族的语言中，只有少数象声词由于直接用人声来模拟客观世界的声音，因而能给人以某种由听觉感知的形象。例如"当当当"，不论哪国人都知道是敲击硬东西发出的声音。另外，中国上古及有些民族中的象形文字，由于是对客观事物形象的直接模仿，因而也有一定的形象性。但是，任何一种民族语言中基本的，占绝大多数的符号都没有形象性。它们无论表现为听觉形式（言语）还是视觉形式（文字），都不是客观事物的直接摹写，与客观事物的形象本身没有必然的联系。例如，汉语中的"太阳"一词，是客观世界中那个物质太阳的符号。物质太阳本身具有种种形象特征。比如，圆的、红的、热的等等，但在"太阳"一词中却没有任何表现。汉语叫"太阳"，英语叫"Sun"，其他语言又另有叫法。它们的声和形都与那个客观存在的太阳没有任何必然联系。它们都只是一种约定俗成的符号，而不像一幅描摹太阳的画那样能够直接反映出实体太阳的某些形象特征。

语词不仅只是事物的符号，而且还是经过抽象概括的事物的符号。正如列宁所说："任何词（言语）都已经是在概括。"[①] 我们用"树"来作为树的符

---

① 《列宁全集》，第38卷，人民出版社1960年版，第303页。

号，它所代表的就不只是我们看到的某一棵个别的松树或柏树，而是具有某种共同性质的一切木本植物。这是我们通过对各种各样树木的特征进行概括后产生的一种抽象认识成果——概念。因此，语词所直接代表的是我们对客观事物的概念。它是概念的物质承担者。

语言虽然没有形象性，却能够引起形象感。在前面的章节中我们谈过，在个体认识的发展过程中，概念是通过对大量表象的抽象概括而形成的。但是，一个重要的心理事实是：概念形成后，与之相关的原有的表象并不会消失，而是概念相互联系，共同存在于人的脑际。例如，我们在形成"人是一切社会关系的总和"这一概念后，原有的各种具体的人的表象并没有消失，而是与概念之间建立了联系。当我们用语词去标志概念的时候，表象与概念的联系就表现为与语词的联系。因此，"人的表象经常是和言语、词联系着的，过去的经验总是以表象和词的形式保持着，回忆也总是凭借表象和词二者进行的。"[①] 人在说话的时候，脑子里可能出现一定的表象活动；而听话的人也可能被词和言语引起相应的表象联想和想象；这就是我们在欣赏诗歌和小说时能够感受到形象的原因。但是这种形象并非语言本身所具有的，而是语言所引起的表象活动。所以说语言没有形象性，却能够引起形象感。

（二）语言艺术中的形象创造

所谓语言艺术，就是要求作者通过复杂的艺术构思，千方百计用代表抽象概念的语言来准确地描述生动具体的形象。那么，怎样做到这一点呢？有些同志可能会说，要多选择那些形象感强的语词。这话说得有一定道理。语词与相应表象的联系确实有远近之分。例如，哲学与科学中常用的物质、存在、引力、能量、社会、经济等等，其抽象概括性较高，在人们头脑中引发的表象也比较模糊而游移；有些语词则与相应的表象关系较近，如风花雪月、高山流水、草木鱼虫、风云雷雨、少男少女、老叟孩童等等，在人们头脑中引发的表象比较明晰稳定，因而比较为语言艺术创作者所乐用。然而，是否简单堆砌与表象关系较近的语词就一定使读者产生鲜明而深刻的形象感呢？并非如此。试看汉代的一些赋、六朝的一些诗、两宋的一些词，其中何尝不充满了华词丽句、繁声艳色，然而却终于不能使读者产生鲜明而深刻的印象。

[①] 曹日昌主编：《普通心理学》，上册，人民教育出版社1980年版，第212-214页。

因此，语言艺术中的形象创造，首先并不是一个单纯使用语言的问题，而是对客观事物的形象的认识是否真切深刻的问题。近人王国维在《人间词话》中有一段话，说得相当有理：

> 大家之作，其言情也必沁人心脾，其写景也必豁人耳目，其辞脱口而出，无矫揉妆束之态，以其所见者真，所知者深也。

从艺术创作的心理活动来看，所谓"所见者真，所知者深"就是说作者在对某一事物作艺术的反映时，脑子里必须形成对该事物的真实明确而富有特征的稳定的表象，并且还须了解其内部联系和本质属性，使明确的表象和深刻的概念结合起来。要做到这一步，首先要求作家头脑中的自觉表象运动深刻成熟。《红楼梦》第三回在描写贾宝玉面部表情时有这样一句话："虽怒时而似笑，即瞋视而有情。""怒"与"笑""瞋视"与"有情"，都是一些与表象关系比较密切的词语；但是如果光说"怒"或"笑"，甚至再分别堆砌一些修饰词语，读者在头脑中也不会留下多么特殊、深刻的印象；而二者一经结合成为"虽怒时而似笑"，却像起了化学变化似的，使读者不由自主地按照作者的诱导对头脑中原有的关于人的容貌情态的表象进行分解综合，从而形成了一个新的表象，留下了富有特征的、深刻的印象。毫无疑问，作者高超的语言艺术技巧（例如"笑"与"怒"二词的选择与结合，"虽"与"似"的运用等），对于读者头脑中表象的形成，是发挥了重大作用的。但是就这一形象的创造而言，作者首先是在头脑中形成了"虽怒时而似笑，即瞋视而有情"这一极有特征的表象，然后才通过相应的语言，将其凝固和表现出来的。如果曹雪芹的脑中没有形成贾宝玉那独特情态的表象，没有深刻理解这一情态特征的种种含义以至它与人物的思想性格、行为作风的内在联系，那么他的语言技巧无论多么高超，也写不出这个形象。

有的同志可能会想：照这样说，语言在艺术形象的创造中不是毫无作用了吗？并非如此。我们如此强调表象活动在语言艺术形象创造中的首要地位，旨在说明语言本身并无形象性，因而也无法直接构成艺术形象；语言艺术中的形象首先产生于创作者和欣赏者头脑中的表象活动，语言只是表象外化的手段和表象传达的媒介。但是，这并不等于说语言在语言艺术形象的创造中无足轻重。恰恰相反，由于它是表象的外化手段和传达媒介，比之其他艺术，

它在语言艺术中发挥着更为特殊和突出的作用:

第一,外化表象运动成果。作为心理形态的艺术形象(表象运动的成果),要通过一定的物质载体外化出来,才能变成欣赏者认识的对象。在外化表象运动成果上,绘画靠的是色彩和线条,音乐靠的是乐音,语言艺术靠的是语言。将表象运动成果外化为语言并不是一件轻而易举的事,晋人陆机在《文赋》中说,写文章"恒患意不称物,文不逮意";如果说"意不称物"是表象运动不能深刻准确地反映客观事物形象,"文不逮意"则是语言不能准确传达出表象运动的成果。为了准确传达出表象运动的成果,古人常常在语句锤炼上下功夫。传说王安石在创作《泊船瓜州》的"春风又绿江南岸"一句时,对其中的"绿"字,就经历了一个从"到"字、"过"字、"入"字、"满"字直至定为"绿"字的选择锤炼过程。这个"绿"字之所以好,就在于它以形容词动用的形式,不仅表现了以上诸字所具有的动态,而且表现出以上诸字所表现不出的长江南岸的新绿色彩,从而准确地传达出诗人头脑中表象运动的成果及其思恋之情。仔细玩味"春风又绿江南岸"所引起的形象感,可知语言因素在其中起着多方面的作用,包括句式的确定、词性的活用、语感的把握、声韵的调节等等。没有语言的这些作用,读者头脑中是不会形成如此鲜明而又和谐的形象。

第二,影响表象运动过程。在任何艺术创作的表象运动中,语言都要不同程度地发挥作用。在语言艺术中,这种作用更为突出。这主要表现在语言的外化并不是消极被动的,而是对表象运动产生着积极的影响。在实际的创作活动中,表象运动与语言外化并不像我们以上因为分析而说的那样泾渭分明,而是相互联系、相互作用、紧密交织在一起的。对于创作构思中的这种心理活动状况,可以用一个脍炙人口的故事来作例证:

"(贾)岛初赴举京师,一日,于驴上得句云。'鸟宿池边树,僧敲月下门。'始欲着'推'字,又欲着'敲'字,练之未定,遂于驴上吟哦,时时引手作推敲之势。"(《苕溪渔隐丛话·前集》引《刘公嘉话》)

这里所描绘的贾岛边吟哦边动作的形态,生动说明了诗人构思过程中表象运动与语言锤炼的紧密交织。在这里,用字的变化固然追随着表象的变化,但同时也在影响和促进着表象的变化。诗人始欲着"推"字,又欲着"敲"

字，说明此时头脑中的表象尚未明确固定；对"推""敲"二字概念内涵的玩味，使诗人返回头对其概念外延——推、敲的动作表象进行深入的体会和斟酌，以至这种表象运动不觉外化出来，"时时引手作推敲之势"。这个例子生动说明，语言在艺术形象的创造中是发挥着积极作用的。

（三）语言艺术的表现特点

任何艺术都要以形象来表现生活，但语言艺术的形象表现却与其他艺术不同。在其他艺术中，形象的表现是直接的；无论是绘画、音乐，还是戏剧电影，其形象我们都可以通过视觉、听觉等直接感知。语言艺术则不然，由于它是以代表抽象概念的语言符号作为表达手段的，因此它的形象表现是间接的；我们不能通过感官直接感知形象，而必须通过语言所提供的再造条件进行再造想象，在自己头脑中把形象再造出来。因此，语言艺术也可以说是"想象的艺术"。从这个意义上说，语言艺术形象的最后完成不仅是作者的事，而且有赖于读者充分发挥自己的想象功能。但是，作者毕竟是主导方面，读者毕竟要按照作者对形象的规定去想。因此，在语言艺术的形象表现上，作者一定要在启发诱导读者的联想和想象上下功夫。

怎样启发读者想象呢？这就不能不考虑语言的表现特点。语言所直接代表的是概念。因此，它在形象的直观表现上不如其他艺术手段明确，而在形象内质的表现上其明确性又大大超过其他艺术手段。看舞剧《天鹅湖》，我们对其直观形象的感受是明确的，而对其内部含义及形象间的内部关系则不那么明确；听《天鹅湖》的故事则正相反，我们对其内部含义及人物间的内部关系是明确的，但对人物的直观印象却总不如舞剧那样明确。艺术语言要有效地引导读者进行再造想象以至创造想象，就要注意形象直观表现上的鲜明和形象内质表现上的含蓄。形象直观表现上不鲜明，读者就很难准确想象出事物的形貌；形象内质表现上不含蓄，读者一览无余，也会阻碍想象的深入。这正如宋代诗人梅尧臣所说："必能状难写之景如在目前，含不尽之意见于言外，然后为至矣。"[1]

形象直观表现上的鲜明与内质表现上的含蓄不是矛盾的，而是统一的；

---

[1] 欧阳修：《六一诗话》，转引自郭绍虞主编《中国历代文论选》第二册，上海古籍出版社1979年版，第244页。

它统一于对所要表现的事物特征的揭示上。特征是一事物区别于它事物的征象和标志。抓住了事物特征，也就抓住了认识该事物的钥匙。事物有内部特征与外部特征之分。作家要善于将事物的内部特征如盐溶于水一样溶化在其外部特征的表现中，通过突出事物的外部特征以达到由表及里的表现，而不要一味借助语言表现概念的优势将其明确地指出来。事物的外部特征表现鲜明，读者就获得了想象的方向；事物的内部特征表现含蓄，读者就获得了想象的天地；二者的有机结合，就达到了梅尧臣所说的"状难写之景如在目前，含不尽之意见于言外"的境界。

那么，如何用代表抽象概念的语言来表现形象的特征以启发和诱导欣赏者的想象呢？古今中外的文学家在这方面积累了丰富的经验。例如，强调、夸张、反衬、对比、比喻、象征等等都是重要的语言表现手法。从欣赏心理的角度看，它们都是通过引导欣赏者对事物进行比较，使形象某一方面的特征突出出来，进而通过欣赏者的联想和想象，形成鲜明的表象，体会内在的意蕴。

强调和夸张是通过对形象特征的强化使欣赏者在头脑中不自觉地与原有的相应表象进行比较，从而对形象特征获得强烈印象。李白诗"白发三千丈，缘愁似个长。不知明镜里，何处得秋霜？"所采用的就是夸张手法。白发如何能有三千丈？夸张的语言在读者头脑中唤起的形象感与其日常生活中的经验发生了尖锐的冲突，从而吸引欣赏者去想象那"白发三千丈"的情状，体会内中所蕴含的作者愁闷抑郁的感情。

反衬和对比是通过两个以上相互对立事物的比较来突出形象特征的。杜甫诗句"朱门酒肉臭，路有冻死骨"，人称"力透纸背"。其强烈的艺术力量就在于作者将对当时社会特征的深刻理性认识寓于典型形象的对比之中。形象的相互对比使各自的特征更为突出，在读者头脑中形成强烈印象，迫使读者不能不去想象这贫富对立的画面及其所含的内旨。

认识与情感的关系

人类的种种创造都伴随着一定的情感活动。正如列宁所说："没有'人的感情'就从来没有也不可能有人对于真理的追求。"① 但是在科学及其他创造活动中，情感一般只发挥动力作用，并不一定要表现在创造成果中；而文艺创作中的情感活动则不仅发挥着动力作用，而且一定要在创作成果中表现出来。因此，情感在文艺创作中具有极其重要的意义。十九世纪俄国进步文艺理论家别林斯基说："没有感情，就没有诗人，也没有诗歌。"② 实际上一切文艺创作都是如此。自本篇以下三篇我们就将具体讨论文艺创作中的情感活动问题。本篇所要论述的是认识与情感的关系。

（一）情感依赖于认识

在前面几篇，我们分别讨论了创作中的感知活动、自觉表象运动和抽象思维作用。从心理学的角度看，它们都属于认识的范畴。与认识相对应的一个范畴是情感。那么什么是情感呢？情感就是人们对与之发生关系的客观事物的态度的体验。为了具体了解这个问题，必须抓住两点：一是"态度"，二是"体验"。人在世界中生活，一方面自身存在着这样或那样的需要；另一方面又要同周围的环境发生这样那样的关系。客观信息通过人的各种认识活动（感知、表象、思维）作用于个体，个体会由于其是否满足自己的需要而产生一定的态度（如肯定、否定等）。这种态度引起了个体以某种感受为特征的体验。这就是情感活动。例如，某人接到了大学录取通知书，这个信息满足了他上大学的需要，他对此便产生了肯定的态度；此时，他的体内可能出现心跳加快、血压升高乃至泪腺加速分泌等生理变化。于是，他便体验到一种欣

---

① 《列宁全集》，第20卷，人民出版社1958年版，第255页。
② 见《古典文艺理论译丛》，第11辑。

喜激动的情感。一般来讲，情感可以作为一个总的概念来使用，而把情感体验心理过程进行的具体形式称为情绪。

那么，创作活动中情感与认识存在着怎样的关系呢？我们可以用一句话来概括：情感依赖于认识，又反作用于认识。在本篇中我们只讨论情感对认识的依赖关系。这主要表现在两个方面：

1. **认识是情感的前提和基础。**诚然，客观现实是情感的源泉，但是没有人对事物的认识，就不能产生情感。所谓聋者不觉噪音之讨厌，盲者不知丽色之可喜，就是最好的例证。只有对事物本身属性的认识，才能有主客体之间需求关系的反映，从而产生情绪与情感。从生理机制上看，人的认识活动是在大脑皮层上进行的，而情绪反应则是由皮层下中枢（位于皮层下的丘脑、下丘脑、网状结构、边缘系统等）直接发动的。大脑皮层与皮下中枢之间有着密切的神经联系。情感实际上是大脑皮层和皮层下中枢协同活动的结果。外界的刺激通过人的各种感官传至大脑皮层，皮层通过对它们的认识评价（根据其与自身需要的关系）而形成一定的态度，然后通过神经兴奋将其传至皮层下中枢。"位于两半球皮下的脑的各个部位有着有机体生理活动的各个不同中枢：呼吸中枢、心脏血管中枢、消化中枢、分泌中枢等。因此，皮下中枢的兴奋便引起许多内脏器官活动的增强"，使机体出现一些反应，如"呼吸节律的变化（人因心绪不安而呼吸加快，呼吸困难与断续）、心脏活动的变化（心脏停止跳动与跳动增强）、有机体各部分的供血变化（因害羞而脸红、因恐惧而脸色苍白）、分泌腺机能的失调（因悲痛而流泪、因心绪不安而口干、因害怕而出'冷'汗）等。"[①]这种反应返回传至大脑皮层，人就会感到被一种情绪状态所笼罩。因此，"情绪过程是被皮下结构调节的，而评价、认识等过程则是大脑皮层的机能，只有大脑皮层能评价经验的感情性质，并组合这些情绪为怕、怒、爱或恨。"[②]所以说，大脑皮层对客观事物的认识活动是情感活动的源泉和内容。

2. **认识调节和控制情感活动。**大脑皮层是皮下中枢及整个有机体的最高调节器，皮层自觉的、有目的的认识活动可以对情感活动进行调节和影响，使之适应人的目的、意图和行为程序。这项工作主要是由位于大脑前额部的

---

① 彼得罗夫斯基主编：《普通心理学》，人民教育出版社1981年版，第400页。
② 曹日昌主编：《普通心理学》，下册，人民教育出版社1980年版，第59页。

皮层来完成的。大脑前额部皮层是在生物进化过程中最后发展起来的、增生在大脑皮质各部位之上的最高级神经组织。它是负责制定行为程序、调节和控制心理活动的机构。它"保证运动和行动服从于相应的意图，建立完成运动动作的程序，保证对运动的进行予以调节和控制，借以保持运动进行的有组织、有理性的性质。"①皮层前额部的这种机能是通过它与大脑各部位的神经联系来实现的，"它不仅与脑的下部（内侧核和腹侧核、丘脑枕以及其他组织）和网状组织的相应部分相联系，而且实质上与皮质的所有其余部分相联系"。它可以"给予网状结构组织以强有力的调制性影响，赋予网状结构的激活性冲动以分化性性质，并引导它们与那些直接在脑的额叶皮质中形成的行为动力图式相适应。"②文艺创作是一种有目的的艺术认识活动，在创作过程中，认识不仅能自然地诱发情感活动，而且能自觉地调节和控制情感活动，使之服从于整个创作的目的和要求。

以上我们从整体上分析了创作中情感对认识的依赖关系。下面我们将具体讨论这种关系在感知活动、想象活动和抽象思维中的表现。

（二）感知活动与情感

文艺创作中艺术家的情感活动源于何处？我国战国时期的《礼记·乐记》一书曾对此作过精辟的论述："凡音之起，由人心生也。人心之动，物使之然也。感于物而动，故形于声。"这就告诉我们艺术家的情感活动来源于客观世界，是"物使之然也"。但是，客观事物只有与人发生关系才能使人产生情感活动，只有"感于物"才能"动"；因此，从心理过程来看，文艺创作中情感活动的最初直接来源是对客观事物的感知。我们可以通过李白的一首脍炙人口的小诗《静夜思》来分析感知诱发情感的过程：

床前明月光，疑是地上霜。
举头望明月，低头思故乡。

这首诗记述了作者由对明月的感知而诱发的情感活动。夜深人静，独卧

---

① 鲁利亚：《神经心理学原理》，科学出版社1983年版，第123页。
② 鲁利亚：《神经心理学原理》，科学出版社1983年版，第110页。

不眠，床前明月光映入作者眼帘。那泻满地面的如银月光伴着周围寂寞的环境，使诗人产生了一种凄清冷漠的感觉和情绪，以至使他感到那仿佛是铺在地面上的一层秋霜。对月光的感知引发了他"独在异乡为异客"的凄凉孤独的心绪。他不禁追光溯源，抬头望见了天上的一轮明月。这明月又进一步诱发了他"隔千里兮共明月"的情感，使他想到了故乡、家人，不禁低下头来，沉浸在对故乡、家人的深切思念之中。从中我们可以看出，情感随着对客观事物的感知而产生，随着感知的深入而深入。当然，这其中也伴随着回忆、联想、想象等心理活动，但这些心理活动毕竟是由感知所引起的。

有的同志可能会说，这首诗并不一定是感知当时所作。不错，很有可能；而且严格地说，感知并不能直接进入创作构思而只能成为创作的契机，直接进入创作构思的是表象及与之相应的情感。但表象及其情感的来源却是感知，对客观事物的感知一方面使艺术家形成表象，另一方面也引发相应的情感活动。表象活动与情感活动以神经兴奋的方式在艺术家大脑皮层上建立了暂时神经联系，二者共同留在了艺术家的记忆中。过后，当该表象浮现时，与之相联系的情感也就相应产生，使艺术家好像又回到了当时的环境。巴金在谈小说《家》的创作时说："我也说过：'书中人物都是我所爱过和我所恨过的。许多场面都是我亲眼见过或者亲身经历过的，的确，我写家的时候，我仿佛在跟一些人一同受苦，一同在魔爪下面挣扎，我陪着那些可爱的年轻生命欢笑，也陪着他们哀哭。我一个字一个字地写下去，我好像在挖开我的记忆的坟墓，我又看见了过去使我的心灵激动的一切。"[①]巴金在写作时的情感（"欢笑""哀哭"）是伴随着头脑中的表象（"那些可爱的年轻生命"）而活动的，而这些表象和情感则来源于他过去的感知。因为那些人物、场面是他"亲眼见过或者亲身经历过的"，是他"所爱过"和"所恨过"的。因此，创作中的情感活动固然可以伴随着自觉表象运动而发展变化，但是其本源却是来自对客观事物的感知，然后以表象为载体储存在记忆中。

（三）想象活动与情感

在文艺创作中，自觉表象运动主要表现为想象活动。同感知活动相比，

[①] 山东师范学院中文系文艺理论教研室编：《中国现代作家谈创作经验》，山东人民出版社1980年版，第206页。

想象对情感的作用具有一些新的特点。

  1. 想象使情感活动鲜明集中。感知过程中的情感活动是由客观事物形象直接引起的，而想象中的情感活动则是由记忆中的相应表象间接引起的。但是，想象并不是感知表象的简单再现，其所诱发的情感活动也不是感知过程中情感活动的简单复苏。想象是艺术家根据一定的创作目的对记忆中的表象所进行的分解综合、改造加工。在这个过程中，皮层前额部一方面根据一定的创作目的从水平方向对皮层其他部分的活动进行调节和指导，从而使原来分散、杂乱、模糊的表象愈益鲜明和集中；另一方面又从垂直方向对网状结构的弥散性情绪兴奋给予分化性的调节影响，使之伴随着表象的运动而愈益集中和鲜明。陆机在《文赋》中所说的"情曈昽而弥鲜，物昭晰而互进"，正是对这一状况的极好形容。想象的结果是新的典型形象的形成，这一典型形象由于在表现力上远远超出感知表象，因此对情感活动的诱发力更强。歌剧《白毛女》是根据晋察冀边区流传的"白毛仙姑"的传说创作的。原故事中"白毛仙姑"的形象由于缺乏较深刻的社会内容，以及艺术表现上的粗糙松散，故缺乏深刻的感染力。而经过创作者艺术上的加工与想象，融旧社会千百万贫苦农民的血泪遭遇于"喜儿"一身，使人物具有了"旧社会把人逼成鬼，新社会把鬼变成人"这一深刻的社会内容，从而使形象的表现力和对情感活动的诱发力远远超出旧的素材，以至战士们在观看时群情激愤，甚至要开枪向反面角色射击。可以想见，创作过程中创作者的情感活动也是会随着想象的集中深入而愈益鲜明强烈的。

  2. 想象使情感活动发展变化。想象是创造形象的过程，也是对形象深入认识的过程。伴随着想象认识的发展变化，情感活动也在相应地发展变化。一种情况是，想象使形象愈益典型、情节愈益发展，艺术家也越来越深地被自己创造的形象所感动，从而使情感活动越来越加强。巴尔扎克在创作《高老头》时，对这个被冷酷的金钱社会所抛弃的老人充满了同情。有一次他的朋友去看他，发现他面色苍白、脉搏微弱，以为他生了病。巴尔扎克叹息了一声说："哪里是什么病！是刚才我写到高老头死时，心里难受极了，一下子就昏过去了。"朋友走到桌前，看见这一章稿纸上满是泪水的痕迹。[①] 另一种情况是，当艺术家按照生活的逻辑进行想象时，形象自身的发展改变了艺

[①] 见龙协涛编著《艺苑趣谈录》，北京大学出版社1984年第一版，第302页。

家的预想，从而引起了他情感性质的变化。托尔斯泰创作《安娜·卡列尼娜》时，开始对主人公安娜抱有一种鄙视的情感；随着创作的进行，当形象按照人物自身的性格逻辑发展变化、安娜不断受到贵族上流社会的欺骗、诋毁和迫害时，作家的情感也逐渐由鄙视转为同情。这都因为想象是个认识过程，认识可以改变，于是情感随之也发生变化。

  3. **想象使情感活动的类型复杂多样**。艺术想象是一种创造活动，因此它所诱发的情感活动比之感知要复杂多样；分析起来，大致有三种情况。第一种是创造活动本身所引起的情感活动。同其他创造一样，文艺创作是创造者本质力量对象化的过程，其想象活动本身就可以诱发创作者的情感活动。像科学家从事研究、发明家进行发明一样，艺术家在想象活动中每解决一个难题、克服一个困难都会产生一种愉快、自豪的感情；反之，如果思路不畅、进展不利甚至夭折失败，都会使其产生沮丧、烦躁的情绪。第二种是创造对象所引起的情感活动。在艺术想象中，艺术家既是形象的创造者，又是形象的欣赏者，他不时被自己所创造的形象感染着、激动着。柴可夫斯基在谈到他创作歌剧《叶甫盖尼·奥涅金》时说："当我写作这篇音乐时，由于难以借笔墨表示的欣赏，我甚至完全都融化了，身体都在颤抖着。"文艺创作想象中的这种情感活动，是其他创造活动中少见的。第三种是艺术形象自身的情感活动。在创作想象中，艺术家的情感活动不仅有自身的，而且有角色的。当艺术家将自己想象为角色时，他就在体验着角色的情感活动。法国作家福楼拜在谈他创作《包法利夫人》的体会时说："写书时把自己完全忘去，创造什么人就过什么人物的生活，真是一件快事。"① 他在描写主人公爱玛·包法利服毒自杀时，口里仿佛有了砒霜的气味，并且体验到一种痛苦绝望的感情。文艺创作想象中的这种情感活动，也是其他创造活动中所没有的。

（四）抽象思维与情感

  在文艺创作中，抽象思维也对情感产生着作用，这种作用主要表现在以下两个方面：

  1. **诱发情感**。抽象思维需要理智和冷静，但它也会引起情感活动；因为情感的产生有赖于反映主体与客体之间需要与满足关系的认识内容，而不

---

① 转引自《朱光潜美学文学论文选集》，湖南人民出版社1980年版，第80页。

关乎认识的形式。同感知、想象比起来，抽象思维所诱发的情感活动又另有特点。由于思维是一种间接的认识，其认识范围远远不止于直接反映的事物，因此它所诱发的情感活动，在深度和广度上，也常常会超过感知和想象所诱发的情感活动。《红楼梦》二十七至二十八回，写贾宝玉偷听林黛玉的《葬花诗》，"先不过点头感叹；次又听到'侬今葬花人笑痴，他年葬侬知是谁？……一朝春尽红颜老，花落人亡两不知'等句，不觉恸倒山坡上，怀里兜的落花撒了一地。试想林黛玉的花颜月貌，将来亦到无可寻觅之时，宁不心碎肠断，既黛玉终归无可寻觅之时，推之于他人，如宝钗、香菱、袭人等，亦可以到无可寻觅之时矣。宝钗等终归无可寻觅之时，则自己又安在呢？且自身尚不知何在何往，将来斯处、斯园、斯花、斯柳，又不知当属谁姓矣！因此一而二，二而三，反复推求了去，真不知此时此际如何解释这段悲伤！"在这一段中，贾宝玉所直接感知的只有林黛玉在葬花和作诗。如果认识内容仅限于此，那么情感活动的深度和广度就很有限。而宝玉在感知的同时，运用了思维来"反复推求"，终于通过事物的类比关系、因果关系、点面关系，对未直接反映的东西越想越深、越想越广，情感活动也越来越强烈。通过书中对贾宝玉心理活动的描写，当然也可窥知作者在创作中的心理活动，他的情感也是随着思维在那里运转的。

2. 控制情感。创作需要诱发情感，也需要控制情感。试想一个演员如果完全陷入角色的情感状态中，无控制地任凭情感自然发泄，像生活中一样大哭大喊，那么观众能从中感到美吗？这场戏又如何演下去呢？文学家也如此，即使他对自己作品中的反面人物再痛恨，在描写这一人物时，也要对这种情感进行控制，而站在这一人物的立场上来思想。那么靠什么来控制情感活动呢？靠意志；而意志的有效控制又来源于抽象思维的理性认识。抽象思维是人的自觉意识的最高表现，只有在人认识到为什么要控制情感时，意志才能有效地发挥作用。演员程晓英是电影《樱》中扮演森下光子时，开始由于对人物心理缺乏较深的理性认识，在拍摄与兄嫂相见而不能相认一场戏时，痛哭得失去了控制。后来她通过对人物心理的分析，认识到"森下光子此时的感情不是失去控制的痛哭，而是对痛苦的抑制"。在处理光子看妈妈这场戏时，她就从角色出发来思考光子当时的想法是：既然重逢不能给妈妈带来幸福和欢乐，那么重逢又有什么意义呢？但在离别故土之前，她又不甘心连妈妈的面也没见就走。因此，她以极大的理智克制自己的感情，以一个过路的外国人的身份去探望二十年没见面的中国妈妈……① 在实拍中，她眼里满含深情，却克制自己不让眼泪流下来。直到默默退出坐在车上后，眼泪才像泉水似的涌了出来。从中我们可以清楚看到理性思维在情感控制中的作用。

以上我们从感知、想象、思维三个方面分析了认识对情感活动的作用。需要指出的是，我们只是为了分析它们在对情感活动的作用上各有什么样的特点，才将其分而论之的。在实际的创作活动中，感知、想象、思维总是结合在一起对情感产生作用的（固然其中某一种认识形式可能发挥主要作用）。

---

① 程晓英：《探索的起点》，见《电影艺术》1980年第8期。

情感在创作中的作用

（一）情感对认识的反作用

情感不仅依赖于认识，而且反作用于认识。传为汉人所作的《毛诗序》说："情动于中而形于言，言之不足故嗟叹之，嗟叹之不足故永歌之，永歌之不足，不知手之舞之，足之蹈之也。"这是对情感在创作中的积极作用的一种描述。情感怎样反作用于认识，对认识有哪些作用和影响呢？

1. 情感对认识发挥着信号作用。 人的大脑皮层上所进行的感知、表象、思维等高级神经活动，就其产生方式来说，都是在无条件反射基础上形成的一系列条件反射活动。条件反射就是大脑皮层的信号活动。"情感——这是关于世界上所发生的对人具有着意义的事物的信号系统。"[1]客观世界众多的事物刺激着人的各种感官，人的意识域不可能对这些刺激物都发生条件反射。当某些刺激物由于对人有着某种意义（适应或违反人的某种需要），就会引起人的某种情绪反应。这种情绪反应所产生的内部生理变化会在大脑皮层上形成较为强烈的兴奋，从而引起人对这些刺激物的注意，并将其从原有的系统中分离出来而在皮层上与过去储存的、由于情绪兴奋而被唤醒或强化的有关信息建立起联系，于是意识域中的条件反射就形成了。例如，一位长于画菊的画家在众多的花卉中看到一株色态特异的菊花会产生兴奋喜悦的情感，这种情感在大脑皮层上形成的兴奋会引起他对这株菊花的注意，并迅速将其与大脑中储存的菊花表象和自己的审美趣味联系起来，于是他会对这株菊花仔细观察并将其记在脑子里或临摹下来。情感活动的这种作用不仅发生在感知活动中，也发生在表象、思维等认识活动中。当人的大脑中浮现的某种记忆表象诱发了他相应的情感活动后，皮层上产生的情绪性兴奋同样会引起人

---

[1] 彼得罗夫斯基主编：《普通心理学》，人民教育出版社1981年版，第395页。

对该表象的注意,并将其与其他有着类似情感性质的记忆表象联系起来。因此,皮下中枢兴奋所导致的情绪活动,"恰恰就是形成条件反射的强化。由于这种强化便形成各种条件反射,因而在大脑两半球皮层上形成各种暂时联系,这些暂时联系便是知觉、记忆、想象、思维、熟练、习惯、定势和行为定型(亦即构成个体的理智活动的全部东西)的基础。"①

2. 情感对认识发挥着调节作用。 人的任何一种意识活动都需要大脑皮层保持一种与之相适应的紧张度和积极性,现代心理学研究的结果证明,这种调节皮质紧张度和积极性的器官"不是位于皮质本身中,而是位于下部的脑干和脑的皮质下部位中,这些器官与皮质有着双重的关系,它既增强皮质的紧张度,同时又经受它的调节作用。"②这种器官就是分布在脑干至丘脑广大区域的网状神经系统。来自外部和内部(机体内的生理反应)的刺激是沿着两条神经通路传导到大脑皮层的。感觉神经将冲动通过脑干、丘脑等皮下中枢传至大脑皮层而形成特异性感觉(如视觉、听觉等),同时在经过脑干时又通过其侧枝将冲动传至位于脑干至丘脑广大部位的网状结构(网状结构几乎与大脑所有的中枢都保持着联系),并通过网状结构传至大脑皮层的广泛区域。网状结构的功能并非使皮层产生特异性感觉,而是维持与改变皮层的兴奋状态,调整大脑皮层的活动,使机体处于觉醒状态。没有网状结构对大脑皮层的激活与兴奋状态的调整,皮层上的各种认识活动(感知、表象、思维)都不能有效地进行。网状结构对皮层兴奋度的调节与情绪活动关系密切,这主要表现在两个方面。第一个方面是客观事物信息所引起的情绪活动的影响。当客观事物的刺激或头脑中记忆表象(储存客观事物信息)的活动引起个体一定的情绪活动后,内部生理变化的反应一方面通过特异性通道在大脑皮层上形成机体觉,另一方面通过丘脑、下丘脑的非特异性通道传入网状结构。网状结构接受了来自丘脑、下丘脑等皮下中枢的神经冲动,就对大脑皮层的兴奋水平进行调节。由于皮层下的许多中枢是无条件反射或本能的中枢,它的兴奋所引起的内部生理变化实际上是有机体在维持种族生存中所建立起来的机体结构的活动,因此具有较大的力量,它要求皮层对外部刺激或内部表象活动作出积极反应。第二个方面是人的有意活动中的意愿、目的和行为

---

① 彼得罗夫斯基主编:《普通心理学》,人民教育出版社1981年版,第402页。
② 鲁利亚:《神经心理学原理》,科学出版社1983年版,第84页。

程序所诱发的情感活动对网状结构的影响。"人的积极性的相当大的部分是受在人的有意识的生活过程中形成的意图和计划、远景和程序制约的",这种积极性生理机制上的源泉就是皮层前额部。"脑的前额——特别是它的内侧部和基底部——具有强大的、与网状结构相联系的上行联系束和下行联系束","它既能给予下部的神经组织以激活性作用,也能给予它们以抑制性作用"[①],从而使网状结构对整个大脑皮层兴奋状态的调节与人的复杂的自觉意识活动相适应。皮层前额部和皮下中枢相互作用对网状结构施加影响,并通过网状结构对整个大脑皮层神经细胞活动的积极性和兴奋度给予调节,这些就是情感活动对认识活动进行调节的生理机制。

以上我们从生理机制上分析了情感对认识的信号作用和调节作用,那么这些作用在创作中有哪些表现呢?下面我们将从形象感知和形象创造两方面来讨论这个问题。

(二)情感与形象感知

情感对形象感知的作用和影响主要表现在以下三个方面。

1. 情感影响着感知对象的选择。艺术家对感知对象的选择取决于对象对自身需要的意义,而情感正是作为这种对象的强化信号发挥作用的,它使对象的意义突出了。以前面所举画家观菊的例子来说,画家之所以选择那株特异的菊花来深入感知,是因为这株菊花满足了他的专业需要;而菊花的这种意义是通过情绪反应而引起画家重视的。情感活动对感知对象选择的影响不仅表现在需要的主体与对其有意义的客体相互作用所产生的情绪活动上,而且还表现在主体已有的情绪状态上。试设想一位创作者到郊外去观赏秋景,如若他处于一种积极愉快的情绪状态,那么他头脑中所形成的秋景表象就可能突出了稻浪棉海、蓝天白云等使人心悦神怡的事物;如若他处于一种消极感伤的情绪状态,那么大脑中所形成的秋景表象就可能突出了秋风枯叶、归雁落日等使人悲切忧伤的事物。在这里,已有的情绪状态使一些事物的形象变成强化信号,它突出了主体的倾向、态度和需要,吸引着与之情感性质类似、情绪反应模式相仿的事物(在内部是表象,在外部是感知对象);并为反映中介,使它们和作为情感诱因的其他事物之间建立起暂时神经联系。

---

① 鲁利亚:《神经心理学原理》,科学出版社1983年版,第93—110页。

2. 情感影响着形成表象的质量。表象的质量可分为清晰性、丰富性、深刻性三个方面。表象越清晰、丰富、深刻,质量越高,对形象创造的功用也就越大。高质量的表象来源于高质量的感知,而情感在这中间发挥着重要作用。

表象的清晰来源于深入持久的感知,而深入持久感知的积极性和动力则与对对象的强烈情感分不开。情感及其体验形式具有调节功能,它"在一定程度上决定着人的行为,成为人的活动和各种动作(以及动作完成的方法)的持久的或短时的动机,从而产生追求所提出的和所想到的目的的意向和欲望。"[①]前面章节所谈李公麟对马"终日纵观,至不暇与客语"的行为,正是出于他对画马的兴趣和热爱。从生理机制上说,这是负责形成人的目的、意图和行为程序的皮层前额部通过网状结构对整个大脑皮层的积极性和兴奋度进行调节所致。

表象的丰富性即在于表象之中蕴含着尽可能多的感受内容。提到荷花荷叶,一般人脑子里只是映出一个单薄的表象轮廓;但在朱自清先生笔下却是这样一种形象:"曲曲折折的荷塘上面,弥望的是田田的叶子。叶子出水很高,象亭亭的舞女的裙。层层的叶子中间,零星地点缀着些白花,有袅娜地开着的,有羞涩地打着朵儿的;正如一粒粒的明珠,又如碧天里的星星,又如刚出浴的美人。微风吹过,送来缕缕清香,仿佛远处高楼上渺茫的歌声似的。"(朱自清《荷塘月色》)从中可以看到作者头脑中的表象蕴含了何等丰富的感受内容,这是与作者满怀情致去感知对象分不开的。因为人的一些细微的感知虽然在大脑的概念领域内反映不出来,却能够引起机体内复杂细致的情绪反应。这些情绪反应会唤醒与之相联系的众多的事物表象并使之与感知对象建立起神经联系,如由"出水很高"的荷叶,联想到"亭亭的舞女的裙"等等。这些对应感觉的联系很难用抽象的语言准确表示出来,但它们之间却可以通过形象与情绪沟通。

表象的深刻性使之可以较长时间地保持在记忆中,因而进入形象创造的机遇就多。表象的深刻与情感的强度成正比,感知过程中的情感活动越强烈(在一定限度内),内部生理反应对皮层的刺激和影响就越强,情感活动和与之相联的感知对象在皮层上留下的兴奋痕迹也就越深、越持久。法国作家雨

---

① 彼得罗夫斯基主编:《普通心理学》,人民教育出版社1981年版,第395页。

果十六岁时在巴黎法院门前广场曾看到过一个年轻妇女受烙刑。那惨不忍睹的场面在他内心激起了强烈的情感活动，留下了深刻的印象，以至他在六十岁时描写这一往事还是那样细致具体："她的脚边放着一炉烧红的炭，一把木柄的烙铁插在炭火里，烧得通红，观众好像感到很满意。""那男子上来，很快地解开带子，敞开小衫，让女人的背一直袒露到腰部，接着拿起炉子里的烙铁，就往她赤裸的肩头上放，而且深深地往下按去。烙铁和刽子手的拳头被一阵白色的烟雾遮没了……"①

3. 情感活动影响着表象的变异。表象的形成要受已有认识及与之相联的情感的影响。当人处于某种情绪状态时，内部生理变化反应就会使相应的认识内容所在的神经细胞高度兴奋起来，外界新进入的相对较弱的信息就会被原有的兴奋灶所吸引，并在这样一种性质的联系中被理解。于是，客观形象就被纳入这部分认识系统，并被涂上相应的情感色彩而使表象发生变异。鸟语花香赏心悦目，会给一般人脑子里留下愉快的表象，但对诗人杜甫来说，一度却曾经"感时花溅泪，恨别鸟惊心"（杜甫《春望》），形成了触目惊心和催人泪下的表象。原因在于作者那时正逢"安史之乱"，被困长安，目睹国破家亡之惨状，悲愤之情充溢心中。这种情感强化了已有的认识，同化了新感知的事物，使表象发生了变异。我们平时所说的"情人眼里出西施"，实际也是这个道理。

（三）情感与形象创造

情感对形象创造的影响主要表现在它对想象活动的作用上。

1. 情感推动想象展开。艺术家开动脑筋想象的目的是为了用形象的方式表明他对社会生活的认识，情感的产生恰恰使这种要求变得更为迫切。当客观事物刺激使艺术家产生创作欲望后，负责形成意愿的皮层前额部就引发皮下中枢产生情绪性兴奋并反作用于大脑皮层。由于以生理变化为标志的情绪性反应具有较大的力量，因此这种反作用使欲望得到强化，使皮层一些神经细胞的积极性和兴奋度大大提高，积极谋求建立暂时联系以满足欲望。这样，想象就在广阔的范围内活跃地开展起来，甚至会外化为行动。对于情感对想象的这种推动作用，郭沫若在《我的作诗经过》中曾作过这样的描述：

---

① 见《外国文学艺术家轶话》。

《地球，我的母亲》是民八学校刚好放了年假的时候做的，那天上半天跑到福冈图书馆去看书，突然受到了诗兴的袭击，便出了馆，在馆后僻静的石子路上，把"下驮"（日本的木屐）脱了，赤着脚踱来踱去，时而又索性倒在路上睡着，想真切地和"地球母亲"亲昵，去感触她的皮肤，受她的拥抱……

这里所说的"诗兴"，就是灵感闪现之时所产生的由情感所推动的创作欲望。读过这首诗的人都知道，诗人当时的这些动作在诗中都有反映——这实际上就是他头脑中想象活动的外化。从中可以看到情感对想象具有何等强大的推动力量。

2. 情感参与形象创造。艺术形象的创造主要是通过表象的分解和综合来实现的，在这个过程中，情感发挥着积极的作用。由于情感与表象有着密切的联系，因此一定性质的情感活动能够唤醒与之相关的表象。又由于情感活动与形成意图的皮层前额部有着密切的关系，因此它在一定程度上能起到类似于"分化剂"的作用，促使有关的表象从旧的系统中分离出来，又在一定程度上起到类似于凝固剂的作用，促使其凝结成一个新的表象。著名导演郑君里在《角色的诞生》一书中曾介绍了一位演员自己谈酝酿塑造《北京人》中愫方形象的心理过程：

"我用什么来描绘我读过《北京人》以后愫方的意象的来临呢？——那太难说了。哦，那有点像我刚听罢一支哀怨而寂寞的小提琴的独奏，我在不知不觉中迷失在一种凄寂的雾霭中，那氤氲的气流似乎在散布着一种心灵的味觉——辛酸，和沾在舌尖上的一点微甜……

过一两天我再读剧本，那雾霭已经消了，不知在什么时候已经凝聚成一团较凝固的情调，愫方的影子在里面闪现着……突然，一位亲戚的身影出现在我记忆中——哦，对了！她的'味'跟我现在的心情有点相近！我开始集中注意去回忆她：她的脸，瓜子形，苍白得像透明——她的眼、嘴、全身、仪态，她的为人、脾气，以及我们之间的往还，等等。一种记忆挑起另一种；从此我的心好像发生一种磁力，把我过去看过的、听过的、经历过的一切与这调子相近的影像都摄吸回来,像萤火似的在心头穿来穿去。角色给我的一些直接的感触开始跟我记忆中原有的影像互相渗合,模糊的演变为较清晰,断片的引申为较完整。……终于我看见她了!"

我们看到这位演员看完剧本后开始产生的是一种模糊的情绪,这种情绪唤醒了"哀怨而寂寞的小提琴的独奏凄寂的雾霭"等与之相关的纷杂的表象。这种模糊的情绪渐趋清晰而凝成一种较为明确的情调,于是引发出她的一位亲戚的表象——因为这位亲戚的"味"(即一种情调)与她现在的差不多,表象以情感为中介建立了联系。再往下,这种情调又将她"过去看过的、听过的、经历过的一切与这调子相近的影像都摄吸回来",相互渗合演变,而形成完整的形象。

3. 情感调节想象形态。 任何想象活动都是在理性思维与情感活动相互配合的调节下进行的,理性思维的调节主要表现在皮层前额部从水平方向对整个大脑皮层神经活动的影响,情感活动的调节主要表现在皮层前额部作用下的皮下中枢对整个大脑皮层神经活动的影响。但是二者结合方式常因目的和对象的不同而不同,从而使想象呈现出不同形态。如前所述,大脑皮层特别是其前额部既能诱发又能抑制皮下中枢的活动。但是皮下中枢兴奋也具有相对的独立性,能在一定程度上突破皮层的控制。一般来讲,在皮层前额部有效地控制着皮下中枢而使网状结构的激活稳定保持在一定程度内的情况下,大脑皮层的神经活动主要受皮层前额部水平方向上的调节,想象呈现为理智性较强的形态,如科学中的想象等。在皮下中枢过度兴奋(如激情或应激)而在较大程度上突破皮层控制的情况下,人的行为就为情绪所控制,大脑皮层会由于过度刺激而产生超限抑制,使包括想象在内的一般意识活动都无法正常进行。还有一种情况是,皮下中枢兴奋虽然大为加强,但皮层并没有失去对它的控制,此时想象活动就在皮层与皮下中枢的相互作用下接受理性思维与情感活动两方面的调节,呈现为理寓于内、情动于外的形态,艺术想象就是如此。在艺术想象这个层次上,理性思维与情感活动的结合形式之不同,也往往对想象的形态发生影响,使之表现为不同的形态。当理性思维占主导地位时,想象就较多呈现为"现实主义"的形态,往往因果明确、顺理成章,生活逻辑性较强。反之，当情感活动占主导地位时，想象就较多呈现为"浪漫主义"形态，往往在一定程度上跨越理性逻辑系统的寻常轨道。但是艺术家的想象倾向于什么形态是由许多因素决定的，这里所说的只是其因素之一。

以上我们从不同的角度分析了情感在文艺创作中的作用。需要指出的是，在创作的实际心理过程中，这些作用并不是彼此孤立的，而是互相联系着表现了情感活动的复杂影响。

文艺创作中的情感表现

（一）情感的表现与交流

文艺创作与其他创造活动有所不同，就是其情感活动一定要在创作成果中表现出来。那么艺术家在创作中怎样表现情感呢？

所谓情感表现，就是个体内部的情感活动宣之于外的过程。情感活动由两方面因素构成：一是认识内容，这是情感活动所由产生的原因；二是外现形式，这是情感活动的外部表现。对于一个因亲人去世而处于痛苦情感之中的人来说，亲人死而不能复生这一事实在他大脑中的反映，就是他情感活动的认识内容和产生的原因，而痛哭呼号、顿足捶胸等，则是他情感活动的外部表现。情感活动的外部表现是由皮层的认识活动所诱发的、由皮下中枢情绪兴奋所直接发动的内部生理变化在外部的反映。因此，它也可以称为情感表现。但是，这是一种自然的情感表现，是个体为求得心理和生理上平衡的一种自然要求（痛苦时哭一哭、高兴时笑一笑都会令人感到舒服、平静一些）；而艺术家在创作中的情感表现固然是为了抒发自己的情感，但更重要的目的却是为了实现创作者与欣赏者之间的情感交流，即通过创作而在欣赏者心中引起相应的情感活动。情感活动的外部表现固然也能使人受到一定程度的感染，但其主要作用却是使人对情感的类别和强度产生一定的认识，而不一定能有效地使人产生相应的情感活动。例如，看到一个人大哭，我们主要是了解他必有痛苦（情感类别），而且痛苦得很厉害（程度），但并不一定会跟着他一起哭。显然，这种外部的表现不能有效地交流情感。那么，艺术家用直接描述情感的语言，例如"非常愤怒""十分高兴"等等，能否达到情感的交流呢？其实，这同情感的生理表现一样，所交流的也都是关于情感类别和程度的一些信息，只不过前者是直观形式，后者是抽象语言形式；我们听到某人说"内心很难过"，同样不会有效地在自己内心引起相应的情感活动。

那么人与人之间究竟如何进行情感交流呢？情感交流不同于认识的交流。认识所交流的只是客体的信息，无论是通过直观还是语言，我们所接收到的只是对方的信息，因此认识可以直接交流。情感则不然，它所反映的是主客体之间的关系，既包括客体信息，也包括主体内部心理、生理变化的信息，因此情感交流是个体之间所进行的主客体关系的交流，它要使一方的内部心理、生理变化转移到另一方；而个体内部的心理、生理变化只能通过个体自身来实现和体验（再有权威的人也无法命令别人和自己一样地哭或笑）。因此情感无法直接交流，只能借助情感与认识的辩证关系，通过情感所依附的认识内容来交流。如果某人内心产生某种情感活动，他就要将引起他内部生理变化及其外部表现的原因，即情感活动的认识内容传达给他人；如果这种认识内容能为对方所接受，那么对方也会引起相应的内部生理变化及外部表现，从而达到情感的交流。例如某人看到一群流氓在街上打人，认为这是目无法纪，内心很气愤，如果他将这一场面播述给另一个人听，另一人与他认识一致，那么就会产生同样气愤的情感。文艺创作中的情感表现既然是以情感交流为目的，那就也要按照情感与认识的辩证关系，将提供认识内容作为情感表现的根本途径。传为岳飞所作的《满江红》词千百年来激动着千千万万读者的心，凡是读过这首词的人，内心都会涌起作者所预期的情感活动。作者是怎样表现内心的感情来与欣赏者交流的呢？词的开始写道："怒发冲冠，凭栏处，潇潇雨歇。抬望眼，仰天长啸，壮怀激烈。"主要通过描述情感的外部表现和直接标明情感的语言，来表现作者情感类别（怒）和程度（激烈），这固然可以使欣赏者所有感染，但由于欣赏者不了解这种情感产生的原因，因而无法将作者的认识内容变成自己的认识内容，因此还很难深入地唤起相应的情感活动。只有当读者看到"靖康耻，犹未雪，臣子恨，何时灭。驾长车踏破贺兰山缺。壮志饥餐胡虏肉，笑谈渴饮匈奴血。待从头收拾旧山河，朝天阙"等句时，才能了解作者激怒的原因，并从爱国思想出发接受了作者这一认识。这样，读者就会通过想象在一定程度上将自身处于作者所提供的情境之内，并切身体验到作者内心的情感。

由于文艺创作中的情感表现以情感交流为目的，因此它具有很强的社会制约性。一方面，艺术家所提供的认识内容只有反映了欣赏对象的需要愿望，才能为对象所接受并产生相应的情感活动；另一方面，由于欣赏者的情感活动是通过每个个体来实现的，是要受个体的世界观、审美趣味、欣赏能力及欣赏中联想、想象等主观因素的影响的，因此欣赏者的情感活动也可能与创作者不大一样甚至很不一样。这些情况说明，不论从创作或欣赏方面来看，认识内容都是对情感表现和交流起着制约作用的。

（二）形象创造与情感表现

文艺创作中情感的表现与交流要以相应的认识内容为媒介，这一点与一般社会生活中的情感表现与交流在根本上是一致的。但是在一般社会生活中表现和交流情感并不需要表现为特定的形式，只要准确说明或表现情感由之而生的"缘故"就可以了。例如，新闻记者怀着愤慨之情报道老人被儿女虐待的事实，广大读者看了也就很愤慨。文艺创作中用以表现和交流情感的认识内容却有特定的形式，即必须是艺术家所创造的艺术形象（而且不同类的艺术各有不同形式的形象）。这种形象的创造，是通过抽象思维指导配合下的自觉表象运动来进行的。我们在前边说过，自觉表象运动诱发情感活动，情感活动又反作用于自觉表象运动。这种反作用的一种表现就是情感通过它的信号功能和调节功能影响着表象的分解综合、加工改造，甚至抽象思维也常常要通过情感活动的影响而发挥其对表象运动的指导作用。当艺术家在一定的情感活动作用下去组织表象运动时，这情感就熔铸到了艺术形象之中，并通过艺术形象表现出来，欣赏者通过对艺术形象的感受也就会体验到艺术家曾体验过的情感。例如，鲁迅从许多人身上看到了阿Q式的"精神胜利法"的表现，并由此引发了他"哀其不幸，怒其不争"的情感，以这种情感去组织表象运动，他笔下的阿Q就有了无家无业四处帮工、不许姓赵、欺侮小尼姑、挨打后自称"儿子打老子"，乃至最后的"大团圆"结局等种种行为。我们读了《阿Q正传》后，何尝不为阿Q的不幸命运而难过，又何尝不为他的愚昧而恼火。在这里，情感的表现与交流大致是循着"认识——情感"（感知生活）、"情感——认识"（形象创造）、"认识——情感"（艺术形赏）这样一个往返流动的过程进行的，而其中的核心环节是形象创造，因为创作者的情感活动主要是在这个环节上融入艺术形象而使之成为诱发欣赏者相应情感活动的形象化认识内容的。

　　以上所谈的是一般艺术形象创造中的情感表现问题，下面再专门谈谈人物形象创造中的情感表现问题，因为这个问题有点特殊性。在人物形象的创造中，艺术家不仅要表现自己的情感，而且还要表现人物形象的情感。同样，在欣赏中，欣赏者不仅体验着创作者的情感，而且体验着人物形象的情感。怎样表现人物的情感，使欣赏者有所体验呢？根本的方式还在于提供人物情感活动所由产生的认识内容。人物形象的情感活动产生于他对自身与周围环境关系的认识，创作者只有提供了人物与环境的关系才能充分地表现人物的情感活动，同时有效地诱发欣赏者的情感活动。在《红楼梦》中，林黛玉的情感活动是通过她与宝玉、宝钗及贾府中其他人物的关系来表现的。她与宝玉有着共同的追求和理想，真诚相爱，这成了她在贾府这个冷酷环境中得以生存的精神支柱。而贾母、王夫人等为了维护封建家族的利益，却要使宝玉与宝钗成亲，拆散宝黛这一对情侣。林黛玉得知后，悲愤万分，气绝身亡。林黛玉悲愤绝望的情感活动产生于对爱情被扼杀这一冷酷现实的认识，而欣赏者对她内心情感活动的体验则有赖于创作者所提供的人物与环境的关系。正由于创作者提供了黛玉与宝玉、宝钗、贾母、王夫人等人的关系，欣赏者才能在想象中设身处地地体会到黛玉悲愤绝望的情感活动。如果没有这些认识内容，而只是写了林黛玉悲愤绝望的情感类别及其外部表现，那么欣赏者就很难深刻体验到林黛玉内心的情感活动。需要指出的是文艺创作中人物情感活动的认识内容是创作者创造的，他之所以这样写而不那样写，这又正是创作者自身情感活动的表现。这种情感活动当然与人物的情感有区别。例如，《三国演义》写曹操，作者的情感显然与曹操不同；但作者也必须对曹操的情感有所体验，才能把它生动地表现出来。所以在形象创造中，创作者事实上要体验和表现自身的和人物的两种情感活动；但生动表现人物的情感只是手段，表现作者本人的爱憎倾向才是创作的目的之一。

　　提供人物情感所由产生的认识内容是表现人物情感的根本方式，但并不是唯一方式。表现人物情感的另一种方式是提供情感活动的类别和强度。这又可以具体分为两种方式：

　　第一种形式是再现情感活动的外部生理表现。例如在各种声乐中，气声和哭腔之类的运用，便是对情感在发声方面的生理反应的艺术表现。在以人物为主体的绘画、雕塑以及在电影、戏剧和舞蹈中，艺术地再现"面部表情"和"身段表情"，更是情感表现的重要手段。在语言艺术中，则往往运用艺术的语言对情感的生理反应进行从里到外、细致入微的描述。再现人物的外部生理表现对于揭示人物的情感状态、渲染情感气氛具有重要意义。事实上这也是给欣赏者提供的认识内容，有助于诱发他的情感活动。法国画家籍里柯的名画《梅杜萨之筏》，对于筏上遇难之人惊惶恐惧的表情、挣扎呼救的动作刻画得十分逼真生动，以至画家德拉克洛瓦看过之后，恐惧得像疯人一样跑回家，一步也不敢停。固然这幅画也突出地提供了筏上之人恐惧情感的认识内容——一只木筏即将被大海的惊涛骇浪所吞没，但是如果没有对筏上之人情感活动的外部表现的准确刻画，它是不会具有如此巨大的感染力的。有些人物画像或雕塑，例如达·芬奇的《蒙娜丽莎》，并没有明确地提供人物情感由之而生的认识内容，只是因为对人物情感的外部表现作了生动、细腻而又含蓄的刻画，因此就有效地启发着欣赏者的联想，吸引着欣赏者去探索隐藏其后的认识内容，这同样也得到深刻的情感体验和交流。

表现情感活动类别和强度的第二种形式，是用艺术语言直接描述情感。生活中用语言描述情感，只是单纯地说明情感的类别和强度；文艺创作中的写情语言却是包含在统一的形象创造之中，在形象的情感表现上常起到"画龙点睛"的作用。例如"悲莫悲兮生离别，乐莫乐兮新相知"（屈原《九歌·少司命》）"抽刀断水水更流，举杯消愁愁更愁"（李白《宣州谢朓楼饯别校书叔云》）"穷年忧黎元，叹息肠内热"（杜甫《赴奉先县咏怀》）等，试想如果没有这些准确描述情感的语言"愁""悲""乐""忧"等，整个形象将无法构成，更谈不到情感的准确表现。

描写情感活动的类别和强度，在人物形象的情感表现上固然具有重要作用，但由于它所揭示的毕竟是情感活动的外现形式，一般说来，不能实现深刻的情感表现与交流，因此它只是情感表现的辅助方式。在艺术形象的创造中，只有在充分提供情感由之而生的认识内容的基础上，对情感类别和强度的揭示才会真正有助于情感的表现与交流。

第一部分

文艺创作与个性（上）

以自觉表象运动为核心的表象、思维、情感三者的有机统一，构成了文艺创作心理过程的基本内容，是一切文艺创作所必须遵循的一般规律。但是，一切文艺创作都是经过一定的创作主体来进行的。因此，创作活动不仅要受到心理过程规律的制约，还要受到创作者个性的影响。

（一）个性与文艺创作的关系

个性是现代心理学的中心问题，又是一个极其复杂而又颇有争议的概念。一般认为，个性是指在个人自然素质的基础上通过人的社会实践活动而形成的稳固的心理特征的总和。心理学上的个性概念，与哲学和文学上的有所不同，它指的是作为个体的人所具有的区别于动物而又与他人存在差异的、稳定的心理特质的整体。因此，它是人与人之间共同性与差异性的辩证统一。首先，每一个个性中都包含着人的共同性，这种共同性既包含自然因素（例如高度发达的大脑、神经的第二信号系统、能制造工具的手等等），又包含社会因素（例如民族性、阶级性等等）；两种因素并存，后者却是本质所在，正如马克思在谈到个性的本质时所说："不是人的胡子、血液、抽象的肉体本性，而是人的社会特质。"① 就是说，个性实质上是个体社会化的凝结物，即个体的社会规定性。其次，每一个个性中都包含着区别于他人的独特性，呈现出不脱离人的共同性的独特的心理特征和精神风貌。再次，由这种共同性与独特性的有机统一所形成的心理特征不是一时的、偶然的，而是相对稳定和持久的。以上三方面特点紧密相联，构成统一完整的个性概念。

任何创造活动都是通过一定的主体进行的，都离不开个性的影响和作用。但是，同其他创造活动相比，个性与文艺创作有着特殊的关系。这主要表现

---
① 《马克思恩格斯全集》，第3卷，人民出版社1956年版，第270页。

在个性的差异性方面：

1. 文艺的反映性质要求创作者将个性熔铸到对象之中。其他创造活动所要满足的主要是人们的认识需要（理论创造）或实用需要（应用创造），人们对创造成果所要求的主要是它们的认识价值或实用价值，并不关心创造者具有什么样的个性，更不要求创造者将自己的个性熔铸到成果之中。例如，看一篇数学论文，人们主要看其是否符合客观实际，是否真有道理，至于作者的个性心理特征以及文章的风格，并不是人们认识评价的对象，也不会影响论文的科学价值。同样，对于飞机设计师所设计的飞机，人们所关心的也主要是它的实用性，并不要求它一定具有创造者的个性风格。固然在这些创造活动中，创造者的个性差异也要在一定程度上表现在创造成果之中；但是这些个性差异并不是构成其成果价值的必然因素，也不是接受者所必然要求的内容。文艺创作则不然。文艺创作与其他创造的一个最大区别是它的审美价值，它必须满足人们的审美需要。按照马克思主义的观点，美在本质上是实践活动中所显示的、凝结于对象之中的人的本质力量，即人的自觉的创造性。文艺作品中的美也是显示了受一定社会关系制约的人的本质力量。但是这种本质力量又是通过一定的创作主体的心理活动显示出来的。因此，其中必然熔铸并表现了作者的艺术独创性与艺术个性。艺术之美只能存在于无限丰富多样的感性形象之中，而艺术独创性与艺术个性则直接决定了具有美的价值的艺术创造究竟表现为什么样的独特形象。所以，它们乃是审美对象的有机组成。同是一株荷花，八大山人、赵之谦、齐白石、潘天寿笔下便各成独特的艺术形象；同是一出旦角戏，在梅、尚、程、荀四大名旦的表演中也各有姿态和风韵。文艺创作者只有创作出独特的、富有艺术个性的作品，才能满足欣赏者的审美要求，提高作品的审美价值。

2. 文艺的表现方式为个性的充分展现提供了有利的条件。一个人的个性体现在他的感性与理性相统一的全部心理生活之中，通过活动外化到他的行为或实践对象之中，形成一个人的风格特点。就心理过程而言，其他创造活动比之文艺创作的抽象化程度都高，这样，在创造活动中，个性差异必然会伴随着头脑中心理信息的抽象概括而不断地被淘汰掉。文艺创作是以形象直观的方式对客观事物进行反映和加工改造的，创作过程虽然离不开抽象思维的制约，但毕竟是通过自觉表象运动进行的。这样，个性差异必然能够比较充分地在艺术形象中展现出来。因此,如果请几位画家来讲授一般的绘画法则,虽然从中也能看出他们的某些个性差异,但一般情况下这种差异是不突出的。因为绘画法则乃是从许多画家的创作实践中抽象概括出的具有普遍指导意义的理论原则,是从无数富有个性差异的创作中提炼出的共性规则。固然画家要结合自己的创作实践讲授,但是理论的要求迫使他们要将种种个性差异消融到共性的概念之中。而如果请他们来作画,例如画马,情况就不一样了。固然他们都会按照画马的一般法则来画,但他们笔下的马却会因各人审美趣味、艺术能力、性格气质的不同而表现为各不相同的神态;这就意味着个性差异在感性形象中自然地、充分地被表现出来。

以上分析说明了文艺创作与个性的密切关系。个性对文艺创作有影响和作用,文艺创作对个性有充分的反映和表现,这都是由文艺创作的性质和特点所决定的。

(二)艺术风格与个性

艺术风格是艺术作品在整体上所呈现出来的代表性特点,是由艺术家的主观方面的特点和题材的客观特征相统一所造成的一种独特面貌。艺术风格与个性关系极为密切,从主观方面看,它实际是艺术家创作个性在作品中的自然流露。别林斯基说:"一个诗人的一切作品无论在内容和形式上怎样分歧,还是有着共同的面貌,标志着仅仅为这些作品所共有的特色,因为它们都发自一个个性,发自一个统一而不可分割的我。"① 这就是说,一个艺术家对现实的反映,不论其内容和形式怎样不同,都要通过他所特有的思想感情、审美趣味、性格气质、艺术才能等心理因素的过滤,从而在作品中打上其个性的烙印,显示出他的个性特征。每个人的个性都存在着差异,反映到作品中就形成不同的风格。刘勰说:"才有庸俊,气有刚柔,学有浅深,习有《雅》《郑》,并性格所铄,陶染所凝,是以笔区云谲,文苑波诡者矣。"② 这是对个性与风格关系的极好说明。

现代心理学认为,个性心理结构是一个有多层次、多水平的复杂完整的统一体,它由三种亚结构所组成,即:动力结构、特征结构、调节结构。个

---

① 转引自王朝闻主编《美学概论》,人民出版社1981年版,第282页。
② 刘勰:《文心雕龙·体性》。

性的动力结构又称个性的倾向结构,包括个性的需要、动机、兴趣、理想、信念、世界观等心理成分,它们是个性态度和积极性的源泉,是人与人之间的最重要的区别;个性的特征结构包括性格、能力、气质等心理成分,它们体现出个性心理中稳定的个别特点。个性的调节结构就是自我意识对心理与行为的调节控制系统,包括自我认识(观察、分析、评价等)、自我体验(自信、自卑、自尊等)和自我控制等成分,它们体现了个性的主观能动性,人与人的个性品质差异的主观原因很大程度上在于人的自我调节系统功能的差异。[1]在文艺创作中,个性三方面结构都会对创作活动产生影响,从而形成不同的创作风格。

个性动力结构对创作风格的影响主要表现在对题材和手法的选择上。一个艺术家有一个艺术家的审美需要、审美情趣和审美理想;理想的高下,情趣的雅俗,都对艺术风格有影响。同时审美理想和情趣又使创作者常常喜欢选择那些与之相适应的题材和手法,久而久之,就形成了他在选材和手法上的独特风格。例如,齐白石从小喜欢虾,经常到溪流里观察这种逗人喜爱的小动物,直到晚年,还在画案的水碗里养着数只活虾,每天细心观察它们游动跳跃的姿态。这种对于虾的稳定持久的审美兴趣使他一生画了不少以虾为题材的创作。徐悲鸿则喜欢马,在巴黎和柏林留学时,他经常去动物园对马进行观察写生,画了一千多幅速写,这种对马的艺术兴趣使他后来多有以马为题材的创作。艺术风格除了与选材有关,也与表现手法有关,所以即使创作者选材相同,但由于个体审美情趣和审美理想的不同,也会在表现手法上显示出不同风格。例如,同样是描写黄山,渐江所追求的是一种天真幽淡之美,笔墨枯瘦简洁;石涛则追求奔放雄浑之美,因而用墨酣畅淋漓,笔势的运动感极强。

在个性的特征结构中,气质、能力和性格都对风格产生影响。气质是人的心理活动的动力特点的综合,同一般的所谓"脾气""性情"相近。它主要表现为心理过程的速度和稳定性(例如知觉的速度、思维的灵活程度等)、心理过程的强度(例如情绪的强弱、意志努力的程度)以及心理活动的指向性特点(例如内倾、外倾),等等。比之其他个性因素,气质较多地受个体生物组织的制约,稳定性较强。心理学上一般将气质分为四种类型:胆汁质、多

---

[1] 车文博主编:《心理学原理》,黑龙江人民出版社1986年版,第四章《个性》。

血质、黏液质、抑郁质。当然，纯属某种类型气质类型的人是不多的，大多数人都是属于混合型或中间型，即以某种气质的特征为主导，并具有相近的其他气质的某些特征。气质不决定人的个性内容的好坏和智力水平的高低，只赋予个性和智力活动一定的色彩、风格和方式。气质常常使艺术家的创作心理染上某种独特的色彩。据研究，俄罗斯的四位著名作家就是四种气质的典型代表：普希金具有胆汁质特征，赫尔岑具有多血质特征，克雷洛夫属于黏液质，果戈理属于抑郁质。他们在文学上都取得了成就，而不同的气质却使他们的作品具有不同的风格特色。

能力虽是直接影响活动的效率、使活动顺利完成的个性心理特征，但它对创作风格的影响也很明显。文艺创作需要多种能力的有机配合，但是就各个创作者来说，他所有的各种能力并非是整齐划一、全然一致的；所以各个作者各有所长、各具特点，形成各不相同的能力结构。有的想象丰富，有的思维深刻，有的观察细致，有的体验深切。这些特点表现在创作中，也对风格特色产生影响。例如，在鲁迅的能力结构中，深刻的洞察力和思维能力占据主导地位。因此，他的许多作品（如《狂人日记》《阿Q正传》《药》等）就具有思想深刻、笔触冷峻的风格。在郭沫若的能力结构中，想象力和情感表现力居于主导地位，因此他的许多作品（如《女神》《凤凰涅槃》《天狗》等）就具有想象神奇、激情澎湃的特色。

性格是个性特征结构的核心，它表现为对现实稳固的态度以及与之相应的习惯了的行为方式。心理学上一般以两种方式划分性格类型。第一种将性格分为理智型、情绪型和意志型，前者行动多受理智支配，次者具有较明确的目标、行动主动，后者行动多受情绪左右；第二种分为外倾型和内倾型，前者心理外向，开朗活跃，后者心理内向，深沉冷静。性格是影响艺术家创作风格的重要个性因素。例如，李白和杜甫是我国古代诗坛上两颗并列的巨星，他们处于同一时代和社会，艺术上都取得了很高的成就，但由于性格的不同（当然他们个性中的其他因素也有差异），作品的风格就迥然相异。从性格类型上看，李白基本上属于情绪型和外倾型，情绪活跃，易于冲动和外泄，这使他的作品具有一种感情激荡、直抒胸臆的风格；杜甫则基本上属于理智型和内倾型，富有理性，感情深沉，善于自我控制，因而他的作品就表现出一种深思熟虑而沉郁顿挫的风格。例如，同样是抒发抑郁不得志的感受，李白是这样表现的：

> 君不能狸膏金距学斗鸡，坐令鼻息吹虹霓。君不能学哥舒青海横行夜带刀，西屠石堡取紫袍。吟诗作赋北窗里，万言不值一杯水。……
> 　　　　　　　　　　　　　　　　　　　《答王十二寒夜独酌有怀》

诗中对斗鸡媚上、屠杀邀功的幸臣武将投以憎恶嘲笑，对自己怀才不遇、遭馋被逐深感悲愤不平，感情炽烈，气势充沛。再看杜甫：

> 杜陵有布衣，老大意转拙。许身一何愚，窃比稷与契。居然成濩落，白首甘契阔。盖棺事则已，此志常觊豁。穷年忧黎元，叹息肠内热。取笑同学翁，浩歌弥激烈。非无江海志，潇洒送明月。生逢尧舜君，不忍便永诀。当今廊庙具，构厦岂云缺？葵藿向太阳，物性固莫夺。……
> 　　　　　　　　　　　　　　　　　　　《自京赴奉先县咏怀五百字》

杜甫客居长安十年，求仕不得，诗中以自嘲的口吻流露了内心的苦闷，细致入微地分析和阐释了自己的用世之志；在情感表现上，以理驭情，自我剖析，迂回屈曲，深沉细腻，与李白的风格显然不同。

个性调节结构对风格的影响主要表现在自我与现实的动态关系上。个性的形成、发展和表现（外化为风格）并不是被动的、静止的，而是在能动的活动中进行的。主体通过活动（包括创作活动）认识自己与现实的关系，分析和评价自己的主观因素，并据此对自己的心理和行为进行调节。在对现实的关系上，由于每个主体自我认识、自我体验、自我调节的特点不同，因而在活动中表现的风格就不同。还以李白和杜甫为例。在个性调节结构的特点上，李白主要表现为突出主体和自我。在自我认识上，他高度评价自己的主观因素，自认为在政治上"调笑可以安储皇"，在军事上可以"谈笑三军却"，在创作上则又自称"日试万言，倚马可待"；在自我体验上，他充满自信和自尊，"天生我才必有用，千金散尽还复来""安能摧眉折腰事权贵，使我不得开心颜"；在行为的调节上，则是不屈己，不干人，"一生傲岸苦不谐，恩疏媒劳志多乖"。这些个性特点使他的创作充满了自我表现的风格，例如他要入京求官，就宣称："仰天大笑出门去，我辈岂是蓬蒿人！"政治上失意了，就大呼："大道如青天，我独不能出！"怀念长安，就说："狂风吹我心，西挂咸阳树。"与此相适应，在诗歌形式上他喜欢格律较自由、对个性较少束缚的乐府歌行与古风，在语言上则具有"清水出芙蓉，天然去雕饰"的特色。与此相反，杜甫个性调节结构的特点主要表现为突出个体和现实。在自我认识和自我体验上，他不像李白那样自豪与自傲。他固然有"致君尧舜上，再使风俗淳"的政治抱负，也曾"窃比稷与契"，却自谦是"许身一何愚"。在与劳动人民的关系上，他有着一个封建士大夫少有的亲切与同情，即使对堂前扑枣的贫妇，也觉得"不为困穷宁有此？只缘恐惧转须亲"。对诗歌创作，他更是虚心好学，自言"不薄今人爱古人""转益多师是汝师"。因此，他在心理和行为的调节上，倾向于自我与现实相适应、主体与客体相谐调。为了求仕，他可以忍受"饥卧动即向一旬，敝衣何啻悬百结"的困顿生活，甚至"朝扣富儿门，暮随肥马尘"。他善于将个人的愿望和国家、人民联系在一起，将个性与社会统一起来。这种个性特点使他的创作重在表现客观，写出了"三吏""三别"、《兵车行》《北征》等许多富有时代特点和现实意义的诗篇。与此相应，他在表现手法上注重通过客观的描绘表现主观的情感，例如《石壕吏》，全篇没有一句直接泄情的语言，但却通过真切的客观描写使读者感受到诗人心中深沉真挚的情感；在诗歌形式上，他喜欢格律谨严的律诗并下苦功钻研，自言"老来渐于诗律细""语不惊人死不休"，写出了许多将丰富的思想感情融于格律形式之中的优秀律诗。因此，他与李白的诗歌风格是截然不同的。

以上我们具体分析了个性动力结构、特征结构和调节结构对创作风格的影响。应该指出，作为个性心理结构的这三个子系统及其内部诸因素，是一个相互联系、相互渗透、相互作用的多层次的动态系统，它们是以整体的相关效应对艺术风格产生影响的。例如，自我表现是李白个性的核心特点，这个特点的形成和对其创作风格产生影响都是通过个性三个子系统及其内部诸因素的相互作用实现的：神经过程具有较强的兴奋过程和较弱的抑制过程、情绪易于激动、反应迅速、性急和缺乏自制等多血质的气质特点，为他外倾型和情绪型的性格特征奠定了自然生理基础，并通过社会因素的影响而最后形成；其形成当然是通过个体与现实相互作用的活动实现的，但在活动中却形成了突出自我的自我调节特征，并作为对现实态度的稳定的性格特征保留下来；这种特点影响了他的动力结构特点，使他在审美兴趣上更多地指向于自身的精神世界，指向于对个性较少束缚的乐府歌行与古风，并在创作过程中形成和发展了超现实的想象能力。当然，反过来说，他的兴趣、能力等方面的特点也对其他个性因素产生影响。总之，艺术家的个性诸因素是以整体效应对风格产生影响的。

文艺创作与个性（下）

（三）文艺创作者所应具备的个性心理品质

文艺创作者的个性对其创作风格的影响主要表现在个性心理的差异性上。但是文艺创作者的个性不仅存在着差异性，而且存在着共同性。文艺作为一种社会意识形态，不仅要求每一个创作个体具有独特的个性心理特征，而且要求其具有一切文艺创作者所应该具有的良好的个性心理品质。

1. 要有热爱生活和艺术的心理品质。在任何创造活动中，对创造对象热爱的倾向都是激励创造者克服困难、执着追求的心理动力，都是一个创造者所应具备的心理品质。文艺创造也是如此。首先，一个文艺创作者要热爱生活。文艺创作是以人的社会生活为对象的，因此，文艺创作者必须具有热爱人民，热爱生活，以反映人民意愿、探索社会生活真谛为己任的心理品质，并具有强烈表现的欲望。作曲家晓河在回答一个文艺创作者应该具备什么样的个性心理品质时说："我个人体会是需要具备两点：一是强烈的爱憎，二是旺盛的激情。我热爱生活，沸腾的生活使我激动。……我热爱战友，战友的英雄品格激发着我战斗的热情。……我爱沸腾生活的一切，我热爱它，我要歌唱它。"①作家苏叔阳则认为："作一个作家，首先要有激情，爱憎分明。……冷漠的人大约不适合做这项工作。"②其次，一个文艺创作者要热爱艺术。文艺创作是以艺术的方式反映生活，无论小说、戏剧、绘画、舞蹈，都各有其专门的艺术表现方式和技巧。一个文艺创作者只有热爱自己所从事的艺术专业，把全身心投入其中，才能不断地探索追求，在艺术上取得较高

---

① 见郭晨、王大伟编《你想了解他们吗？——人物性格心理调查》，晓河、苏叔阳部分，天津人民出版社1984年版。

② 同上。

的成就。

2. 要有易于动情、易于驭情、易于表情的心理品质。 文艺创作不仅要表现和交流思想，更要表现和交流情感，可以说没有情感就没有艺术。因此，一个文艺创作者必须具有丰富的情感世界和活跃的情绪反应品质，易于被打动、被感染，易于诱发内心的情感活动。作家刘厚明说："作家应多情（对光明、美好的事物）、善感（对阴暗丑恶的事物）。"① 作家张天民则认为"文艺创作者要有颗易感的心灵"。② 这些都是对文艺创作者情感心理品质的要求。另一面，文艺创作者不仅要善于动情，而且要善于驾驭自己的感情，并按照一定的艺术方式将其表现出来。这一点对于表演艺术尤其重要。著名京剧表演艺术家梅兰芳说："演员深入角色，演得逼真，是应该的，但是切不可忘记自己是在演戏，否则真哭真笑，控制不住自己，便会把戏演砸了。"③

3. 要有感受体验和形象思维的心理品质。 艺术以形象直观的方式再现世界，文艺创作者不能像科学工作者那样纯客观地认识世界，而是要善于将客观事物的信息放在主观的感觉和情感世界中过滤，形成自己独特的感受和体验。列夫·托尔斯泰有一次同屠格涅夫一起散步，看到一匹瘦弱可怜的骟马。托尔斯泰观察和抚摸着这匹马，娓娓地讲述着这匹马，把自己和屠格涅夫都带进这个不幸生物的凄凉处境里去了。他的感受和体验是那样深切，以至屠格涅夫不能自制地说："也许，列夫·尼科拉耶维奇，你过去什么时候真的是一匹马吧。"另一方面，艺术家的思维也不能像科学工作者那样建筑在概念运动上，而是要善于直接通过自觉的表象运动认识世界。

4. 要有独立创新的心理品质。 任何创造活动都要求创造者具有独立创新的心理品质，文艺创作更是如此。因为凝结于作品中的艺术家的独创性本身就是其独特创造才能的显现，就是欣赏者的审美对象，因此真正的艺术都是独创的。画家齐白石曾送给他学生胡佩衡八个字："学我者生，似我者死"④，生动地指出了模仿与创新的关系。文艺创作者在创作初期的模仿是不可避免的，但是模仿是为了创新，单纯的模仿是没有出路的。郑板桥学习书法时，

---

① 见郭晨、王大诗编《你想了解他们吗？——人物性格心理调查》，刘厚明、张天民部分，天津人民出版社1984年版。
② 同上。
③ 见梅绍武回忆其父梅兰芳的文章，载1978年8月8日《文汇报》。
④ 见胡佩衡著《齐白石画法与欣赏》，人民美术出版社1959年版，第14页。

临摹前人书法十分刻苦，甚至晚上躺在床上还时时用手画被练字。传说有一次，他画着画着，不知怎么画到妻子身上，妻子骂道："人有人一体，你体还你体。你这是干什么？"郑板桥听了猛然醒悟，觉得不能停留于临摹他人，而要有所创造，于是创出了独树一帜的"板桥体"。这个例子说明，文艺创作者要想有所成就，必须具有独立创新的心理品质。这就要求文艺创作者能够不受他人的束缚，独立地进行观察和思考，对生活和艺术有自己独特的感受和理解，只有这样，才能够创造出有价值的艺术作品来。

（四）文艺创作者个性的形成

文艺创作者的个性，既包括从事文艺创作所应具备的心理品质，又包括创作者所独具的个性心理特点。二者有机完美的统一，就是文艺创作者理想的个性。文艺创作者个性的形成，既有自然生理原因，又有社会文化原因。

人的机体上的某些解剖生理学上的特点，特别是大脑的结构与机能的特点，是个性形成的自然前提。例如，就个性的能力特征而言，天生耳聋的人不可能成为音乐家，天生失明的人也不可能成为画家，他们都不可能形成音乐家或画家的个性。反之，一个先天具有某种艺术素质（例如较强的音感或色觉）的人，再经过后天社会环境的影响和个性的实践，就比较容易形成某种艺术的能力特征。奥地利音乐家莫扎特从小就表现出惊人的音乐才能，被欧洲人称为"神童"。他三岁时就能在钢琴上弹出简单的和弦，五岁开始作曲，八岁创作了第一批奏鸣曲和交响曲，十一岁时竟写出了一部歌剧。这固然家庭的影响和主观的努力起着主要的作用，但也不能排除他的天赋。歌德曾经说过："值得注意的是，各种才能之中，音乐的才能在很幼小的年龄就崭露头角。例如莫扎特在五岁，贝多芬在八岁，洪默尔（今译为胡梅尔）在九岁，就以音乐演奏和作曲博得亲邻们惊赞了。"[①] 其实，不仅音乐，各种艺术的才能一般都比其他方面的才能显露得早一些。因此，家庭和社会应该重视儿童早期所显露的艺术才能，并因势利导地进行教育和培养。

文艺创作者个性的形成固然有赖于自然生理因素，但起决定作用的却是社会环境和教育因素。具有较好先天素质的人如果没有后天的社会条件与社会实践，不会形成理想的个性；反之，先天素质较差而社会实践条件较好的

---

① 见朱光潜译《歌德谈话录》，人民文学出版社1978年版，第230页。

人，却可能形成较为理想的个性。那么，对文艺创作者个性形成产生影响的社会因素主要有哪些呢？

1. 家庭环境。家庭是个体降生之后的第一个微观社会环境，也是与个体关系最为密切、对个体影响最为直接的社会环境，因此对个性的形成有着重要的奠基意义。有人曾经对22名文艺工作者做过一次调查，其中有16名认为对他们影响最大的人是父母亲或其他家庭成员。作家张天民认为，对他创作个性形成影响最大的是他的母亲。他说："她富于形象思维，能用生动的口头语言描绘各种各样的农村人物，讲述那些十分动听的农村故事。……中学时代，我用母亲教我的语言写了一篇作文，具有远见的语文老师何锦江先生表扬了我，认为我一反'光阴似箭，日月如梭，转瞬之间'如何如何的洋八股，文章作得别开生面。我于是又立志当作家，这一次立志时间较长，一直到今天，矢志不移。当我十七八岁的时候，《光明日报》发表了我的一首诗和两篇小说，其中一篇小说万余字，连载了一周。那小说还是用母亲教我的语言，她给我讲述过的人物形象写成的。至此，我的性格基本定型。"①

2. 社会环境。每个作家、艺术家都在一定的社会环境主要是社会关系中生活，各种社会关系，特别是经济政治关系，对他们的个性有着决定性的影响。诗人臧克家在谈自己思想性格的形成时说："我们诸城县，土地大量集中，富者家有五千亩，而贫者无立锥之地。农民受政治压迫，经济剥削，实际上是农奴。生活困苦，不堪言状，冬不见棉，春不见粮，忍饥挨冻度日月。我深深同情他们，儿童时代和农民的孩子成为亲密的伴侣，天天不离群。我爱农民的勤劳朴实，品质高尚，为他们的贫苦而悲伤，愤慨！……在众多农民当中，'老哥哥''六机匠'，这两位农民对我的影响最为深远，我曾为他们写了两篇比较有深情厚谊的诗，大约四篇记事、抒情散文。……爱农村，爱农民，爱祖国，爱民主，这种思想性格，十五岁以前就基本定型了。"②

3. 生活道路。每个艺术家都有自己的生活道路，这各不相同的生活道路会给他们的思想性格打下不可磨灭的烙印，熔铸着他们独特的个性，并在其创作中表现出来。作家孟伟哉有过一个悲惨的童年，他的父亲新中国成立

---

① 见郭晨、王大伟编《你想了解他们吗？——人物性格心理调查》，张天民、臧克家部分，天津人民出版社1984年版。

② 同上。

前被反动派杀害，母亲带着他过着半流浪的生活，常常从一户亲戚家漂泊到另一户亲戚家。他从小受欺负、遭歧视，这一切无不在他的心灵上打下深刻的烙印。他在谈到自己的生活道路和性格、创作的关系时说："我一直觉得我的少年生活中有一种悲剧性色彩，它对我的气质和性格一直有影响，在文学欣赏和个人创作上，就使我比较偏爱和倾向于那种严肃的、庄严的甚至悲壮的格调。也由于我刚刚迈上人生旅途的这种遭际和经历，我特别注意人们之间的关系，特别憎恶仗势欺人、霸道、阴谋诡计和权术。我希望与人们坦诚相处，珍重友谊，十分讨厌阴险的和耍小聪明谋私利的人。我最近将自己二十七年间的中短篇小说选了一本集子，我发现，我在自己的作品中一直谴责着自私。"①

4. **实践活动**。艺术家的个性要受到家庭环境、社会关系、生活道路等因素的影响，但是艺术家在接受这些社会因素的影响时并不是被动的，而是能动的。换句话说，艺术家是在实践活动中、在主客观的相互作用中塑造自己的个性的。前面所说的被誉为"神童"的莫扎特，之所以成为音乐大师，除了天资之外，还有家庭和社会影响。他的父亲是一个有才能的宫廷乐师，从小就对他严格要求，耐心教育。从六岁起，他父亲就带他到欧洲各国去演出、旅行。这些社会因素无疑也对他的个性产生影响，但却是通过他的实践活动发挥作用的。莫扎特从小就非常用功地学音乐，他总是一大清早就到客厅去练钢琴。他对音乐的喜爱达到着迷的程度，无论是盥洗时、吃饭时，还是游戏时、谈话时，他都常常在心中默想着自己的构思，有时嘴唇还在微微翕动。可以想象，没有这种痴迷般的艺术实践活动，再好的天赋和社会影响，也难以形成他伟大音乐家的个性。

总之，个性与文艺创作有着十分密切的关系。一个文艺创作者的个性是共同性与差异性的有机统一，它是在实践活动中，在自然生理因素的基础上通过社会因素的决定作用而形成的。因此，一个有志于文艺创作的人，应该根据自己的主客观条件，自觉地培养和发展自己，以形成健康、良好的个性。

---

① 见郭晨、王大伟编《你想了解他们吗？——人物性格心理调查》，孟伟哉部分，天津人民出版社1984年版。

文艺创作者的职业敏感问题

在前面诸篇中,我们主要从心理过程与个性心理相统一的角度讨论了文艺创作者是怎样对客观世界进行艺术反映的。但是,一个文艺创作者要出色地完成这种反映,仅仅认识这些规律和特点是不够的,还必须发挥高度的主观能动作用,具有一定的专业心理能力和心理素养。在下面几篇中,我们将围绕发挥主观能动作用这一核心,讨论与文艺创作者心理能力和心理素养有关的几个问题,首先是职业敏感问题。

(一)职业敏感与注意

所谓职业敏感,就文艺创作者来说,就是对与其专业艺术有关的事物具有敏捷、准确而深刻的反映能力。具有职业敏感的文艺工作者,能从一般人所司空见惯的事物中,迅速发现与自己专业有关的因素,准确地把握其特征以至本质,这对于文艺创作无疑具有重要意义。法国印象派画家莫奈在伦敦画威斯敏斯特教堂,把伦敦上空的雾画成了紫红色。这幅画在展出时引起了大哗,当地人觉得我们成年累月在伦敦生活,所见到的雾都是灰颜色的,什么时候见过紫红色的雾?然而当人们走出展览大厅,抬头仔细观看伦敦上空的雾时,他们发现这迷蒙的雾确实泛着紫红的颜色。原来这是由于工业发达、烟囱林立的伦敦的上空弥漫着的烟尘与阳光的相互作用所致。[①]莫奈是个印象派画家,注重研究光和色彩的微妙变化,从而形成了对光和色的职业敏感。他之所以能见别人所不见,是与他的职业敏感分不开的。

职业敏感的养成,首先是长期对与职业有关的种种事物进行注意的结果。注意分为无意注意、有意注意和有意后注意,对文艺创作者来说,这三种注意都同职业敏感的养成有关。有意注意是一种有预定目的和意志努力的注意,

---

① 见龙协涛编著《艺苑趣谈录》,北京大学出版社1984年版,第137页。

而有意后注意，则是一种有自觉目的但不经意志努力就能维持的注意。职业敏感的养成首先有赖于有意注意。画家对色彩，音乐家对声音，舞蹈家对形体动作，之所以具有敏锐的反映能力，是由于他们对这些事物长期坚持专业定向的有意注意。或有意后注意。这种反映活动的大量反复，就使得他们大脑中对与专业有关事物进行反映的神经细胞得到高度分化，因而反映越来越精细，活动越来越敏捷，能够对这些事物的细微差别与变化做出迅速准确的反映。

无意注意是一种既无预定目的，也不需要意志努力的注意。这种注意在其他职业敏感的养成中是不能起很大作用的。因为其他职业的反映对象比较专一，例如炼钢工人能十分精细地辨别钢焰浅蓝色的微小差异，陶瓷工人根据敲击制品所发出的声音能确定它的质量，他们的职业敏感主要是通过长期注意特定事物而养成的。文艺创作的情况有所不同，因为它的反映对象是整个社会生活，对文艺创作者说来，广大的生活天地中都可能出现与专业有关的事物，这就要求他善于将无意注意转化为有意注意。无意注意常常是由具有新奇或强烈特点的事物引起的。走到街上看到一群人吵架，这可能引起一个炼钢工人和一个小说家的无意注意。炼钢工人看看没多大意思就可能转身走了，小说家却可能从中发现与创作有关的东西而自觉注意观察，这时无意注意就变成了有意注意。无意注意向有意注意转化的迅速准确与否是衡量职业敏感的重要标志。只有强烈要求养成职业敏感或已经具有高度职业敏感的人，才会在许多情况下将无意注意转为有意注意。因为在这些人的头脑中，与专业有关的神经细胞或者常常处于警觉状态，或者已形成了较为熟练的反映系统（在大多数情况下这二者常常是结合在一起的），因此外界无关刺激中的有关因素常常能迅速引起与专业反映有关的神经细胞的兴奋，从而引起有意注意。反过来说，无意注意向有意注意的经常转化，又是锻炼和提高职业敏感程度的重要途径。十九世纪俄国现实主义画家苏里科夫曾讲过这样一件事："我偶然看到雪地上有一只乌鸦。乌鸦站在雪地上，一只翅膀向下垂着，一个黑点停在雪地上。在好些年里，我不能忘记这个黑点。后来，我画了《女贵族莫洛卓娃》。"[①] 这是一个无意注意转化为有意注意的生动例证，转化的出现，深刻说明了苏里科夫对事物的形态、线条等特点的敏感。我们又

---

① 见 E.N. 伊格纳契也夫等著《绘画心理学》，科学出版社1959年版，第177页。

可以设想，一个画家如果经常进行这样的转化，他对事物形态、线条的敏感程度也一定会更高。

（二）职业敏感与能力

职业敏感的养成同人的能力的正确使用也很有关系。能力是指直接影响完成活动效率的个性心理特征。能力有一般能力与特殊能力之分，前者经常表现于基本的实践活动，如感知能力、记忆能力、想象能力、思维能力等等；后者经常表现于专门的实践活动，如曲调感、节奏感、音乐听觉能力、彩色鉴别能力等等。文艺创作者的职业敏感当然是他的特殊能力的表现之一，例如，从随风摇曳的柳枝中，画家感到的是它那纤细柔软的线条，音乐家感到的是它那轻柔优美的旋律，而舞蹈家感到的却是婀娜柔美的形姿。但是，整个特殊能力的形成与发挥却离不开一般能力。特殊能力是在一般能力的基础上通过专业实践形成的，它的形成却又使一般能力得到锻炼和发挥，这就是二者的辩证关系。下边主要谈谈一般能力与职业敏感的关系。

文艺创作者的职业敏感主要表现在对客观事物感知这个环节上。敏锐的感知固然依赖于专门的感觉系统，例如"画家的眼睛""音乐家的耳朵"，但也离不开其他感觉系统。就画家而言，其敏锐的感受力不仅要依靠视觉，而且要在不同程度上依靠听觉、嗅觉、味觉、触觉、运动觉等感知能力。据明人王穉登《大观录》载，元代书画家赵孟頫为了准确地把握和体会马的动态，"尝据床学马滚尘状"。这种"学马滚尘"实际就是通过触觉和运动觉对马进行深入感知。当然画马者并非一定要学马滚，但在观马时却要调动一切感觉经验去体会马的各种感觉特点。因为画家所要表现的并不只是马的视觉特点，而是从视觉形式表现具有各种感觉特点的活生生的马。因此，文艺工作者的职业敏感不仅依赖于某一特殊感觉能力，而且依赖于各种感觉能力的有机配合，这对于电影、戏剧等综合艺术来说尤其重要。

我们说文艺创作者的职业敏感主要表现在感知环节，但并不等于说对职业敏感发生作用的只有感知能力。实际上，感知过程中的职业敏感不仅依赖于感知能力，而且依赖于记忆、联想想象、抽象概括等能力。法国作家福楼拜曾教导莫泊桑说："为了要描写一堆篝火和平原上的一株树木，我们要面对着这堆火和这株树，一直到我们发现了它们和其他的树、其他的火不相同的特点的时候。"①要发现"和其他的树、其他的火不相同的特点",就要将对象与头脑中储存的其他的树和火的表象进行比较,显然这离不开记忆能力。记忆能力越强,头脑中的表象越清晰,比较就越准确,对对象特点的感知就越敏锐。

联想和想象在职业敏感中所起的作用更为明显。意大利美学家克罗齐在《美学原理》中说:"画家之所以为画家,是因为他见得到旁人只能隐约感觉或依稀瞽望而不能见到的东西。"不仅是画家,一切艺术家都是如此,这种本领并不仅仅限于视觉的感知。艺术家要在那些为一般人所司空见惯的纷纭复杂的事物中敏锐地发现那些具有创作价值和专业意义的苗头或因素,也还要具有敏捷的联想和想象的能力。通过联想和想象,艺术家才能将那些隐约显露着某种创作价直的事物与自己的经验和专业反映系统联系起来,并在其中被加工、被放大,使其创作价值更显著。屠格涅夫有一次泛舟河上,纵目浏览两岸风光,忽见岸边一幢楼房窗户内探出一老一少两个女人的头,向外眺望。在一般人看来,这是很平常一的事情,但屠格涅夫却据此展开了丰富的联想和想象:这个少女是不是被幽禁在这里,正翘首盼望她热恋中的情人?而那个老妇人,极可能是一个监护人,这只要看她那巡逡的巨光就可断定……屠格涅夫就是以此为契机,创作了著名小说《阿细亚》②。

那么职业敏感是否还需要抽象概括能力的配合呢?答案也是肯定的。艺术家如果没有一定的抽象概括能力,就不能迅速地撇开那些琐碎无用的现象而敏锐地抓住那些显示事物本质的形象细节,从而完成真正的具象概括。画家孙其峰曾经说过这样一段话:"我画了大半辈子的画,深感国画在某些方面落后于京剧。你看,《秋江》一剧中,因无船,少女和艄公才能优哉游哉;《挑滑车》中因无马,将军才能更显其铁骑陷阵的雄风。……这是因为京剧艺术家把生活中最美一的东西提炼出来,加以再创造的结果。"③无论是《秋江》中的优哉游哉,还是《挑滑车》中的铁骑陷阵,京剧艺术中那些程式化动作显然都是从生活中概括出来的,这种概括虽然是具象的,却也需要一定的抽象能力。即以京剧《秋江》而言,它本是从川剧移植的,川剧表演艺术家周

---

① 见《文艺理论译丛》,1958年第3期。
② 见龙协涛编著《艺苑趣谈录》,北京大学出版社1984年版,第121页。
③ 《功夫在画外——访著名国画家孙其峰教授》,见1981年3月29日《北京晚报》。

慕莲曾向名丑周海波学演《秋江》，周海波对他说："演《秋江》的演员，舞蹈表演要体现出一个'风'字。"①这就是周海波对《秋江》表演要领的抽象概括认识；要是没有这些认识，不掌握表演的要领，那就不可能在河、水、船、风一无所有的舞台上把这四者表演出来。可见，抽象概括能力对于艺术家敏锐地从生活中发现、抽取、提炼特征细节和美的因素并形成具象概括模式，有着重要的意义。

以上分析说明，一个文艺创作者要养成职业敏感，就要充分发挥和正确使用各种基本的心理活动能力。

（三）职业敏感与其他主观因素

以上所谈注意的运用和能力的发挥，都体现了养成职业敏感要作出巨大的主观努力。但是，职业敏感的养成不仅需要一定的主观努力，而且需要一定的主观条件。

1. 专业志趣。文艺工作者的职业敏感，来源于持久的专业定向训练。那么是什么力量促使他积极主动地去进行那样的训练呢？是专业志趣。这在最初常常表现为兴趣。《红楼梦》第四十八回描写香菱为了学诗，白天痴痴呆呆，"或坐在山上出神，或蹲在地下抠地"，夜里嘟嘟哝哝，直闹到五更才睡下，没一顿饭工夫又起床。香菱这种如醉如痴的专业定向学习，就是出于她对诗的兴趣。许多文艺创作者也有过类似的经历，这无疑对养成职业敏感有着积极意义。但是兴趣往往具有相当程度的自发性，它只有同进步的理想、远大的目标结合，才会得到意志的配合而成为志趣，从而在专业实践中持久地发挥作用。对文艺创作感兴趣的人何止千百万，但能成为艺术家的毕竟是少数，促成这种转化的一个重要因素就是要将自发的兴趣转变为自觉的志趣，从而产生出克服一切困难，持久地、执着地进行追求的力量。巴尔扎克可以几十年如一日地每天工作十六小时以上，最后写出巨著《人间喜剧》；乌兰诺娃甚至在梦里还在跳舞排练，终于攀登上芭蕾艺术的高峰。对职业敏感的养成来说，志趣要通过专业实践发挥作用。专业实践不仅包括学习训练，也包括专业创造，而且后者的意义更大。因为创作成果有助于巩固专业志趣，能够加快养成高度职业敏感的进程。

---

① 见龙协涛编著《艺苑趣谈录》，北京大学出版社1984年版，第92—93页。

2. **生活经验**。文艺创作者的职业敏感只能在比较厚实的生活经验的基础上养成。因为文艺创作所反映的是人类社会生活，因此反映的敏锐程度与创作者的生活经验有密切的关系。没有一定生活经验的积累，感知、联想、想象、抽象概括等心理能力便失去了发挥作用的基础，也就谈不到职业敏感。试想鲁迅如果没有半封建半殖民地旧中国的生活经历，没有耳闻目睹封建礼教对人的种种迫害，怎么能敏感地从一个患"迫害狂"症的人身上受到启示而将"迫害狂"与封建礼教的吃人本质联系起来，创作出小说《狂人日记》？文艺创作者的职业敏感不仅依赖于生活经验，而且敏感的程度还受其生活经验的广度和深度的影响。生活经验越丰富，其联想、比较、想象、概括的范围就越广，对事物的反映越敏捷；对生活的认识越深刻，对事物的本质特征的认识就越准确。因此，有志于提高职业敏感的文艺创作者，既不能满足于身边的狭小天地，也不能浮在生活的表面，而应该深入到广阔的现实生活之中，不断提高自己生活经验的广度和深度。

3. **文化素养**。文艺创作者职业敏感的养成同丰富的文化知识修养也有密切关系。先说文艺以外的各种知识。文艺创作者对事物的理解光靠直接的生活经验是远远不够的，还必须借助大量的间接生活经验，即前人所积累的知识。这些知识有助于作者以深远的历史背景和广泛的现实联系去理解某一具体事物，从而达到敏锐而深刻的感知。再说文艺本身的知识和修养。从事某种专业的创作者，首先要学习本专业领域中前人的创作经验和成果，学习他们怎样从专业的角度观察、认识事物，从此来提高自己的职业敏感；其次要尽可能吸取多种艺术的知识，以便触类旁通，提高审美能力，开拓联想和想象的空间，使职业敏感的领域更为宽广，程度更为深刻。

文艺创作与通感

（一）什么是通感

所谓通感，就是感觉经验之间的相通和转化。它包括两项内容：一是感觉转移，也就是心理学上所说的联觉，即由一种已经产生的感觉引起另一种感觉的兴奋。人的感觉如视觉、听觉、味觉、嗅觉、触觉等，它们虽由不同的分析器分别感受，并由不同的神经渠道分别传送，但在分析器中枢部分却可能相互作用，从而彼此互相引起。这种现象在生活中颇为多见，例如红色引起暖的感觉，白色引起冷的感觉，就是视觉通于肤觉。又如听某个歌唱家演唱，说这人嗓音甜亮，也是欣赏者产生的联觉。因为嗓音乃是听觉刺激，而"甜"则属于味觉，"亮"又属于视觉。欣赏者当时并没有实际经验"甜"的味觉与"亮"的视觉，它们是由听觉引起的。当他把这种联觉的感受凝结为言词来加以表达时，就用了"甜亮"二字。感觉转移大都是自发的心理活动，它较为普遍地出现在人的生活经验中，不需要做什么专门的努力。

二是感觉概括。所谓感觉概括，也可以叫具象概括，就是对感觉经验进行一定的分析、综合和抽象，以形成某种具有概括性的感觉经验。但是这种概括不同于由感觉上升到概念的纯粹抽象的概括，而是保留了某种感性内容的具象概括。这种概括性的感觉经验出于个别而又高于个别，从而成为各有关的个别感觉经验相通的桥梁和中介。例如，对大山与大海的视觉固然极不相同，但都含有"大"的感觉特征，这个特征除了可以概括为"大"这个概念之外，也可以在意识中保留一种具有概括性的空间感，后者就属于感觉经验的概括。这个概括是观山与观海的不同视觉经验相通的中介。正是有了这种概括，观山时才会有"如海"的感受，才会产生"苍山如海"的诗句。

作为通感，感觉概括不同于感觉转移，这主要表现在两个方面。其一，它不仅包括不同感觉类型经验的相互引起（像感觉转移那样），而且包括同一感觉类型而不同内容的感觉经验的相互引起。如前面所举观山观海之例，就是同一感觉类型（视觉）而不同内容的感觉经验所产生的相通感受。再如，写意画、书法、建筑三者，都属于视觉艺术，其性质又各不相同。但写意画中的"无画处皆成妙境"、书法中的"计白当黑"、建筑中的以空间表现实体，都能给人以虚中见实的相通感受。其二，它不像感觉转移那样常常表现为自发、自然的心理形态，而是需要经过一定的主观努力去比较、概括、体味。例如观《云汉图》而觉热，望《北风图》而生寒，这种视觉通于肤觉的感受是自然而然产生的；但听周信芳以独树一帜的"破嗓子"所唱的"麒"派唱腔，因而产生如欣赏渴笔书、破笔画那样的感受，这却不是自然而然产生的。它需要一定的创作或欣赏的实践，需要自觉地发挥主观能动作用对对象进行玩味捉摸以形成某种概括性的感觉经验（例如"苍劲有味"）。毫无疑问，渴笔书、破笔画与"麒"派唱腔在感觉类型和具体内容上都是全然不同的，但能动的感觉概括却能从中找出它们的相通之处来。

对文艺创作和欣赏来说，在感觉经验的概括中，尤其值得注意的是"美感的概括"。看盖叫天的武打和卓别林的舞蹈，虽然都用视觉，但他们的艺术动作不同、艺术性质各异，欣赏者却可以从中概括出"动作清楚，恰到好处"的感受来。而这种感受算不算美感呢？当然要算。因为这种动作是在技艺上达到"准确"的一种表现，而在任何创造活动中，凡是准确的动作，都标志着人在此项活动中已达到或接近于理想的境界，是较为充分地显示了人的创造力量，所以很美。这可以说是，从美的本质特征上来谈美感的概括；至于对美的其他特征（如对称、平衡、和谐、多样统一等）的感受，当然也是可以概括的。

（二）通感在文艺创作中的作用

通感对文艺创作有重要的作用，这种作用主要表现在以下两个方面：

1. 通感有助于艺术形象的创造和表现。任何艺术都是以特定的感觉形式和艺术方式来反映客观世界的，音乐是以听觉形式、绘画、书法、雕塑等是以视觉形式，文学则是以作用于视、听觉的语言诱发想象的形式；而在同一感觉形式的艺术中、如绘画、书法、雕塑等，其具体的艺术表现方式又各不相同；由此形成了艺术反映的专门化特点。但是客观事物是丰富复杂的，其作用于艺术家的感官也是多种多样的，要将这纷纭复杂的感觉信息统一表现于特定的感觉形式和艺术方式，显然离不开通感的作用。例如古典《春江花月夜》，现实生活中的相应景物绝不是光靠听觉就能感知的，即从题目来看，就可以有对春夜江风的肤觉、明月的视觉、花香的嗅觉、江水拍岸的听觉等；而这一切却都要通过听觉形式的音乐旋律来表现。作者如果不对这些感觉经验加以概括使之通于音乐的听觉，如果不能将这些感觉经验转化为音乐的听觉感受，又怎能创作出这首乐曲呢？这是听觉艺术，再看视觉艺术。人们欣赏书法、绘画时常喜欢说"笔墨甜熟"或"生涩"，可以想象，画家或书法家在创作时也是调动了自己的味觉经验来通于视觉，将其融化到书法或绘画的视觉形象之中。相传唐代书法家怀素"夜闻嘉陵江水"，思潮起伏，书法遂有"惊蛇走虺，骤雨狂风"之势，可以说这是将听觉感受通于书法的视觉感受所致。

再进一步说，无论是视觉艺术还是听觉艺术，单纯将各种感觉统一于某种特定的感觉形式还是不够的，还必须适应于某种特定的艺术表现方式。音乐创作要求把各种感觉转化为音乐的听觉艺术形象而不是一般的听觉，书法、绘画也要求转化为各自的视觉艺术形象而不是一般的视觉。因此，即使感知对象与创作对象的感觉类型相同，这里面也有一个通感问题。唐代书法家李阳冰在《上李大夫论古篆书》中说道："于天地山川，得方圆流峙之形；于日月星辰，得经纬昭回之度；于云霞草木，得霏布滋蔓之容；于衣冠文物，得揖让周旋之体……"①以上所举的物象，都是视觉形象，但它们却无法直接照搬到书法艺术之中，而必须以书法的眼光将其提炼加工为适于书法艺术方式的东西并融化到书法的创作中，也就是将一般视觉通于书法视觉，才能创造出书法艺术的形象，如果通于绘画的视觉或音乐的听觉，则是绘画形象或音乐形象。

同视觉艺术与听觉艺术相比，通感在语言艺术形象创造中的作用有所不同。语言艺术是想象的艺术，它不是以特定的感觉形式来反映世界，而是通过语言符号的描绘在欣赏者头脑中唤起各种感觉形象；因此它不必将各类感觉统一于某种特定的感觉形式。通感在语言艺术中的作用主要表现在丰富形

---

① 见清康熙静永堂刻本《佩文斋书画谱》卷一。

象的表现力和感染力上。例如，韩愈在《听颖师弹琴》一诗中以"浮云柳絮无根蒂，天地阔远随飞扬"来表现轻柔优美的琴声，就是以听觉通于视觉。以象声或形容的方法来描绘，例如"大弦嘈嘈""声振林木"等，也能使欣赏者唤起一定的音乐形象感，但却是单薄的。以性质类似的视觉形象来表现，就更能诱发欣赏者的通感，从而使之获得丰富的听觉感受。

2. **通感有助于艺术之间的交流与借鉴。**各门艺术都有其独特的感觉形式与艺术方式，同时，又有其相通的一面。中国古代有所谓"书画同源""诗画一理"等说法，就是对艺术相通规律的认识。一个艺术家如果具有对各种艺术的通感能力并将其运用于艺术实践，就能够触类旁通，甚至融会贯通，从而汲取其他艺术的精华，促进自己的创作。唐代草书名家张旭观公孙大娘舞剑器而笔势益俊，就是一个运用艺术通感促进创作的著名事例。舞剑器与写草书在艺术表现方式上可谓截然不同，但张旭却能够通过对舞蹈动作的感受、体验、分解、综合而提炼出某种东西（可能是线条、节奏方面的特征，可能是表演技巧那股圆熟劲，也可能是整个舞姿所显示的豪迈矫健的风神），然后将其改造加工，融化到书法艺术的表现方式之中，使他的草书得到滋养。

艺术通感的最高境界是对艺术辩证法的切实感受和运用。艺术辩证法是唯物辩证法的普遍真理在艺术创作中的表现；正是它，构成了各种艺术的共通的规律。例如形神、虚实、隐显、张弛、奇正等对立统一的关系，在我们民族的各种艺术创作中几乎是无处不在的。就以虚与实的关系来说，作诗重在"言有尽而意无穷"，绘画要求"目尽尺幅，神驰千里"；书法要做到"黑处是字，白处也是字"，音乐会出现"此时无声胜有声"；以及戏剧中的台词与潜台词，电影中的镜头组接与叙事省略，建筑中的实体与空间等等，无不表现了虚实结合、有无相生的艺术辩证法。它们在各种艺术中虽都有特殊的表现，而其道理却是彼此相通的。但艺术辩证法是一种"通理"，对"通理"的一般认识并不等于通感；必须要把对"通理"的认识转化为切实的感性经验，这才是精深的通感。在中国古代，有些艺术家是深通数艺的，他们就往往有包含艺术辩证法的精深通感，所以能将各门艺术融会贯通，并在实际创作中相互为用。唐代文学家王维，工诗会画，兼通音律。他以诗意入画，以画法写诗，以情景交融、虚实相生的艺术经验沟通诗画，使二者相得益彰，所以苏轼说："味摩诘之诗，诗中有画；观摩诘之画，画中有诗"。

（三）文艺创作中通感活动的心理分析

从心理实质上来看，文艺创作中的通感实际上是艺术家对客观世界的一种认识活动。"对人来说，客观刺激物作用于感受器，引起大脑皮层的活动，就产生一定的心理现象（如感觉、知觉、表象等等）。由于客观刺激物彼此之间存在着一定的联系，反映在心理现象中就成为各个心理现象之间的联系，并且可以彼此互相引起，成为联想。"[①]红色视觉之所以能引起发热的肤觉，是由于太阳、火这些事物所具有的"红"与"热"的属性是相互联系的，反映在人的心理上就成为"红"的视觉与"热"的肤觉的联系。因此，即使单独产生"红"的视觉，也能通过这种联系引起"热"的肤觉。听"麒派"唱腔之所以能引发看渴笔书、破笔画之感，也是由于有关的实践使二者在心理上建立了联系，只不过这种联系是一种感觉经验的概括罢了。

文艺创作中的通感既是一种认识活动，那么，它是一种什么心理性质的认识活动呢？有的同志可能会说，通感既是感觉经验的相通，当然是感觉活动。不错，通感确是感觉经验的相通，但感觉经验并不等于感觉。甲种感觉之所以能引起乙种感觉，是由于两种感觉的联系以表象的方式储存在人的记忆中，甲种感觉只是唤起了储有乙种感觉的表象的活动从而形成通感的。因此，即使这种最低级的通感，实际上也是感觉与表象的协同活动。至于创作中的通感，感觉的作用就更为有限。因为感觉是客观事物直接作用于人的感觉器官的结果，离开了客观事物，感觉也随即消失。因此，一切感觉性质的东西都只有可能成为创作过程中的某种契机，而不能直接进入艺术的构思。创作中的通感，主要表现为储有通感内容的表象的活动，感觉经验是以表象的形式存于人的脑中的，其相通也是通过表象的联想来实现的。而且文艺创作既是一种创造，它的表象联想就不是自发的感觉经验联系的简单再现，而是包括表象的分解和综合（即想象活动）、不同感觉类型表象及相同感觉类型但不同性质表象之间的转化，以及按照一定的艺术方式和要求对表象所进行的加工改造等多项内容的复杂心理活动。举例说，盛熙明在《法书考》中，收录了宋代书法家雷简夫一段有趣的自述："余偶昼卧，闻江涨声，想其波涛翻翻，迅駃掀搕，高下蹙逐，奔去之状，无物无寄其情，遽起作书，则心中

[①] 曹日昌主编：《普通心理学》上册，人民教育出版社1980年版，第55页。

之想,尽在笔下矣。"雷简夫由"江涨声"的听觉引起不在目前的"波涛翻翻"的视觉,是头脑中储存的"江涨声"听觉表象与"波涛翻翻"视觉表象的联系在现实听觉刺激下的兴奋活动,是感觉与表象的协同活动。而其头脑中想象的"迅駛掀橃,高下蹙逐,奔去之状,无物无寄其情"的画面,则包含着由视听通感表象引发情感、情感又对这些表象进行分解综合以"寄其情"等复杂的表象运动。继而他"遽起作书,则心中之想,尽在笔下矣",这里并不是将"江涨声"引发的"波涛翻翻"等视觉表象再现在笔下,而是要将经过加工改造并转化为书法形式的视觉表象再现在笔下。这里既包含着不同感觉类型表象的转化,又包含着相同感觉类型但不同性质表象的转化,而且二者是错综复杂地交织在一起的。由此可见,在创作通感中,感觉只起了引发表象活动的契机作用,实际的心理过程主要是表象的活动。

(四)艺术通感的训练和培养

艺术通感并不是什么神秘现象,文艺工作者完全可以通过艺术实践培养和训练自己的艺术通感,以促进文艺创作能力。那么怎样训练和培养艺术通感呢?

首先,要精通自己的艺术专业。文艺创作中的通感是以创作专业和对象为中心的,画家的通感,是要将各种各样的感觉通于绘画的视觉;音乐家的通感,是要将各种各样的感觉通于音乐的听觉。因此,通感的产生必须以掌握本专业的业务为前提。对本专业的业务钻得越深,就越能从特定的角度和要求来看其他事物,也越容易在二者之间找到特殊的感性联系。比如,一个人初学花鸟画,他必然尽力去认识花鸟本身的特征,以求画出来能像花鸟;这时他不可能想到观察人类的风度神情对花鸟画也很有用;即使他经过指点从道理上懂得要做这种观察,他仍然无法真正看出人类的风度神情同花鸟画有什么关联;或者他果然看出了这种关联,也还是无法把观察所得融化到花鸟的艺术形象中去。然而,随着他对花鸟画的艺术越钻越深,他的观察能力和融化能力就可以越来越强。所以通感的产生,首先要求在本门业务里有一个立足点,在这里扎根越是深固,就越能使其他事物为其所用。

其次,要带着职业眼光时时进行"有意注意"。对外来说,要注意将看似无关的事物同自己的专业联系起来;对内来讲,要注意将自身心理活动中的各种不同感受联系起来。先说对外的注意,著名书法家王羲之非常喜欢白鹅,他通过对鹅儿游水姿态的详细观察，悟出了执笔时要像鹅掌拨水那样优裕自如而有力量。鹅儿游水与运笔写字在表面上看可谓风马牛不相及，如果王羲之不有意观察领悟，怎能发现其中的联系？从另一方面说，他如果不是从书法家的眼光去看，而是从游泳运动员的眼光去看，他就不会形成关于执笔写字的通感，而可能形成关于游泳的通感了。再说对内的注意，刘鹗在《老残游记》中描写"王小玉说书"时有这样一段：

"王小玉便启朱唇，发皓齿，唱了几句书儿。声音初不甚大，只觉入耳有说不出来的妙境，五脏六腑里象熨斗熨过，无一处不伏贴；三万六千个毛孔，像吃了人参果，无一处毛孔不畅快。唱了十数句之后，渐渐的越唱越高，忽然拔了一个尖儿，像一线钢丝抛入天际……"

在这一段里，作者描写了听书时听觉通于机体觉，又通视觉的感受。如果作者在听书时，写作时不注意对内心的感受进行体察和联想，如何能获得如此丰富的感受？

最后，要提高文化艺术修养，丰富自己的生活经验。艺术通感既然有利于创作，那么能通的东西当然越多越好。因此，文艺工作者在深入钻研本门业务的同时，一方面要尽可能多地学习文化艺术知识，提高自己的文化艺术修养；另一方面，还要深入社会生活，积累丰富的生活经验。总之，知识经验越丰富，通感的领域就越广阔。古今有成就的艺术家无不具有深厚的文化艺术修养和丰富的生活经验。苏轼精于诗词散文，又通于书法绘画，是北宋的一大文豪；曹雪芹于传统的文化艺术无所不窥，又经历事变、洞悉人情，才写出了不愧为封建时代社会生活的百科全书的《红楼梦》。当然，丰厚的知识经验，毕竟只是通感形成的条件。要想真正养成敏捷的通感，还要在艺术上勤于实践。

第一部分

艺术构思与灵感

（一）艺术构思与灵感闪现

艺术构思（包括构思在"外化"过程中的延伸，下同）是文艺创作的核心环节，是创作者主观能动性的高度发挥和集中体现，是一种高度自觉、异常艰苦的创造性思维活动。在艺术构思中，艺术家总是集全部注意于创作对象，并试图动员全部的心理功能使之发挥最大的心理效果，挖掘出头脑中所有的信息储备使之服务于构思目的，可谓聚精会神，殚思竭虑。对于艺术构思的这种艰苦情况，许多文艺工作者都是深有体会的。现代诗人臧克家在《我的诗生活》中说："我好沉思，苦思，整个的心为着诗跳动。走着想，坐着想，醒着想，睡下想，吃着饭想，同别人谈着话也在想。为了八句诗，我曾整整想了一年。"元代画家姚安仁也说过："人言画山水易，某甚以为苦。每作一幅，必往来胸中，经营累日，然后敢落笔，亦如文字得题而苦思也。"[1]看来无论何种艺术，其构思过程都不是轻而易举的。

但是艺术构思中也常常出现另外一种情况。有时创作者的头脑中会突然闪现出某种思想的火花，继之杰思妙句"如万斛泉源，不择地而出"[2]，如江河奔流，不可遏止。这就是人们常说的"灵感"现象。处于灵感状态，创作者会感到思维敏捷，想象活跃，思路通畅，情绪高昂，构思之速度和质量都大大优于平常。俄国作家果戈理曾这样描绘过他灵感出现的情形："我感到，我脑子里的思想像一窝受惊的蜜蜂似的蠕动起来；我的想象力越来越敏锐。噢，这是多么快乐呀，要是你能知道就好了！最近一个时期我懒洋洋地保存在脑子里的，连想都不敢想写的题材，忽然如此宏伟地展现在我的面

---

[1] 见俞建华《中国绘画史》，下册，第12页。
[2] 见《经进东坡文集事略》，卷五十七，文学古籍刊行社版。

前，……"①

灵感的这种奇特性使它被蒙上了一层神秘的外衣。古希腊哲学家柏拉图将灵感归于神灵，认为诗人的灵感是由神灵赐予的；弗洛伊德理论则把灵感归于本能的潜意识活动。我们认为，灵感既非神灵赐予，也非本能的潜意识活动，而是人的意识活动的一种特殊形态。艺术构思中的灵感闪现是艺术家的整个心理处于最佳状态下的高效意识活动，是思想电路在短时间内的迅速接通。从生理机制上看，作为创造性思维的艺术构思，实际是艺术家大脑皮层上建立崭新神经联系的过程；它不同于一般思维活动中神经联系的建立。一般思维（例如演算数学题）中神经联系的建立，都是在那些最容易、最经常活动的神经细胞群之间进行的，其构成大都是旧有神经模式的延伸、改造或变通。创造性思维则不同，它要建立起一套全新的神经联系系统，因此仅仅依靠那些经常活动的神经细胞群、简单套用旧有的神经活动模式是远远不够的。它必须唤醒那些处于潜沉状态的神经细胞群，并通过不断进行的神经兴奋的扩散与集中，尝试着在有关的神经细胞群中建立一种新的联系，形成一种新的模式。这个过程是很艰苦很困难的，有时一些关键环节往往经过反复多次的尝试都不能形成。只有当创作者的各种心理因素（感觉、知觉、思维、想象、情感、意志等）的作用都得到恰当的发挥并且相互之间形成一种最适合当前构思需要的和谐关系时，只有在大脑各中枢的兴奋处于一种十分微妙的状态时，那些构思所迫切需要的潜沉的神经细胞群才可能突然被激活，那些关键环节的神经联系才能立时建立，那些极难接通的思想电路才能迅速接通——这就是灵感。

（二）灵感特点的心理分析

灵感既然是艺术构思中一种特殊的意识活动，那么这种意识活动的特点是什么呢？对这些特点如何理解呢？艺术家怎样认识和处理灵感与整个构思过程的关系呢？

灵感的第一个特点是顿悟性。在灵感到来时，艺术家常常会突然获得他长期苦思冥想而不得的某种理解或认识，某个形象或情节，我们姑且借用佛教的术语称之为顿悟。著名音乐家舒伯特有一次为请朋友喝咖啡而亲自动手

---

① 见魏列萨耶夫《果戈理是怎样写作的》（蓝天年译），天津人民出版社1980年版，第11页。

磨咖啡豆。破旧的石磨发着有节奏的嚓——啦、嚓——啦的响声，磨着磨着，他突然一停，高叫道："有了！有了！为这个曲调我想了好几天，而这个磨帮我一分钟就把它找到了！"据说这个曲调就是《d小调弦乐四重奏》的主旋律。这种现象在文艺创作中不胜枚举，它的原因是什么呢？难道真是脱离整个艺术构思意识活动的某种"神力"或潜意识吗？不是的，它只是以突发形式出现的长久思考的结果。苏联心理学家乌赫托姆斯基曾指出，当一个人把某一个问题当作他坚定不移的研究目标时，他的大脑皮层上就会形成一个优势兴奋灶。这种优势兴奋灶对刺激的敏感性大大提高，并且能把一切进入大脑中的兴奋都吸引到自己方面来。艺术家在苦苦构思时，大脑皮层上也会形成这样一个优势灶，它吸引着外界的刺激和内部的兴奋，并且以其大大提高的敏感性对内外的一切信息进行选择和加工，为构思的最后完成创造着条件。灵感顿悟只是由于某个关键信息的摄入，某个关键思路的拓通，使整个艺术构思产生一种质变和飞跃。如果没有经过苦思而形成的优势兴奋灶，没有对信息的吸引力和敏感性，那么再重要的信息也不会纳入特定的构思系统并被迅速地识别选择，顿悟也就无从产生。鲁迅在谈到阿Q形象的成因时指出："阿Q的形象，在我心目中似乎确已有了好几年，但我一向毫无写他出来的意思，经这一提，忽然想起来了。晚上便写了一点。"[①]我们知道，鲁迅前期是为了探索和改造国民灵魂而进行小说创作的，这个明确的目的在他头脑中形成了优势兴奋灶，使他自觉不自觉地将有关的信息吸引到这个兴奋灶中来，阿Q多年来在他心目中的影像正是这种情况的产物；只是他一直没想到以之为典型而创作一篇小说，经别人偶然提及才顿有所悟。可以想见，如果没有以前关于国民灵魂的思考，他是不会产生这样的顿悟的。

对于灵感顿悟与平时积累的这种关系，古今中外的文艺家和理论家们曾有过很多精辟的见解。唐代诗僧皎然说："有时意静神王，佳句纵横，若不可遏，宛如神助。不然。盖由先积精思，因神王而得乎？"[②]这里，皎然明确提出灵感并非由于"神助"，而是"先积精思"的结果。俄国音乐家柴可夫斯基则认为灵感是如犍牛般竭尽全力工作时的心理状态，他把灵感比作"是一个不喜欢拜访懒汉的客人。"许多艺术家的创作实践也证明了这些认识。郭沫若

---

① 见鲁迅《阿Q正传的成因》。
② 皎然：《诗式·取境》，见《历代史诗话》，中华书局1981年版，第31页。

是相信灵感的，说自己写历史剧是"妙思泉涌，奔赴笔下"。他创作《筑》只用了十三天，《屈原》只用了十天。但是，他的每个剧本，几乎都有很长的酝酿期。《淮南子·泰族训》中"荆轲西刺秦王，高渐离、宋意为击筑"的故事早就使他怦然心动，时时萦怀，抗战前在日本时，就有过把高渐离的故事写成剧本的设想；《屈原》则是他"二十五年前试作《湘累》的发展"。因此，有志于文艺创作的人，不应该把虚幻的希望寄托在灵感顿悟上，而应在构思上苦下功夫；功夫到了，灵感自然会来。

灵感的第二个特点是非预料性，即它的产生和消失常常是没有定则、难以预料的。清代著名小说评点家金圣叹在评论《西厢记》时，曾说过这样一段话："文章最妙是此一刻被灵眼觑见，便于此一刻放灵手捉住，盖于略前一刻亦不见，略后一刻便亦不见，恰恰不知何故，却于此一刻忽然觑见，若不捉住，便更寻不出。"郭沫若在《我的作诗经过》一文中对这种情形曾经有过这样的描写："《凤凰涅槃》那首长诗是在一天之中分两个时期写出来的。上半天在学校课堂里听讲的时候，突然有诗意袭来，便在抄本上东鳞西爪地写了那诗的前半。在晚上行将就寝的时候，诗的后半的意趣又袭来了，伏在枕头上用着铅笔只是火速地写，全身都有点作寒作冷，连牙关都在打战。就那样把那首奇怪的诗也写了出来。"[①] 这些都是对灵感非预料性的极好形容。

灵感的非预料性常常表现为这种情况：艺术家有意识地苦苦思索时得不到的结果，在散步、游玩或其他无关的活动中却可能由于内部思想的闪现或外部信息的刺激而无意识地获得，正所谓"踏破铁鞋无觅处，得来全不费功夫"。法国音乐家柏辽兹有一次为贝朗瑞的一首诗谱曲，前面都谱完了，只剩最后一句谱不出来。他思索再三，仍想不出，不得不把它搁置起来。两年以后，他到罗马去游玩，失足落水，爬起来嘴里所哼的曲调，恰恰是两年前搜肠刮肚所不能得的。类似这样的事例在文艺创作中并不少见，原因何在呢？原来优势兴奋灶的建立既会对艺术构思产生积极的作用，又会产生消极的影响。这种影响主要表现在它往往使艺术家的构思陷入"功能固定性"的泥潭而不能自拔。所谓"功能固定性"，就是对事物的功能或联系的某一方面过分注意或熟悉，因而常常看不到其他方面。当艺术家的优势灶兴奋过强时，他

[①] 见山东师范学院中文系文艺理论教研室编《中国现代作家谈创作经验》，山东人民出版社1980年版，第43页。

就往往只注意与构思对象有着直接或显著联系的事物，而看不到那些有着间接或隐蔽联系的事物；他的思维就常常循着某一个方向和角度、局限在一定的范围内进行，而不能灵活地变换思维方向和角度、突破功能固定性的局限。这常常造成一些艺术家思维的僵化和"钻牛角尖"。改变这种状况的方法就是减轻对某个思考着的问题的注意，使大脑神经放松下来，如出去散散步，玩一玩，转移一下注意。这时，功能固定性减弱了，而思维的目的性并没有消失，那些与构思目的联系较间接或隐蔽的内部或外部的信息就可能闯入艺术家的意识并引起他的注意，使他从另外的角度或方向上发现它们与构思的联系，于是灵感便产生了。

由于灵感的非预料性，因此在构思中，创作者一方面要储思积虑，为灵感的到来创造着条件；另一方面在灵感到来之时，又要不失时机，"急起从之，振笔直遂，以追其所见。"[①]宋代画家孙知微给大慈寺作壁画，接受任务后琢磨了一年多，始终不肯下笔。一日酝酿成熟，灵感突降，便"仓皇入寺，索笔墨甚急，奋袂如风，须臾而成。"[②]据《东斋记事》载，北宋画家李怀衮善写山水，为了不使灵感溜跑，他在"所居及寝处，皆置笔，虽夜中酒酣睡觉，得意时急起画于地或被上，迟明横写之，则优于平居所为也"。

（三）艺术构思的心理状态

以上我们以形成"优势兴奋灶"和改变"功能固定性"解释了灵感顿悟性和非预料性，旨在说明灵感并非超意识的神赐或"潜意识"的活动，而是艺术构思处于最佳心理状态下思维电路的突然接通。正是由于在这种状态下，创作者的各种心理因素及其相互关系都处于一种最适合于构思任务的状态，因而能发挥最大的心理效能，使构思产生飞跃，思维电路突然接通，形成创作者的顿悟。由于这种状态的形成因素是极其复杂的（不仅是各种心理因素，还有它们之间复杂微妙的结合关系，而且这一切还必须适合千变万化的构思对象和任务），所以它的到来也是难以预料的。因此创作者不能对灵感采取"守株待兔"的态度，只能自觉地调节和培养自己的各种心理因素，使之尽量形成适合艺术构思的心理状态。当然这样做了之后并不意味着灵感一定会到

---

① 苏轼：《文与可画筼筜谷偃竹记》，见龙协涛编著《艺苑趣谈录》，第141页。
② 同上。

来，但是不管它到来与否，这对于艺术构思总是具有积极意义的。

艺术构思的心理因素极其复杂，但概括起来说，不外是认识、情感、意志三部分。这三部分因素处于怎样的状态和关系中才有利于创作构思呢？

先说认识因素。艺术构思中的认识活动就是抽象思维制约、指导下的自觉表象运动，即形象思维，这是艺术构思心理的主体。要取得好的构思效果，思维就应该具有独立性、灵活性、敏捷性，创作者就应该时刻处于批判旧模式、变换新角度、探索新联系的心理状态。宋代画院有一次以"竹锁桥边卖酒家"为题叫画家们作画，许多人都考虑如何表现酒家，在画面上画出楼阁、人物。唯独著名画家李唐只是画了桥头竹丛中挑出书一"酒"字的酒帘。评议下来，显然李唐比他人高出一筹，因为以酒帘而代酒家，不仅收到以简胜繁的艺术效果，而且深得"竹锁"的意趣。如果分析他的创作心理，可以想见他在构思时一定是在否定惯有的思维模式的同时，不断地变换着新角度，灵活敏捷地尝试着竹丛与酒家之间的新联系的建立和选择。酒帘表象在他头脑中可能是突然地闪现并引起顿悟，也可能是按部就班进行推想和选择的结果；但无论怎样，这种创造性的构思成果是与前述的思维状态分不开的。

艺术构思中的意志活动包括构思者的意愿、动机及要达到这些目的的主观努力。美国心理学家曾经对黑猩猩的动机和解决问题之间的关系进行了研究，发现："当动机很弱的时候，动物很容易被无关的因子引到问题以外，趋向于无目的的行动。而在动机非常强烈的情况下，动物则集中注意于目的物，而把情境中其他的、对于解决问题却很重要的特点都排除在外。……只有在动机强度中等的情况下，动物才不会为取得食物的欲望所支配，以致未能对情境中其他适当的特点作出反应。"研究者认为这和对人类的观察是一致的，因此得出结论："问题解决者动机的强度增加，他解决问题的效率也随之而增加，直至达到一个最高点。超过这一点，动机强度的任何提高，造成解决问题能力的降低。"[①]可以认为，艺术构思中合理的意志状态与以上所谈情况基本是一致的。一定强度的动机可以驱使创作者克服构思中的困难，想方设法达到自己的创作目的。曹雪芹为写《红楼梦》而"披阅十载，增删五次"，可以想见其强烈创作动机在其中所起的作用。但是动机过于强烈则适得其反，会使创作者的思维固着于构思对象有着直接关系的狭小范围，而不能灵活敏

---

① 克雷奇等著：《心理学纲要》，上册，文化教育出版社1981年版，第254-257页。

捷地开拓思维空间。

情感作为创作者的态度体验在艺术构思中也具有重要意义。创作动机只有经过创作者自身情感体验的过滤才能对艺术构思产生积极的作用，那种"少年不识愁滋味""为赋新词强说愁"的创作动机，当然不会产生好的构思效果。但是构思中的情感状态并非越强越好，而是要有一定的限度。如果情感处于极度强烈的状态，创作者就会固着于情感对象，"不由自主地离开一切无关的，甚至实际重要的东西。身体的变化和表情动作变成越来越缺乏意识。……抑制越来越强烈地包围着大脑皮层。"①斯坦尼斯拉夫斯基在排演《奥赛罗》时就遇到过这种情况："我所能做的只是疯狂的紧张，精神和形体上失去了驾驭，……没有节度，没有情操的控制，没有色调的安排；只有筋肉的紧张，只有声音和整个有机体的硬作，……因此不得不把排演暂停几天，找个医生想点最好的补救方法。"②处于这种情感状态，构思显然不能正常进行。

形象思维、意志、情感三者功能的适度发挥、默契配合和微妙结合，就形成了艺术构思的合理心理状态。这种状态会提高构思的效果，有利于灵感的产生。但这只是理论上的认识，艺术构思效果的真正提高，还有待于创作者在创作实践中充分发挥主观能动作用去体验各种心理因素的复杂微妙的作用和关系，并反作用于创作构思。

艺术构思和灵感的心理内容是极其复杂的，限于目前心理学的水平，有些问题还不能解释得很清楚。但从本质上讲它们都是反映客观世界的意识活动，这一点应该是确定无疑的。

---

① 彼得罗夫斯基主编：《普通心理学》，人民教育出版社1981年版，第411页。
② 郑君里：《角色的诞生》，中国电影出版社1981年1月版，第96-97页。

文艺创作中的无意识问题

文艺创作是创作者充分发挥主观能动作用，自觉运用表象、思维，情感等形式有机地对客观世界所进行的反映活动。因此，它在本质上是创作者自觉进行的意识活动。但是，在文艺创作中，不仅存在着意识活动，也存在着无意识活动，也就是说存在着一些没有明确为创作者所觉知、但又对创作活动产生影响的心理活动。

关于无意识，实际有两个完全不同的概念。一个是弗洛伊德"精神分析学派"专用的，称潜意识更为贴切。弗洛伊德把人的心理活动分为两个对立的部分，即意识和潜意识。潜意识主要是指人的本能冲动，它在人的心理活动中是隐蔽的，意识不到的。它按照"唯乐原则"活动，专门追求本能欲望；（主要是性欲）的满足。这种追求被说成是整个心理活动的动力，弗洛伊德称之为"里比多"，也有人把它叫作"性能量"。至于意识，则被指为显露在心理活之中的，它反映了能得到社会承认的"自我需要"。它所遵循的是"唯实原则"，即根据现实情况调整心理和行为。弗洛伊德认为，意识领域中还有一个高级的层次，即道德、理想等意识，它的活动遵循着"至善原则"。

这样，就整个心理活动来说，情况便是意识压抑着本能冲动，而本能则在暗中支配意识。这种压抑和支配都是个体所意识不到的，所以潜意识便成为心理活动的基本动力。就文艺创作而言，弗洛伊德认为这是人的性本能的"升华"的一种表现，也就是说性本能受到压抑，只能表现为社会所许可的一些活动（文艺创作即为其中之一），以求得变相的、象征性的满足。

弗洛伊德的"潜意识论"在开拓心理学研究领域上作出了一定的贡献，其学说中也有某些合理因素；但是将人的心理活动的基本动力完全归结为无意识的本能冲动却是不可信的。在人类文明化的漫长过程中，人的自然属性和社会属性是彼此制约的；但是起主导作用的、在实际上决定着人的心理和行为的，是表现为人的意识的世界观、态度、理想、愿望等，而这些都是在人的社会实践中形成的，具有鲜明的社会属性。人不同于动物，动物由于只有直观反映的第一信号系统，只能依据本能的行为程序对对象进行直接的反映，并不能意识到反映活动的意义和过程。例如，羊饿了要去吃草，田鼠饿了要去吃庄稼，它们出于先天的、固定的行为程序，在受到内部饥饿的刺激下，即采取上述行为，而不能灵活地改变行为程序，变为羊吃庄稼、田鼠吃草，更不能自知为什么会这样做。人则不然，由于有了语言活动的第二信号系统，人就具有抽象概括和间接反映的能力，因此能够根据个体的需求和对象的情况灵活制定和调整自己的行为程序以达到某种目的。这样人对自己的需要、动机、愿望和对象的内部外部情况以及二者相互作用所形成的行为程序就能够自我觉知而成为有意识的活动，并且由于语言是社会的产物，这种自我意识还具有社会的性质。以文艺创作而言，由于人能灵活制定和调整其行为程序，所以就有各种各样的动机（兴趣、意向、愿望、信念等），这些动机显然都是具有社会性的意识的表现，与人的社会属性相联系。把一切创作归结为"性本能"的"升华"，只能求得本能的象征性满足，这既不合乎明显的事实，也无实验的证明。白居易创作讽喻诗是为"唯歌生民病，愿得天子知"；鲁迅创作《阿Q正传》，是因为明确意识到当时国民中存在的"精神胜利法"，并由此产生要"揭出病苦，引起疗救的注意"的创作目的。从诸如此类的创作动机和创作实践中，怎么看得出本能的无意识冲动和性要求的象征性满足呢？文艺创作从本质上讲是一种明确的意识活动，无意识本能即使发挥一定的作用，也要通过具有社会性的意识的折射才能表现出来。

无意识的第二个概念，是指未被意识到的心理活动。我们说文艺创作是一种明确的意识活动，是就其总体和本质而言。由于人的心理活动是极其复杂的，第一信号系统与第二信号系统并非在一切心理活动中都同样程度地密切联系。因此，在实际的创作活动中，创作者的心理活动并非全部都能被他自己明确意识到。那些未被意识到或未被明确意识到的心理活动，就是我们这里说的无意识。它们虽然不在意识域之中，却可能暗中起作用，影响创作者的心理和行为；也可能在某种情况下转化为意识。分析起来，这种无意识在创作中大致有以下几种表现：

1. **注意外反映**。人的反映活动要受注意的影响。所谓注意，从脑生理机制的角度看，就是神经兴奋集中于某一中心。处于注意中心（或神经兴奋中心）的信息，意识的程度较高、较清晰；处于注意边缘的信息，意识的程度较低、较模糊；处于注意域外的信息，则常常不易为人所意识到。例如，专心致志地对花写生的画家，常常并不一定意识到和风拂面、丽日照人的刺激，聚精会神沉湎于构思中的作家，对周围人的身影和说话声也可能视而不见、听而不闻。但是处于注意边缘或注意域外的信息（包括当时刺激和记忆中的储存）并不等于不引起反映，它们对艺术家的创作活动常常要发生影响和作用，只是这种心理活动常常不易被艺术家意识到，因而常会有不期而至、莫名其妙之感。其实，如果认真追根寻源，大都能发现其来龙去脉。苏联戏剧家斯坦尼斯拉夫斯基在创造《国民公敌》剧中斯铎克门医生的形象时，曾经历过这样一种心理状态：当他深入体验角色的思想感情并将自身与角色融为一体后，他发现那些适合角色性格特点的动作，例如与人不同的顿脚的样子、"那带着极大的说服力的、向前伸着的食指和中指"，都"下意识地"、不容他做主地"自动来了"，他不明白它们是从哪儿来的、怎么来的。后来，他逐步找到了这些动作的来源："过了几年，我仍旧演着斯铎克门，我偶然地逐渐发现了他（角色）的意象和形象的许多元素的来源，例如在柏林，我遇见一位以前常在维也纳附近避暑地碰头的学者，我认出我从他那里借取了斯铎门克手上的指头。这件事实是非常可能的。我遇见一个著名的音乐批评家，在他身上，我认出我在斯铎克门角色上所做的顿脚的样子。"[①]斯坦尼斯拉夫斯基在接触那位学者和音乐批评家时，对他们手指的形态和顿脚的动作并没有充分注意，但这些注意外（或注意边缘）的信息还是在他头脑中引起了反映并留在了他的记忆中。在以后适当的场合，这些信息便发挥了作用。由于它们没有同第二信号系统发生密切联系，因此无论是开始的接收还是后来的作用，个体都没有明确觉知它们的来源。

2. 潜在性反映。 在人的反映活动中还存在着这样一种情况：有些意识活动由于时间长久或兴奋度较弱等原因而被遗忘或被别的意识活动所掩盖、所压抑，但是它们并没有从大脑中绝迹，而是潜藏于意识域之下，暗中发挥着作用。这种情况可称为潜在性反映。潜在性反映在一定条件下可以被觉知，从而上升为意识反映。例如，匆忙出门，忘记带朋友嘱告要带的东西，一路

[①] 见郑君里《角色的诞生》，中国电影出版社1980年版，第122-123页。

上可能茫然若有所失，但又不得其故，这就是潜在反映的作用；及至见到朋友，始知茫然之因，潜在反映转化为意识。潜在性反映在文艺创作中也有表现，艺术家在创作中有时会感到自己被一种情调、一种心绪所笼罩，或忧伤、或愉快，但并不能自知其因，及至检验自己的经历和思想或偶然受某种事物的启发，始悟其因。潜在性心理既是被意识活动所掩盖或压抑所致，那么当意识活动处于松弛、麻痹或停息状态时（如酒后、睡梦中、催眠状态下等），潜在性反映就可能浮现上来。苏联诗人马雅可夫斯基在《我怎样作诗》一文中讲过这样一件事：有一次，他为了描绘一个孤独的男子对他的爱人如何钟情，苦苦思索了两天，还是找不到恰当的诗句。第三天夜晚，他想得头昏脑胀仍无收获，只好上床睡觉了。睡到半夜，迷迷糊糊之中，他的脑子里忽然闪过下面的诗句：

> 我将保护和疼爱
> 你的身体，
> 就像一个在战争中残废了的，
> 对任何人都不需要了的兵士爱护着
> 他唯一的一条腿。

他于是赶紧跳下床，在黑暗中摸到一根烧焦了的火柴棒在香烟盒上匆匆写下"唯一的腿"几个字，然后又睡着了。第二天早上醒来，他看看香烟盒上的字，觉得很奇怪，足足想了两个小时，才想起夜里发生的事情。马雅可夫斯基在梦中闪现的诗句，就是被白天紧张的意识活动所压抑的意识域下的潜在性反映，由于睡眠中大脑紧张状态的解除，表层意识活动的停歇，这种反映便浮现上来。

3. 定势反映。定势是未被意识的对一定活动的准备状态，它主要来自过去的经验和情感、态度、兴趣等主观因素。这些因素常常会形成一种超前的准备形态而对人的反映活动产生各种各样的影响。由于它们大都是在长期的反映活动中所形成的较稳定的反映模式，不需要通过意志努力去加以组织，因此它们对反映活动的影响常常是不自觉的、未被意识到的。英国数学家麦克斯韦幼年爱好数学，对几何图形特别敏感。有一次，他的父亲叫他对着一瓶菊花写生。小麦克斯韦在写生时不知不觉将花瓶画成了梯形,菊花画成了大大小小的圆形,叶子画成了大大小小的三角形。这是由于几何图形在小麦克斯韦脑子里已经形成了一种固着定势,因此不知不觉对反映对象进行了改造。定势这种无意识反映在文艺创作中的表现是很多的。文艺创作者在长期的生活实践和艺术实践中往往会在创作题材、情感倾向、艺术趣味、表现手法等方面形成一种稳定的心理定势,这种心理定势在他的创作中常常会潜移默化地发挥作用,在作品上打下其烙印,而创作者对此常常并不是明确意识、有意为之的。我们在本书第三篇中所举的列宾为邻妇画像之例就很能说明这个问题,下面再另举一例说明。王朝闻同志在《审美谈》一书中谈过这样一件事情:"五十年代我在延安甘谷驿,接近过一位民间艺人。他以前既惯于为宗教服务,同时又为世俗生活服务。他既会画神像也会画仕女像。他说他从前为了谋生,有时也画不能公开的春宫。完成顾主这种定货要求所得的报酬,要丰于画神画佛的报酬。我没有机会看到他在清末民初所画的观音菩萨像,不知是否也不免受了某种世俗的趣味的影响。但我所看到的他所画的新时代的劳动妇女,那不必强调而偏又强调了娇气、媚气、妖气的形象,足以使我设想,他所描绘的观世音菩萨之类的神像难免缺乏神性而过多地表现着某种人性,可见他的艺术趣味的凝固性。"①这位民间艺人在画新时代劳动妇女时为什么会强调那些不必强调的"娇气、媚气、妖气"?因为他受世俗影响的艺术趣味在长期的艺术实践中已经具有了凝固性,也就是说形成了一种固着定势,一种超前反映模式。他很可能并不是有意要这样处理,而定势效应却在创作中自然而然地发挥作用了。

  4.意向反映。"意向是一种活动动机,它是没有分化的、没有明确意识的需要。一个体验到意向状态的人,在主观上还远远没有弄清楚,客体中的什么东西在吸引着他,这种意向引起的活动目的是什么。"②剧作家曹禺对他的名剧《雷雨》曾经说过这样一段话:"累次有人问我《雷雨》是怎样写的,或者《雷雨》是为什么写的,这一类问题。老实说,关于第一个,连我自己也莫名其妙;第二个呢,有些人已经替我下了注释,这些注释有的我可以追认——譬如"暴露大家庭的罪恶"——但是很奇怪,现在回忆起三年前提笔

---

① 王朝闻:《审美谈》,人民出版社1984年版,第486页。
② 彼得罗夫斯基主编:《普通心理学》,人民教育出版社1981年版,第127页。

的光景,我以为我不应该用欺骗来炫耀自己的见地,我并没有显明地意识着我是要匡正,讽刺或攻击些什么。也许写到末了,隐隐仿佛有一种情感的汹涌的流来推动我,我在发泄着被压抑的愤懑,毁谤着中国的家庭和社会。然而在起首,我初次有了《雷雨》一个模糊的影像的时候,逗起我的兴趣的,只是一两段情节,几个人物,一种复杂而又原始的情绪。"①曹禺在这里所说的就是一种意向状态。他开始创作《雷雨》时的动机,只是由"一两段情节,几个人物,一种复杂而又原始的情绪"所激起的要表现的欲望,并没有形成明晰分化的概念认识。这种情况在文艺创作中是较为普遍的,因为文艺创作固然也是第一信号系统与第二信号系统的协同活动,但由于它是一种形象创造活动,因此与第一信号系统的联系更为密切;而人的心理反映的自觉意识主要依赖于与第二信号系统的联系,联系越密切,自觉性越强。另外,文艺创作是需要情感推动的,情感可以使动机具有较大的力量。但由于它是以内部生理反应为标志、通过皮下中枢的兴奋来实现的,而皮下中枢的兴奋具有冲动性和泛化性的特点,因此,处于比较强烈的情感活动状态,个体对动机的认识就不一定那么清晰明确——它被情绪反应所包蕴而变得模糊朦胧了。逗起曹禺创作兴趣的因素中包含着"一种复杂而又原始的情绪",而写到末了又"有一种情感的汹涌的流来推动"他。正因为如此,所以他并未细想"要匡正、讽刺或攻击些什么",只在事后才"追认"别人的有些分析。

以上我们谈了无意识——即未被意识到的心理活动在文艺创作中的表现,那么这种无意识与弗洛伊德的所谓潜意识有什么区别呢?我们认为主要有以下三点:

第一,我们所说的无意识,实际上是意识的一种特殊形式。它们或者是由意识转化为无意识(例如潜在性反映、定势反映),或者经过注意和努力可以转化为意识(例如注意外反映、意向反映)。总之,它们与意识的区别是相对的,即未被个体所意识可能是暂时的,又是与意识相互联系相互转化的。而弗洛伊德的潜意识,则是永远不能上升为意识的本能,它与意识的区别是绝对的。

第二,弗洛伊德的潜意识指的是人的生物性本能,我们所说的无意识则具有社会性。我们认为,人在把自己从动物中分化出来以后,他的生物本能

---

① 见曹禺《雷雨·序》,文化生活出版社1953年版。

就打上了社会性的烙印并且受到各种社会关系的制约。

　　第三，弗洛伊德认为他所说的潜意识是决定人的心理活动和外部行为的基本动力，它支配着意识活动。我们认为，人的心理在本质上是社会的、意识的，在人的心理活动和行为中占主导地位的是人的意识活动。无意识在一定条件下虽然可能发挥一定的作用，但在本质上却是受意识制约的。

　　综上所述，文艺创作中固然存在着无意识活动，但它在本质上却是一种意识活动。在创作中如果把希望寄托在潜意识上（如乞灵于做梦或致幻剂）是没有出路的，将创作心理完全归结为潜意识导引更是错误的。有志于文艺创作的人，还是应该在意识活动上下功夫。

第一部分

艺术欣赏中的感受与理解

前面诸篇主要讨论了艺术创作中的心理活动问题,本篇以下将主要讨论艺术欣赏中的心理活动问题。艺术创作和艺术欣赏是一种辩证统一关系。在这种关系中,创作方面是起主导作用的,但这并不意味着欣赏方面只是消极被动地接受。任何艺术创作的客观效果之充分显现,事实上乃是创作者和欣赏者两方面发挥能动作用的结果。因此,艺术欣赏中是有种种积极的心理活动的,这首先是欣赏中的感受与理解。

(一)艺术感受的特点和能力

任何艺术都是以感性形象作用于人们的感觉器官的,因此欣赏艺术首先要有充分的感受,那种一接触艺术就用理性的解剖刀进行剖析的做法并不能收到真正好的欣赏效果。但是艺术欣赏中的感受并不是一般的感受,而是具有一定特殊性的。这种特殊性主要表现在以下两个方面:

1. 艺术欣赏中的感受是一种专门的感受。 任何艺术都是把客观世界中各种性质的事物形象统一表现于某种特定的艺术形式,以作用于欣赏者特定的感觉器官,使欣赏者产生包括美感在内的特殊感受。例如音乐,它是作用于人的听觉器官而使人产生听觉感受的,但是这种感受并不同于我们在生活中所自然获得的如风吼雷鸣、莺歌燕语之类的一般听觉感受,而是按照一定的音乐法则将某些音响有机组合在一起,以反映丰富多彩的生活。小提琴协奏曲《梁祝》是将复杂的"梁祝"爱情故事表现为由一定的音响、旋律、节奏组合而成的听觉艺术。为什么这样的旋律与节奏能使欣赏者感知"抗婚"的冲突,那样的旋律与节奏能使欣赏者感知"化蝶"的幻想?其中自有一些专门的经验与法则,因此是一种专门的感受。

2. 艺术欣赏中的感受是一种体验性感受,而不是一般的认知性感受。 一般的认知性感受所注意的主要是对象本身的信息，例如，老北京人听到街上的吆喝而知其叫卖什么，这主要是由感知引出一种判断。艺术欣赏中的感受则不仅注意对象本身的信息，而且注意由其引起的个体自身反应的信息。也就是说，它是伴随着自身体验的感受。苏轼《书蒲永升画后》说画家蒲永井"善画水"，曾为他作画二十四幅，"每夏日挂之高堂素壁"，观者觉寒气逼人，毛发为立。在这里不仅有对画的感知和判断，而且也注意到自身反应的体验。

艺术欣赏的感受特点决定了它需要欣赏者具有一定的艺术感受能力。这正如马克思所说："对于不辨音律的耳朵说来，最美的音乐也毫无意义，音乐对他说来不是对象，因为我的对象只能是我的本质力量之一的确证，从而，它只能像我的本质力量作为一种主体能力而自为地存在着那样对我说来存在着，因为对我说来任何一个对象的意义（它只是对那个与它相适应的感觉说来才有意义）都以我的感觉所能感知的程度为限。"① 那么如何获得艺术感受能力呢？马克思说只有音乐才能激起人的音乐感。② 英国哲学家休谟认为，在审美能力方面，"人和人之间敏感的程度可以差异很大，要想提高或改善这方面的能力的最好办法无过于在一门特定的艺术领域里不断训练，不断观察和鉴赏一种特定类型的美"。③ 这些论述说明，艺术感受能力的获得和提高不能依赖于理性知识的传授，而是要靠艺术创作和欣赏的实践。为什么呢？根本原因就在于艺术感受的体验性特点。某一个体的感受经验虽然可以通过概括和抽象上升为理性认识并用语言传达给另一个体，并且这种理性认识对另一个体感受能力的形成也具有一定的指导意义；但是单凭这种方法并不能使另一个体获得实际的艺术感受能力。因为许多细微的感受信息是与个体自身的体验相联系的，在上升为理性认识的过程中这些信息大都被抽象概括掉了，因此移转到他人脑中的只是干巴巴的概念，而不是生动丰富的感受。因此，获得艺术感受能力的根本途径只能是艺术实践。

在艺术欣赏中，欣赏者的感受能力影响和制约着他的感受效果，感受能力越强，感受效果越好。对于欣赏者来说，要获得好的感受效果，首先要具有对某一门艺术的专感能力，这是艺术感受的基础。例如欣赏音乐，就要具

---

① 马克思：《1844年经济学——哲学手稿》，人民出版社1979年版，第79页。
② 同上。
③ 休谟：《论趣味的标准》，见《古典文艺理论译丛》1962年第5期，第9页。

有对音调和节拍的辨别力、对旋律和节奏的感受力。对一个音乐欣赏者来说，如果连 2/4 拍子和 3/4 拍子都分辨不清，那他就很难听得出进行曲和圆舞曲的音乐效果；如果他不能感受《黄河颂》那刚健雄浑的旋律，也就无法体会作者对伟大中华民族热情赞颂的情感内容。据《论语·八佾》载："孔子对鲁太师说：'乐，其可知也！始作，翕如也；从之，纯如也，皦如也，绎如也，以成。'"用我们现在的话来说，即是起始时，众音齐奏；展开后，协调演进，音调纯和；继之，如风聚云汇，达到高峰，主题突出，音调响亮；最后，收音落调，余音袅袅。可见，孔子是有着很强的音乐感受能力的，难怪他在齐国听了韶乐后如醉如痴，三月不知肉味。在获得艺术专感能力的基础上，欣赏者要注意进一步培养自己的艺术通感能力。艺术通感能力不仅对创作有意义，而且对欣赏中的感受效果也有重要意义。有了艺术通感能力，欣赏者就能够触类旁通，左右逢源，从而大大丰富自己的审美感受。例如，建筑与音乐本是两种截然不同的艺术，然而具有艺术通感能力的人却能够从对建筑艺术的欣赏中获得音乐的感受。贝多芬曾把建筑称为"凝固的音乐"，有的同志还认为现代大型建筑物的"柱、窗、窗、柱、窗、窗"的节奏与韵律，"颇富有圆舞曲的味儿"；山西应县佛宫寺释迦塔在多层垂直方向上的音乐感，犹如一曲音乐的高亢结尾，突出且悠长；颐和园长廊给人的感受，"与一部狂想曲毫无二致"。① 可以想见，这样的欣赏当然会比只通一门的欣赏获得更多的美感。

（二）艺术感受中的主观能动作用

艺术欣赏中的感受效果不仅依赖于欣赏者的感受能力，还依赖于欣赏者在感受中的主观能动作用，这主要表现在以下三个方面：

1. 稳定注意

一个具有艺术感受能力的欣赏者，如果在欣赏中漫不经心、走马观花，能不能获得好的感受效果呢？当然不能。因为人在从事某一活动时，必须有不同程度的注意，即把心理活动集中指向于一定的对象，才能有效地发挥心理效能，取得较好的心理效果。当然，要让欣赏者保持注意，关键在于创作者能否创作出高水平的艺术抓住欣赏者；但是也不能排除欣赏者的主观能动作用。特别是对一些比较高深的艺术，常常并不是注意一下就能获得深刻准

---

① 安怀起：《凝固的音乐——建筑》，见《科学画报》1979年第4期。

确的感受，而是需要发挥主观能动作用保持稳定持久的注意。中国绘画史上有这样一个著名事例：

> 唐阎立本至荆州，观张僧繇旧迹，曰："定虚得名耳。"明日又往，曰："名下无虚士。"坐卧观之，留宿其下，十余日不去。
>
> 郭若虚《图画见闻志》

阎立本第一次观画，只是一般地注意了一下，结果并没有获得深刻的感受，因此认为张僧繇是徒有虚名。但是画中还是有些东西吸引了他，于是第二天又去注意观察，始获得较为深刻的感受，得出"名下无虚士"的结论。继而留宿其下十余日欣赏玩味。可以想见，这样稳定持久的注意定会使他获得更为深刻的感受。

2. 分析比较

比较历来就是认识客观事物的有效方法。俗话说："不怕不识货，就怕货比货。"就艺术欣赏这种特殊的认识来说，在感受中自觉地进行比较，其效果也比单纯被动地感受要好得多。清人朱彝尊在《静志居诗话》中说："唐诗色泽鲜妍，如旦晚脱笔砚者；今诗才脱笔砚，已是陈言。"这里所说的纯粹是一种感受，但并非简单的感受，而是在感受中结合了比较，因而其感受就深刻得多。比较之所以会促进感受，就在于它能够生动具体地显示各种艺术、各个创作的异同。欣赏者觉察其异，就是特点的发现，就可能使感受通过分析而变得更为细致。例如欣赏京戏，假如能在感受中有意识地比较梅程荀尚、谭余麒马各有什么特点，给人以什么不同感受，就能够鉴别出他们之间细微的差别。反之，通过比较撇开相异之处而专攻其"同"，则可能使感受因综合而变得深入。例如各种著名诗话标榜"兴趣""神韵""性灵""境界"之类，它们大抵并不给这些东西下定义，只不过列举大量诗词来做例证。这些诗词各不相同，而读者通过比较则能感受其"同"，所以大致也能体会这些诗词中所包含的"兴趣"之类共性的感性内容（因为是感性内容，所以说大致体会，而并非人人都有完全相同的感受）。

3. 捕捉初感

所谓"初感"，就是欣赏一件创作所得到的最初感受。它为什么可贵？因为它对人的感觉器官是一种新鲜刺激,所以感受最为敏锐。品酒专家指出:"人的嗅觉是最容易疲劳和麻痹的,只有最初一、二次的闻嗅最灵敏,要抓住一刹那间所嗅到的香气特征。"①当然,品酒并不能算是一种艺术欣赏,但这里所讲的道理,却程度不同地适用于各种感受活动,其中也包括艺术感受。演员程晓英在《探索的起点》一文中谈她扮演森下光子的体会时说:"重视第一次阅读剧本产生的最直接的情感。……同角色初次见面的瞬间是很重要的,一个好的剧本中丰满的人物形象,会使自己产生像少女初恋时的感觉,我对森下光子的印象就是这样。由于对森下光子一开始就形成了燃烧着的热情,她成了我在整个创作活动中的一种冲动和欲望,一种巨大的、完成角色创造的精神力量,推动我去进行艺术实践。这一点,从后来的实践效果看,是应当肯定的。"②这虽然是一种创作体会,但从阅读剧本的感受过程来看,我们也不妨把它看作是一种欣赏体会。可见,艺术初感的捕捉,对获得准确深入的感受效果是十分重要的。

在强调捕捉初感的同时,还有必要指出以下几点:第一,初感虽然得之于对艺术创作的初次感受,但这初次感受必须是集中了稳定注意的,这样才能充分发挥尚处于敏锐状态的感觉器官的作用。浮光掠影,草草了事,不可能感受到深入细致的东西。第二,捕捉初感必须果断,越是隐约的初感越是抓得狠,才不至于轻轻放过那较为含蓄隐蔽的艺术内涵。第三,初感虽然敏锐,却不一定准确和全面,甚至还会有错觉。因此,在抓住某种初感之后,不仅要对此反复玩味,还要结合对整个创作的全面感受,统一进行思考,才能使敏锐而隐约的初感转化为准确而深刻的欣赏。第四,势利之心是初感的大敌。欣赏者应忠于艺术和良心,不能根据作者的名气来定作品的高下。如果感受之前已怀有"名人大家"或"无名之辈"的心理定势,必然不能获得准确的初感,心当然也就不可能获得正确的感受效果。

(三)艺术欣赏中的理解

感受对艺术欣赏有着重要的意义。但是,在实际的欣赏过程中,感受绝不是一种孤立的心理活动,更不是单纯的感官刺激。人类对艺术的感受是同

---

① 《品酒》,见 1980 年 9 月 27 日《文汇报》。
② 见《电影艺术》1980 年第 8 期。

理解相结合的（在艺术欣赏以外的其他认识活动中也是如此）。感受与理解之间存在着彼此制约、渗透，相互诱发、促进的关系。

心理学上所说的理解，是指通过把握事物之间的联系来认识新事物的过程。理解表现为不同水平，而最高水平的理解，就是指运用抽象思维来把握事物之间的内在联系，从而认识事物的本质。在艺术欣赏这一特殊的认识过程中，同感受相联系的有各种水平的理解。例如读张九龄的《感遇》诗之四：

江南有丹橘，经冬犹绿林。岂伊地气暖？自有岁寒心。可以荐嘉客，奈何阻重深。命运惟所遇，循环不可寻。徒言树桃李，此木岂无阴？

通过对诗歌形象的感受，我们可以理解作者赞颂了丹桔耐寒常绿的优良品性，对它不为世人所识深感不平。但这只是字面上的理解，是对形象外部联系上的一种较低水平的理解。深入挖掘，我们就可以认识到，作者实际是以桔喻人，赞颂贤者坚贞不阿的品德，对贤者不被举荐、不得用世表示不平。这是透过表面形象而深入实质的理解，是对形象内部联系上的一种较高水平的理解。由桔而推理及人，显然抽象思维是发挥了作用的。由此可见，艺术欣赏不能满足和停留在感受阶段，而是要不断由感受上升到理解，由较低水平的理解上升到较高水平的理解，通过对艺术形象由浅入深、由表及里的认识，达到对艺术创作的美学价值、思想价值的全面而深刻的领会。

感受要上升到理解，理解反过来又促进感受。毛泽东同志说："只有理解了的东西才更深刻地感觉它。"① 这话最为简要地说明了理解对感受的促进。（当然毛泽东同志在这里指的是最高水平的理解，但同时也给人以全面的启发，即不同水平的理解都能对感受有所促进。）事实上在艺术感受中，人们总是自发地运用有关的知识经验，力求取得对作品的一定理解（因为这种理解是准确感受所不可缺的），只是因为这个过程比较熟练而迅速，因而不大为人们所注意罢了。古罗马时期的斐罗斯屈拉塔斯说："如果我们用白粉来画一个印度人，他看起来将是非常黑的。这就因为他那扁平的鼻子、僵硬的鬃发、厚实的下颚、闪闪的眼神，都说明他是一个印度人，从而使你把他看成是黑

---

① 《毛泽东选集》（袖珍本），人民出版社1964年版，第263页。

色的，如果你知道你怎样来使用眼睛的话。"① 为什么能把白粉画的人看成黑色人？因为这个印度人的外部特征（扁平的鼻子等）在人们的经验中是与黑色皮肤相联系的，人们理解他本来是黑色的；这种理解会对感觉产生影响，发生作用，从而在思想上把他看成是黑色的。由于这种经验对于欣赏者来说是很熟悉的，因而这种理解也是很迅速的，不一定被明确意识到。当然，这是一种自发的、较低水平的理解，它对感受的作用也是比较浅的；要获得较高水平的理解从而促使感受更为深入，就需要自觉运用各种知识经验来深入认识。例如欣赏刘禹锡的《再游玄都观》：

百亩庭中半是苔，桃花净尽菜花开。
种桃道士归何处，前度刘郎今又来。

如果就字面上理解，比较简单，不外是旧地重游，花木变换；在这种理解指导下的感受当然也就比较浮浅。但是如果了解刘禹锡参加"永贞革新"失败被贬的史实背景，自觉地将这一背景与诗的内容相联系，就会理解此处的"桃花"是指反革新势力培植的羽翼，"菜花"则是指被打击贬黜的刘禹锡等革新派，"种桃道士"则是指打击革新的当权者。作者被贬二十四年，其间人事有许多变迁，今又重被召回，故写此诗重提旧事，以示不怕高压、继续斗争之意。从这种理解出发再去感受，就会感到诗的形象鲜明而又较有意蕴，颇可玩味。从以上分析中可以看出，只有深刻的理解才能获得深刻的感受；只有丰富的经验和广博的知识，并且在欣赏中充分发挥主观能动作用去加以准确运用，才能获得深入的感受和理解。

在艺术欣赏中，感受与理解相互作用，相互促进，但是它们并不是两个泾渭分明、各自独立的心理过程，而是紧密联系和结合在一起的。感受是理解中的感受，理解是感受中的理解。脱离理解的感受只能获得一些浮浅模糊、支离破碎的印象，而不是有机统一的艺术形象；脱离感受的理解则只能获得一些干巴巴的概念教条，根本谈不到美的享受。鲁迅曾经为珂勒惠支的版画《农民暴动》写过两句解说词："从前流着汗的地方，现在流着血了。"② 如果

---

① 见伍蠡甫《西方文论选》，上卷，上海译文出版社1979年新1版，第134页。
② 转引自王朝闻《审美谈》，人民出版社1984年版，第427页。

把这句话作为鲁迅欣赏这幅版画时的心理写照，那堪称是感受与理解有机统一的表率。从这句话中可以看出鲁迅对这幅版画的深刻理解，但是他并没有说出"阶级压迫导致阶级反抗"之类的赤裸裸的概念，而是将这种理解融化在深切的感受之中。

第一部分

艺术欣赏中的联想与想象

（一）联想与想象在欣赏中的意义

联想与想象也是艺术欣赏中的重要心理活动，是欣赏者充分发挥主观能动作用、使创作的社会效果得以充分显现的重要环节。法国大作家巴尔扎克在小说《幻灭》中指出："真正懂诗的人会把作者诗句中只透露一星半点的东西拿到自己心目中去发展。"这种"发展"就离不开联想和想象。那么联想与想象在欣赏中有什么意义呢？

1. 欣赏中的联想与想象是艺术返回现实的桥梁。我们知道，创作是运用某种特定的艺术手段、通过对现实生活进行艺术化的处理而创造出艺术形象的，而这种从生活到艺术的转化在心理活动上主要是通过联想和想象来实现的。而在欣赏过程中，艺术又要返回现实、反作用于现实；这一转化，在心理活动上也主要是通过联想与想象来实现的。例如，音乐创作要把种种客观事物之美表现为单一的音乐形象；而在欣赏过程中，单一的音乐形象又唤起对多种多样的事物之美的联想和想象。这自然并不意味着欣赏者所想到的恰恰和创作者所反映的一模一样，而是说通过欣赏中的联想和想象在方向上完成了对生活的复归，客观事物的形象也由于创作者和欣赏者的两次加工而变得更美。据肖邦的传记家提供的资料，肖邦的《升F大调即兴曲》是根据下面的生活情景创作的：一位波兰少妇俯身在摇篮旁，给她的独生儿子唱着歌谣，母亲渐渐要睡着了，她好像听到有奇妙的合唱在预言她的小宝宝的未来——他将长大成为保卫祖国的英勇战士，……年轻的母亲唱着唱着便睡熟了，沉入朦胧的梦乡。① 从这样的生活情景出发，肖邦展开音乐艺术模式的联想与想象，将其转化为音乐形象。欣赏者从这音乐形象出发，展开联想与

---

① 见张前著《音乐欣赏心理分析》，人民音乐出版社1983年版，第69—70页。

想象，将其还原为生活。例如，钢琴家科恰尔斯基对这首乐曲就产生了这样的联想与想象：恬静的乡村风光；远处传来了马蹄声，一队勇士浩浩荡荡而来，又渐渐远去，消失在地平线上；田野、森林又恢复先前的安谧。① 在这里，创作者和欣赏者所想的具体生活内容尽管不一样，但其音乐基调却是一致的。可见，从艺术到生活，联想和想象是发挥了桥梁作用的。这固然有赖于艺术创作之富有启发性，但也不可否认欣赏者在其中的主观能动作用。可以说，艺术社会效果之充分显现，是创作与欣赏共同努力的结果。

2. 联想与想象扩大了创作的认识内容。艺术创作固然是对生活的反映，但是由于其艺术形式的自身特点及其在时间和空间上的限制，其认识内容在数量上也就远逊于丰富多彩的现实生活。就时空限制来说，一幅山水画不能展示出天下所有的奇山异水，一首交响曲也不能表现出世间所有的精美乐音；就艺术形式的限制来说，绘画只能现其形而不能闻其声，音乐只能得其声而不能展其形。即使像电影这种具有较为广阔表现能力的艺术形式，也是对生活海洋的提炼与浓缩，其所提供的认识内容比生活本身也差得很远。然而，艺术的价值并不只限于对作品本身的认识，更主要的是引导欣赏者对生活进行认识。怎样解决这个矛盾呢？主要靠欣赏者在创作引导下进行联想和想象。欣赏者的联想和想象能够弥补艺术形式的局限，扩大和丰富创作的认识内容。法国雕塑大师罗丹在他的《艺术论》中说，每当他看到巴黎凯旋门上吕德雕塑的那座雄伟的《马赛曲》，就好像听到了那个胸前披着铜甲、展开双翼的自由女神在发出震耳欲聋的呼喊："武装起来，公民们！"经她一号召，战士们纷纷前来。……雕塑作为"静"的艺术其认识内容是有限的，既不能出声，也不能行动。罗丹通过欣赏补充了其不足，他所"听到"的"震耳欲聋的呼喊"、"看到"的"战士们纷纷前来"，都是联想和想象的产物。有一篇欣赏摄影作品《小鸟之曲》的短文②在联想和想象上极为丰富生动。这幅摄影作品画面上展示的只是几根平行的电线及立于其上的几只小鸟，短文的作者却由小鸟和五根平行的电线联想到自然天成的五线谱上的音符，联想到小鸟在歌唱；继而又由小鸟的歌唱想到了春天和描写春天的诗句："春眠不觉晓，处处闻啼鸟。……"最后由小鸟的歌唱和春天想到了各种公害对自然生态的破

---

① 见张前著《音乐欣赏心理分析》，人民音乐出版社1983年版，第69—70页。
② 见1981年4月22日《人民日报》。

坏，不禁发出这样的感慨：还我们的鸟儿，还我们美妙的自然乐章。可以看出，欣赏者通过联想和想象丰富和扩展了多少认识内容，这无疑大大提高了艺术欣赏的效果。

（二）欣赏中联想与想象的特点

同创作相比，欣赏中的联想与想象有它自己的特点。这种特点可以用一句话来概括，即一致性与多样性的统一。

一致性是因为欣赏者的联想与想象是由艺术形象所唤起的，其联想与想象的范围和趋势是受艺术形象制约的。欣赏《阿Q正传》不能将阿Q想象为一个少女，欣赏《红楼梦》也不能把林黛玉想象为一个老太婆，因为创作者已为这些艺术形象规定了想象的条件，这些艺术形象作为客观存在，有其固有的质的规定性，欣赏者不能随心所欲、胡思乱想。因此，欣赏中的联想与想象总是受欣赏对象所制约、围绕欣赏对象而展开的。艺术形象对欣赏的这种制约性就决定了欣赏中的联想和想象总是存在着某种一致性，存在着某种客观要求。音乐家舒曼曾经说过这样一件事："一天，我和一位朋友弹奏舒伯特的进行曲。弹完后，我问他在这道乐曲中是否想象到一些非常明确的形象，他回答说：'的确，我仿佛看见自己在一百多年前的塞维尔城，置身于许多在大街上游逛的绅士淑女之间。他们穿着长衣裙、尖头鞋，佩着长剑。……'值得提起的是我心中的幻想居然和他心里的完全相同，连城市也是塞维尔城！"[①]在表明欣赏中联想与想象的一致性上，这当然是个很特殊的例子；事实上在绝大多数的欣赏活动中，欣赏者的联想和想象是不可能这样全然一致的。但是，即使在那些具体内容上不很相同的联想和想象中，也存在着某些一致之处。例如，欣赏唐人张继《枫桥夜泊》："月落乌啼霜满天，江枫渔火对愁眠。姑苏城外寒山寺，夜半钟声到客船。"这首诗描绘了一幅江天秋夜的景色，那悠扬的钟声的余韵触动了一个羁旅客子的缕缕愁思。当欣赏者被这诗中的情韵所打动后，就可能引起种种联想与想象：有的人可能想到自己半生飘零、一事无成；有的人可能怀念起故乡的父母妻儿、亲朋挚友；还有的人则可能想起失去的恋人，勾起对往事的痛苦回忆。……但是，不管这些联想与想象的具体内容如何，却都离不开那霜天月夜、渔火微茫的景色和深沉

[①] 舒曼：《论音乐与音乐家》，中译本，第82页。

悠远的愁思。

欣赏中的联想与想象不仅存在着一致性，也存在着多样性。所谓多样性，就是指欣赏者联想与想象的具体内容因个人情况的不同而有所不同，既可能与作者和作品不同，也可能与其他欣赏者不同。鲁迅在《看书琐记》中曾经谈道："文学虽然有普遍性，但因读者的体验的不同而有变化，读者倘没有类似的体验，它也就失去了效力。譬如我们看《红楼梦》，从文字上推见了林黛玉这一个人，但必须排除了梅博士'黛玉葬花'照相的先入之见，另外想一个，那么，恐怕会想到剪头发，穿印度绸衫，清瘦，寂寞的摩登女郎；或者别的什么模样，我不能断定。但试去和三四十年前出版的《红楼梦图咏》之类里面的画像比一比吧，一定是截然两样的，那上面所画的，是那时的读者的心目中的林黛玉。"欣赏中的联想和想象为什么会出现差异呢？因为每一个欣赏者是根据各自不同的生活经验和思想情感去进行联想和想象的，"作者用一致之思，读者各以其情而自得。"① 这样，必然会出现差异，带有欣赏者自己的主观色彩。清人方薰在《山静居画论》中记述了这样一件事情：

  及见石谷《清济贯河图》，笔势浩汗（瀚），沙黄日薄，一望弥漫，画水随笔曲折卷去，如闻奔腾澎湃声发纸上。旁观朱生者，移时色沮，以手指曰："前年舟过，几厄此处。畏途逼人，无那太似。"

朱生观画引起河上遇险的联想与想象，是因为他曾经有过这方面的经历；方薰与之一起欣赏，却只产生"如闻奔腾澎湃声发纸上"的联想与想象，想来他恐怕没有遇险的经历。

欣赏中联想与想象的一致性与多样性是统一的，它实际是创作与欣赏之间关系的一种表现。欣赏者既不能脱离作品而进行漫无根据的乱想，也不能囿于作品而消极被动地不想，而应该把二者有机地结合起来。

（三）欣赏中联想与想象的正确运用

文艺欣赏要获得好的欣赏效果，就要充分发挥主观能动作用，正确地进行联想和想象。

---

① 王夫之：《姜斋诗话·诗绎》。

首先，要对欣赏对象进行正确的感受和理解。正确的感受与理解是正确进行联想与想象的前提，因为欣赏者的联想与想象总是要受欣赏对象制约的。有一段相声说，一个自命不凡的弹瑶琴的人，总遗憾于知音难觅。有一天他弹琴时，隐隐听见有人哭泣，停琴而觅，发现竟是家中一女佣人。问其为何哭泣，答称其夫是弹棉花的，已经去世，现在听琴声而想起他，所以哭泣。这段相声虽是讽刺这弹琴人琴弹得太糟糕以至使人听来像弹棉花声，但从另一方面也说明了这样一个道理：把琴声感受、理解为弹棉花声，只能获得有关弹棉花的联想与想象。另一个例子与此正相反，说楚国有位娴于操琴的音乐家俞伯牙，一直不遇知音，有一天他碰到了隐士钟子期。伯牙弹琴时心想高山，钟子期在旁赞道："美哉，巍巍乎若泰山。"伯牙弹琴时心想流水，钟子期又说："美哉，荡荡乎若江河。"伯牙大喜，二人结为挚友。钟子期之所以获得正确的联想与想象，是与他对琴声的正确感受和理解分不开的。

其次，要积极地联系自身的生活经验和体会。欣赏中的联想与想象是在欣赏者自身生活经验的土壤中生长出来的。因此，在正确感受与理解的前提下，要积极地挖掘和调动自己的生活储备，将欣赏对象与自身联系起来，扩展开来。白居易的《琵琶行》以生动的语言描述了自己欣赏琵琶曲时的心理活动。"大弦嘈嘈如急雨，小弦切切如私语。嘈嘈切切错杂弹，大珠小珠落玉盘。……"，既是联想与想象，也是对音乐感受的写照；下面对琵琶女身世的描述和"我闻琵琶已叹息，又闻此语重唧唧。同是天涯沦落人，相逢何必曾相识"等句，则表现了他在联系所闻之后更加深了对琵琶曲的理解。正是在这种准确感受和深刻理解的基础上，诗人更联想到自身的经历："我从去年辞帝京，谪居卧病浔阳城。浔阳地僻无音乐，终岁不闻丝竹声。……其间旦暮为何物，杜鹃啼血猿哀鸣。春江花朝秋月夜，往往取酒还独倾。……"这种以切身经验为基础的联想与想象，当然会大大增强艺术欣赏的效果，其结果就是"座中泣下谁最多，江州司马青衫湿"。

最后，要在联想与想象中进行再创造。再创造是欣赏中联想与想象的最高境界，是欣赏者主观能动性发挥的最高表现。一般来说，在欣赏中，欣赏者是能够自发地进行联想和想象的；再创造则是更为自觉的联想与想象，它要求欣赏者在充分感受和深刻理解欣赏对象的基础上，自觉地展开联想与想象的翅膀，对原作品有新的挖掘与生发。据说，宋朝时曾以唐人诗句"嫩绿枝头红一点，动人春色不须多"为题让画工作画，大多数画工都通过花卉的描绘来装点春色，皆不中选，只有一人于危亭缥缈、绿树掩映之处，画一美妇人凭栏而立，于是众人皆服。如果我们把这个例子作为对这句诗的欣赏来看，那么可以看出，一般画工的联想与想象只是按照诗句所提供的条件把形象再现出来，即使有所补充（例由"嫩绿枝头"和"红一点"而想到花卉），也只是量的变化，在意境上没有什么开拓。而那位独树一帜的画工却并不满足于对诗句表面的感受与理解，他将红与绿的关系从一般红花绿叶的模式中突破出来，由物及人。这样，他的联想与想象虽然仍围绕着红与绿的关系展开，却具有了异于原诗的新形象。毫无疑问，这是对原诗句的再创造，这种再创造，作为欣赏中的联想和想象来看，显然会使欣赏者获得更丰富的美感。

第一部分

艺术欣赏中的情感活动

（一）艺术欣赏与情感活动

情感活动在艺术欣赏中有着重要意义，艺术欣赏与其他认识活动的一个重要区别就是认识过程中始终伴随着情感活动。十八世纪法国启蒙思想家狄德罗说："情绪能表现得愈激烈，剧本的兴趣就愈浓厚。""没有感情这个品质，任何笔调都不能打动人心。"① 他还说：作者"必须先感动我，惊吓我，使我心碎、恐怖、战栗、流泪、愤怒；然后如果还有此余力，怡悦我的两目"。② 这些都说明了欣赏对创作的情感要求。我国古代文艺理论家刘勰说："夫缀文者情动而辞发，观文者披文以入情。"③ 则是从创作和欣赏两方面强调情感的作用。文艺作品要以情动人，这既是创作追求的目标，也是欣赏要求的效果。

文艺欣赏为什么要求伴随着情感活动？因为它是一种直接满足人们精神需要、使人们获得精神享受的认识活动，在人的社会生活中，人们不仅有物质的需要，也有精神的需要。精神需要的一项重要内容就是审美，而审美是一种伴随着情感活动的认识。现实生活中的美往往是分散的、朴实的、不突出的，因此人们希望有一种认识对象来集中反映现实生活中的美，希望有一种认识活动来集中满足人们的审美需要和与之相联系的情感生活的需要，这种认识对象就是艺术，这种认识活动就是艺术欣赏。十九世纪俄国进步的文艺理论家车尔尼雪夫斯基说："科学并不羞于宣称，它的目的是理解和说明现实，然后应用它的说明以造福于人；让艺术也不羞于承认，它的目的是在人

---

① 见《文艺理论译丛》第1辑，北京人民文学出版社1958年版，第148-149页。
② 见狄德罗《绘画论》，第5章。
③ 刘勰：《文心雕龙·知音》，见郭绍虞主编《中国历代文论选》第一册，上海古籍出版社1979年版，第300页。

没有机会享受现实所给予的完全的美感的快乐的时候，尽力去再现这个珍贵的现实作为补偿，并且去说明它以造福于人吧。"① 这是对艺术创作和艺术欣赏所具有的审美情感性质的极好说明。

艺术欣赏离不开情感活动，那么欣赏者的情感活动是怎样产生的呢？根据情感与认识的辩证关系可以得知，是通过艺术作品的感受、理解、联想、想象等认识活动而产生的。托尔斯泰在《艺术论》中说："艺术活动是以下面这一事实为基础的：一个用听觉或视觉接受他人所表达的感情的人，能够体验到那个表达自己的感情的人所体验过的同样的感情。"创作者将内心的情感熔铸在艺术形象中，从而使艺术形象成了具有一定情感成分（不仅是创作者的情感，还包括形象自身的情感）的认识内容；欣赏者通过对这一认识内容的感受、理解、联想、想象，就会在内心深处激起相应的情感活动。看过小说《吕蓓卡》的人，无不对其中的不出场的主人公吕蓓卡产生愤恨的情感。欣赏者的这种情感是怎样产生的呢？是通过这个人物由浅入深的认识产生的。小说的作者是怀着憎恶之情来写这个人物的，一开始就通过男主人公德温特的口说："这女人心肠狠毒，活该下地狱，是个十足的坏女人。"但是读者看到此只是对这个人物有一点概念性的认识，很难产生实际的情感。因为读者还没有了解吕蓓卡怎样"狠毒"、为什么是个坏女人等诱发情感活动的认识内容。随着欣赏的深入，读者对吕蓓卡貌美心毒、虚伪泼辣、淫荡无耻逐步认识，其憎恶的情感也就自然产生并不断发展。最后读者看到德温特捉奸，而吕蓓卡反而无耻地嘲笑德温特对她奈何不得时，便会产生强烈的憎恶和义愤，甚至会认为吕蓓卡被德温特枪杀是死有余辜。

由于欣赏中的情感活动来源于对作品的认识，因此认识的正确深刻与否就决定和影响着情感活动的正确深刻与否。音乐教育工作者张前曾经做过这样一个实验：他先让学生们听他们所熟悉的音乐音响与艺术风格的作品，例如德沃夏克的《大提琴协奏曲》中的某一章节，然后让他们写出自己的情感体验，五个学生的回答分别是：

1. 回忆的、欲以挣脱某种纠缠；
2. 悲哀的、带有哭泣的主题音调；
3. 充满深沉的情绪；

---

① 转引自周昌忠编译《创造心理学》，中国青年出版社1983年版，第184页。

4. 悲哀、哀怨；

5. 远方的倾诉。

他们的答案用语虽然不同，但他们的情感体验在性质上却比较接近，而且与原作的情感内涵基本上是吻合的。随后他又放了一段在音响与风格上为他们所不熟悉的宋代郭楚望的古琴曲《潇湘水云》，继而让他们写出自己的情感体验，五个学生却作出了各种不同的回答：

1. 叙述某种痛苦；

2. 忧郁而充满一种力量；

3. 典雅而明快的情绪；

4. 喜悦；

5. 酒狂。

他由此得出结论："欣赏者能够在自己的意识中，把从听觉感受到的音乐音响转化为情感的体验，是要以正确的音乐感知为前提的，而当欣赏者对某种音乐音响及其艺术风格不熟悉，不能正确地进行音乐感知的时候，那他就不可能获得正确的情感体验。"[①] 其实不仅是音乐欣赏，一切艺术欣赏都是如此的。

欣赏中的情感活动依赖于认识，但反过来又会促进认识，使欣赏不断深化。当欣赏者内心产生一定的情感活动后，这种情感活动又会推动他对作品进行深入认识，展开丰富的联和想象。《红楼梦》第二十三回"《西厢记》妙词通戏语，《牡丹亭》艳韶警芳心"中有这样一段描写：

……偶然两句吹到耳内，明明白白，一字不落，唱道是："原来姹紫嫣红开遍，似这般都付与断井颓垣。"林黛玉听了，倒也十分感慨缠绵，便止住步侧耳细听，又听唱道是："良辰美景奈何天，赏心乐事谁家院。"听了这两句，不觉点头自叹，……再侧耳时，只听唱道："则为你如花美眷，似水流年。"林黛玉听了这两句，不觉心动神摇。又听到："你在幽闺自怜"等句，一发如醉如痴，站立不住，便一蹲身坐在一块山子石上，细嚼"如花美眷，似水流年"八个字的滋味。忽又想起前日见古人诗中，有"水流花谢两无情"之句，又词中有"流水落花春去也，天上人

[①] 见张前著《音乐欣赏心理分析》，人民音乐出版社1983年版，第31—33页。

间"之句,又兼刚才所见《西厢记》中"花落水流红,闲愁万种"之句,都一时想起来,凑聚在一处。仔细忖度,不觉心动神驰,眼中落泪。

这一段描写将林黛玉听《牡丹亭》曲词而产生的认识与情感相互推动的心理活动刻画得十分真切细致。伴随着对曲词的感受认识,她的情感活动也由"感慨缠绵""点头自叹"到"心动神摇""如醉如痴",不断深入发展。情感活动的发展又推动她对曲词深入感受认识,"细嚼'如花美眷似水流年'八个字的滋味",进而又推动她联想起古人诗词和《西厢记》中的相关诗句,并促使她将这些都联系在一起"仔细忖度"。这深入了的认识反过来再一次推动她的情感活动更加深入发展,她"不觉心动神驰,眼中落泪"。从中我们可以看出欣赏中认识→动情→再认识→再动情的心理发展轨迹。

在欣赏中,欣赏者的认识与情感相互联系,相互作用,使欣赏不断深化。需要指出的是,欣赏实际中的认识与情感活动并不一定表现为先此后彼的明显阶段,而是相互渗透交织、紧密地结合在一起。

(二)艺术欣赏中的情感调节

一般来说,在艺术欣赏中,欣赏者伴随着对作品的认识,会自发地产生一定的情感活动。但是要获得高质量的欣赏效果,欣赏者的心理活动就不能停留在自发的水平上;而应该充分发挥主观能动作用,对心理活动进行自觉的调节,其中也包括对情感活动的调节。

所谓对情感活动进行调节,就是指要使欣赏中的情感活动处于一种既活跃又不过度的最佳状态,从而收到最好的欣赏效果。那么通过什么对情感活动进行调节呢?还是依据认识与情感辩证关系的老公式,通过认识诱发情感,又通过认识控制情感。

先说通过认识诱发情感。我们知道,艺术欣赏中欣赏者情感活动的效果,首先有赖于创作者所提供的认识内容的情感色彩,即创作者是否能够提供一个能有效地诱发某种特定情感活动的情境。例如《西厢记》中"碧云天,黄花地,西风紧,北雁南飞。晓来谁染霜林醉,总是离人泪。"这段曲词,将各种易于诱发人离愁别绪的自然景物(深秋、落花、西风、离雁、霜林等等)加以典型化的处理,创造了一种令人动情的氛围和情境,因此很容易唤起欣赏者的情感活动。反之，如果像汉代大赋那样堆砌华词丽句而缺乏富有情感色彩的认识内容，则很难打动欣赏者。但是，这只是问题的一个方面。艺术欣赏中欣赏者情感活动的效果不仅依赖于创作者所提供的认识内容，还依赖于欣赏者所采取的认识态度和方式。如果欣赏者采取一种与我无关、冷眼旁观的认识态度，采取一种科学考察的认识方式，例如将以上这首曲词作为物候学的资料来研究认识，那么还能够产生应有的情感效果吗？显然不能。因此，欣赏者想有效地诱发自身的情感活动，就不能对作品采取冷眼旁观的认识态度和认识方式，而是要以身与之、入乎其内地去认识，即在想象中将自身置于作品的情境之中，也就是说要体验。前人曾总结这方面的体会说："读词之法，取前人名句意境绝佳者，将此意境缔构于吾想望中。然后澄思渺虑，以吾身入乎其中而涵泳玩索之。吾性灵相与浃而具化，乃真实为吾有，而外物不能夺。"① 这确是有道理的。

  那么，为什么要入乎其内地体验认识才能有效地诱发情感活动呢？因为情感乃是人们对与之发生关系的客观事物的态度的体验。文艺作品中的认识内容，乃是为欣赏而虚构的事物，它与欣赏者并不存在实际的利害关系。看电影上的老虎，并不等于我们真正面临老虎，这是显而易见的事实。因此，如果不入乎其内地体验，欣赏者与欣赏对象就仿佛隔了一层，很难产生近乎实际的情感关系，当然也就难以有效地诱发真实的情感活动。汉代哲学家桓谭在《新论·琴道篇》中曾讲过一个"孟尝遭雍门以泣"的故事。说的是战国时期齐国的孟尝君有一次问当时著名的乐师雍门周："先生弹琴能使我悲伤吗？"雍门周答："我能叫他悲伤的是这样的人：先前富贵荣华而今贫困潦倒；品性高雅而不能见信于人；至亲好友被迫分离；孤儿寡母无依无靠……像这种人，听见鸟叫风鸣都会伤心；听我弹琴，没有不落泪的。至于你，养尊处优，无忧无虑，再会弹琴也不能感动你。"孟尝君听了觉得很有道理。但雍门周接着又说："不过依我看，你也有你的悲哀。你抗秦伐楚，得罪了两个大国，而今天下大事非秦必楚，你只拥有一个区区薛地（今山东滕县），别人要收拾你如同拿斧头砍蘑菇一样容易。等你一死，祖宗无人祭祀，你的坟头长满荆棘，狐兔出没，牧童在坟上嬉戏，人们见了就会说：'孟尝君曾经那样尊贵显赫，到头来不过如此啊！'"孟尝君听了这番话深有所动，此时雍门

---

① 况周颐：《蕙风词话》。

周一弹琴，他不禁嘘唏地哭了起来，说："我一听先生弹琴，就感到自己好像是亡国之人了。"雍门周在开始时为什么说他的琴声不能引发孟尝君的悲哀情感？因为他根据孟尝君养尊处优、无忧无虑的生活处境，推断他缺乏对悲哀琴声产生情感共鸣的基础，很难联系切身的不幸入乎其中地去体验琴声的情感基调。那么为什么后来孟尝君听琴又能嘘唏而泣呢？因为雍门周启发孟尝君认识自己今后可能发生的不幸，引导孟尝君通过想象使自己处于与琴声的情感基调相一致的情境之中，从而能够与琴声建立起同一的情感关系，因此在欣赏中就能诱发起相应的情感活动。由此看来，在欣赏中欣赏者只有把自己摆进去，才能切实地诱发内心的情感，取得好的欣赏效果。当然，孟尝君是在雍门周的启发诱导下这样做的，是不自觉的、被动的。而对于广大欣赏者来说，则应该自觉主动地这样做。

在欣赏中，欣赏者不仅要自觉地诱发情感，而且要自觉地控制情感。根据认识与情感的辩证关系，欣赏中的情感不仅依赖于认识，而且对认识产生着反作用。适度的情感活动，能够提高大脑皮层的积极性，使欣赏者的感受、理解、联想、想象、思维等各种水平的认识活动呈现为既活跃又和谐的最佳状态，这当然会提高欣赏的效果。但是不适度的情感活动，则会适得其反地阻碍认识活动，影响欣赏的效果。这常常表现为两种情况。一种情况是情感活动过于强烈而冲破理智的控制，皮下中枢的过度兴奋使大脑皮层产生超限抑制，在这种情况下，欣赏者不仅不能正常地进行各种认识活动，而且会感到被一种强烈的情感力量所推动，甚至会做出一些冲动性的行为来。1822年8月，法国巴耳地剧场演出《奥赛罗》，当演到第五幕奥赛罗扼住苔丝德蒙娜的脖子时，一个担任剧场警卫的士兵激愤地喊道："我决不许一个该死的黑人，当着我的面，杀死一个白女人！"说着开枪打伤了扮演奥赛罗的演员的胳膊。另一种情况是情感活动过深地控制了欣赏者的整个精神生活，使其限于某种不良的精神状态而不能自拔，以至引出某些不良后果。据清人陈其元在《庸闲斋笔记》中谈，杭州有个女子读《红楼梦》入了迷，"致成瘵疾"。"父母以是书贻祸，投之火，女在床，乃大哭曰：'奈何烧煞我宝玉！'遂死。"以上举的两个例子可能比较特殊，但这种为情所制、所溺的现象在欣赏中却并不乏见，这不能说是正确的欣赏。

正确的欣赏不仅要对作品进行入乎其内的感受体验并诱发起相应的情感

活动，而且要出乎其外地对其进行分析认识以做出理性的评价。一部作品究竟反映了什么生活内容？有哪些艺术特色？说它好好在哪里？说它不好又不好在何处？在欣赏完一部作品后，欣赏者总该对这些问题有一点理性的判断和评价。而要做到这一点，就要求欣赏者在欣赏过程中不能任凭情感活动自然泛滥，而要保持一定的理性头脑对其进行适当的控制。通过什么对情感进行控制呢？还是要通过认识，主要是通过抽象思维的理性认识。怎样通过理性认识控制情感呢？这就要求欣赏能自觉地与作品保持一定的距离，出乎其外地对其进行一定程度的理性思考。因为欣赏中的情感活动是由于欣赏者入乎其内地与作品情境建立了情感关系，过于深入就会以假为真，导致冲动（前面所举的两个例子都是如此）；而要控制这种冲动的情感就要自觉地思考一些"这段内容讲的是什么、好在哪里"之类的问题，从而使自己脱离作品情境、解除情感关系而处于一种冷静客观的地位，这样情感活动自然趋于平稳。

总之，欣赏中的情感调节，应该通过认识而达到入乎其内地感受体验与出乎其外地理性控制的统一，而不能有所偏废。近人王国维在《人间词话》中说："诗人对宇宙人生，须入乎其内，又须出乎其外。入乎其内，故能写之；出乎其外，故能观之。入乎其内，故有生气；出乎其外，故有高致。"这虽是就创作而言，但对欣赏也并不是没有意义的。

（三）艺术欣赏中情感活动的个别差异

文艺欣赏中的情感活动虽然是由欣赏对象引起的，但却是通过每一个欣赏个体来进行的。由于情感是人对与之发生关系的客观事物能否满足自身需要的态度的体验，因而，欣赏中的情感活动不仅与创作者有关（创作者是否提供了具有一定情感色彩的认识内容、提供什么情感性质的认识内容），而且与欣赏者的世界观、需要、态度、经验等主观心理因素有关。而每个欣赏者的主观因素都是千差万别、各不相同的，因此，在创作与欣赏相互作用的过程中，欣赏者情感活动的性质和程度就取决于创作与欣赏两方面情感因素的性质和程度及其相互之间的关系，由此使欣赏中的情感活动呈现为极其复杂的情况，概括起来，大致有以下几种类型：

1. **接受型**。所谓接受型情感活动，是指欣赏中欣赏者的主观心理因素和倾向表现不明显，基本上接受创作者所提供的情感议识内容，因此其情感活动的性质与作品和作者的情感性质基本一致，在一定意义上，可以说欣赏者在情感上被创作者所征服、所同化。这种情况在欣赏中是比较多见的，欣赏者常常并不是预先怀着某种主观倾向去欣赏，而是在欣赏中不知不觉地被作品所吸引、所感动，产生爱作者所爱、恨作者所恨的情感活动。

2. **共鸣型**。在欣赏中，当欣赏者的主观经验与作者或作品相类似，或其主观态度倾向与作品或作者相一致时，其情感活动就可能呈现出与欣赏对象强烈一致的状态，这就是共鸣。情感共鸣的例子很多，最著名的是白居易在《琵琶行》中所描绘的情况。琵琶女倾诉自身不幸身世的乐曲，使得满座听众"皆掩泣"。这里面有的欣赏者是为乐曲及琵琶女自述身世这些认识内容本身所打动而激发出来的同情之泪，这属于我们前面所说的"接受型"情感活动。而白居易却不是如此，诗中说"座中泣下谁最多，江州司马青衫湿"，说明他的情感活动最强烈。为什么呢？原来白居易此时处于被贬异乡的境地，与琵琶女有着"同是天涯沦落人"的类似遭遇和同病相怜的情感倾向，这些主观因素在欣赏中发挥了作用，使他产生了情感共鸣。

3. **不一致型**。这是指欣赏者的主观经验或倾向与作品和作者不一致，并且在欣赏中发挥了作用，因此其情感活动就表现为与作者和作品不一致的性质。据说莫里哀的《太太学堂》在巴黎上映时，坐在包厢里的"上等观众"从开幕到闭幕严肃到了极点，碰到别人发笑的地方就皱眉头，听见哄堂大笑就耸耸肩膀，并且指责这出戏"轻佻""淫秽""诋毁宗教"。而站在池座里的"下等观众"却觉得十分解气，兴味浓烈，赞声不绝。《太太学堂》是一出讽刺上流社会的"市民戏"，那些"上等观众"的思想倾向与之显然不一致，因此其情感活动也就不一致。

4. **复杂型**。这是指欣赏者的主观经验或倾向与作者和作品既有一致之处，也有不一致之处，因此其情感活动就呈现出既肯定又否定的复杂情况。例如有的欣赏者读《安娜·卡列尼娜》，既同情女主人公爱情生活的不幸，又鄙视其离家弃子的行为；看《水浒传》，既赞赏宋江的仗义疏财和领导才能，又愤恨他奉旨招安、出卖梁山。这种情感活动的产生可能有着多种因素，如作者本身在思想情感上就存在矛盾性，或人物形象本身是个矛盾的统一体，但不可否认欣赏者的主观因素在其中也是发挥了作用的。

第一部分

创作要适应欣赏的认识规律

文艺是一种包括创作和欣赏两个环节的社会精神活动。前面我们分别讨论了创作与欣赏中的心理活动问题，下面我们将讨论创作与欣赏关系中的一些心理问题。正如前述，文艺创作客观效果之充分显现，有赖于创作和欣赏两方面发挥能动作用。但是，在创作与欣赏的关系中，创作毕竟是起主导的作用，欣赏者的心理活动总是在创作者的引导下进行的。创作的客观效果如何，有赖于创作对欣赏的引导如何；而创作要正确地引导欣赏，就要适应欣赏的认识规律。

（一）欣赏中的"泛化""分化"与创作的鲜明性

文艺欣赏是一种审美的形象认识活动，同一般认识活动一样，它也是通过大脑的神经过程来实现的。客观事物的信息通过人的各种感官被人所接收，并以神经冲动的方式传导到大脑皮层，引起皮层有关神经细胞的兴奋，人就对客观事物获得了一种认识（以表象、概念等心理形态而存在的认识）。认识的神经过程遵循着"兴奋泛化"和"分化抑制"（以下简称"泛化"和"分化"）的规律。所谓"泛化"，就是大脑神经兴奋的扩散，就是对事物相同、相似、相通方面的反映过程；所谓"分化"，就是大脑神经兴奋在抑制过程作用下趋向集中，就是将某一事物或事物的某一方面从其他事物或事物的其他方面中区分出来的过程。人对客观事物的最初认识总是"泛化"性的，文艺欣赏也是如此。开始欣赏达·芬奇的名画《最后的晚餐》时，我们并不能立即将犹大从耶稣的十二个门徒中区别出来，因为他们之间相通或相似的部分使我们的神经兴奋"泛化"了。有的同志可能会说，如果欣赏对象是单一形象，如一朵花，一只熊猫，恐怕就不会产生"泛化"了。其实不然。因为人对客观事物的认识是以已有的认识经验为中介的，神经兴奋的"泛化"不仅会在当时感知的事物中产生，而且会在头脑中储存的、以表象和概念等心理形态存在的事物中产生。例如，欣赏郑板桥的墨竹，如果只是草率地看上几眼，我们只能认知这是竹或风中之竹；却不能看出这竹和别的竹究竟有何不同，究竟有什么妙处；因此脑子里很难留下清晰深刻的印象。因为画面上的竹反映到我们头脑中，首先只是通过神经兴奋的扩散诱发起我们记忆中的其他竹的表象；而如果认识过程到此为止，我们就不容易将这新表象与过去的旧表象区别开来。

文艺欣赏中神经过程的初期"泛化"现象是人们认识客观事物的心理规律在欣赏活动中的反映，它虽然有其必然性和积极意义（这一点我们将在后面谈），但是每一个欣赏者却总希望对作品中的艺术形象及其所蕴含的美学意义获得一个清晰准确的印象，因此，创作者就要在促进欣赏过程的"分化"上下功夫。

怎样促进欣赏过程的"分化"呢？主要就是要使创作具有一定的鲜明性。何谓鲜明性，就是指创作者所要表现的事物的新异特征和审美倾向在作品中得到了突出和强化。特征，是一事物与它事物的本质区别的征象与标志。突出了所要表现的事物特征，就使该事物在与其他相关事物的比较中变得鲜明起来，从而可以抑制欣赏者神经过程的盲目"泛化"，促进其准确"分化"，使其尽快获得较为清晰准确的认识。例如，在《最后的晚餐》中，由于达·芬奇赋予了犹大手抓钱袋、身体因惊慌而后倾、将一张充满虚伪和奸诈的面孔藏在阴影处等形象特征，因此使我们能通过一定的比较就能较快地将他从耶稣的其他门徒中区别出来。《最后的晚餐》这个取自《圣经》的题材，在达·芬奇之前不少画家都画过，但构思和艺术处理（特别是对犹大形象）都比较平庸，很难给人留下深刻印象。达·芬奇的艺术构思和处理是独特、深刻和新异的，他所表现的犹大的特征是别人所未表现过的，因此具有新异性的特征。为什么只有突出了事物的新异性特征才能给人以鲜明深刻的印象？因为新异性是引起无意注意的刺激物的最重要的特点之一，而注意是意识对一定客体的集中，以保证对它获得特别清晰的反映。

突出事物的新异性特征，是使作品获得鲜明性的根本途径。至于怎样才能突出，则主要表现在以下两个方面：

第一，增强事物特征本身的刺激强度，以提高欣赏者感受的绝对值。巴甫洛夫认为，在条件反射中，反映的效果与刺激的强度有着密切的关系。在一定限度内，条件反射的强弱是以每一种刺激达到大脑皮层的能量为转移的。刺激越强，相应神经细胞的兴奋度越高，周围神经细胞由于负诱导规律所产生的抑制度越高，神经过程的"分化"就越迅速，对象在皮层上的印象也就越鲜明突出。在这方面，有四种较为常见的方法：

1. **集中**。所谓集中，就是对现实生活中分散、朴素、不明显的事物特征给予提炼、提高和典型化的处理。在鲁迅先生创造阿Q这个典型之前，人们对国民中间普遍存在的"精神胜利法"这种病态意识并没有引起注意。但当鲁迅先生将"精神胜利法"的分散、朴素的表现加以典型化处理并通过阿Q这一形象给以突出表现时，就使人们一下子认识了这一特征，以至于一些人竟然"联系实际、对号入座"起来。

2. **强调**。所谓强调，就是对所要表现的事物特征给以强化处理，即结合想象给以突出。例如，巴尔扎克在《欧也妮·葛朗台》中对吸血鬼、守财奴葛朗台形象的刻画：

> 讲起理财的本领，葛朗台先生是只老虎，是条巨蟒：他会躺在那里，蹲在那里，把俘虏打量个半天再扑上去，张开血盆大口的钱袋，倒进大堆的金银，然后安安宁宁去睡觉。

作者并没有对葛朗台贪婪、凶狠的形象特征进行一般的泛泛描写，而是采取暗喻和拟物等想象方法将其与老虎、巨蟒联系了起来，使其特征得以强化，从而给欣赏者以深刻印象。

3. **反复**。反复是通过重复的刺激来突出事物的特征。例如，电影《城南旧事》中反复唱奏李叔同的《送别》，有力地渲染了影片的思乡忆旧气氛。反复由于某一刺激在不同背景上一再出现而变得突出起来，从而使欣赏者能较容易地将其从整体中分化出来。

4. **夸张**。夸张就是对事物进行表面上看起来不合实际的夸饰和铺张的处理。例如，汉乐府民歌《上邪》说："山无陵，江水为竭，冬雷滚滚夏雨雪，天地合，乃敢与君绝。"就是通过对实际上不可能出现的事物的夸饰铺张的处理来表现忠贞不渝的情感。夸张的艺术形象由于不符合实际生活的逻辑而在欣赏者头脑中与过去的经验发生了冲突。这样必然引起欣赏者的惊奇与注意，从而留下鲜明的印象。

第二，突出事物之间的对立和差异，使所要表现的事物特征在比较中得到强化，提高欣赏者感受的相对值。这又有两种较为常见的方法：

1. **反衬**。反衬就是用相反或差异较大的事物来衬托所要表现事物的特征，以增强其相对刺激强度。例如，王维《鸟鸣涧》"人闲桂花落，夜静春山空。月出惊山鸟，时鸣春涧中"，就是以鸟鸣之动来反衬春山之静的特征。从心理学上看，人在感知客观事物时，总是选择其中的某一刺激作为感知对象，其他刺激则作为感知背景。好像与背景的差异越小，其神经兴奋模式的重叠部分越大，反映就越容易"泛化"；差异越大，其神经兴奋模式的重叠部分越小，反映就越容易"分化"，对象的特征就越突出。这就是反衬效果的心理原因。

2. **对比**。对比是用相反或差异较大的两个事物来进行对照比较，以突出各自的特征，增强各自的刺激强度。例如，鲁迅的"横眉冷对千夫指，俯首甘为孺子牛"，就是对敌人的恨与对人民的爱相互对照，使两种情感表现的特征更为鲜明。对比与反衬的心理学原理基本一样，只不过反衬中对象与背景的关系基本上是单向的，对比则是双向的，是互为对象和背景的。

（二）欣赏中的"分化""泛化"与创作的含蓄性

欣赏中的"分化"有助于欣赏者获得准确鲜明的印象，但是，同世间任何事物都具有两面性一样，过于迅速准确的"分化"反而会对欣赏产生消极的作用。这主要表现在以下两个方面：

第一，过于迅速准确的"分化"会影响欣赏者审美认识的愉悦。文艺欣赏是伴随着审美愉悦的，其中也包括认识活动本身所带来的愉悦。对未知事物的认识是人的一种基本需要，这种需要的满足会给人带来一种精神上的愉快。在欣赏中，欣赏者的整个心理会处于一种积极探索的状态，对美的任何一点新的发现和认识都会给他带来一种心理上的愉悦和满足，继而又会激起他更高的认识积极性。一般来说，对对象认识的要求越强烈，认识中付出的心理能量越大，其所带来的愉悦也越大。达·芬奇的杰作《蒙娜丽莎》中的神秘的"微笑"，几个世纪以来吸引着广大的欣赏者以巨大的心理能量去认识和探索,并从中获得美的愉悦和享受。但是,假如达·芬奇在下面明确标出这是一种"美满姻缘带来的喜悦",或标出别的解释,她还会具有这样巨大的魅力吗?显然不会。因为这样就使欣赏者产生了迅速准确的"分化",一下子获得了明确的认识,从而探索玩味所带来的愉悦也就化为乌有了。

第二,过于迅速准确的"分化"会影响欣赏者的创造想象,从而会减弱其欣赏中的审美愉悦。我们知道,创造是人的本质力量的集中体现,人通过创造看到自己的本质力量会产生一种愉悦之感。高水平的欣赏并不满足于对作品的消极接受,而是要展开创造想象的翅膀,扩大审美感受,并享受创造的愉快。但是,"想象是在情境非常不明确的认识阶段上发挥作用的。情境越是习以为常,越是清楚明确,它为想象力提供的活动场所也越小。"①因此,如果创作过于清楚明确,使欣赏者产生迅速准确的"分化",就会抑制欣赏者的创造想象。

文艺欣赏中的"分化"现象是人的神经系统功能的表现,是不以人的意志为转移的。我们不能对一个清楚明确的对象(如两个苹果、三本书等)运用主观意志使有关它们的认识变得模糊缓慢。然而,欣赏者却又需要欣赏具有一定程度的模糊和一定的时间过程以增加审美感受和审美愉悦。这就要求创作者为欣赏者神经过程的一定程度的"泛化"创造条件。这种神经过程"泛化"的积极意义在于,它使欣赏者的神经兴奋在大脑皮层的较为广阔的范围内扩散开来,唤醒与之相通或相似的记忆储存并在它们之间建立起暂时神经联系,从而使联想、想象、比较等认识活动成为可能。

为欣赏者神经过程的一定程度的"泛化"创造条件,主要是使创作具有一定的含蓄性。所谓含蓄性,就是指对作品所要表现的内容和主旨不作直接的揭示和过分的强调,而是采取曲折隐蔽的方法使欣赏者思而得之。至于怎样使作品具有含蓄性,则主要表现在以下两个方面:

第一,对所要表现的事物不作直接的描绘,而是通过对与之有一定关系的事物的描绘来间接地表现。与鲜明性相反,含蓄不是要在直观上突出所表现的事物,而是要加以隐蔽,使欣赏者按照一定的关系、通过联想和想象来把握作品的内容和主旨。俄罗斯著名风景画家列维坦曾经画过一幅风景画《弗拉基米尔卡》,画的是沙皇政府遣送千千万万"犯人"到西伯利亚去所必

---

① 彼得罗夫斯基主编:《普通心理学》,人民教育出版社1981年版,第375页。

经的一段道路。画面上只有原野、天空和一条伸向远方的路而没有人，但却引导欣赏者通过路与人的关系想象出道路上一队队衣衫褴褛的"犯人"艰难地行走着，无数人的斑斑血泪洒在这条路上；进而通过画面上那条无穷无尽的路把人们的想象越引越远：对这些"犯人"命运的惦念，对俄罗斯苦难现实和今后前途的思索……作者把这些深刻的内容都隐蔽了起来，并通过一定关系的引导而留给了欣赏者；而欣赏者的种种联想正是通过神经过程的"泛化"（神经兴奋由刺激对象向与之相通、相似、相关的其他事物的扩散）来实现的。

第二，突出所表现事物的和谐与统一。任何事物之间都存在着对立与差异，也存在着和谐与统一。鲜明所要突出的是事物之间的对立与差异，含蓄所要突出的则是事物之间的和谐与统一。渲染是突出事物之间和谐与统一的一种重要方法，这种方法在绘画和文学中都有广泛的运用。如柳永的《雨霖铃》："念去去，千里烟波，暮霭沉沉楚天阔。"这句词写了水、暮气、天空三种事物。这三种事物分有特点，合有差异，但诗人却用一种情感基调将三者统一起来。写水以"千里烟波"，表现其迷蒙淼远，给人以惆怅之感；写暮气则"暮霭沉沉"，给人以沉抑之感；写天空为"楚天阔"，给人以茫然若失之感。三种事物都被涂上了一种"多情自古伤离别"的情感色彩，从形成了一个和谐有机的整体。从心理学角度看，这样的艺术处理增强了欣赏者神经过程的"泛化"，减弱了神经过程的"分化"，使欣赏者不去注意水、暮气、天空各自的特点，而笼罩在一种迷茫凄戚的情绪氛围之中。

（三）"分化""泛化"的统一与鲜明含蓄的统一

如前所述，人认识客观事物的神经过程主要表现为"兴奋泛化"和"分化抑制"。文艺作品的鲜明性，有利于欣赏者神经过程的"分化"，从而促进审美感受的准确；文艺作品的含蓄性，有利于欣赏者神经过程的"泛化"，从而促进审美感受的持久与丰富。但是，在实际的审美认识活动中，神经过程的"泛化"与"分化"并不是相互孤立的，而是相互联系、相互作用的。反映的"泛化"、兴奋的扩散，必然引起反映的"分化"、兴奋的集中；反之，反映的"分化"、兴奋的集中又必然导致反映的"泛化"、兴奋的扩散。整个神经过程就是通过"泛化""分化""再泛化""再分化"的循环而使人获得越来越准确、全面、深刻的认识。例如，初读《红楼梦》，贾府中众多的婢女在我们脑子里的印象可能是模糊的，甚至会张冠李戴。这就是神经兴奋的初期"泛化"。要获得对她们的清楚认识，我们就必须把注意分别集中于每一个人，如晴雯、司棋、金钏、鸳鸯等等，于是神经兴奋就必然趋向集中。这种集中使我们认识了她们每个人的外部特点，能够在外部联系上把她们区别开来，这就是神经兴奋的初期"分化"。在初期"分化"的基础上，我们又可能产生多种方向的"泛化"，方向之一如由晴雯的死想到金钏的死、司棋的死、鸳鸯的死，以及《红楼梦》以外的与她们有着类似身份的人的死，这就是神经兴奋的再"泛化"，就是联想。这次"泛化"已经不像第一次那样盲目，而是具有了一定的明确性，神经兴奋只是沿着"婢女之死"的方向扩散着（当然也可以沿着别的方向扩散）。神经兴奋扩散到一定程度又会再集中，通过对晴雯、金钏、司棋、鸳鸯等人的死的联想，我们发现了其中的共性，即她们都是被封建贵族主子摧残威逼迫害致死的。于是这一认识就从对婢女们的种种认识中"分化"出来，这就是神经过程的再"分化"。这次"分化"在认识上显然是比第一次深刻了。

　　欣赏者神经过程"泛化"与"分化"相统一的认识规律要求文艺作品中的鲜明性与含蓄性统一起来。由于"分化"是一定"泛化"基础上的"分化"，因此鲜明应该是含蓄基础上的鲜明，是寓于含蓄的鲜明；由于"泛化"是一定"分化"影响下的"泛化"，因此，含蓄也受到鲜明的制约，是寓于鲜明的含蓄。如果把欣赏比作航行，那么鲜明就是海上的航标，含蓄就是大海的茫无涯际；没有航标，欣赏者就会迷失方向，就谈不到到达彼岸；可是，若非茫无涯际，欣赏者过于容易地到达彼岸，又有何探索的乐趣？作为创作者，关键要把握住鲜明与含蓄的尺度，使之恰如其分地适合欣赏者神经过程"分化"与"泛化"的规律。宋代诗人梅尧臣说："必能状难写之景，如在目前，含不尽之意，见于言外，然后为至矣。"写景"如在目前"，当然是鲜明；言外"含不尽之意"，当然是含蓄。诗人认为，二者的有机结合才是诗之极致，真可谓一语中的。

　　文艺欣赏要求文艺作品的鲜明性与含蓄性相统一，但并非要求二者平分秋色或有什么标准"配方"可以如法炮制。就一部具体作品而言，其鲜明性和含蓄性可以有所侧重，由此形成作品在审美认识方面的特色。

创作与欣赏心理反馈

文艺创作是一种精神产品的生产活动，而文艺欣赏则是一种精神产品的消费活动。因此，创作与欣赏在本质上是一种生产与消费的关系。马克思说："每一方表现为对方的手段；以对方为媒介；这表现为它们的相互依存；这是一个运动，它们通过这个运动彼此发生关系，表现为互不可缺，但又各自处于对方之外。生产为消费创造作为外在对象的材料；消费为生产创造作为内在对象、作为目的的需要。没有生产就没有消费；没有消费就没有生产。"[①] 马克思关于生产与消费关系的论述，在本质上也适合于创作与欣赏的关系。创作与欣赏作为艺术活动的两个方面，相互依存、相互作用，共处于一个统一体中，"它们通过这个运动彼此发生关系，表现为互不可缺"。创作为欣赏创造出欣赏对象，因此没有创作就没有欣赏；欣赏者通过欣赏实践而形成的审美需要，为创作者提供了创作的内在对象和目的，因此没有欣赏也就没有创作。这就是它们的相互依存关系。创作通过欣赏影响欣赏使之适应创作，欣赏又通过创作影响创作使之适应欣赏，这就是它们的相互作用关系。创作与欣赏相互依存的统一导致相互作用的矛盾，相互作用的矛盾又推动了新的相互依存的统一，整个艺术活动正是在这种矛盾统一的运动中向前发展。创作与欣赏都希望通过艺术活动使矛盾的双方达到统一，创作希望欣赏接受创作从而实现其社会价值，欣赏希望创作适应欣赏从而满足其审美需要。但是，统一的真正实现，却需要双方共同发挥主观能动作用，在相互适应的基础上通过相互作用来完成。当然，在这个过程中二者的作用并不是对等的；一般来说，欣赏是基础，而创作则起着主导作用。以上所谈是创作与欣赏作为生产与消费的一般关系。由于创作与欣赏是精神产品的生产与消费，因此它们的这种关系直接表现在精神活动上，即表现为创作与欣赏的心理关系。

---

① 《马克思恩格斯选集》，第2卷，人民出版社1972年版，第95页。

（一）默契的建立与突破

从心理学上看，创作与欣赏的统一，首先要求双方达成一种心理默契。所谓心理默契，是指双方对各种艺术在表现上的特征有一种心理上的认同。马克思说："对于不辨音律的耳朵说来，最美的音乐也毫无意义，音乐对他说来不是对象，……因为对我说来任何一个对象的意义（它只是对那个与它相适应的感觉说来才有意义）都以我的感觉所能感知的程度为限。"[①]这些论述就涉及创作与欣赏的心理默契问题。正如前述，任何文艺创作都是将客观世界中各种性质的事物形象统一表现于某种特定的艺术形式，以集中作用于欣赏者的特定的感觉器官。如果创作者不按照某种艺术的形式特征创作，例如音乐创作者不按照音响、旋律、节奏有机组合的特定形式创作，或者欣赏者不懂得或者不承认音乐创作者所用的特定艺术形式，例如马克思所说的"不辨音律的耳朵"，那么双方就无法达成心理默契，也就无法达成统一——因为双方缺乏构成相互依存的必要条件，无法共处于一个统一体中。因此，创作与欣赏的心理默契是双方达成统一的基本条件和前提，没有这种条件和前提，双方就失去了共同"语言"，就谈不到统一问题。

各门艺术有各门艺术的形式特征，从而也就有各门艺术的创作与欣赏的默契，这既不能交换也不能替代。在京剧中，开门、关门只要用手比画一下，演员在舞台上走一圈就算走街串巷或翻山越岭，几个龙套可以代表千军万马，摆几只酒杯就算一次宴会，这些都是为观众所认可的；而在电影中这样表现就不为观众所认可；但电影有"蒙太奇"，可以变换时空，这种在生活中不可能出现的事物运动形式，却也为观众所认可。可见不同的艺术有不同的默契，有了这种默契才谈得上内容的认识、情感的交流和艺术价值之被肯定。不同艺术的心理默契并不是由于外在力量的干预，也不是由于某种社会法规的制约，而是在创作与欣赏相互依存与相互作用的过程中自然形成的，所以也是心照不宣的。

各门艺术的形式特征都有其相对的稳定性。因此，创作与欣赏的心理默契，也有相对的稳定性。但是，稳定并不等于不变，任何事物都是发展变化的，对艺术形式的心理默契亦然。当创作不满足于旧有形式的束缚而有所突

---

① 马克思：《经济学——哲学手稿》，第79页。

破，或欣赏不满足于旧有形式而要求创新时，双方的心理默契就可能打破。这种打破不是目的而是手段，其结果是双方通过相互作用在新的基础上达成新的默契。例如，电影本来是无声的，后来变为有声，本来没存蒙太奇，后来有了，这都有个建立默契的过程。特别是对蒙太奇的默契更是处于不断的建立与发展之中；像现在这样复杂多变的表现，假如在早期电影中出现，这不仅不能为欣赏者所接受，而且就创作一方来说也是不可想象的。又如小说中的意识流手法刚传入中国时，由于不适应中国读者的欣赏习惯（这种欣赏习惯由于是在长期的创作与欣赏的统一中形成的，因此比较稳定，甚至可能形成一种心理定势），因此很难为大多数读者所接受，有人以传统的、情节小说的艺术特征衡量它，不承认这是小说，于是创作与欣赏的心理默契打破了。但是随着创作与欣赏的相互作用，创作不得不适应欣赏的要求而在尊重欣赏习惯的基础上运用意识流手法，欣赏也不得不适应创作的变化而在改变传统习惯的过程中认识意识流的手法，于是创作与欣赏又在传统与变化相统一的新的艺术形式上达成新的心理默契。在这个过程中，创作当然是主导方面。正如马克思所说："艺术对象创造出懂得艺术和能够欣赏美的大众，——任何其他产品也都是这样。"[①] 但是，创作只有在尊重与适应欣赏的前提下才能真正造就欣赏，提高欣赏，达成新的心理默契；因为创作与欣赏的心理默契，不是强力而致的，而是自然形成的。

（二）预期与反馈

心理默契是创作与欣赏求得统一的前提，但这并不意味着取得了心理默契就可以达到二者的完满统一。因为创作与欣赏的完满统一不仅取决于双方对某种艺术形式特征的认可，且有赖于双方在思想感情、艺术水平、审美趣味等方面的呼应。艺术形式特征虽然存在着突破的现象，但从整体上看，它毕竟是稳定的，不论具体内容是什么，只要是音乐就要按音乐的形式表演，是舞蹈就要按舞蹈的形式表演。而思想感情、艺术水平、审美趣味等艺术内容方面的东西则不然，创作与欣赏之间常常存在着种种矛盾。看完两部电影，我们固然对它们的艺术形式特征都是认可的，但对它们各自的艺术内容却可能得出完全相反的评价；因此创作与欣赏虽然取得了心理默契，但却不一定

[①] 《马克思恩格斯选集》，第2卷，人民出版社1972年版，第95页。

实现完满统一。

　　创作与欣赏的这种关系主要通过预期和反馈而得到调整。一般来说，创作者在创作时总是有所预期的。除了创作只为给自己看或有意要与欣赏者作对的情况以外，一般的创作者总是希望自己的作品感动欣赏者，通过欣赏确认自己的精神本质，实现作品的社会价值。另一方面，欣赏者在欣赏时也是有所反馈的。一般欣赏者总是根据自己的价值观念、情感意愿、欣赏水平、审美趣味去接受创作，并通过对创作的欣赏而确认自己的这些精神本质，因此他总要表现出种种不同的肯定或否定的反应，并将这些信息反馈给创作以影响创作。创作与欣赏正是通过心理上的这种相互作用影响对方、同化对方，并通过相互转化而不断达到相对的统一（当然是在包括阶级关系在内的一定社会关系制约下的统一）。

　　由于创作是为了欣赏而创作的，因此创作的心理预期是与对欣赏要求的直接、间接感受相联系的。也只有这样，才能达到预期的目的。欧洲文艺复兴时期为什么会出现达·芬奇、米开朗基罗、拉斐尔等人的巨作？表面看来这都出于他们个人的天才，但天才也必然反映时代精神和当时欣赏者的要求，这才成其为天才。同样，中国汉代的散体大赋是适应了汉代统治者的要求而泛滥的；宋元话本是适应市民要求而发展的；《红楼梦》是适应封建末世的反封建要求而产生的；京戏的"京派"与"海派"是适应南北不同观众的要求而形成的。就连力主"表现自我"的作者，他们的思想深处也预期这样的创作有其相应的欣赏者，甚至希望这种创作方法能激起一种风气；当他们发现事实并非如此时，也就不再坚持了。所以，从艺术创作的发展上看，表面上所有的创作都仅仅是出于创作者"内心的驱使"，但实际上"内心的驱使"中也必然包含着对欣赏者要求的感受或预期。

　　在艺术实践中，创作的预期有时并不是一次就能圆满实现，而是要通过创作与欣赏的相互作用逐步实现。从创作方面来讲，这个过程主要表现为创作者根据欣赏的反馈信息不断调整创作以适应欣赏。因此，有成就的艺术家历来重视欣赏的反馈。我国唐代诗人白居易为了使普通老百姓都能懂他的诗，写好后便先念给老妪听，并根据老妪的反应进行修改。无独有偶，法国著名剧作家莫里哀也常常向他的女仆请教。由于莫里哀的剧作多反映平民的生活和思想感情，因此他时常在剧本写好尚未上演时先读给家里的女仆听。有时候,莫里哀自认为写得不错,女仆听了却无动于衷,拿到台上一演,果然观众的反映也很冷淡。因此,莫里哀对女仆的反应和意见十分重视,常常据此修改剧本。

以上说的是创作的心理预期。下面再说说欣赏的反馈。这对创作的影响是显而易见的,但一般的欣赏反馈往往是自发的,因此对创作的作用也就有限。欣赏要充分发挥对创作的反作用,就要变自发为自觉,对创作进行评价和批评。这种反馈必须以尊重创作、理解创作为基础,而不能从主观的想当然出发曲解创作;只有这样,才能正确地指导创作。唐代诗人杜牧曾作绝句《江南春》:

千里莺啼绿映红,水村山郭酒旗风。
南朝四百八十寺,多少楼台烟雨中。

对这首诗,明代学者杨慎批评说:"千里莺啼,谁人听得?千里绿映红,谁人见得?若作十里,则莺啼绿红之景,村郭、楼台、僧寺、酒旗皆在其中矣。"①对杨慎的批评,清人何文焕在《历代诗话考索》中批驳说:"即作十里,亦未必尽听得着,看得见。题云《江南春》,江南方广千里,千里之中,莺啼而绿映焉;水村山郭无处无酒旗,四百八十寺楼台多在烟雨中也。此诗之意既广,不得专指一处,故总而命曰《江南春》,诗家善立题者也。"杨慎没有充分理解创作、尊重创作,从主观臆想出发,因而胶柱鼓瑟,作出了错误的评价,这种反馈显然不会对创作产生积极的作用。何文焕从诗作出发解诗,得出了"此诗之意既广,不得专指一处"的正确结论,这样的反馈,才能真正有益于创作。

---

① 见《升庵诗话》,卷八。

第二部分

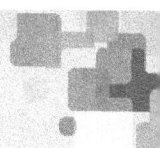

谈谈文艺心理学的几个问题

（一）

文艺心理学，是研究文学艺术创作和欣赏中的心理活动及其规律的一门科学，是文艺学与心理学相互交叉的一门学科。

以往的文艺学，多从文艺与现实的关系上着眼，因此便有了文艺创作反映客观现实这个命题。在揭示文艺创作的根本性质和根本方向上，这个命题毫无疑问是正确的，是应当继续坚持的。但从文艺创作活动的实际情况来看，这个命题却是不精密的。因为这个命题在表述上只揭示了两个环节："客观现实→文艺创作中的艺术形象。"而文艺创作的实际却是：在客观现实与文艺作品之间，有一个不可忽视的中介，这就是艺术家大脑的活动，客观现实是先经过艺术家的大脑活动转变为心理形态的东西后，才外化为艺术作品的。人的大脑对客观现实的反映并不是像镜子那样消极被动的，而是积极能动的，其反映成果要受到种种主观心理因素的影响和制约。例如，宋末著名画家郑思肖在南宋灭亡之后多画墨兰，而所画之兰皆有根无土。有人问他为什么作无土之兰，他满怀悲愤地反问说："地为番人夺去，汝不知耶？"兰花本是有根有土的，但是在郑思肖的反映中却是有根无土，因为这种反映活动受到了艺术家主观心理因素——亡国丧土之痛的影响。如果说这种反映的情意化现象还不是文艺创作所独有的话，那么反映的加工则更突出反映了文艺创作者的主观能动作用。文艺创作作为一种审美创造活动，不是对客观世界简单反映一下就算了事，而是要按照一定的主观意图和艺术法则对头脑中的反映成果进行加工改造，以创造出艺术的形象，这种艺术形象往往与"客观事物的本来面目"大相径庭。请看，古曲《春江花月夜》中所描绘的景物决不仅仅限于听觉对象，即从题目来看，就可以有肤觉的春夜江风，视觉的明月，嗅觉的花香，等等。而这一切最后却都被表现为听觉形式的音乐旋律。由此可看，创作者在对"春江花月夜"这种客观景物的艺术反映中，对头脑中的映象进行了何等复杂的加工和改造。这类事例说明，两个环节的说法相对于创作的实际而言，的确是太简单化了。准确而精密的说法应该包含三个环节，即"客观现实→主观反映和加工→文艺创作中的艺术形象"。正如马克思所说："观念性的东西不外是移入人的头脑并在人的头脑中改造过的物质性的东西而已。"一是"移入"，二是"改造"，这两个要点是不可偏废的。文艺创作中的艺术形象这个观念性的东西，就既是"移入人的头脑"的物质性的东西，又是"在人的头脑中改造过的"物质的东西。文艺心理学所研究的一个重要内容，就是艺术家的头脑是怎样对这些移入的物质性东西进行改造以创造出艺术形象的；也就是说，主要研究三个环节的中间一环，即艺术家的感觉、知觉、联想、想象、思维、注意、情感、意志等心理活动在文艺创作过程中各有什么活动特点，又是怎样相互作用并相互配合起来，对客观事物的映像进行加工和改造的。另外，艺术家的性格、气质和能力等个性因素对这些心理活动又会产生怎样的影响和作用。

以上说的是创作过程中的心理活动。文艺心理学研究的另一重要内容是欣赏中的心理活动，这种心理活动也是有很大能动性的。瑞士心理学家皮亚杰经过多年的研究证明，个体对外界刺激的任何反应，都是已有心理结构对刺激的同化，即主体已有心理结构对"刺激输入过滤和改变"。鲁迅先生在谈到读《红楼梦》时说："单是命意，就因读者的眼光而有种种：经学家看见《易》，道学家看见淫，才子看见缠绵，革命家看见排满，流言家看见宫闱秘事……"[①] 同是一部《红楼梦》，在不同人的头脑中会留下如此不同的印象。可见文艺欣赏也存在欣赏者主观能动的心理因素的作用；欣赏者的兴趣、经验、情感、价值观念等主观因素都可能影响到对作品映象的选择、过滤、改变乃至于再创造。文艺心理学也要研究欣赏者的大脑是怎样在作品欣赏中发挥作用的；研究欣赏中的感觉、知觉、联想、想象、思维、情感、注意等心理活动各有什么特点和规律。

---

① 《鲁迅全集》，第7卷，第419页。

（二）

研究文艺心理学具有重要的意义，这种意义至少可以表现在以下两个方面：

首先，它有利于探索和揭示文艺创作与欣赏的心理奥秘，给以科学的说明与解释。文艺是人类生活中重要的精神活动，但是对于这种精神活动中的许多情况，人们认识得并不是很清楚，有时甚至觉得很神秘，例如文艺创作中的灵感现象。许多艺术家都有过这样的体会，有时殚思竭虑而不得者，有时却仿佛不思而至，妙想联翩。法国音乐家柏辽兹在一次谱曲中搜肠刮肚所不得的旋律，却在后来的一次落水后偶然得到；郭沫若自言他在课堂上听讲时"突然有诗意袭来"，于是创作了那首著名的《凤凰涅槃》。这种现象在古今中外的文艺创作中并不少见，人们把它叫作灵感。灵感的这种奇特性使人们对它产生了一种神秘感，古希腊哲学家柏拉图就曾将灵感归于神灵，认为诗人的灵感是由神灵赐予的。其实，灵感是创造思维中的一种心理现象。文艺创作思维和其他创造思维一样，都是要在大脑皮层上破除事物之间的旧的联系，建立新的联系。建立新的神经联系往往需要唤醒那些处于潜沉状态的神经细胞群，然后通过不断的尝试构建起一种新的神经模式。但是旧的神经联系、思维定势及其他心理因素往往会压抑着那些处于沉潜状态的神经细胞的复苏，阻碍着新联系的建立。只有在创作者的各种心理因素得到了相当协调的配合与发挥，旧的神经联系和思维定势被打破时，那些潜沉的神经细胞才可能激发活力，那些极难接通的思维"电路"才可能突然接通。当然，灵感的情况很复杂，它的奥秘以及其他种种心理现象（例如潜意识、直觉等问题）的奥秘也还有待于进一步揭示，而这正是文艺心理学的一项重要任务。

其次，它有利于总结文艺创作与欣赏的心理活动的特点和规律，从而指导人们在创作与欣赏中取得较佳的效果。例如文艺创作中的形象思维问题就是文艺心理学的一个重要课题。有人觉得艺术思维并没有不同于其他思维的特点，它同样要通过概念、判断、推理等抽象思维形式取得认识成果，形象只是一个表现形式问题，由此便出现了"主题先行""图解概念"等创作。另有人觉得艺术思维与抽象思维毫无关系，它只是非理性和无意识的形象组合，于是便有了通过睡梦和致幻剂进行创作的现象。其实，艺术思维既不能脱离人的大脑固有的抽象思维功能，又不是抽象思维成果的形象展现，而是一种形象思维。从文艺心理学的角度看，就是由抽象思维指导和配合的、渗透着情感活动的自觉表象运动过程。表象是客观事物形象的心理形态，它具有一定的概括性，又具有一定的理解性（因为表象来源于知觉，而人的知觉是具有理解性的），这使得创作者可以直接通过自觉表象运动来认识和反映事物的联系。当然这种反映和认识不能脱离抽象思维的影响，但却不是抽象思维的图解演绎，而必须是自觉表象运动的直接成果。只有运用这样的思维方法，才能创造出既具有深刻的认识价值又具有艺术感染力的作品来。

下面再以艺术通感为例谈谈文艺心理学对文艺欣赏的指导意义。所谓艺术通感，简单地说，就是艺术创作与欣赏中不同感觉的沟通。吴昌硕《刻印长诗》说："诗文书画有真意，贵能深造求其通。"这"通"就包括通感的意思。例如，有人在欣赏颜真卿的书法名作《祭侄文稿》时感到一种欣赏裘盛戎唱腔时的悲壮之美，有人从大型建筑"柱、窗、窗，柱、窗、窗"的结构中感受到圆舞曲的节奏和韵律。艺术欣赏如果能像这样在不同感觉形式和表现形式的艺术间产生相通的感受，无疑会加强欣赏的效果。

（三）

文艺心理学作为一门独立的学科，在国外已经有了相当的发展，在我国则刚刚开始起步。我国最早的文艺心理学专著，是朱光潜先生写于30年代的《文艺心理学》和《悲剧心理学》。前者在新中国成立前重版7次，1982年收入《朱光潜美学文集》（第1卷）；后者是作者早年在国外用英文写作出版的，1983年在国内首次翻译出版。朱光潜先生这两部著作是我国文艺心理学研究的滥觞。此后近半个世纪，这个领域的研究一直无声无息，近乎空白，直到1982年才出版了金开诚的《文艺心理学论稿》，其后，陆一帆的《文艺心理学》、鲁枢元的《创作心理研究》、滕守尧的《审美心理描述》、金开诚的《文艺心理学概论》、高楠的《艺术心理学》等相继问世，使文艺心理学园地开始出现一种繁荣兴旺的局面。在译著方面，1959年我国出版了苏联的《绘画心理学》，1982年出版了英国的《音乐家心理学》，1983年出版了苏联的《文学创作心理学》，1984年出版了苏联尼季伏洛娃的《文艺创作心理学》（魏灰安译）和美国阿恩海姆的《艺术与视知觉》（滕守尧译），1985年出版了苏联维戈茨基的《艺术心理学》（周新译）。

当前我国的文艺心理学研究呈现一种多元化、多角度的局面，这种情况并不奇怪。因为文艺心理学本身就是多种学科（如心理学、文艺学、美学、语言学等）的边缘学科，因此在实际的研究中，各人的学科侧重会有不同，各自阐述的重点和所取的角度便会出现差别。另外，文艺心理学要运用心理学原理来研究文艺创作和文艺欣赏中的心理活动，而心理学却是一门学派众多、新说竞起的学科，如精神分析心理学、格式塔心理学、认知心理学、结构主义心理学、人本主义心理学等，都对我国当前的文艺心理学研究产生着影响，使各种文艺心理学研究呈现出不同的色彩和风貌。

那么我们对文艺心理学是怎样认识的呢？这可以概括为两个基本思想、五种辩证关系。

第一个基本思想，就是在肯定文艺创作与欣赏中的一切心理活动在本质上都是主观对客观的反映的前提下，强调在创作与欣赏中充分发挥主观能动作用。我们认为，文艺创作与欣赏中固然存在着种种不自觉，无意识的心理现象，但从整体和本质上看，创作与欣赏却都是一种自觉的、有意识的心理活动。因此在创作与欣赏活动中，既不应停留在对客观对象消极被动的反映上，也不应寄希望于虚幻的无意识活动，而应在有意识的反映与创造活动上下功夫，开展积极的心理活动。

第二个基本思想，就是在充分肯定表象活动在创作与欣赏中的突出作用的前提下，强调大脑活动的整体性原则，把创作与欣赏中心理活动的基本内容看作表象活动、思维活动、情感活动三者相互联系、相互作用的整体性活动。这一思想可以具体表述如下：创作与欣赏中的表象活动，在自觉性、深广度、普遍性上都远远超过其他活动中所可能出现的表象活动，但是由于大脑的机能定位与整体性活动之间存在着不以人意志为转移的辩证关系，因此这种表象活动必然要受到抽象思维的渗透、影响和制约。作为创作与欣赏中的认识方面，表象活动与抽象思维是在大脑皮层上进行的，而作为创作与欣赏心理中另一重要因素的情感活动，却是通过皮层下中枢完成的。由于皮层与皮层下中枢也是相互作用的整体性活动，因此形成了认识决定情感、情感反作用于认识的辩证关系。这样就形成了以自觉表象运动为核心的表象、思维、情感三者有机统一的具有整体性的艺术思维活动。

五种辩证关系就是：主观与客观、感性与理性、认识与情感、修养与创造、创作与欣赏。这是对两个基本思想的具体阐发。我们觉得，文艺创作与欣赏中的各种心理现象和心理活动都是辩证统一的，任何片面强调某一方面而否定另一方面的认识都可能造成理论上的偏颇。当然，文艺创作与欣赏心理中的辩证关系是极为丰富的，并不限于五种，但前面所说的五种关系却是最基本的。

（本篇与金开诚教授合作，刊于《百科知识》，1988年第5期）

文艺创作中的表象、思维与情感

文艺心理学是一门很年轻的科学，它研究文艺创作和欣赏中的心理现象，即感觉、知觉、表象、思维、情感等心理活动的特点及其相互关系。文艺心理作为一种特殊的心理现象，离不开马克思主义心理学所揭示的一般规律的制约。首先，人的一切心理活动，都是客观事物作用于人所引起的人的高级神经活动。客观事物作用于人的各种感官，使人产生感觉、知觉，进而在头脑中形成记忆表象，然后通过表象和思维的活动达到对事物逐步深入的理解，这些构成了人的认识活动的全部内容。人们在认识客观事物的同时就会对它产生一定的态度，如喜爱、厌恶等等，这就是情感活动。人既反映客观世界，又反作用于客观世界，文艺就是人能动地反映客观世界的一种实践认识活动。其次，人的感知、表象、思维、情感等心理活动并不是彼此孤立的，而是相互联系、相互制约的。现代心理学的发展证明，人的大脑是一个整体，其左、右两半球的活动以及皮层和皮层下中枢的活动是相互调节、彼此制约的。文艺作为人对客观事物的艺术的认识，其心理活动除遵从以上规律外还另有特点。这种特点主要表现在其表象活动占有突出地位，表象、思维、情感三者的统一具有和其他心理活动不同的形态。

本文主要讨论文艺创作中表象、思维、情感三者的特点及相互关系，分为表象篇、思维篇、情感篇三部分。这是根据金开诚先生所著《文艺心理学论稿》一书的基本观点和体系并结合笔者学习研究文艺心理学中的一些体会和认识撰写的。文中引文凡未注明出处处均引自或转引自金开诚先生所著《文艺心理学论稿》一书。

（一）表象篇

一切文学艺术都是以生动的艺术形象来感染人的。客观世界的形象通过艺术家大脑的改造加工并加以外化而成为作品中的艺术形象。那么，艺术家大脑中加工改造的直接材料是什么呢？是表象，即人的记忆中所保持的客观事物的形象。为什么表象能成为艺术家头脑中加工改造的直接材料？创作过程中表象是怎样发挥作用的？这些就是本篇所要讨论的问题。

1. 表象的特性

表象来源于人对客观世界的知觉。所谓知觉，就是人脑对客观事物的各种属性、各个部分及其相互关系的综合的、整体的反映。比如一辆汽车驰过我们面前，我们看到了它的轮子、车厢，听到了它的引擎声，闻到了它的汽油味，这些不同部分、不同属性通过我们的各种感官（眼、耳、鼻等）在我们头脑中形成一个综合整体的反映，我们就知觉到这是一辆汽车。这种反映使汽车的形象留在我们的脑子里，时过境迁，我们回忆时脑子里仍然会浮现出汽车的形象，这就是表象。随着知觉次数的增加和表象的积累，我们就会抛弃一些表面的东西而形成一个深刻的认识："汽车是以内燃机为动力、有四个或四个以上胶轮、用来载人或运货的公路交通工具。"这就是概念，即人脑对现实对象和现象的一般特征和本质特征的反映。以上三种认识形态相比，为什么只有表象能成为艺术家创造新形象的直接材料？因为表象有以下的特点：

（1）形象的持久性

概念虽然比知觉、表象深刻，但由于缺乏形象性而不能成为创造艺术形象的直接材料。知觉在反映客观事物时具有形象性的特点，但知觉只有在客观事物正处于人的感觉器官所及的范围之内时才得以产生，因此也无法积累起来成为创作的材料。只有表象既具有形象认识的形态，又由于人类大脑的记忆功能而具有持久性，因此可以作为素材被积累起来而在创作时直接进入构思。

（2）形象的不稳定性

知觉不存在不稳定的问题，看到天安门的红墙黄瓦，就是红墙黄瓦，对象通过我们的眼球鲜明清晰地映在视网膜上。表象则不然，过一段时期可能模糊，是黄瓦还是绿瓦？可能记不清了。当然我们如果有意持久地仔细观察，还是能获得较为深刻稳定的表象的，但其深刻稳定程度永远也赶不上当时知觉的形象。表象的这种不稳定性就使它具有了变异性和可塑性，艺术家在创作时就可以依据自己的感情倾向和美学趣味对原有的表象进行加工改造。

（3）形象的概括性

知觉具有形象直观性，但没有概括性；概念具有概括性，却不具有形象性。只有表象既具有形象直观性，又有一定的概括性。例如说到松树，你的脑子里可能会映出一棵具有绿色针叶的松树的表象。这松树的表象具有形象性，但又不像知觉那样是对某一特定对象的反映（例如你在华山或黄山看到某一棵松树），而是对一般松树形象的反映；它所突出的不是一棵个别松树的特点，而是一切松树所共有的一般特征（绿色针叶等）。因此，它就具有了概括性。表象这种既有一定程度的概括又有一定程度的形象的特性就使它能够在抽象思维的指导下，通过复杂细致的加工，达到概括性不断提高，具象性也不断提高，从而成为具有典型意义的表象。

表象的以上特点决定了它在形象的创造上比知觉具有很大的优越性，又不能被概念所代替，因此可以在创作中发挥巨大的作用。

2. 自觉的表象运动

表象在文艺创作中的作用主要表现在自觉的表象运动。表象在人的头脑中并非凝固静止的，而是活动变化的。一般的表象活动是自发的，文艺创作是一种有目的的自觉行动，创作过程中艺术家根据一定的创作意图使头脑中的表象运动变化从而创造出新的表象，因此，这是一种自觉的表象运动。自觉的表象运动有哪些运动形态呢？

（1）自觉的表象深化、分化和变异

所谓自觉的表象深化是指艺术家在对客观事物的观察中不要满足于自发形成的浅薄表象，而要发挥主观能动作用，加强注意，使表象由浅入深。巴尔扎克在《法齐诺·加奈》一书的前言中写道："我喜欢观察我所住的那一带郊区的各种风俗习惯，当地的居民和他们的性格……我可以和他们混在一起，看他们做买卖，看他们工作完毕后怎样互相争吵。对我来说，这种观察已经成为一种直觉，我的观察既不能忽略外表，又能深入对方的心灵……"这种由表及里所形成的深刻表象怎能不使作者笔下的人物栩栩如生呢？

自觉的表象分化就是在保持表象的基本形态和主要特征的同时，构想种种类似的新表象。其心理基础在于前面所谈表象具有的概括性和可塑性特点。徐悲鸿笔下可以画出千姿百态的马来，是否徐悲鸿的脑中预先储有这千姿百态的马的种种的稳定表象呢？任何人都很难具有这样高强的形象记忆力。关键要在牢固把握马的基本形貌、主要特征、常见姿态的基础上,通过表象的分化画出各具形态的马的形象。舞蹈、戏曲演员由基本功分化出丰富多彩的舞蹈动作,音乐由主旋律分化出一系列变奏曲,都体现了表象分化的作用。

自觉的表象变异是指艺术家在创作中自觉地通过情感、思维等心理因素对表象产生影响,使其变异。"白发三千丈,缘愁似个长"是李白《秋浦歌》中的一句,显然白发的客观情况不可能在李白的头脑中形成三千丈的表象。之所以如此,是作者内心的愁情使白发的表象发生变异,作者将其外化为诗句,以表达内心的愁情之长。

(2)自觉的表象联想

以上所谈都是单个表象的积极变化,自觉的表象联想则是在表象与表象的联系中所展开的运动。"自觉的表象联想就是根据创作的目的,由一个表象联想到另一个或更多的表象,使它们彼此联系起来,在思想、艺术的表现上起到积极的作用。"文艺作品中常见的比喻、象征、衬托、对照等表现手法,其心理基础都是表象联想。表象联想有接近联想、类似联想、对比联想等种种。白居易《琵琶行》诗中"大弦嘈嘈如急雨,小弦切切如私语"一句,由琵琶的听觉表象联想到"急雨""私语"的听觉表象,使读者对琵琶乐声的感受更真切,是类似联想。杜诗"即从巴峡穿巫峡,便下襄阳向洛阳"(《闻官军收河南河北》),因巴峡、巫峡、襄阳、洛阳地理位置的接近而产生的联想是接近联想;而他的"朱门酒肉臭,路有冻死骨"(《自京赴奉先县咏怀五百字》),则显然是对比联想。

(3)自觉的表象分解与综合

自觉的表象分解与综合是在表象与表象联系中所展开的更为复杂的运动,是艺术创作中最重要的一种自觉的表象运动。自觉的表象分解与综合就是有意想象,即艺术家为了一定的创作目的在头脑中改造记忆中的表象而创造新表象的过程。所谓表象分解,就是把记忆中的有关表象拆散或碾碎;所谓表象综合,就是将这些碎散的表象再重新结合成一个新的表象。高尔基说:"假如一个作家能从二十个到五十个,以至从几百个小店铺老板、官吏、工人中每个人的身上,把他们最有代表性的阶级特点、习惯、嗜好、姿势、信仰和谈吐等等抽取出来(分解——笔者注),再把它们综合在一个小店铺老板、官吏、工人的身上(综合——笔者注),那么这个作家就能用这种手法创造出典型来——而这才是艺术。"导演郑君里在《角色的诞生》一书中曾介绍了一位演员自己谈酝酿塑造《北京人》中愫芳形象的心理过程：

> "我便放下剧本，打算用思索来拨开这些隐约的浮光，突然，一位亲戚的身影出现在我记忆中——哦，对了！她的'味儿'跟我现在的心情有点相近！我开始集中注意去回忆她的脸，瓜子形，苍白得像透明——她的眼、嘴、全身、仪态，她的为人、脾气，以及我们之间的往还，等等。一种记忆挑起另一种，从此我的心好像发生一种磁力，把我过去看过的、听过的、经历过的一切与这调子相近的影像都摄吸回来，像萤火似的在心头穿来穿去。角色所给我的一些直接的感触开始跟我记忆中原有的影像互相渗合，模糊的演变为较清晰，断片的引申为较完整。……终于我看见她了！"

从中我们可以清楚地看到表象分解与综合的过程。当她亲戚的身影浮现在她大脑屏幕上的时候，当她"把过去看过的、听过的、经历过的一切与这调子相近的影像都摄吸回来"的时候，她就在进行着把有关的表象从原有的表象系统中分解出来的工作；而对于角色的直接感触与这些影像的"互相渗合"，新的表象变为"清晰""完整"，则是综合。

应该指出，表象的分解，不应该是生硬的"割裂"，而应是精细的"分化"；表象的综合，不应是简单的"凑合"，而应是有机的"融合"。只有这样，创造出的形象才能是和谐的、完整的、血肉丰满的。

自觉的表象运动是文艺创作中最重要的一项心理活动。其所以重要就在于正是它体现了文艺创作中心理活动的特点。在其他实践认识活动中也存在着自觉的表象运动，如对暖水瓶、电视机外形和图案的设计。但是它们在深度和广度上都难以同文艺创作中的自觉表象运动相比。从深度看，"文艺创作的思想内容是熔铸在艺术形象之中的，它的创造，从内容到形式都离不开表象性的认识及自觉的运动"，而电视机、暖水瓶外形设计上的表象运动则主要表现在形式上。从广度看，文艺创作中的自觉表象运动贯穿于创作活动的始终并表现为最终结果，而不像在科学创造中那样只是间或浮现，起一些辅助作用。因此，研究文艺创作中的心理活动，必须对自觉的表象运动给予充分重视。

（二）思维篇

表象在文艺创作中有重大作用，但孤立的表象运动却并不能完成文艺创作的任务。因为文艺创作并不是形象的无意识拼凑，而是艺术家以形象的方式对客观现实进行集中概括的反映。表象虽然具有一定的概括性，但却是水平较低的概括。文艺创作要对客观现实做出较为深刻的反映，就离不开抽象思维活动。本篇将讨论抽象思维在文艺创作中的作用和形象思维的心理内容。

1. 抽象思维在文艺创作中的作用

抽象思维是人脑对客观现实的间接的、抽象的、概括的反映，它可以通过概念、判断、推理等形式反映事物的本质及其内部联系。文艺形象的创造虽然是自觉的表象运动的直接结果，但这种自觉的表象运动却离不开抽象思维的指导与配合。

首先，从生理基础上看，人的大脑天然具有抽象概括和抽象思维的机能，这是人与动物相区别的一个重要的心理标志。人的大脑皮层有三个级区，第一、二级区是人与动物所共有的，它可以对外界刺激做出直接的反映；"第三级区"是人类所特有的组织。皮质后部第三级区的活动不仅对于顺利地综合直观信息是必要的，而且对于由直接的直观综合水平过渡到象征过程水平，对于词的意义、复杂的语法结构和逻辑结构的运用、数的系统和抽象的相互关系的运用都是必要的。……在成年人那里，主导地位就转移到皮质的高级区，甚至在感知周围世界的时候，成年人也把自己的印象组织到逻辑系统中去，换句话说，成年人的最高级皮质区控制着服从于它的第二皮质区的工作。因此，当艺术家感知周围世界或进行自觉表象运动的时候，不管他是否意识到，他实际上都已经把表象及其活动纳入到一定的逻辑系统中去了。例如李白《北风行中》"燕山雪花大如席"一句，虽然对表象进行了夸张变异（大如席），但还是符合"燕山冬天有雪"的逻辑的。如果说"广州雪花大如席"，人们也许就会认为作者的神经可能有些不正常了。固然作者在创作时脑中可能不会出现"燕山有雪，广州无雪"这样的逻辑判断，但是他却决不会把"雪花"的"表象"同"广州"的表象结合在一起，因为高级的抽象思维认识形态在自然地制约着较低级的表象认识形态。

其次，从创作实践上看，脱离抽象思维，创作也是无法进行的。例如，日本电视连续剧《血疑》的作者在构思的时候脑子里出现幸子与光夫一起走路、一起复习功课的情景，这些事物的外部联系可以通过表象来反映。但是他们两人是什么关系？是兄妹，是恋人，还是同学？光靠表象就无法反映了。要深入反映两人之间的这种内部联系，根据已有的剧情，作者一定先要明确"他们是同父异母兄妹，又是恋人"这样一个认识，而这已经是地地道道的由概念组成的判断了。至于由此出发去构思他们相恋而又不能如愿的种种情节，就需要更复杂的抽象思维参与到表象运动中去了。当然，作者在构思时也许不必通过种种的判断推理得出"同父异母兄妹不能结婚"这个认识，但却不能排除这是他以前认识的成果，而这成果里就包含了抽象思维的成分。因此，在创作中，艺术家也许并没有意识到抽象思维的活动，但是当他信笔而书的时候，抽象思维却在潜移默化地发挥着作用。

文艺创作中抽象思维对自觉表象运动制约的表现是很多的。例如，自觉表象运动要受到世界观的制约，而世界观则是以抽象思维的认识形态存在于人的大脑中的，自觉表象运动离不开语言的指导，而语言又是概念的物质外壳。此外，创作目的的考虑、作品主题的提炼等等，一般都离不开抽象思维的作用。

2. 形象思维的心理内容

有的同志可能会说："文艺创作是要用形象思维的，为什么要如此强调抽象思维的作用？"其实，所谓形象思维，其心理内容，就是抽象思维指导、配合、制约、渗透下的自觉的表象运动。

在人们认识客观世界的过程中，表象的认识可以提高为概念的认识，但概念并不排除其有关的表象，而是二者并存于认识者的脑际，并且彼此联系。例如，当我们获得"人是一切社会关系之总和"这一概念后，关于人的丰富具体的表象却并不会从我们脑海中消失，相反会变得更加深刻。因为，"感觉到了的东西，我们不能立刻理解它，只有理解了的东西才能更深刻地感觉它"（毛泽东《实践论》）。表象与概念在脑际随着人的实践认识活动各自在运动，并且互相制约、彼此渗透。但是由于实践认识的对象不同，目的不同，表象适动与概念运动会表现为不同的结合方式，思维会表现出不同的形态。在科学研究中，由于活动的目的是要揭示客观世界某一方面的规律，因此认识活动主要以抽象概括的方式直接在概念的基础上进行，表象的运动是被动的、不活跃的，认识的最终结果表现为抽象概念的形态。在文艺创作中，活动的目的是要创造既能反映社会生活本质而又生动具体的艺术形象，因此，认识活动是直接在表象的基础上进行的。艺术家根据一定的创作目的，自觉地使头脑中的表象运动起来，贯穿于创作活动的始终，并且表现为最后的结果——艺术形象。概念运动只是间接地发挥着指导作用，而不能直接地干预，更不能代替。表象成了思维的直接材料，去粗取精、去伪存真、由此及彼、由表及里等加工改造工作都是在表象的范围内进行的（表象的深化、分化、变异、联想、分解综合等等），概念运动只是暗地里指导、调节、配合着表象运动。而且，概念运动（即抽象思维）的这种调节活动常常是通过情感活动来实现的。只有那种由艺术家在自己切身的生活经验中得出或验正过的，并在自己内心情感中深切体验过的抽象认识，才能对自觉的表象运动产生积极的影响。没有情感色彩的生硬概念只能妨碍想象。

（三）情感篇

前面讨论了文艺创作中自觉的表象运动和抽象思维。从心理学的角度看，表象运动与抽象思维都属于认识的范畴。与认识相对应的一个范畴是情感。情感是文艺创作中另一项重要的心理活动，文艺总是要以情动人的。什么是情感？情感在文艺创作中有什么作用？它与表象运动和抽象思维的关系是怎样的？本篇将讨论这些问题。

1.情感的概念及其与认识的一般关系

什么是情感？金开诚先生在其所著《文艺心理学论稿》中说："情感就是人们对与之发生关系的客观事物（包括自身状况）的态度的体验。"这是一个十分精辟的定义。人在社会中生活，总要同周围的环境（自然的、社会的）发生这样那样的关系。客观事物作用于个体，个体会由于它是否能满足自己的需要而产生肯定或否定的态度，这种态度引起了个体以某种生理感觉为特征的体验，情感生活就产生了。例如，某个人接到了大学录取通知书，这个信息满足了他想上大学的需要，他对此产生了肯定的态度，于是体内可能出现心跳加快、血压升高乃至泪腺大量分泌等生理变化，于是他便体验到一种激动愉快的情感。

情感活动是大脑皮层和皮层下中枢（丘脑、下丘脑、网状结构和边缘系统）协同活动的结果。大脑皮层接受了外界的刺激后，通过分析认识形成了一定的态度，然后通过神经系统将其传至下中枢。下中枢中的下丘脑控制着自主神经系统，而自主神经系统又控制着内脏器官（心脏、血管、胃肠、肾等）外部腺体（唾腺、泪腺、汗腺等）以及内分泌腺（肾上腺、甲状腺、胰腺等）的活动。因此，当神经冲动传至下中枢后，就会在人体内引起种种生理反应。这种反应返回传入到大脑皮层，人就会体验到一种情感活动。由于情感活动是与个体内部的生理变化相联系的，因此具有较大的力量。它成为外界刺激物的强化信号，使个体对刺激物的反映增加；它又执行着调节机能，在一定程度上决定着人的行为，成为人的活动的动机。

综上所述，情感活动与认识活动的联系是密切的。情感活动来源于个体对客观事物的认识评价，又反过来对个体的认识活动（感知、表象、思维等）产生影响。这就是情感与认识的一般关系。那么情感与认识的关系在文艺创作中有哪些表现呢？

下面分别从表象与思维两方面来讨论。

2. 文艺创作中情感与表象的关系

文艺创作中情感与表象的关系可以从以下两个方面来考察：

（1）情感与表象形成的关系

艺术家头脑中表象的形成来源于他对客观世界的感觉、知觉。对客观世界的感知，一方面在他大脑中形成着表象，另一方面也相应地诱发着他的情感活动。李白《静夜思》是一首脍炙人口的小诗："床前明月光，疑是地上霜。举头望明月，低头思故乡。"作者看到床前的月光，这月光触发了他客居异地凄凉孤独的情怀，故感到月光如秋霜一样清冷；下面由月光而望明月，又进一步诱发了思念故乡的情感。在这里，表象的形成与情感的活动伴随着感知的深入在同步进行着。当作者"低头"之时，他头脑中"月光""明月"的表象已形成，情感活动也相应地完成了。情感融化到表象之中，并伴随表象留在了作者的记忆里；当表象复现的时候，相应的情感也就复现出来。从中我们可以看到情感对感知与表象的依赖关系：情感伴随着表象的形成而形成，并以表象为载体储存在记忆里。

情感依赖于感知、表象，但又反作用于感知表象，对表象的形成产生着积极的影响。首先情感对表象的内容（也即感知对象）的选择是有影响的。

人在感知事物的过程中接受了外界许多刺激,这些刺激由于是否适合个体需要而使个体产生一定的情感反应,这种反应作为对条件反射的强化而把某些刺激物分出来并相互融合在一起,从而产生了涂上某种情感色彩的表象。例如你在假日到郊外去秋游,大自然在你面前呈现出丰富多彩的景色:金黄的稻浪,雪白的棉海,野花的清香,黄莺的歌唱;迅急的秋风,枯黄的落叶,南飞的大雁,西沉的落日……所有这些都通过你的各种感官而对你产生着刺激,但是这些刺激在你大脑中所引起的反映却并不是平均的。此时你若是处于一种志得意满的愉快心境,那么吸引你的就可能是稻浪棉海、鸟语花香并在你脑中形成秋景的表象;反之,你若是处于一种消极感伤的情绪状态,那么引起你注意并在你脑中形成深刻表象的则可能是秋风落叶、飞雁落日。因为这些景物分别适应了个体不同心情的需要并进一步诱发了其内心的感情,从而使个体感受深切。

其次,情感对所形成表象的性质也是有影响的。鸟语花香,赏心悦目,会给一般人脑子里留下愉快的表象,但在杜甫眼里却是"感时花溅泪,恨别鸟惊心"(《春望》),并在脑中形成了催人泪下和惊心动愁的事物表象。原因在于作者时逢"安史之乱",被困长安,目睹国破家亡之惨状,悲愤之情充溢心中。这种主观情感影响了对对象的感知,也影响了头脑中所成表象的性质。我们平时所说的"情人眼里出西施",实际也是这个道理。第三,情感对表象记忆的持久性也有影响。表象形成时情感活动越剧烈,所形成的表象就越深刻,持续的时间也就越长。法国著名作家雨果16岁时曾在巴黎法院门前广场上看到一个年轻妇女受烙刑,当时他内心曾受到剧烈的情感冲击。这个场景在他脑子里留下了深刻的印象,以致他六十岁时给朋友的信中描写这一往事时,还能够把当时的场景细致具体地叙述下来。

(2)情感与表象运动的关系

因为表象是情感的载体,所以表象的运动可以影响情感活动。当一种表象在人脑中浮现出来后,与之相联系的情感活动乃至生理反应也会相应地表现出来。法国作家福楼拜在写《包法利夫人》中的女主角爱玛·包法利服毒的场面时,他鲜明感觉到口中有砒霜的味道。巴金在谈到他写《家》的体会时说:"我写《家》的时候,我仿佛在跟一些人一同受苦,一同在魔爪下面挣扎。我陪着那些可爱的年轻生命欢笑,也陪着他们哀哭。"在文艺创作中,艺术家的情感活动伴随着表象运动发展变化。一种情况是，当艺术家通过自觉的表象运动使头脑中的形象日益典型集中而富有表现力时，这典型的形象反过来又激发着作家的感情，使情感活动日益深入。柴可夫斯基论到他的歌剧《叶甫盖尼·奥涅金》时写道："当我写作这篇音乐时，由于难以借笔墨表示的欣赏，我甚至完全都融化了，身体都在颤抖着。"他在作品《黑桃皇后》最末一段的写作完成之日在自己的日记中写道："当葛尔曼死亡的时候，我便深深地哭泣了。"另一种情况是，当艺术按照生活的逻辑进行自觉的表象运动、形象自身的发展改变了艺术家的预想时，常会引起艺术家情感性质的变化。托尔斯泰创作《安娜·卡列尼娜》时，开始对主人公安娜抱有的是一种鄙视的情感。但是随着创作的进行，当表象按照人物性格逻辑运动变化，安娜不断受到上流社会的欺骗、诋毁和迫害的时候，作家的情感也逐渐由鄙视转为同情。

表象运动影响情感活动，情感活动反过来也对表象运动发生作用。首先，情感活动在表象运动中发挥着动力作用。人的任何一种意识活动都要求大脑皮层保持一定的紧张度，表象运动也是如此。当某一客观事物引起了艺术家的情感活动后，内部生理反应的信号（血压升高、心跳加快、内分泌加强等）刺激大脑皮层，迫切要求大脑皮层进行反映，此时艺术家便觉得产生了一种创作冲动。在情感反应的刺激下，大脑皮层的紧张度增强了，兴奋集中于引起情感反应的对象，于是艺术家大脑里的表象就按照他的主观意愿极其活跃地运动起来。情感推动想象，想象又促进情感，艺术创作便呈现出一种良性循环的形态。当然，情感活动对表象运动的推动是在与抽象思维相互配合的情况下进行的。情感活动给表象运动以刺激和运力，使其处于一种活跃状态；抽象思维则控制着表象运动的方向，将其纳入一定的逻辑系统之中。因此，情感过于强烈，冲破抽象思维理性的制约，也会使大脑皮层产生超限抑制，从而阻塞了联想和想象的通道。其次，情感活动在表象运动中发挥着组织作用。如前所述，抽象思维对自觉的表象运动的指导常常是通过情感的过滤器发挥作用的。当艺术家产生了某一种蕴含着抽象思维认识内容的情感活动后，这种情感活动就引发了过去记忆中储存的带有类似情感印迹的表象。情感像分化剂一样将有关表象从旧的系统中分离出来，又像凝固剂一样将其凝成一个新的表象。正是在这个过程中完成了旧表象的改造和新表象的创造。

3. 文艺创作中情感与抽象思维的关系

抽象思维需要理智和冷静，但与情感活动也有密切关系。抽象思维能影响情感活动，情感活动也能反作用于抽象思维。抽象思维对情感活动的影响表现在它既能引发情感，又能控制情感。由于抽象思维是一种间接的概括的反映，其认识范围远远不止于直接反映的事物，因此抽象思维作用比较突出的认识内容在诱发情感活动的深度和广度上，常常会超出一般的表象运动。例如《红楼梦》二十七至二十八回，写贾宝玉偷听林黛玉的《葬花诗》，"先不过点头感叹；次又听到'侬今葬花人笑痴，他年葬侬知是谁？……一朝春尽红颜老，花落人亡两不知'等句，不觉痛倒山坡上，怀里兜的落花撒了一地。试想林黛玉花颜月貌，将来亦到无可寻觅之时，宁不心碎肠断，既黛玉无可寻觅之时，推之于他人，如宝钗、香菱、袭人等，亦可以到无可寻觅之时矣。宝钗等终归无可寻觅之时，则自己又安在呢？且自身尚不知何在何往，将来斯处、斯园、斯花、斯柳，又不知当属谁姓矣！因此一而二，二而三，反复推求了去，真不知此时此际，如何解释这段悲伤！"这段中宝玉直接感知黛玉葬花和作诗的活动可以引起情感活动，但却没有通过类比关系、因果关系的推理所引发的情感活动深广；固然此时宝玉脑中会闪现在宝钗等人及大观园的表象，但这些表象运动都是由这些推理引发的并按照推理的关系运动的。因此推动宝玉情感发展的主要是抽象思维运动。而宝玉的心理活动实际是作者创作时心理活动的外化，从中我们也就可以推知创作时抽象思维是怎样推动作者的情感活动的。下面再谈谈抽象思维对情感活动的控制。由于抽象思维是人的心理能力和自觉意识的最高表现，因此它不仅制约着感知、表象等认识活动，也可以控制调节情感活动，使其适应个体活动所要达到的目的。例如演员演戏时自己实际的心情很可能与所演角色的情感不一致，甚至对立，如一个刚刚失恋的演员却偏偏要扮演一个处于热恋中的角色，在这种情况下，他就要用"你是XX角色！""你现在的任务是把戏演好！"这样一些理智的判断来压下内心的痛苦情感而使自己"入戏"。文学家也是如此，即使他对自己作品中的反面人物再痛恨；在描写这一人物时，也要把这种情感压下去，而站在这一人物的立场上来思想。

抽象思维可以作用于情感，情感反过来也可以影响思维。人在情绪消极的时候，想什么都容易趋向消极；反之，在情绪高涨的时候，想什么就会是另一种样子。如同情感对表象运动的作用一样，没有一定的情感刺激，思维就不会活跃！反过来，情感刺激过于强烈，也会遏制思维，影响创作活动的正常进行。

以上我们用分析的方法，分别介绍了文艺创作活动中情感与表象、思维的关系。下面再综合说明几个问题。

第一，由于文艺创作中表象与思维活动是紧密联系在一起的，因此，情感与认识的关系往往不像我们采用分析法所显示得那么单纯，而是要更为复杂和微妙。但不论多么复杂微妙，认识（表象、思维等）引发情感、情感影响认识这种辩证关系是不会改变的。

第二，"情感虽然同认识紧密联系（一般说来不存在没有认识内容的情感），但是不能机械地认为情感的强度必定与认识的深度成为正比。"从认识形态看，思维自然比知觉、表象深刻，但由思维引起的情感活动却并不一定比知觉、表象引起的情感活动强烈。"这是因为情感是同人的需要（包括天然需要和社会性需要）有关的；需要，以及由需要转化而成的愿望、追求与意向的强度直接决定了情感的强度。"因此，一个艺术家即使对社会生活有深刻正确的认识，但却并没有感到这些社会生活现象与自己有什么关系，那么他在创作中就不能充满感情，其作品也就不能感人。只有以马克思主义为指导认识生活，将祖国人民的需要与自身的需要联系在一起，才能创作出认识深刻而又生动感人的作品来。

以上我们分别从表象、思维、情感三方面讨论了文艺创作中的心理活动。总结起来，我们可以得出这样一些认识：文艺创作自始至终离不开自觉的表象运动。自觉表象运动必然要受到抽象思维的制约与影响。这种在抽象思维制约影响下的自觉表象运动就是形象思维。自觉表象运动与抽象思维的有机结合构成了文艺创作中认识活动的基本内容。这种认识活动诱发着情感活动，反过来又受到情感活动的影响。自觉表象运动、抽象思维、情感活动三者相互依存、相互作用而形成的整体性活动，就是文艺创作中心理活动的基本内容。

（原标题为"谈谈文艺心理学中的几个问题"，刊于《陕西青年》，1984年第12期。1985年《陕西青年》更名为《当代青年》）

艺术知觉的特征和艺术家的知觉能力

知觉是一切认识活动的基础。对于文艺创作来说,知觉更有特殊的重要意义,因此,有成就的艺术家历来重视创作中的知觉活动。那么,比之一般的知觉活动,艺术知觉有什么特征呢?它要求艺术家有什么样的知觉能力呢?这就是本文所要讨论的内容。

(一)

艺术知觉的第一个特征是它的专业性。现代心理学认为,人对客观事物的知觉并不是一种机械被动的反映,而是一个积极能动的反映过程。"知觉主要由作用于个体感官的刺激所决定,这无疑是真实的;但是感官反应以外的一些因素会调整所产生的经验,同样也是真实的。"① 这种对知觉经验进行调整的因素,就是主体已有的经验以及像需要、意向、态度、情感之类的个人因素。这些因素作为完成一种知觉的准备状态,对知觉活动产生着重要的影响和作用。

专业的经验和需要正是这些影响知觉活动的诸多因素中的一种。无论是科学家还是艺术家,若就其专业创造活动而言,他们的知觉活动绝不是漫无目的的,而是与一定的专业需要相联系的;他们也不是以大脑的空白状态去知觉对象的,而是以已有的专业经验去组织有关信息的。因此各行各业的人对某一对象的知觉总是既有一致性(这是由客观事物本身所具的属性决定的),又伴随着不同的理解(这是因为受到人们各自的专业经验和专业需要的制约),现在专就其不同的理解而言,则例如在植物学家的眼里,松树是一种针叶球果、雌雄同株的常绿乔木;而在艺术家眼里,它却可能是一种坚强不屈的性格的象征。因为"把刺激加以组织不仅是为了使它们彼此最好地'适

---
① 克雷奇等著:《心理学纲要》,下册,文化教育出版社1981年版,第54页、78页、82页。

合'，而且也是为了'适合'知觉者正进行的其他活动，即：她正在思考、感受和试图去做的事情。"[1]植物学家是按照植物学专业的需要、以植物学专业的经验去组织刺激的；艺术家则是按照艺术创作的需要、以艺术创作的经验去组织刺激的。因此，由于专业经验和需要的不同，知觉成果也会出现差异。从上面的论述可知，在各类创造活动中，专业性乃是一切专业知觉的共同特征。其知觉成果的差异，乃是由不同的专业性质所决定的。问题还不仅此，人们要问，艺术知觉的专业性与其他专业知觉的专业性相比，又有什么特殊之处呢？一个显著的特点就是：艺术知觉的专业性不仅表现在内容上，而且表现在形式上。也就是说，一般专业知觉只受专业内容的制约，艺术知觉则不仅要受专业内容的制约，而且要受一定的专业艺术形式的制约。例如动物学家用动物学的眼光知觉山羊，植物学家用植物学的眼光知觉松树，他们只是将知觉信息纳入一定的专业内容系统。因为无论是动物学家还是植物学家，他们对于知觉成果的交流，都主要运用语言这种普遍的表现形式。艺术知觉则不然。艺术知觉当然也要受专业内容的制约，这表现在一切艺术知觉都是审美知觉，它要将知觉信息纳入内容美的系统之中，例如前面所说艺术家对松树的知觉，就是将松树纳入了人格美的系统。但是艺术知觉还要受艺术形式的制约。因为任何艺术都是通过一定的专业艺术形式来反映客观现实，交流思想和感情的。例如音乐是通过乐音，旋律等因素所构成的特定听觉形式来表现；绘画则通过色彩、线条等因素所构成的特定视觉形式来表现；文学虽以语言为表现手段，但它的语言却不是一般的语言，而是受特定艺术形式（小说、诗歌等）制约的艺术语言。总之，任何艺术都是把来自各种感觉渠道、各种性质的客观事物信息统一表现于某种特定的艺术形式，以集中作用于欣赏者的特定感官的。这就决定了艺术知觉不可能只从内容上去知觉客观事物，还必须注意以形式去知觉客观事物。以古曲《春江花月夜》来说，现实生活中的相应景物是由各种性质的事物构成的，而且绝不是光靠听觉就能感知的；即以题目来看，就可以有春夜江风的肤觉、明月的视觉、花香的嗅觉、江水拍岸的听觉等等，而这一切都要表现为听觉艺术形式的音乐旋律。因此，作曲者要从音乐艺术形式的要求出发去知觉这些事物，并通过复杂的心理信息转换而形成音乐的知觉成果。正是由于这种专业艺术形式的制约，

---

[1] 克雷奇等著：《心理学纲要》，下册，文化教育出版社1981年版，第54页、78页、82页。

所以从事各种不同艺术专业的艺术家，在知觉某一对象时，会形成各种不同类型的审美印象，即专业的、特殊的艺术知觉成果。又正因为这一点，所以艺术知觉不仅同一般知觉有区别，而且同其他的专业知觉有区别。我们说专业性是艺术知觉的一大特征，就是从这个意义上来说的。

有的同志可能会说，艺术只是在形象创造和外化阶段才受形式因素的制约，在知觉阶段，艺术与其他专业知觉没什么区别。换句话说，艺术知觉与其他专业知觉虽然选择的角度不同，接收的信息内容不同，但反映的都是客观事物的本来面目；只是到了加工外化的阶段，才依据形式法则对其进行改造。这话不完全符合艺术创作的实际。事实上，艺术形式的作用在不同程度上往往贯穿于艺术认识的全过程；在艺术知觉时就已经开始。也就是说，对于一个高度自觉的专业艺术家而言，复杂的心理信息转换是随时随地都在进行的。民乐重奏《观花山壁画有感》曾获1984年全国民乐作品一等奖，它的作者徐纪星在叙述这部作品的产生过程时说，在南宁博物馆她看到《花山壁画画展》，一下子怔住了。远古时代人们的生活现象和情趣，在壁画中经画家运用了类似现代的表现手法而得以成功地表现，这使她对自己以前比较淡漠的岩画，突然有了一个全新的、强烈的感受，在一幅幅静止的画面前，她神思飞驰，走进了音乐世界：钢琴浑厚的音块，如遥远森林中传来的洪钟，唤醒了沉睡的记忆；飘忽悠长的滑音，引导着神思透过历史的尘封，进入古老的境界。马骨胡奏出时而舒缓、时而急促的旋律，眼前仿佛出现一幅祖辈耕耘、狩猎、在篝火边群舞的生活画面。钢琴明亮清新的间奏，又像一个漫步在历史画廊前的思索者。马骨胡的旋律与钢琴的旋律通过节奏的桥梁，组成并行的多调结构，交流着、呼应着，犹如苏醒的历史回潮与现实的顾鸣和对话。①从中可以看出，音乐创作者在一般知觉客观事物的同时，也用音乐艺术的形式去同化对客观事物的反映，亦即经由自己头脑中的"图式"——音乐艺术的形式去改造客观事物的一般性知觉（或说对一般性知觉进行了特殊加工），从而形成特殊的艺术知觉或储存在脑子里的艺术表象。

艺术知觉的专业性特点决定了艺术家必须具有专业知觉的能力，这主要表现在以下两个方面：

首先要具有专业知觉的素养，能够用专业艺术形式的眼光去认识一切客

---

① 见1984年3月1日《文汇报》《马骨胡与钢琴的对歌》一文。

观事物。对音乐家来说,要有"音乐家的耳朵";对画家来说,要有"画家的眼睛"。文艺复兴时期的绘画大师达·芬奇曾经说过这样一段话:"假如你凝视一堵污渍斑斑或嵌着各种石子的墙,而正想构思一幅风景画,那么你会从墙上发现类似一些互不相同的风景画面,其中点缀着山、河、石、树、平原、广川,以及一群丘陵。"① 对于一般人来说,一堵污渍斑斑的墙就是一堵污渍斑斑的墙,但是画家却从中看到了点缀着山、川、石、树等物的风景画面。客观事物的本来面目在画家的专业知觉"屏幕"上因经过特殊的加工(例如联想、想象)而变了形。如果不具备一定的绘画艺术素养,不懂得用风景画的艺术形式去知觉和加工这堵污墙,显然不会取得这样的知觉效果。现代舞蹈家邓肯说过:"我的灵感可以从树木、云彩、海浪以及介于热情与山岚之间和恬静与微风之间的共感得到。"② 从视觉的树木、云彩、海浪、山岚和肤觉的微风等自然现象中,感受并产生了以运动觉为主的舞蹈创作灵感,在主客体之间经历了何等复杂的信息交流,在艺术家头脑中经历了何等复杂的表象转化!然而这种转化却毫无疑问是受着舞蹈艺术形式制约的,是以舞蹈家的"内部图式"知觉自然现象的结果;如果是音乐家,则会是另一种知觉效果。对于一个成熟的艺术家来说,这种受艺术形式制约的复杂的表象转化活动不应是一种刻意为之的心理活动,而应是一种定势效应。因此,有志于艺术创作的人应该在艺术实践中自觉培养专业知觉的习惯和素养。

其次,艺术家要具有专业知觉的敏感。艺术的专业知觉不同于一般的专业知觉。在一般的专业知觉中,知觉的对象是有限的。矿物学家的专业知觉对象只是矿物,植物学家的专业知觉对象只是植物。而艺术家的专业知觉却是以整个自然和社会为对象的,艺术家要用专业的眼光去知觉一切自然和社会现象。然而纷纭复杂的客观世界虽然是艺术家取之不尽、用之不竭的创作源泉,却不是艺术家现成的创作材料。要在这丰富多彩的大千世界中汲取艺术创作的信息,不仅要求艺术家具有专业知觉的素养,而且要求他具有专业知觉的敏感,能够在纷杂的客观世界中敏捷地发现与专业创作相关的信息。要做到这一点,艺术家就要使自己头脑中的专业活动细胞经常处于兴奋状态,时时处处注意接收和筛选客观事物的信息,敏锐地发现客观事物与专业创作

---

① 见龙协涛编著《艺苑趣谈录》,北京大学出版社1984年版,第136页、69页。
② 同上。

的联系。传说张旭"见公主担夫争道而得其意,又观公孙大娘舞剑器而得其神",遂使其草书大进。如果他没有书法艺术的素养,不会用书法艺术的眼光去知觉这些事物,他当然不会在这些与草书"风马牛不相及"的事物中汲取到专业营养;如果他虽具有书法艺术的素养和眼光,却不注意保持专业敏感,不注意时时处处用专业的敏感去知觉事物,他同样不会从中获得有益于草书的东西。因此,一个艺术家不仅要能于专业知觉,而且要善于专业知觉。

(二)

情感性是艺术知觉的第二个特征。情感,是人对客观事物是否符合自身需要而产生的态度的体验(自身需要中包括对社会、群体、他人等需要的反映,即是主客观需要的内在有机统一)。客观事物作用于人,人会由于它是否符合需要而产生肯定或否定的态度,并产生相应的生理反应,于是人就体验到某种情感。因此,情感产生于包括知觉活动在内的主体对客体的认识活动,又反过来对认识活动产生作用和影响。一般来说,人们的知觉活动都可能不同程度地伴随着一定的情感活动。

艺术知觉的情感性特征不仅在于知觉活动本身伴随着情感活动;而且在于知觉者要将这种情感熔铸于知觉对象之中并体现在知觉的结果上。无论是科学知觉还是艺术知觉,在其进行过程中都可能伴随着情感活动。"并且我们大家都知道,心境和情绪也影响我们对世界的看法。无论由于什么样的原因,如果我们是在美好的心境中开始一天的话——有着定势去知觉每一件事情的最好方面——我们几乎必然地在我们遇到的任何情景下都能发现和看到一线光明。"[①]因此,知觉中的情感活动,无论是由知觉对象所诱发,还是先此存在于知觉主体之中的,都会对知觉结果产生影响。但在科学知觉中,知觉的目的主要是为了达到对客体的认知,它要求知觉成果具有客观的认识价值,因此知觉者往往要抑制自身情感的干扰与影响,以保证知觉活动在对客体认识上的准确性。艺术知觉则相反。由于艺术创作不仅要表现和交流一定的认识,而且要表现和交流一定的情感,因此知觉者不仅不能抑制自身的情感,而且要激发内心的情感并将其溶入知觉对象中。换句话说,艺术知觉不仅要

---

① 克雷奇等著:《心理学纲要》,下册,文化教育出版社1981年版,第54页、78页、82页。

在主客体之间达到认识上的统一,而且要达到情感上的统一。艺术家要将知觉对象的信息放在主观的情感世界中过滤,从而将情感熔铸于知觉成果之中。例如在科学知觉中,白发再长不过数尺,这是主客体之间的认识性统一,而在诗人李白眼里却是"白发三千丈",为什么呢?因为"缘愁似个长"。诗人将愁情熔铸于知觉对象之中,使知觉表象发生变异,主客体之间达到了一种情感性统一。

艺术知觉的情感性特征决定了艺术家要具有情感知觉的能力,即善于满怀情感地去知觉客观事物,在知觉中不断诱发和调节自身的情感活动,使客体对象信息与主体情感信息相互作用,融为一体。那么如何做到这一点呢?

首先,要具有情感知觉的态度,即从对象与主体的情感关系出发去知觉对象。在艺术知觉中,艺术家不仅要把对象当作认知对象,用已有的知识经验去组织对象的信息;而且要把对象当作情感对象,即把对象与主体的需要、意愿、态度、倾向、价值观念等联系起来,用渗透着这些因素的知识经验去组织对象的信息,在信息组织的过程中体验着相应的情感,并将这种情感融入关于对象的知觉印象之中。但是要时时处处在主体与知觉对象之间建立起情感关系并不是很容易的,因为人们在生活中往往习惯于从个体狭隘的需要、意愿去知觉,这样,对他来说具有情感意义的知觉对象也必然是狭隘的。这就要求艺术家从个人需要的小天地中跳出来,将个人的需要与人类的需要、社会的需要、时代的需要、人民的需要联系起来,融为一体。一个艺术家只有热爱人民、热爱生活,并有较高的时代与社会责任感,才能与广泛的知觉对象建立起情感关系,才能在那些与个体狭隘需要无直接关系的知觉对象中体验到其他个体或群体的情感。诗人杜甫在"三吏""三别"中所描写的并不是他的个人遭遇,他所知觉的这些事物与他个人的狭隘需要并无直接联系。但是"穷年忧黎元"的杜甫是把关切人民需要当作他个人需要之一的,因而能与这些"无关"的知觉对象建立起情感关系,从而使他的知觉表象凝聚着深重的情感。因此,有成就的艺术家历来重视与人民、与社会的情感联系。作家柳青在谈到观察生活的问题时说:"我认为这个题目里最重要的还不是观察与否和特别注意什么的问题,而是观察的态度问题。一个对人冷淡无情和对社会事业漠不关心的人,无论他怎样善于观察人,也不可能成为真正的作家。这就是说在生活中或工作中要有热情——热情地喜欢人、帮助人、批评人或反对人……"①作家张天民也认为,作家要"热爱人,热爱大自然,热爱生活。要有颗易感的心灵"。②以这样的态度去知觉,当然能使极为广泛的知觉活动都充满情感色彩。

其次,要有丰富的情感世界。如前所述,在艺术知觉中,艺术家是以自己的情感系统对知觉对象信息进行组织的。因此,艺术家内心情感世界的丰富与否与艺术知觉的情感效果也有密切的关系。一个没有与亲人离别过的人,在知觉送别场面时很可能体验不到离别的痛苦;一个情感世界贫乏的人,面对雄伟的万里长城也可能无动于衷。对于一般人来说,诸如此类的情况可能无关紧要;但对艺术家来说,事情就颇为不同了。因为艺术家的职业决定了他要表现的是包括他个人情感在内的、受一定社会关系制约的人类情感。现代心理学研究成果表明,人类情感是极其丰富和复杂的。一个艺术家的情感世界固然不可能将人类种种复杂的情感经验囊括无遗,但总应尽可能多地积累情感经验,丰富自己的情感世界。只有这样,在知觉客观事物时,才能迅速有效地诱发起内心的情感经验,并通过知觉对象信息与内心情感经验的相互作用,产生相应的情感活动。托尔斯泰晚年在田野中看到一棵枝条坚韧、多刺的牛蒡花:她即使被车轮碾过以后,溅着污泥,枝叶被折断,也仍能歪着身子倔强生长。于是产生了一种强烈的情感体验:生命的力量是多么顽强!作者为何会有这种情感体验呢?因为在他知觉牛蒡花时,"回忆起哈泽·穆拉特来。于是产生了写作愿望。把生命坚持到最后一息,虽然整个田野里就剩下它孤单单的一个,但它还是坚持住了生命"。③哈泽·穆拉特是高加索地区的一个英雄,托尔斯泰青年时在高加索服役,曾听到过关于他的不少传说。他对敌人不屈不挠进行斗争的事迹,他那有着罕见生命力的形象,曾经深深激动过托尔斯泰的心。这些都作为情感经验保存在他的记忆中。由于这棵牛蒡花与哈泽·穆拉特存在着异质同构的关系,因此很快唤醒了他关于哈泽·穆拉特的经验记忆,同时也诱发了相应的情感。正是在对于牛蒡花的知觉信息与有关哈泽·穆拉特的情感经验的相互作用中,托尔斯泰产生了强烈的情感体验。也就是说,知觉对象唤起了他的情感经验,他又用情感经验去

---

① 见《中国现代作家谈创作经验》第695页。
② 见郭晨、王大伟编《你想了解他们吗?——人物性格心理调查》,天津人民出版社1984年版,第77页。
③ 康·洛穆诺夫:《托尔斯泰传》(李桅泽),天津人民出版社1981年版,第333-334页。

组织知觉对象的信息。这样，他所知觉到的牛蒡花就不是一般的牛蒡花，而是经过他情感世界过滤的牛蒡花。如果没有丰富的情感世界，显然不会取得这样的知觉效果。

再次，要具有活跃的情感品质。丰富的情感世界只是使艺术知觉具有情感色彩的条件；要真正在艺术知觉中获得丰富的情感体验，还要求艺术家具有活跃的情感品质。这首先表现在他的情感因子高度敏感，情感经验极易激活。外界信息中每一点与创作有关的刺激，都能使他在心灵上迸发出情感的火花。陆机在《文赋》中所说的"遵四时而叹逝，瞻万物而思纷，悲落叶于劲秋，喜柔条于芳春"，正是对这种情感特质的极好形容。有人说，一个艺术家应该"多情善感"，如果说"多情"是指艺术家应具有丰富的情感世界，那么"善感"就可以说是艺术家应具有活跃的情感品质。艺术家情感的活跃性还表现在它并不满足于知觉情境的狭隘范围，也不满足于被动激活的水平。艺术家的情感一旦被激活，就如电波一样向四周放射，唤醒那些相关的情感经验，于是促发了联想与想象。联想与想象的展开又丰富了情感活动的内容，提高了情感活动的水平。正是在这种相互作用中，艺术知觉获得了极其丰富的情感内容。我们不妨就杜甫的一首小诗《登岳阳楼》来做一点分析：

> 昔闻洞庭水，今上岳阳楼。吴楚东南坼，乾坤日夜浮。亲朋无一字，老病有孤舟。戎马关山北，凭轩涕泗流。

作者是在晚年登上岳阳楼的，登楼之后，即被洞庭湖水那宏伟浩荡的气势所震慑，内心激起一种崇高壮美的感情，并用"吴楚东南坼，乾坤日夜浮"的诗句将这种感受表现了出来。从中可以看出，诗人的情感极易被激活，正所谓"登山则情满于山，观海则意溢于海"。然而如果情感活动到此为止，那么诗人在知觉中所获得的情感收获也就很有限，但是诗人却将这种情感辐射开去，从而唤醒了年少时"昔闻洞庭水"那种向往洞庭壮阔景象的情感记忆，又进而引发了眼下"亲朋无一字，老病有孤舟"的悲凉伤感之情。情感大起大落，急剧变化。由此诗人又想到了自己半生飘零、孤舟老病，皆由内忧外患所致。如今"戎马关山北"，战事尚未休，这种状况何时才能结束？想至此，诗人不禁"凭轩涕泗流"；情感上升到顶点。通过以上分析可以看出，诗人在对洞庭湖的知觉中，由于伴随联想与想象，情感活动就更为活跃。正是这种活跃的情感活动使他的知觉成果蕴含着丰富的情感内容，从而创作了这首感人肺腑的诗篇。

（三）

艺术知觉的第三个特征是它的独特性。和科学知觉一样，艺术知觉也是一种创造性的知觉。任何创造性的知觉都不是一种简单的认知，而是对事物的某种新特征的探索和发现。然而艺术知觉与科学知觉在把握特征的内涵上却有所不同。科学知觉所反映的只是客观事物本身的特征，并不包括由客观事物所引起的主观感受方面的特征。例如一位农艺师对某一小麦新品种的知觉，只是对小麦本身某方面特征的反映，并不包括自己内心的情绪感受特征。这当然不是说小麦新品种不能引起农艺师的情绪感受，而是说他的情绪感受不是他知觉的对象，因而不需要融入对象并对知觉结果产生影响。因此，如果几个科学工作者都准确地知觉到某一事物的某一特征，那么他们的观察结论基本上不会有什么不同。

艺术知觉则不然。它不仅要反映客观事物自身的特征，而且要反映它所引起的主观情绪感受方面的特征。例如一位艺术家对一座山峰的知觉，不仅包括它与其他山峰相区别的特征，而且包括它在自己心中引起的情绪感受特征，并且使二者有机地统一起来。因此，艺术知觉的结果，不仅要受客体情况的制约，而且要受主体个性诸因素的制约。因为"强烈的感受性——是以个性的全部性质，首先是以他对物质世界和周围人们的态度的认识，以他理智的发展为条件的情绪特性。"[①]而在心理学上，每一个个性都是一个独特的世界，都有着他人不可重复的特征。因此，如果几个艺术家都知觉到客观事物的某个特征，那么他们每个人的知觉结果都可能是独特的，与他人不同的。这就是艺术知觉的独特性。例如，清代以来很多山水画家画过黄山景色，却表现为不同的风格与形象；即使画的是同一个山峰、同一棵松树，也各有姿质。这些图画就既反映了黄山的特征，也表现了各个画家的知觉的独特性。

艺术知觉的独恃性特征决定了艺术家不仅要具有知觉客观事物特征的能力，而且要具有形成独特感受的能力，这可以分析为以下各点：

[①] 波果斯洛夫斯基等著：《普通心理学》，人民教育出版社1979年版，第323页。

首先，要具有善于把主客观联系起来的能力。艺术家的独特感受，既不是先于知觉地存在于客观事物之中，也不是先于知觉地存在于主观心理之中，而是在知觉过程中形成的，是主客观相互作用的产物。感受虽然是由客观对象引发的，但却是在知觉者的个性心理中形成的。如果知觉者习惯于封闭个性心理的大门，那么他至多只能形成某种一般的印象和感受。艺术家要形成自己的独特感受，必须善于调动自己的心灵，让客观事物信息激活自己的整个个性世界。他必须以自己的切身经验（而不是抽象的概念）、内心的真实情感（而不是"为赋新词强作愁"式的矫揉情感）和个性的独特方式（而不是一般的模式）去知觉客观事物，在知觉客观事物特征的过程中形成自己的独特感受。

其次，要善于克服一般的感受经验的影响。艺术家的大脑并不是一张白纸，在对对象进行知觉之前，他的头脑中可能已经积累了种种关于对象的直接或间接的感受经验。它们可能是生活中一般的、流行的印象，也可能是前辈艺术家在作品中多次表现过的感受。诸如"悲落叶于劲秋，喜柔条于芳春"之类的感受经验，并不只属于某一个艺术家，也属于一切人。这些感受经验由于习惯的力量会在艺术家头脑中形成一种定势，即一种知觉前的心理准备。当客观事物信息进入艺术家的大脑后，这种作为定势的反映模式立即兴奋起来，从而使他产生一种一般的、流行的情绪感受。因此，艺术家要形成某种别人没有过的、独特的感受，必须自觉地克服头脑中的知觉定势，揭去那些现成的、流行的感受经验的重压，以获得有鲜明个性的独特感受。唐代诗人岑参有这样几句诗："北风卷地百草折，胡天八月即飞雪。忽如一夜春风来，千树万树梨花开。"一般来说，风雪呼啸的恶劣天气会自然地使人产生某种抑郁低沉的情绪感受。如果诗人沿用了这种一般的感受经验，那他就创作不出这样的传世名句。但是诗人克服了这种定势，从自我真实的个性——乐观向上的生活态度、追奇求异的浪漫气质——出发去知觉对象，于是形成了如知觉春风送暖、梨花盛开一样的热情洋溢的独特感受。

又次，要具有加工自我感受的能力。在知觉中，艺术家可能由知觉对象直接引发出某种感受；但这大都是自发形成的，因而往往是简单、粗糙、模糊、零散的。这种原始感受很难在作品中加以表现，需要通过艺术家的心理加工使其变得丰富、细致、鲜明、集中。这种加工并不是在构思阶段才进行的，而是在知觉阶段就已经开始了。法国艺术理论家丹纳说："艺术家在事物面前必须有独特的感觉：事物的特征给他一个刺激，使他得到一个强烈的特殊的印象……而这个鲜明的，为个人所独有的感觉并不是静止的；影响所及，全部的思想机能和神经机能都受到震动。""最初那个强烈的刺激使艺术家活跃的头脑把事物重新思索过，改造过，或者照明事物，扩大事物；或是把事物向一个方向歪曲，变得可笑。"① 这种思索、改造，就是加工。既是对知觉表象的加工，也是对知觉感受的加工。由于一定的感受总是由一定的事物，或事物表象引起并以表象为其载体，因此知觉感受的加工是通过知觉表象的加工来进行的，即通过围绕知觉对象的联想和想象来进行的。一种丰富、细致、鲜明、集中的独特感受往往并不是限于知觉情境的狭小天地就能获得的，它需要艺术家通过联想建立新联系，通过想象开拓新境界。通过联想与想象，艺术家以往的生活经验复苏了，个性的深层心理被唤醒了，知觉对象在个性心理的广阔天地翱翔，与艺术家内心世界的种种积累相互撞击和融化，从而不断迸发出新的思想火花，激发出新的情绪感受。正是在这种"物昭晰而互进"的心理过程中，艺术家"情瞳昽而弥鲜"，感受愈益丰富、细致、鲜明、集中。

再次，要具有体验独特感受的能力。艺术创作不仅要反映客观事物，而且要表现艺术家的主观感受。表现自己的感受首先要体验自己的感受。所谓体验，就一般心理活动而言，可以界说为人对自己情感的产生、发展与变化的心理过程的自我感觉；就文艺创作心理而言，还要扩大一点，可以界说为艺术家对自身心理过程（包括情感以及感觉、知觉、想象等）的内省。感受作为一种具有情绪色彩的内心反应，其心理表象是极为模糊纷杂的。人们在生活中常有这样的体会，有时内心产生了某种情绪感受，却说不清它到底是什么。因此艺术家要具有较强的体验能力，能够较为清晰准确地审视自己内心细微的心理活动和心理变化。罗曼·罗兰在二十四岁那年，在罗马郊外的霞尼古勒山上，仰观满天彩霞，俯瞰夕阳照耀的罗马城，内心产生了一种强烈的感受。他后来在写回忆录时对这种感受做了详细的描述："夕阳照耀，罗马城上红光闪闪。围绕着城市的田野如同一片汪洋。天上的眼睛吸引我的灵魂。我立足不定，失去了时间概念。忽然间，我将闭着的眼睛微微张开。在

---

① 丹纳：《艺术哲学》，人民文学出版社1963年版，第27页。

远处，我望见祖国，看见我的那些成见和我自己，我第一次意识到我的生命，自由的、赤裸裸的生命。这是一道闪光。……就在这儿，《约翰·克利斯朵夫》开始被孕育。当然，他那时还没有成形。可是他的生命的核心，已经下了种。什么样的核心？纯洁的眼光，超乎各国'混战之上'，超乎时间的自由眼光。……后来，我用了二十年工夫，把这一切表达出来。"① 在霞尼古勒山上，罗曼·罗兰一方面将自身置于知觉情境之中，在与知觉对象的心物交融中形成自己的感受；另一方面又超乎知觉情境之上，细心审视着自己内心感受的起伏消长、发展变化。他的感受神奇缥缈，近乎玄虚，很难把握，然而他却知觉得那样细致、准确、清晰。没有较强的内心体验能力，他就不可能获得这样的感受，也就谈不到在《约翰·克利斯朵夫》一书中把这一切表现出来。

（本篇与金开诚教授合作，刊于《求索》，1988年第1期）

---

① 转引自罗大冈《罗曼·罗兰在创作〈约翰·克利斯朵夫〉时期的思想情况》，载《文学评论》1963年第1期。

中国古代诗歌比喻手法的心理分析

（一）

　　比喻在中国古代诗歌的表现手法中占有极其重要的地位。《礼记·学记》说："不学博依，不能安诗。"意思就是，不懂得运用比喻，就等于不懂诗。至于《毛诗序》将"比"标为"六义"之一，更说明了比之于诗的重要。清人魏源在《诗比兴笺序》中说："词不可以径也，则有曲而达焉；情不可以激也，则有譬而喻焉。"进一步强调诗不可直言，而应通过比喻来曲折地表达情意。

　　中国古代诗歌创作为什么如此重视使用比喻？其中一个重要的原因，就是比喻对于引导欣赏者对诗歌艺术形象获得鲜明深刻的感受与理解具有很大的作用。

　　比喻产生于比较。比较是一种重要的认识方法。就诗歌创作来说，任何一个诗人都希望他所创造的艺术形象给欣赏者留下鲜明深刻的印象，因此就往往要充分利用通过比较所获得的认识成果。所谓比较，就是在思想中确定事物的同异和关系。人不可能孤立地认识某一事物，在实际的认识过程中，人总是自然地将该事物与它事物进行比较，找出它们的相同点和不同点，确定它们之间的关系，从而达到对事物准确清楚的感受和理解。比较有一个特点，即总是依据一定的方向或事物某一方面的特征来进行的，也就是说通过把握事物某一方面的特征而达到对事物的深刻准确的认识。诗歌中的比喻，正是创作者为了突出形象的某方面的特征而采用的一种比较方式，其目的在于引导欣赏者通过比较把握形象的特征，从而获得深刻的印象。《诗经·硕人》中有一段表现庄姜美貌的诗："手如柔荑，肤如凝脂，领如蝤蛴，齿如瓠犀；螓首蛾眉；巧笑倩兮，美目盼兮。"这段诗前五句通过一系列生动的比喻展示了庄姜的手、皮肤、脖子、牙齿、额头、眉毛等形象的美，给人以清晰深刻的印象。这种清晰而深刻的印象是通过比较把握了事物特征而获得的。诗人通过一个"如"字引导欣赏者确定了庄姜之手与柔荑（茅的嫩芽）在某方面的相似关系，这样欣赏者就会从这种关系出发在自己的头脑中将"手"与"柔荑"的表象进行比较。通过比较，二者的相同点得到了认知，"手"获得了"柔荑"纤细白嫩的形象特征；二者在外部形象与内部性质上的不同点也得到了肯定，以此为背景就使得纤细白嫩的形象特征更为突出。同样，庄姜的皮肤、脖子、牙齿、额头和眉毛的形象特征也分别是在相似关系的引导下通过与凝脂、蝤蛴、瓠犀、螓和蛾的比较中被突出出来的。如果采用直陈其事的方法，例如只说"其手纤细白嫩，其肤洁白细腻……"等等，虽然也能使人产生一定的形象感，但究竟是怎样的"纤细白嫩""洁白细腻"？读者只能得到一个大概的、模糊的印象，而不像比喻那样明确清晰。

比喻是创作者引导欣赏者进行比较从而对艺术形象取得明确认识的一种方式，但并不是比较的唯一方式。一切在某方面具有可比关系而又有所不同的两个事物都能进行比较，只是由于创作者的目的不同，对比较对象之间的关系的处理不同，比较的方式也就不同。"万绿丛中红一点"也是一种比较，即红与绿的比较。在这种比较中，诗人所要突出的是二者之间的差异，因此比较对象之间主要是一种对立关系，这叫作对比手法。比喻这种方式所要突出的则是二者之间的同一，因此比较对象之间主要是一种相似关系。例如"停车坐爱枫林晚，霜叶红于二月花"，所要突出的就是枫叶与二月花在"红"这一点上的相似，至于其他方面则必须要有差异。"霜叶"与"花"的差异在于它们的类别和形态不同，如果说"霜叶红于枫叶"就不能形成比喻关系，因为二者本是同一类事物。因此，比喻是一种强调事物之间相似关系的比较，它要求相比较的两个事物在某一点上极其相似，而在整体上极不相似。

对于比喻的这一特点，中国古代的诗人和诗论家们是早有认识，深有体会的。刘勰在《文心雕龙·比兴》中说："故比类虽繁，以切至为贵，若刻鹄类鹜，则无所取焉。"所谓"切至为贵"，就是强调本体与喻体在某一点上应该极其相似，越像越好。至于整体上极不相似这一点，则在理论上虽少阐述，但在实际创作中却多有极为显著的表现。试看"余霞散成绮，澄江静如练"二句，分别写了何等不同的事物，然而它们之间却各有极为相似的一点，这一点由于比者与被比物在整体上的不同而得到了强化的表现。

比喻要求喻体和本体在一点上极其相似而在整体上极不相似，这是有心理学根据的。人对客观事物的认识是通过大脑的神经活动来实现的。大脑的神经活动遵循着"泛化"与"分化"的规律。所谓"泛化"，就是大脑神经兴奋的扩散，就是对事物相同、相似、相通方面的反射；所谓"分化"，就是大脑神经兴奋的集中，就是对事物不同和差别方面的反射。喻体与本体在某一方面越相似，越有利于大脑神经兴奋"泛化"的精确，因而对所要表现的事物之间的相似特征的把握就越准确；另一方面，喻体与本体在整体上越不相似，就越有利于大脑神经兴奋"分化"的准确，因而更容易将事物的特征从整体中区分出来。这种神经活动在创作者突出事物特征和欣赏者感受事物特征的过程中都是要起作用的。白居易《暮江吟》中"可怜九月初三夜，露似珍珠月似弓"二句，以其比喻准确、形象鲜明而成为传世名句。首先，作者抓住了露水与珍珠在晶莹圆亮上极其相似这一点，在二者之间建立了比喻关系。这样，"露"在欣赏者头脑中所引起的神经兴奋的"泛化"过程就不是无目的的扩散（如水、雨、霜等事物也与"露"有相通或相似的方面），而只对露与珍珠之间的相似点进行反映，从而使露水"晶莹圆亮"的特征通过珍珠形象的协同作用而得到强化。其次，由于"露"与"珍珠"在整体上"极不相似"，因而又促进了神经兴奋的"分化"过程，使"晶莹圆亮"的形象特征在整体差别的背景中显著突出出来。

以上分析可以看出，优秀的比喻因其"在一点上极其相似，而在整体上极不相似"，所以有利于神经兴奋活动过程中的准确"泛化"与"分化"，从而能够准确地把握事物特征，获得清晰的印象。

（二）

比喻产生作用，是因为它有利于神经活动过程中的准确"泛化"与"分化"，现在还要进一步追问：比喻在诗人的头脑中是怎样形成的呢？两个极不相同的事物是怎样在诗人的头脑中建立起联系的呢？这就涉及形成比喻的心理机制。

刘勰在《文心雕龙·物色》中说："诗人感物，联类不穷，流连万象之际，沉吟视听之区。"这里所谓联类，从心理活动上看，就是联想。比喻正是通过相似联想、通过本体与喻体在诗人的大脑皮层上建立"暂时神经联系"而形成的。那么在整体上极不相同的本体和喻体,作为诗人头脑中储存的客观事物的信息,又是怎样建立起"暂时神经联系"的呢?这就要通过它们极其相似的那一部分特征所共有的心理反映模式。这种反映模式是本体与喻体之间建立联系的心理中介:从生理机制上说,它们是一些对本体和喻体都进行反射的神经细胞;从心理机制上说,它们是一些对本体和喻体都作了反映的信息单位。在不同的相似联想中,可能形成种种不同的、而为本体和喻体所共有的反映模式,它们都是经过各种不同的概括(具象概括、抽象概括、情感概括等)而形成的心理存在。苏东坡诗"岭上晴云披絮帽,树头初日挂铜钲"二句是两个生动的比喻,现在只说后一句,"初日"与"铜钲"这两个形象之所以会在诗人的头脑中建立起联系,乃是通过一种概括性的反映模式。诗人在日常生活中通过对朝阳、落日、铜镜、红盘、铜钲等事物的多次反映,就会在头脑中形成一种高于这些具体表象之上的概括性表象。这种表象并不具有这些事物的个别形象特征,而具有它们的共同形象特征:又大、又圆、又红。它像一个骨架,联系着铜镜、红盘、铜钲、朝阳、落日等具体事物的表象,是它们所共有的心理反映模式。当大脑对这些事物作反映时,无论在具体的反映模式上有何种不同,都会引起这种共有的概括的反映模式的兴奋。当"树头初日"反映到诗人的大脑皮层,诗人感受到它又大、又圆、又红的特征后,就引起了这种共有的反映模式的兴奋,并通过神经兴奋的扩散相继唤醒与之联系的一系列事物表象。在这种情况下,诗人有可能首先就想到铜钲这个喻体;也可能先后想起几个喻体,经过比较才决定选取铜钲。这就是相似联想的过程,比喻正是在这个过程中形成的。

在比喻形成的心理过程中,相似联想有时是与想象活动结合在一起的。当本体找不到恰当的喻体,或者喻体不能充分反映出本体某一方面的特征时,想象就要发挥作用了。在这种情况下,诗人就要根据所要表现的事物特征,对记忆中储存的表象进行分解综合、加工改造,创造出一个最能反映本体特征的新表象作为喻体。例如李白《望庐山瀑布》一诗:"日照香炉生紫烟,遥看瀑布挂前川。飞流直下三千尺,疑是银河落九天。"对于庐山瀑布"飞流直下三千尺"的磅礴壮美气势,诗人在头脑中找不到能与之比美的现成的事物表象,于是就将有关的表象加工改造,创造了"银河落九天"这一新表象,与飞流直下的庐山瀑布结成了比喻关系。

在形成比喻的相似联想中，情感也发挥着重要的作用。本体与喻体之间比喻关系的建立不仅要受所表现的本体的特征（也即本体与喻体极其相似的那一点）的制约，也要受本体所引起的诗人的情感活动的制约。情感是人对客观事物的态度的体验，它在一定程度上决定着人的心理活动的倾向。因此，在比喻形成的心理过程中，情感对喻体的选择有着重要的影响。岑参在《白雪歌送武判官归京》一诗中用了这样一个比喻："北风卷地百草折，胡天八月即飞雪。忽如一夜春风来，千树万树梨花开。"诗人所要突出的无疑是本体在色彩和形状上的特征，但是在选择"千树万树梨花开"作为喻体的时候，起作用的却不只是色彩和形状上的特征，而是包括诗人主观情感的因素。如果把被冰雪覆盖的树貌，比作缀满洁白的纸花，在色彩和形状的特征上与本体也很相似，但这样的形象所蕴含的是一种悲痛的感情。而诗人面对胡天飞雪所形成的银装素裹的形象所产生的是一种惊奇喜悦的情感，因此就选择了与本体既在形象特征上相似、又在情感色彩上一致的"忽如一夜春风来，千树万树梨花开"。

（三）

在我国古代诗歌中，比喻手法不仅被广泛运用，而且在表现形式上呈现出千姿百态、丰富多彩的面貌。为了深入认识这些比喻的心理特点，拟对它们的心理类型（即从创作心理机制上对比喻所作的分类）再做一点探索和分析。

依据什么来划分比喻的心理类型呢？看来依据诗人所要表现的本体与喻体相似点的心理形态来划分比较合适。因为比喻的心理机制主要是相似联想，相似联想与其他联想（对比联想、接近联想、关系联想等）及其他心理活动的最大区别，在于两个各不相同的事物在诗人的大脑皮层上是通过它们的相似点建立起暂时神经联系的，这些相似点在比喻形成的过程中分别表现为表象、概念和情感的心理形态。

刘勰在《文心雕龙·比兴》中说："夫'比'之为义，取类不常：或喻于声，或方于貌，或拟于心，或譬于事。宋玉《高唐》云：'纤条悲鸣，声似竽籁'，此比声之类也；枚乘《菟园》云，'焱焱纷纷，若尘埃之间白云'，此则比貌之类也；贾生《鵩赋》云：'祸之与福，何异纠纆'，此以物比理者也；王褒《洞箫》云：'优柔温润，如慈父之畜子也'，此以声比心者也。"刘勰在这里从取类（指其相似之处）的心理形式上将比喻分为四种类型。"喻于声"与"方于貌"，虽然感觉形式不同，但它们所反映的都是事物外部形象上的相似，其相似点都是以表象形式存在于诗人的脑中，因此可以并为一类。"拟于心"所指的是不同事物所给予人的情绪感受上的相似，其相似点是以情感活动的方式存在于诗人的心中的。"譬于事"乃是"以物比理"，它所指的是事物内部逻辑上的相似，其相似点是以概念形式存在于人的心理中的。据此，我们可以将比喻分为表象、概念、情感三种心理类型。

（1）表象型比喻，所要表现的是本体与喻体外部形象上的相似，其心理中介是一种通过对事物外部形象的具象概括所获得的、以表象形式存在的心理模式。例如白居易《琵琶行》中"大弦嘈嘈如急雨，小弦切切如私语"二句，所反映的就是大弦之音与急雨之声、小弦之音与私语之声在听觉形象上的相似。这一比喻的形成，是大弦与急雨的听觉表象、小弦与私语的听觉表象分别通过一种在音质、音色、音量等方面反映二者共有的外部特征的概括心理模式建立起神经联系的结果。欣赏者虽然实际上并没有听到琵琶声，却可以通过头脑中储存的急雨、私语声音表象的复现而引起这种共有的心理模式的兴奋，从而把握琵琶声的概括性特征。再将此与头脑中储存的琵琶的声音表象联系在一起，于是就可能产生如闻其声之感。至于像"日出江花红胜火，春来江水绿如蓝"及前面所举的一些例子，则很明显是通过视觉表象的相似联想来反映视觉形象上的相似关系的比喻，在此就不赘述了。

以上两种表象型比喻所反映的都是同一感觉对象间的相似关系。还有一种表象型的比喻，所反映的是不同感觉对象间的相似关系。例如李颀《听董大弹胡笳弄兼寄语房给事》一诗中将胡笳之音比作"空山百鸟散还合，万里浮云阴且晴"，所反映的就是听觉对象与视觉对象间的相似关系。这就是所谓"通感"，即人的某一种感觉有时可以引起另一种感觉的表象联想。两种不同类型的感觉对象却可以引起共通的感受。这是由于人具有高度的"分化""泛化"和"分析""综合"的能力，因此能在不同的感觉对象中形成一种概括性更高的共有的心理反映模式。这种反映模式虽然概括性较高，但由于它所反映的仍是事物的外部形态和结构，因此仍属于表象概括型的心理反映模式。它就是联结两个不同感觉类型表象的心理中介。通感型比喻在古代诗歌中是不乏其例的。如白居易《琵琶行》中"冰泉冷涩弦凝绝,凝绝不通声渐歇"二句,就是将渐低渐弱、断断续续的琵琶音响的听觉感受,比作渐冷渐缓、涩滞难行的流泉给人造成的触觉感受。再如李贺《李凭箜篌引》中的"十二门前融冷光",是将听李凭箜篌所获得的柔和明丽的听觉感受,比作能够融化寒冷的暖气流给予人的温暖舒适的肤觉感受;又如韩愈《听颖师弹琴》中的"浮云柳絮无根蒂,天地阔远随飞扬",则是将轻柔悠扬的琴声感受比作随风飘荡的浮云、柳絮所给予人的视觉感受。这些通感型比喻都是不同感觉类型的表象通过它们共有的心理反映模式而产生相似联想所形成的。

（2）概念型比喻,在文艺创作中虽要通过形象来表现,但是本体与喻体的相似关系却是属于内在的、逻辑性的;其心理中介是一种通过对事物内部性质的抽象概括而得出的、以概念形式存在的心理模式。曹操诗"老骥伏枥,志在千里；烈士暮年,壮心不已"四句,历来被人们传为佳句。作为比喻,伏枥之老骥与暮年之烈士在外在形象上无丝毫相似之处,相似的只是一种一生英烈、老而弥壮、渴望新的成就的内在实质和逻辑模式。这是曹操通过对自己内心的感受进行抽象概括而形成的一种概念性的心理模式。当然这个比喻也是在"有意想象"的配合下形成的,因为作为动物的"老骥"不可能有"志在千里"的思想,这只是作者以己推物的想象。概念型比喻在中国古代诗歌中的表现是很广泛的,许多借物抒怀、借古喻今的比喻皆属于此类型。例如张九龄《感遇》诗之四:"江南有丹橘,经冬犹绿林。岂伊地气暖,自有岁寒心。可以荐佳客,奈何阻重深。命运唯所遇,循环不可寻。徒言树桃李,此木岂无阴？"此诗以桔树岁寒犹绿比喻自己不同世俗的坚贞品德和节操,以丹桔因路阻而不能荐客比喻自己因荐路阻塞而不能被朝廷识别任用,本体与喻体的相似点是一种内在的逻辑模式。有的比喻,本体并不是一种具体事物,而是一种抽象的道理,如前面引的刘勰所举贾谊《鵩赋》"祸之与福,何异纠缪"之例,就是以纠缪相联的关系来说明祸福相依的道理。还有的比喻,本体干脆不出现,而直接以喻体来代替本体,如"春蚕到死丝方尽,蜡炬成灰泪始干",即比喻一种忠诚不渝、死而后已的精神。这些比喻的相似点的心理形态都是概念性的,都属概念型比喻。

（3）情感型比喻,所要表现的不是事物本身外部和内部的相似关系,而是事物对人情感作用上的相似关系。客观事物作用于人,人会由于它是否满足自己的需要、对自身具有什么样的意义而在机体内产生种种生理的反应和变化（心跳、血压、内分泌等各种变化）。这种反应和变化以神经冲动的方式反馈到大脑皮层而被人觉知，于是人就体验到一种情感。所以说，情感活动也是一种信号活动。人体内部情绪性生理变化在大脑皮层上各种各样的反映，通过皮层的分析综合活动，可以概括为不同的模式和类型，如愉快、忧伤、愤怒、恐怖等等。因此，外部形态和内部实质都不相同的各类事物，由于对个体的意义相似，就可以引起类似的情绪反映，两个事物就可能以某种情绪反映心理模式为中介而形成相似联想，从而形成情感型比喻。韩愈《听颖师弹琴》一诗中"呢呢儿女语，恩怨相尔汝。划然变轩昂，勇士赴敌场"一节，前二句将轻柔细碎的琴声比作恩怨尔汝的呢呢语声，主要反映的是听觉形象上的相似，是一种表象型比喻。后二句将轩昂雄壮的琴声比作勇士赴战场杀敌的场面，无论是外部形象还是内部逻辑，二者的关系都是不相似的。但它们使人产生的情绪感受却有着明显的相似性，它们都使人感受到一种激昂向上的情绪。当诗人听到这种轩昂雄壮的琴声时，其机体内的情绪性生理变化在大脑皮层上的反映就会引起某种具有激昂向上性质的情绪反映模式的兴奋，这种情绪反映模式的兴奋会唤起与之相联系的许多事物（这些事物都可能引起这一情绪反映模式的兴奋），于是诗人就选择"勇士赴敌场"这一事物作为喻体而与轩昂的琴声建立了比喻关系。反之，欣赏者则是通过"勇士赴敌场"所唤起的情绪感受去体验琴声的。

情感型比喻的本体与喻体，无论在外部形态还是内部实质上既可以都不相似，也可以都相似。构成情感型比喻的关键在于作者通过比喻所要表现的主旨是什么。只要作者所表现的主旨是本体和喻体对主体情绪感受作用上的相似，那么即使本体与喻体在外部形态或内部实质的某些方面有相似之处，这个比喻也仍然应该划为情感型比喻。

以诗人所要表现的本体与喻体相似点的心理形态为依据，我们将中国古代诗歌中的比喻分为以上三种类型。但是，由于人的大脑是一个有机的整体，一个具体的反映过程常常需要多种心理功能在多种水平上的协同活动来完成，因此，在一个比喻形成的实际心理过程中，本体与喻体的相似点有时并不表现为单一的心理形态，其心理类型也常常并不像以上所分析的那样纯粹。"日出江花红胜火"一句，江花与火固然在色彩上相似，在情绪上不也同样给人以热烈之感吗？但是，在这些不同心理形态的相似点中，总有一种是诗人所要表现的主要方面。比喻的心理类型正是由它决定的。例如前一个例子主要反映的是红花与火在色彩上的相似，因此属表象型比喻。

　　古今中外的诗歌都广泛地使用比喻，其心理内容也是相同的。由于中国古代诗歌的比喻丰富多彩，源远流长，且有理论的总结，所以本文专以此为对象，对其心理意义、心理机制、心理类型试作分析，以期有助于认识和继承这一重要的创作经验。

　　　　　　（本篇与金开诚教授合作，刊于《文学遗产》1986年第6期）

艺术创造中情感与形象的关系

艺术以形象的方式反映社会生活，表现人们的思想感情。同其他创造活动相比，艺术创造有两个最显著的特点：第一，创造是在形象的基础上进行的；第二，创造过程自始至终伴随着情感活动。那么艺术创造中形象与情感存在着怎样的关系？艺术家头脑中形象的形成与记忆、形象的加工与改造（即想象）对其情感活动会产生怎样的影响？情感活动对这些形象活动又发挥着怎样的作用？本文拟从文艺心理学的角度对这些问题做些有益的探讨。

（一）情感与形象的一般关系

所谓形象，就是能为人所直接感知的客观事物的具体形态。从艺术创造的心理过程来看，艺术家在头脑中加工的并不是客观形象本身，而是在头脑中形成的、在记忆中保持的对客观事物的映象，即表象。艺术家首先要通过自己的感官感知客观事物的形象并在自己头脑中形成表象，然后通过抽象思维制约、指导下的自觉表象运动（即想象活动）对头脑中的表象进行分解综合、加工改造而创造出艺术形象来。至于作品中的艺术形象，则是艺术家头脑中创造的艺术形象的外化。因此，就心理内容而言，艺术创造中形象与情感的关系主要就是以表象运动为核心的认识活动与情感活动的关系。

什么是情感？情感就是人们对与之发生关系的客观事物的态度的体验。人在世界中生活，一方面出于自身本能而有这样那样的需要，另一方面因同周围的环境发生联系而有这样那样的需要。客观事物的各种信息通过人的各种感官作用于个体，个体会由于其是否适应于自己的需要而产生肯定或否定的态度，态度又引起了自身以某种生理感觉为特征的体验，这就是情感活动。一般来讲，情感可以作为一个总的概念来使用，而把情感体验心理过程进行的具体形式称为情绪。

那么，以表象运动为核心的认识活动与情感活动的一般关系是怎样的呢？我们可以用一句话来概括：情感依赖于认识，又对认识产生着积极的影响。

情感对认识的依赖主要表现在两个方面。

第一，人对客观事物的认识（感知、表象运动、思维）是情感活动的源泉和内容。从生理机制上说，情感活动是大脑皮层和皮层下中枢（丘脑、下丘脑、网状结构、边缘系统等）协同活动的结果。外界的刺激通过人的各种感受器传至大脑皮层，大脑皮层通过对它们的认识评价而形成一定的态度，然后通过神经兴奋将其传至皮层下中枢。"位于两半球皮下的脑的各个部位有着有机体生理活动的各个不同中枢：呼吸中枢、心脏血管中枢、消化中枢、分泌中枢等。因此，皮下中枢的兴奋便引起许多内脏器官活动的增强"，使机体出现一些反应，如"呼吸节律的变化（人因心绪不安而呼吸加快，呼吸困难与断续）、有机体各部分的供血变化（因害羞而脸红、因恐惧而脸色苍白）、分泌腺机能的失调（因悲痛而流泪、因心绪不安而口干、因害怕而出"冷"汗）等"。① 这种反应返回传入到大脑皮层，人就会感到被一种情绪所笼罩。因此，"情绪过程是被皮下结构调节的，而评价、认识等过程则是大脑皮层的机能，只有大脑皮层能评价经验的感情性质，并组合这些情绪为怕、怒、爱或恨。"② 所以说，大脑皮层对客观事物的认识活动是情感活动的源泉和内容。

第二，大脑皮层是皮层下部位以及整个有机体的最高调节器，它可以对皮层下中枢的活动进行调节和影响，从而使情感活动适应人的目的，意图和行为程序。这项工作主要是由位于大脑前额部的皮层来完成的。大脑前额部皮层是在生物进化过程中最后发展起来的、增生在大脑皮质所有各部位之上的高级神经组织。"它是负责制定行为程序、调节和控制心理活动的机构"。它"保证运动和行动服从于相应的意图，建立完成运动动作的程序，保证对运动的进行予以调节和控制，借此保持运动进行的有组织、有理性的性质"。"它不仅与脑的下部（内侧核和腹侧核、丘脑枕以及其他组织）和网状组织的相应部分相联系，而且实质上与皮质的所有其余部分相联系"。它可以"给予网状结构组织以强有力的调制性影响，赋予网状结构的激活性冲动以分化

---

① 彼德罗夫斯基主编：《普通心理学》，人民教育出版社1981年版，第400、395、402页。
② 曹日昌主编：《普通心理学》，下册，人民教育出版社1980年版。

性性质，并引导它们与那些直接在脑的额叶皮质中形成的行为动力图式相适应"。①从皮层前额部能够调节皮下中枢活动的事实可以看出，人的理性思维活动一般说来能够驾驭和控制人的情感活动，使其服从于人的目的、意图和行为程序。

情感依赖于认识，但并非消极地接受认识的影响，而是积极地对认识发挥着反作用。这种作用也主要表现在两个方面。

第一，情感对认识活动发挥着信号作用。人的大脑皮层上所进行的感知、表象运动、思维等高级神经活动，就其产生方式来说，都是在无条件反射基础上形成的一系列条件反射活动。条件反射就是大脑皮层的信号活动。"情感——这是关于世界上所发生的对人具有着意义的事物的信号系统。"②客观世界众多的事物刺激着人的各种感官，人的意识域不可能对这些刺激物都发生条件反射。当某些刺激物由于对人有着某种意义、能适应人的某种需要时，就会引起人的某种情绪反应。这种情绪反应所产生的内部生理变化会在大脑皮层上形成较为强烈的兴奋，从而引起人对这些刺激物的注意，并将其从原有的系统中分离出来而在皮层上与过去储存的、由于情绪兴奋而被唤醒或强化的有关信息建立起联系，于是意识域中的条件反射就形成了。这新的信息会被储存在人的记忆库里，也许还会促使人对这一信息源采取某种行动。情感活动的这种作用不仅发生在感知过程中，也发生在表象运动和思维等其他认识活动中。当人的大脑中浮现的某种记忆表象诱发了他的情感活动后，皮层上产生的情绪性兴奋同样会引起人对其注意并将其与其他有着类似情感性质的记忆表象联系起来。因此，皮下中枢兴奋所导致的情绪活动，"恰恰就是形成条件反射的强化。由于这种强化便形成各种条件反射，因而在大脑两半球皮层上形成各种暂时联系，这些暂时联系便是知觉、记忆、想象、思维、熟练、习惯、定势和行为定型（亦即构成个体的理智活动的全部东西）的基础。"③

第二，情感对认识活动发挥着调节作用。人的任何一种意识活动都需要大脑皮层保持一种与之相适应的紧张度和积极性。现代心理学研究的结果证

---

① 鲁利亚：《神经心理学原理》，科学出版社1983年版。
② 彼德罗夫斯基主编：《普通心理学》，人民教育出版社1981年版。
③ 彼德罗夫斯基主编：《普通心理学》，人民教育出版社1981年版。

明，这种调节皮质紧张度和积极性的器官"不是位于皮质本身中，而是位于下部的脑干和脑的皮质下部位中，这些器官与皮质有着双重的关系，它既增强皮质的紧张度，同时又经受它的调节作用"①这种器官就是分布在脑干至丘脑广大区域的网状神经系统。来自外部和内部（机体内的生理反应）的刺激是沿着两条神经通路传导到大脑皮层的。感觉神经将神经冲动通过脑干、丘脑等皮下中枢传至大脑皮层而形成特异性感觉（如视觉、听觉等），同时在经过脑干时又通过其侧枝将神经冲动传至位于脑干至丘脑广大部位的网状结构（网状结构几乎与大脑所有的中枢都保持着联系），并通过网状结构传至大脑皮层的广泛区域。网状结构的功能并非使皮层产生特异性的感觉，而是"维持与改变大脑皮层的兴奋状态，调整大脑皮层的活动，使机体处于觉醒状态。"②没有网状结构对大脑皮层的激活与兴奋状态的调整，皮层上的各种认识活动（感知、表象运动、思维）都不能有效地进行。网状结构对皮层兴奋度的调节与情绪活动关系密切，这主要表现在两个方面。第一个方面是外界信息输入所直接引起的情绪活动的影响。当客观事物的刺激引起个体一定的情绪活动后，内部生理变化的反应一方面通过特异性通道传入大脑皮层，另一方面通过丘脑、下丘脑的非特异性通道传入网状结构。网状结构接受了来自丘脑、下丘脑等皮下中枢的神经冲动，就对大脑皮层的兴奋水平进行调节，对皮层分析综合等认识活动的积极性给予影响。由于皮层下的许多中枢是无条件反射或本能（食物的、防御的、性的等本能）的中枢，它的兴奋所引起的内部生理变化实际上是"有机体在维持种族生存中所建立起来的机体结构的活动"③，因此具有较大的力量，它要求皮层积极地对外界刺激做出反应。第二个方面是人的有意识活动中形成的意愿、目的和行为程序对网状结构的影响。"人的积极性的相当大的部分是受在人的有意识的生活过程中形成的意图和计划、远景和程序制约的"，这种积极性生理机制上的源泉就是皮层前额部。"脑的前额——特别是它的内侧部和基底部——具有强大的、与网状结构相联系的上行联系束和下行联系束"，"它既能给予下部的神经组织以激活性作用，也能给予它们以抑制性作用"④，从而使网状结构对整个大脑皮层兴奋

---

① 鲁利亚：《神经心理学原理》，科学出版社1983年版。
② 全国九所综合性大学所编《心理学》，第152页。
③ 曹日昌主编：《普通心理学》，下册，人民教育出版社1980年版。
④ 鲁利亚：《神经心理学原理》，科学出版社1983年版，第106-121、84、93-95、102页。

状态的调节与人的复杂的自觉意识活动相适应。皮层前额部和皮下中枢对网状结构并通过网状结构对整个大脑皮层神经细胞活动的积极性和兴奋度给予调节,这些就是情感活动对认识活动进行调节的生理内容。

通过以上的讨论我们可以得出这样一个结论:艺术创造中艺术家对客观形象的感知、对头脑中表象的加工改造(伴随着思维)都可以诱发和调节其情感活动;情感活动反过来又对以上的形象认识活动发挥着信号作用与调节作用,对其产生积极的影响。这就是艺术创造心理活动中形象与情感的辩证关系。这种辩证关系虽然发生在人的心理过程中,却是不以人的意志为转移的。因此,一切艺术创作必须遵循这种关系,才能真正取得形象与情感的有效统一;一切艺术理论也只有遵循这种关系才能正确阐明创作中形象与情感的关系。

(二)情感与形象的感知和记忆

从情感与形象的一般关系出发,我们首先讨论艺术创造中情感与形象的感知和记忆的关系。

早在两千多年前的战国时期,我国的一部文艺理论著作《礼记·乐记》中就曾指出:"凡音之起,由人心生也。人心之动,物使之然也。感于物而动,故形于声。"这段论述明确地指出了艺术家的情感活动来源于他对客观事物形象的感知。客观事物形象作用于艺术家的感官,一方面在他头脑中形成表象,另一方面也诱发他的情感活动。我们可以通过李白的一首小诗《静夜思》来分析形象感知诱发情感活动的过程。

床前明月光,疑是地上霜。
举头望明月,低头思故乡。

我们可以设想作者于夜深人静之际,由于对自然形象(月光)的感知引起了相类的社会感触与情绪(孤独寂寞),这种情绪又推动个体对自然形象的深入感知(望明月),这种感知再推动了个体的情感活动并引发了他头脑中的社会形象(故乡、家人),使个体的情感活动达到高峰。在这个过程中,情感活动由形象感知而引起并与其交互作用使二者不断向前发展。当作者低头之时，他头脑中月光、明月的表象已形成并与过去储存的故乡家人的表象之间建立了暂时神经联系，而情感活动也相应地完成了。这种情感活动通过复杂的暂时联系影响到"习惯、定势和行为定型"，于是作为诗人的李白便把他的感受构思为诗，写下了脍炙人口的名篇《静夜思》。

情感的产生依赖于形象的感知，情感的储存也依赖于形象的记忆。形象不仅是诱发情感的客体，也是情感依存的载体。客观形象通过艺术家的感知而在其头脑中形成了表象，这表象与由其诱发的情感活动在大脑皮层的兴奋点之间建立了暂时神经联系，二者共同留在艺术家的记忆中。过后，当该表象浮现时，与之相联系的情感活动也就相应复苏，使个体好像又回到了当时的环境。巴金的《家》，是根据他亲身接触的许多人、亲身经历的许多事创作的。这些人和事曾经使他的心灵激动过，因此，当这些人和事重新在他的脑际浮现时，也就同时唤醒了与之相应的情感活动，他好像又像以前那样"陪着那些可爱的年轻生命欢笑，也陪着他们哀哭"。从中可以看出，正是由于表象可以成为情感的载体，艺术家才能够在脱离实际场景的情况下凭借形象的记忆诱发情感活动，从而使艺术创造过程始终伴随着情感活动。

情感依赖于形象的感知与记忆，但是反过来又对形象的感知与记忆产生着积极的影响。这种影响主要表现在三个方面。

1. 情感影响着感知对象的选择。在感知客观事物的过程中，外界众多的刺激并非都会引起艺术家的注意，并在他头脑中形成相应的表象。艺术家是满怀着自己的专业兴趣、创作目的、审美情趣来感知客观事物的，只有那些符合他的需要（包括求知需要），对他有一定意义（包括引发兴趣）的形象，才能使他激动，引他注意，并促使他去深入感知。有些与需要相联系的兴趣、意愿和要求因为对个体意义重大而在其大脑皮层上形成了较为巩固的动力定型。俄国生理学家巴甫洛夫把情感与大脑皮层动力定型的建立联系在一起，他认为暂时神经联系系统的维持或破坏使人对现实的态度发生改变。因此，当外界信息传入后，皮层会由于其维持或破坏了原有的动力定型而产生肯定或否定的态度。这种态度以神经兴奋的方式影响皮下中枢并从而引起机体的生理变化。这种变化以较强的神经冲动传入皮层，艺术家就受到了一种情绪冲击，更加强了对对象的注意。在这里，情感正是作为刺激对象的强化信号来发挥作用的，它把对艺术家有意义的刺激物从众多的刺激物中分离出来并在大脑皮层上留下兴奋的痕迹——表象。情感活动对艺术感知对象选择的影响，不仅表现在艺术家较为持久的兴趣意愿与客观对象相互作用而产生的情绪活动上，还表现在其感知客观对象时的具体心境和情绪上。假日到郊外去秋游，大自然会在人们面前呈现出多彩多姿的景色：金黄的稻浪，雪白的棉海，野花的清香，小鸟的歌唱；迅急的秋风，枯黄的落叶，南飞的大雁，西沉的落日……但是这些物象信息在人们大脑中所引起的反映却不是平均的。此时，你若是处于一种愉快的心境，那么大脑中所形成的秋景表象就可能突出了稻浪棉海，鸟语花香；若是处于一种消极感伤的情绪状态，那么大脑中所形成的秋景表象就可能突出了秋风枯叶，归雁落日。因为人在被某种情绪所笼罩的时候，皮层与其下中枢的协同活动就会在大脑的某个部位形成一个相对的优势兴奋中心，外界刺激所诱发的情绪若是在性质上与兴奋中心的情绪色彩相吻合，就很容易被兴奋中心所吸引，并与其建立起暂时神经联系。

2. 情感影响着形成表象的质量。我们可以将表象的质量分为清晰性、丰富性、深刻性三个方面。表象越清晰、越丰富、越深刻，质量越高，对艺术形象创造的功用也就越大。

表象的清晰来源于对客观形象的持久注意和深入感知，而这种持久注意和深入感知的动力是与情感活动分不开的。情感及其体验形式"在一定程度上决定着人的行为，成为人的活动和各种动作（以及动作完成的方法）的持久的或短时的动机，从而产生追求所提出的和所想到的目的的意向和欲望。"① 宋代罗大经《鹤林玉露》一书载：李伯时（公麟）为画马达到"终日纵观，至不暇与客语"的地步。这种持久的注意和深入的感知是离不开他对马的专业兴趣和艺术热爱的。从生理机制上说，这是负责形成人的目的、意图和行为程序的皮层额叶部对网状结构并通过网状结构对整个大脑皮层的兴奋水平进行调节所致。正是这种情感驱使他采取了以上行动，从而获得了马的清晰、精细的表象，在艺术创造上达到了"下笔生马"的境界。

艺术形象的创造不仅要求表象清晰，而且要求表象丰富，即在有形的表象内蕴含尽可能多的感受内容。提到荷花荷叶，一般人的脑子里只是映出一个单薄的表象轮廓，但在朱自清先生的笔下却是这样一种形象："曲曲折折的荷塘上面，弥望的是田田的叶子。叶子出水很高，象亭亭的舞女的裙。层层

---

① 彼德罗夫斯基主编：《普通心理学》，人民教育出版社1981年版，第400、395、402页。

的叶子中间，零星地点缀着些白花，有袅娜地开着的，有羞涩地打着朵儿的；正如一粒粒的明珠，又如碧天里的星星，又如刚出浴的美人。微风过处，送来缕缕清香，仿佛远处高楼上渺茫的歌声似的。"（朱自清《荷塘月色》）从中可以看出作者头脑中的表象蕴含了何等丰富的感受内容；而这些感受内容的形成是离不开形象感知过程中的情感活动的。人的大脑皮层是由三个级区组成的，这三个级区在反映客观事物时遵循着特异性递减的规律。第一级区是感觉投射区，对各种感觉进行专门反映；第二级区则具有了一定程度综合反映的机能；第三级区特异性更低，概括综合性更强，具有使直观知觉转变为抽象模式的机能。在这三个级区中，第三级区占据着主导地位，"甚至在感知周围世界的时候，成年人也把自己的印象组织到逻辑系统中去"①。因此，如果一般地从理性与概念出发去感知客观形象，则第一、二级区内一些细微的感知觉还来不及充分感受就会被迅速地抽象淘汰而进入第三级区，这样所形成的表象只能是概念的薄弱附庸。但是如果饱含兴致去注意感知客观形象，情况就不一样了。一些细微的感知觉虽然在大脑的概念领域内反映不出来，却能够引起机体内复杂细致的情绪反应。这些反应会使大脑皮层产生一定程度的兴奋，从而又引起个体对这些感知觉的注意和重视。有意识地保持上述情绪，并通过深入感知发展这种情绪，就会丰富对客观形象的感受。因为这种情绪会像磁石一样将过去储存在记忆中的类似的感知觉信息吸引过来，从而使暂时神经联系接通，形成了联想。如由"出水很高"的荷叶，联想到"亭亭的舞女的裙"，由微风送来的"缕缕清香"，想到"远处高楼上渺茫的歌声"。这些对应感觉的联系虽然很难用抽象的语言准确表示出来，但它们相互之间却可以通过形象与情绪沟通。需要指出的是，前面所谈的这些联想活动有可能不是在创作中产生的，作者在感知荷花时可能并没有想到"亭亭的舞女的裙"，但是与之相类似的感受和情绪却可能因荷花的感知而产生（虽然可能是朦胧的）并被储存在荷花表象的记忆中。而这正是创作时运用联想以至于想象的基础。

　　表象质量的第三项内容是它的深刻性。表象越深刻，它在大脑保持的时间越长，进入形象创造的机遇也就越多。表象的深刻性和持久性与情感的强度成正比。表象是感知客观形象的神经兴奋在大脑皮层上留下的痕迹，而人

---

① 鲁利亚：《神经心理学原理》，科学出版社1983年版，第106—121、84、93—95、102页。

的神经活动是遵循着强度关系的规律的。巴甫洛夫认为，在一定限度内，条件反射的强弱是以每一种刺激到达大脑皮层的能量为转移的。感知形象过程中的情感活动越强烈（在一定限度内），皮下中枢及受其调节的内部生理变化对皮层的刺激和影响就越大，皮层相应的神经兴奋就越强，情感活动和诱其产生的感知对象在皮层上留下的兴奋痕迹也就越深，越持久。

　　3.**情感活动对表象的变异也产生着影响**。人的大脑对客观形象的反映并不是像镜子那样的机械的反映，而是要受一定的认识积累和情感色彩的影响。鸟语花香赏心悦目，会给一般人脑子里留下愉快的表象。但对诗人杜甫来说，却一度曾经"感时花溅泪，恨别鸟惊心"（杜甫《春望》），形成了触目惊心和催人泪下的事物表象。原因在于作者那时正逢"安史之乱"，被困长安，目睹国破家亡之惨状，悲愤之情充溢心中，这种主观情感影响了对客观对象的感知，也影响了其脑中所成的表象。情感对知觉表象的影响是与知觉的特点和大脑高级神经活动的规律分不开的。人对客观形象的知觉以及形成表象是以对客观形象的理解为前提的，而理解则是体现了当前感知的事物形象与人所已有的知识经验的联系。而当人所已有的知识经验、认知成果中的某些部分被处于某种情绪状态时，内部生理变化的反应就会使这些部分所在的神经细胞高度兴奋起来。外界新进入的相对较弱的信息就会被原有的兴奋中心所吸引，在这样一种性质的联系中被理解。于是，客观形象的意义就被纳入了这部分认识系统，并被涂上了相应的情感色彩而发生表象的变异。

（三）情感与艺术想象

　　艺术想象是艺术创造的中心环节，是艺术家对头脑中储存的形象材料进行加工改造而创造新形象的过程。在这个过程中，形象与情感的基本关系表现为想象诱发情感，情感推动想象。

　　同形象的感知与记忆相比，想象对情感的作用具有一些新的特点。

　　首先，想象使情感鲜明集中。形象感知过程中的情感活动是由客观事物形象直接诱发的，而想象中的情感活动则是由记忆中的形象间接诱发的。当记忆表象在艺术家的头脑中浮现出来后，与之相联系的情感活动也会相应地产生出来。但是，想象并不是感知表象的简单复现，其所诱发的情感活动也不是感知过程中情感活动的简单复苏。想象是艺术家根据一定的创作目的对记忆中的形象所进行的分解综合、加工提炼。在这个过程中,皮层前额部一方面从水平的方向对皮层其他部分的神经活动进行指导(因为皮层前额部与皮层所有其余的外表部分都有着密切的联系),从而使形象渐趋典型,并通过这新的形象不断诱发和推动皮下中枢的情绪活动;另一方面又从垂直的方向对处于皮下中枢的网状结构的兴奋给予分化性的调节影响,从而使原来纷杂模糊的情感伴随着形象的运动而趋于集中和鲜明。陆机所说的"情瞳昽而弥鲜,物昭晰而互进",是对这一状况的极好形容。想象的结果是新的、典型形象的形成,这一典型形象由于在表现力上远远超出感知表象,因此对情感的诱发力更强。

其次,想象使情感活动不断发展变化。想象是在感知表象的基础上进行的,但是由于想象是一种自觉的、创造性的形象认识活动,因此形象并不会停留在原有的基础上不动,而是随着认识的深入不断发展变化,这就使得情感活动也不断伴随形象的运动而发展变化。一种情况是,想象使形象日益丰满、典型、深刻,艺术家越来越深地被自己创造的形象所感动,从而使情感活动越来越强烈。另一种情况是,当艺术家按照生活的逻辑进行想象活动时,形象自身的发展改变了艺术家的预想,从而引起了艺术家情感性质的变化。

又次,想象使情感活动的类型复杂多样。在形象感知中,艺术家产生的只是由感知对象诱发的情感活动,比较单纯。若由感知引起联想,情感就较为复杂,而在艺术现象中则情况更为复杂。分析起来,大致存在着三种情感活动。第一种是创造活动本身所引起的情感活动。艺术想象本身是一种创造性的劳动,是一种精神产品的生产,因此,同其他一切创造性劳动一样,其活动本身就可以诱发创造者的情感活动。艺术家在想象活动中获得一定进展、克服一定困难都会产生一种愉快的情感,最后的成功当然更会令其欣喜兴奋;反之,如若困难重重、进展不利甚至夭折失败,都会使其产生沮丧、失望、烦躁等消极情绪。第二种是创造对象所引起的情感活动。艺术家的创造对象并不像科学家的创造对象那样仅仅是客观事物本身,而是饱含着思想感情的艺术形象。因此艺术家在创造的同时也就在进行着欣赏,他不断地接受着自己创造的形象的感染,不断地从形象上汲取着新的情感内容。这在其他创造活动中是少见的。第三种是艺术形象自身的情感活动。这主要表现在以人为描写对象的艺术作品中。在创作这些作品时,艺术家的情感活动不仅有自身的，而且有角色的。正如高尔基所说："文学家在描写吝啬汉的时候，虽然不是吝啬东西的人，也必须要把自己想象作吝啬汉；描写贪欲的时候，虽然不贪欲，也必须感到自己是个贪欲的守财奴；虽然意志薄弱，也必须带着确信来描写意志坚强的人。"①当艺术家把自己想象为吝啬汉的时候，他就会在想象的世界里使自己以一个吝啬汉的身份与周围的环境发生关系，因而也就会体验到一种吝啬汉的情感。

艺术想象中形象作用于情感的特点就使得这个过程中的情感活动更深刻、更复杂、更活跃。那么情感活动反过来又对想象活动发挥着怎样的作用呢？

首先，情感在艺术想象中发挥着动力作用，它推动想象活动的进行，使其呈现出一种活跃状态。艺术想象是一种自觉的、有意识的创造活动，艺术家之所以要开动脑筋想象是因为他要用艺术的形式表明他对社会生活的认识。情感活动的产生恰恰使这种要求变得更为迫切了。当艺术家处于情绪状态的时候，皮层前额部及皮下中枢的兴奋就会通过网状结构对皮层上神经细胞的兴奋产生积极的影响，促使这些细胞积极谋求暂时神经联系的建立，使问题尽快得到解决。如前面所说，皮下中枢对皮层影响的泛化性比较强，涉及的区域比较广，于是较多的神经细胞被唤醒了；皮层前额部影响的分化性较强，因此又在这些被唤醒的神经细胞中形成了一个体现创作目的和要求的兴奋中心。这兴奋中心按照皮层前额部所赋予的一定的逻辑程序积极尝试着与其他神经细胞建立联系，于是想象就在一个较为广阔的范围内积极而又有目的地活动着，呈现出"精骛八极，心游万仞"的活跃状态。在艺术创造中情感对想象活动的这种推动作用并不是一时的，而是贯穿于创作的始终，并且在深度上不断加强。这是由于艺术家不断从想象形象的发展中吸取新的情感力量，反过来又进一步推动想象活动向前发展。

其次，情感在艺术想象中发挥着组织作用。艺术想象并不是胡思乱想，而是艺术家按照一定的目的和创作法则将头脑中琐碎繁杂的表象进行分解综合，组织成一个新形象。在新形象形成的过程中，情感活动发挥着重要的组织作用。当某种客观事物触发了艺术家的情感活动并使之产生了创作欲望后，这饱含着他的意愿和态度的情感就会由于皮下中枢的活动而在其皮层上与该事物的表象一起形成一个兴奋中心。这兴奋中心在创作欲望的推动下向四周

---

① 转引自王朝闻《美学概论》，第175页。

扩散，唤醒了储存在记忆中的有关的或类似的情感，也唤醒了作为情感载体的相应表象。于是在表象与表象之间建立起了暂时神经联系。随着想象活动的进行，皮层兴奋中心，也按照艺术家的创作目的不断运动变化，神经兴奋不断按照从集中到扩散、从扩散到集中的规律活动着，大量的表象也就不断地被分解综合，直至形成一个新的表象。在这个过程中，情感活动像分化剂一样将有关的表象从旧的系统中分离出来，又像凝固剂一样将其凝成一个新的表象。需要指出的是，新表象的形成自然离不开理性思维的指导，因为杂芜的表象总是要按照一定的创作目的和逻辑程序被组织在一起而不能随便拼凑。但是艺术想象中的理性思维却不像有些创造想象活动中那样（如科学研究、建筑规划等的想象）直接对新表象进行组织，而常常要借助情感活动来发挥作用；它在意识表层一般并不表现为明晰的概念运动，而是一种浑然的、为情感活动所包蕴的意向。从生理机制上来分析，在有些创造想象活动中，具有形成目的意愿和行为程序机能的皮层前额部对心理活动的调节，往往表现为抑制皮下中枢的兴奋，而主要在水平方向上直接对大脑皮层其他地区的神经活动进行指导；在艺术想象中，皮层前额部则主要是通过对皮下中枢及其网状结构的情绪性兴奋的影响和控制来间接地对皮层其他地区的神经活动进行指导，水平方面的作用不如有些想象活动中明显。

再次，情感活动对艺术想象的作用还表现在对其活动形态的调节上。任何想象活动都是在理性思维与情感活动相互配合的作用下进行的，它既要受到理性思维的指导，又要受到情感活动的影响。但是，在对想象活动的调节上，理性思维与情感活动的结合会由于对象和目的的不同而表现出不同的方式，从而使想象活动呈现出不同的形态。如前所述，大脑皮层特别是其前额部既能够诱发又能够抑制皮下中枢的情绪性活动。但是由于皮下中枢是在生物进化过程中形成的与有机体自然生存需要紧密相连的中枢，因此具有较大的力量，其兴奋也就具有一定的相对独立性，能够在一定程度上突破皮层的控制。一般来讲，当皮层有效地控制着皮下中枢的冲动、使网状结构的激活稳定地保持在一定的程度内，想象主要接受理性思维的调节，呈现为理智性和逻辑性较强的形态，如科学中的想象等。当皮下中枢的兴奋过于强烈（如人受到巨大的打击而处于激情或应激状态），因而在较大程度上突破皮层的控制时，人就会感到被一种强烈的情绪所控制，大脑皮层的神经活动就会由于过度的刺激而发生超限抑制,不仅想象会出现混乱与阻塞,人的一般意识活动也不能正常进行了。还有一种情况是,当皮下中枢的兴奋虽然大为加强,但皮层并没有失去对它的控制,此时的想象活动就在皮层与皮下中枢的相互作用下接受理性思维与情感活动两方面的调节,理寓于内,情动于外,呈现为情绪性较强而又没有失去理性思维控制的形态。在这种形态中,情感活动给想象以动力,使其处于一种活跃状态;理性思维则控制着想象的方向;将其纳入一定的逻辑系统之中。艺术想象就是如此。在艺术想象的进行中,由于理性思维与情感活动的结合方式不同,想象也会表现为不同形态。当理性思维占主导地位时,想象就较多呈现为"现实主义"形态,往往因果明确,顺理成章,生活逻辑性较强。足见作者在艺术想象时,理性思维较为稳固地把握了情感活动的方向。反之,当情感活动占主导地位时,想象就较多呈现为"浪漫主义"形态,往往不完全符合实际生活的逻辑。这是由于作者在艺术想象过程中强烈的情感活动占据主导地位,因此在一定程度上跨越了理性逻辑系统的寻常轨道。但也没有脱离理性思维的控制,只是情感的调节性影响更突出而已。当然,在文艺创作中采用什么创作方法,可以决定于多种原因;这里只是说思维与情感的结合形态也可能成为原因之一。

以上从不同角度分析了情感对艺术想象的动力作用、组织作用、调节作用。需要指出的是,在想象的实际心理过程中,这些作用并不是彼此孤立的,而是作为情感活动的整体来施加影响的。

艺术创造中情感与形象的关系问题是个很复杂的问题,也是文艺理论中一个重要的问题。本文从文艺心理学的角度对这个问题作了一些探讨,旨在说明,艺术创造中形象与情感的关系实际上是一般实践创造活动中认识与情感关系在艺术实践创造活动中的体现。它不能脱离情感源于认识而又反作用于认识这一一般心理学原理,同时又因其形象认识的特点而表现为情感与形象感知、记忆和想象活动的丰富复杂的辩证关系。

(本篇与金开诚教授合作,刊于《社会科学辑刊》1985年第5期)

文艺创作者的个性问题

创作者的个性,在创作活动中会起重要的作用;而它在文艺作品中的表现,则既为欣赏者之所共见,又似乎难以确切把握和表述。于是,这就成了文艺心理学理应探索的一个重要问题。

(一)

在现代心理学中,个性是一个相当复杂而又颇多争议的概念。一般认为,个性是指在个人的自然素质的基础上,通过社会实践活动,而形成的稳固心理特征的总和;它是个体所具有的既区别于动物,又与其他人存在差异的稳定心理特质的整体。因此,它又是人与人之间的共同性与差异性的辩证统一。

首先,每一个个性都具有作为人的共同性。这种共同性既表现在人的自然属性上(例如高度发达的大脑、神经机制中的第二信号系统、能制造工具的双手等等),也表现在人的社会属性上(例如民族性、阶级性、职业习性等等)。两种属性并存,后者却是人的本质之所在,正如马克思在谈到个性的本质时所说:"不是人的胡子、血液、抽象的肉体的本性,而是人的社会特质。"[1]

其次,每一个个性中都具有区别于他人的独特性,表现为不脱离人的共同性的独特的心理特征和精神风貌。

再次,由这种共同性与独特性的有机统一而形成的心理特征不是一时的、偶然的而是相对稳定和持久的。

由于任何创造活动都是通过一定的个性来进行的,因此这些活动都离不开个性的制约和作用。特别是文艺创作,同其他创造活动相比,它与作者的个性有着更为密切而特殊的关系,这主要表现在个性的差异性方面:

第一,文艺创作的特性要求创作者将个性表现在对客观事物的反映之中,

---

[1] 《马克思恩格斯全集》,第1卷,第270页。

这是与其他创造活动不大相同的。其他创造活动所要满足的主要是人们的认识需要或实用需要；人们对创造成果所要求的主要是它们的认识价值或实用价值，并不关心创造者具有什么样的个性，更不要求创造者将自己的个性表现在成果之中。例如，看一篇经济学论文，人们主要看它是否符合客观实际，是否阐发了经济的规律；至于作者的个性心理特征及文章的表现风格，则并不是人们认识与评价的对象，也不会影响论文的科学价值。又如，对于飞机设计师所设计的飞机，人们所关心的主要是它的功用与性能，也不关心设计者有什么样的个性，以及飞机表现了什么样的风格。当然，在这些创造活动中，创造者的个性事实上也是起了作用的，并且还程度不同地表现在创造成果之中；但这种个性却不是构成其成果价值的必然因素，也不是接受者所必须认识与评价的内容。文艺创作则不然。它必须满足欣赏者的审美要求。美在本质上是人在实践活动中所显示的、凝结于对象之中的本质力量；就本质力量的表现而言，固然一切真正的创造都具有内在的美学价值；但艺术创造以外的各种创造成果，却不像艺术创造那样，把内在的美学价值充分表现在外在的富于感性的艺术形象之中，从而以其独特的方式作用于社会，并取得艺术创造所独有的审美评价。艺术之美存在于无限丰富多彩的感性形象之中，而创作者的艺术个性则直接决定了艺术创造究竟表现为什么样的独特形象；就这个意义上来说，文艺创作者的艺术个性也就是他的艺术独创性，这种独创性乃是艺术创造的美学价值的有机组成。同是一株荷花，八大山人、赵之谦、齐白石、潘天寿笔下便各成独特的艺术形象；同是一出旦角戏，在梅、程、荀、尚四大名旦的表演中也各有姿态和风韵。文艺创作者只有创作出独特的、富有艺术个性的作品，才能满足欣赏者的审美要求，提高作品的审美价值。

第二，文艺的表现方式为个性的充分展现提供了有利的条件。一个人的个性体现在他的感性与理性相统一的全部心理生活之中，通过活动外化到他的行为或制作对象之中，形成一个人的风格特点。就心理过程而言，其他创造活动比之文艺创作的抽象化程度都高，这样，在创造活动中，个性差异必然会伴随着头脑中心理信息的抽象概括而不断地被淘汰掉。文艺创作是以感性形象的方式对客观事物进行反映和加工改造的，创作过程虽然离不开抽象思维的制约，但毕竟始终贯穿着自觉的表象运动。这样，个性差异必然能够比较充分地在艺术形象中展现出来。试想,如果请几位画家来讲授绘画理论,虽然从中也能看出他们的某些个性差异,但一般说来这种差异是不突出的。因为绘画理论乃是从许多画家的创作实践中抽象概括出来的具有普遍指导意义的原则,是从无数富有个性差异的创作中提炼出来的共性规则。固然画家们要结合各自的创作实践讲授,但是理论的要求却迫使他们将各人的个性差异消融到共性的概念之中。反之,如果请他们来作画,例如画花鸟,情况就不一样了。固然他们都是按照花鸟画的一般法则来画,但他们笔下的花鸟却会因各人审美趣味、艺术能力、性格气质的不同而表现为各不相同的神态;这就意味着个性差异在感性形象中能更为充分地表现出来。

以上分析说明了文艺创作与个性的密切关系。个性对文艺创作有显著的影响和作用,文艺创作对个性有较为充分的反映和表现,这都是由文艺创作的性质和特点所决定的。

(二)

艺术风格是艺术作品在整体上所呈现出来的代表性特点,是由艺术家的主观方面的特点和题材的客观特征相统一而形成的一种独特面貌。艺术风格与个性关系密切,从主观方面看,它实际是艺术家的创作个性在作品中的自然流露。别林斯基说:"一个诗人的一切作品无论在内容和形式上怎样分歧,还是有着共同的面貌,标志着仅仅为这些作品所共有的特色,因为它们都发自一个个性,发自一个统一而不可分割的我。"[1]这就是说,一个艺术家对现实的反映,不论其内容和形式怎样不同,都要通过他所特有的思想感情、审美趣味、性格气质、艺术才能等心理因素的过滤,从而在作品中打上个性的烙印,显出个性的特征。人们的个性互有差异,反映到作品中就形成不同的风格。刘勰说:"才有庸俊,气有刚柔,学有浅深,习有《雅》《郑》,并情性所铄,陶染所凝,是以笔区云谲,文苑波诡者矣。"[2]这是对个性与风格关系的极好说明。

现代心理学认为,个性心理结构是一个多层次、多水平的复杂统一体,它由三种亚结构组成,即:动力结构、特征结构、调节结构。个性的动力结

---

[1] 《别林斯基论文学》第137页。
[2] 刘勰:《文心雕龙·体性》。

构又称个性的倾向结构，包括个体的需要、动机、兴趣、理想、信念、世界观等心理成分，它们是个体的态度和积极性的源泉，是人与人之间的最重要的区别。个性的特征结构包括性格、能力、气质等心理成分，它们体现出个性心理中稳定的个别特点。个性的调节结构就是自我意识对心理与行为的调节控制系统，包括自我认识（观察、分析、评价等）、自我体验（自信、自卑、自尊等）和自我控制等成分，它们体现了个性的主观能动性，人与人的个性品质差异的主观原因在很大程度上取决于人们的自我调节系统功能的差异。在文艺创作中，个性三方面结构都会对创作活动产生影响，从而形成不同的创作风格。

个性动力结构对创作风格的影响主要表现在题材和手法的选择上。一个艺术家有一个艺术家的审美需要、审美情趣和审美理想；理想的高下，情趣的雅俗，都对艺术风格产生影响。审美理想和情趣使创作者常常喜欢选择那些与之相适应的题材和手法，久而久之，就形成了他在选材和手法上的独特之点。例如，齐白石从小喜欢虾，经常到溪流里观察这种逗人喜爱的小动物，直到晚年，还在画案的水碗里养着数只活虾，每天细心观察它们游动跳跃的姿态。这种对于虾的稳定持久的审美兴趣使他一生画了不少以虾为题材的创作。徐悲鸿则喜欢马，在巴黎和柏林留学时，他经常去动物园对马进行观察写生，画了一千多幅速写，这种对马的艺术兴趣使他后来多有以马为题材的创作。艺术风格除了与选材有关，也与表现手法有关，所以即使创作者选材相同，但由于个体审美情趣和审美理想的不同，也会在表现手法上显示出不同的特点。例如，同样是描写黄山，渐江所追求的是一种天真幽淡之美，笔墨枯瘦简洁；石涛则追求奔放雄浑之美，因而用墨酣畅淋漓，笔势的运动感极强。

在个性的特征结构中，气质、能力和性格都对风格产生影响。气质主要表现为心理过程的速度和稳定性（例如知觉的速度、思维的灵活程度等）、心理过程的强度（例如情绪的强弱、意志努力的程度）以及心理活动的指向性特点（例如内倾、外倾），等等。比之其他个性因素，气质较多地受个体生物组织的制约，稳定性较强。心理学上一般将气质分为四种类型：胆汁质、多血质、黏液质、抑郁质。气质类型往往使艺术家的创作心理染上某种独特的色彩。"据研究，俄国的四位著名作家就是四种气质的代表，普希金具有明显的胆汁质特征,赫尔岑具有多血质的特征,克雷洛夫属于黏液质,而果戈理属于抑郁质。"[①] 他们在文学上都取得了成就,而不同的气质却使他们的作品具有不同的风格特色。

能力特征对风格的影响也很明显。文艺创作需要多种能力的有机配合,但是就各个创作者来说,他所有的各种能力并非是整齐划一、全然相等的;所以各个作者各有所长、各具特点,形成各不相同的能力结构:有的想象丰富,有的思维深刻,有的观察细致,有的体验深切。这些特点表现在创作中,也对风格特色产生影响。例如,在鲁迅的能力结构中,深刻的洞察力和思维能力占据主导地位,因此他的许多作品(如《狂人日记》《阿Q正传》《药》等)就具有思想深刻、笔触冷峻的风格。在郭沫若的能力结构中,想象力和情感表现力居于主导地位,因此他的许多作品(如《女神》《凤凰涅槃》《天狗》等)就具有想象新奇、激情澎湃的特色。

性格是个性特征结构的核心,它表现为对现实的稳固态度以及与之相应的习惯了的行为方式。心理学上一般以两种方式划分性格类型。第一种将性格分为理智型和情绪型,前者行动多受理智支配,后者行动多受情绪左右。第二种分为外倾型和内倾型,前者心理外向,开朗活跃,后者心理内向,深沉冷静。性格是影响艺术家创作风格的重要个性因素。例如李白和杜甫是我国诗坛上两颗并列的巨星,他们处于同一时代和社会,艺术上都取得了很高的成就,但由于性格的不同(当然他们个性中的其他因素也有差异),作品的风格就迥然相异。从性格类型上看,李白基本上属于情绪型和外倾型,情绪活跃,易于冲动和外泄,这使他的作品具有一种感情激荡、直抒胸臆的风格;杜甫则基本上属于理智型和内倾型,富有理性,感情深沉,善于自我控制,因而他的作品就表现出一种深思熟虑而沉郁顿挫的风格。例如,同样是抒发抑郁不得志的感受,李白是这样表现的:

> 君不能狸膏金距学斗鸡,坐令鼻息吹虹霓。君不能学哥舒青海横行夜带刀,西屠石堡取紫袍。吟诗作赋北窗里,万言不直一杯水。……
> ——《答王十二寒夜独酌有怀》

[①] 曹日昌主编:《普通心理学》,下册,人民教育出版社1980年版,第183页。

诗中对斗鸡媚上、屠杀邀功的倖臣武将投以憎恶嘲笑,对自己怀才不遇、遭谗被逐深感悲愤不平,感情炽烈,气势充沛。再看杜甫:

> 杜陵有布衣,老大意转拙。许身一何愚,窃比稷与契。居然成濩落,白首甘契阔。盖棺事则已,此志常觊豁。穷年忧黎元,叹息肠内热。取笑同学翁,浩歌弥激烈。非无江海志,潇洒送日月。生逢尧舜君,不忍便永诀。当今廊庙具,构厦岂云缺?葵藿倾太阳,物性固难夺。……
> ——《自京赴奉先县咏怀五百字》

杜甫客居长安十年,求仕不得。诗中以自嘲的口吻流露了内心的苦闷,细致入微地分析和阐释了自己的用世之志;在情感表现上,以理驭情,自我剖析,迂回曲折,深沉细腻,与李白的风格显然不同。

个性调节结构对风格的影响主要表现在自我与现实的动态关系上。个性的形成、发展和表现(外化为风格)并不是被动的、静止的,而是在能动的活动中进行的。个体通过活动(包括创作活动)认识自己与现实的关系,分析和评价自己的主观因素,并据此对自己的心理和行为进行调节。在对现实的关系上,由于每个个体自我认识、自我体验、自我调节的特点不同,因而在活动中表现的风格也就不同。还以李白和杜甫为例。在个性调节结构上,李白主要表现为突出主体和自我。在自我认识上,他高度评价自己的主观因素,自认为在政治上"调笑可以安储皇",在军事上可以"谈笑三军却",在创作上则又自称"日试万言,倚马可待";在自我体验上,他充满自信和自尊,"天生我才必有用,千金散尽还复来","安能摧眉折腰事权贵,使我不得开心颜";在行为调节上,则是"不屈己,不干人","一生傲岸"。这些个性特点使他的创作富有自我表现的特色,他要入京求官,就宣称:"仰天大笑出门去,我辈岂是蓬蒿人?"政治上失意了,就大呼:"大道如青天,我独不得出?"怀念长安,就说:"狂风吹我心,西挂咸阳树。"与此相适应,在诗歌形式上他喜欢格律较为自由、对个性较少束缚的乐府歌行与古风,在语言上则具有"清水出芙蓉,天然去雕饰"的特色。与此相反,杜甫个性调节结构的特点主要表现为突出客体和现实。在自我认识和自我体验上,他不像李白那样自豪与自信。他固然有"致君尧舜上,再使风俗淳"的政治抱负,却主要出于"葵藿倾太阳"的臣子本性,并自谦这是"许身一何愚"。在与劳动人民的关系上,他有一个封建士大夫所少有的亲切与同情,例如对偷着扑枣的贫妇,他认为"不为困穷宁有此?只缘恐惧转须亲"。对诗歌创作,他更是虚心好学,自言"不薄今人爱古人""转益多师是汝师"。因此,他在心理和行为的调节上,倾向于自我与现实相适应、主体与客体相谐调。为了求仕,他可以忍受"饥卧动即向一旬,敝衣何啻悬百结"的困顿生活,甚至"朝扣富儿门,暮随肥马尘"。他善于将个人的愿望和国家、人民联系在一起,将个性与社会统一起来。这种个性特点使他的创作重在表现客观,写出了"三吏""三别"、《兵车行》《北征》等许多富有时代特点和现实意义的诗篇。与此相应,他在表现手法上注重通过客观的描绘表现主观的感情,例如《石壕吏》,全篇没有一句直接泄情的语言,却通过真切的客观描写使读者感受到诗人心中深沉真挚的感情;在诗歌形式上,他喜欢格律谨严的律诗并下苦功钻研,写出了许多将丰富的思想感情融于格律形式之中的优秀律诗。因此,总起来看他与李白的诗歌风格是截然不同的。

　　以上通过一些艺术家的比较,分析了个性动力结构、特征结构和调节结构对创作风格的影响。应该指出,作为个性心理结构的这三个子系统及其内部诸因素,是一个相互联系、相互渗透、相互作用的多层次的动态系统,它们是以整体的相干效应对艺术风格产生影响的。例如,自我表现是李白个性的核心特点,这个特点的形成和对其创作风格产生影响都是通过个性三个子系统及其内部诸因素的相互作用实现的:神经过程有较强的兴奋和较弱的抑制、情绪易于激动、反应迅速、性急和缺乏自制等多血质的气质特点,为他外倾型和情绪型的性格特征奠定了生理基础,并通过社会因素的影响而最后形成。这一过程当然是通过个体与现实相互作用的活动实现的,但在活动中却形成了突出个体的自我调节特征,并成为对现实态度的稳定的性格特征。这种特征影响了他的动力结构,使他在审美兴趣上更多地指向自身的精神世界,并在诗歌创作的能力结构上比较突出了超现实想象的能力,又善于使用对个性较少束缚的乐府歌行与古风形式。当然,反过来说,他的兴趣与能力特点也对其他个性因素产生影响。总之,艺术家的个性诸因素是以整体的相干效应对风格产生影响的。

（三）

　　最后谈谈文艺创作者在个性养成中的自觉追求问题。在这个问题上，人们往往只看到个性养成过程中的自发性与受动性，这是不为无因的。人的个性特征早在婴儿时期就有"萌芽表现"，而在学前期则已"初步形成"；到了少年时期就"对人的内部世界、内心品质发生了兴趣，开始要求了解别人和自己的个性特点"，并能"自觉地评价别人的和自己的个性品质"①。从婴儿到少年期，个体显然不可能对个性形成的契机与原因作出分析；他接受家庭、学校、社会和各种有关事物的制约和影响，却不可能认识这种制约、影响与个性形成之间的因果关系。所以对任何成年人来说，在早年导致个性形成的许多契机和原因是难以追寻的；事实上它们大都已变作个体的潜意识储存，只在某种特殊的情况下，才能在人的意识域中重新显现，并有助于个体对某一个性特征的自我认识。

　　但是，个性形成中虽然存在自发性与受动性，却也不能把这个问题绝对化。正像世界上一切事物一样，人的个性也是始终不停地处在发展变化之中。因此在个性基本形成之后，个体在"自我塑造"方面也并非完全无能为力，而是可以有所追求的。特别是在职业的工作与创造中所表现出来的"专业个性"（如文艺创作者的创作个性或艺术个性），那更是在人的自然个性的基础上、通过长期的专业实践而形成，并表现了人的"第二生命"；这种个性的形成与发展，不仅可能而且必须调动人的自觉努力，发挥主观能动作用，才能把它养成。关于这个问题，不妨仍从个性所属的三个亚结构分别作一点分析；由于每个亚结构都包含多种因素，不能全面论述，所以分析是举例性的；并且分析对象仅限于文艺创作者。

　　首先，在文艺创作者"专业个性"的动力结构中，热爱生活与热爱艺术显然都是重要的特征，它们推动艺术家长期在创作上有所追求，不仅对现实生活作出深入的干预和反映，而且在艺术上也不断有所创新，逐渐臻于美善之境。现在就热爱生活这一点来说，抽象地看它似乎是一切正常人共有的心理；但具体分析起来，文艺创作者的热爱生活实际是指通过创作实践日益加深对生活的感受和理解，由此而产生的一种积极而稳定的感情。这种感情与

---

① 见朱智贤《儿童心理学》第134、202、422—423页。

其他人经由别的工作与创造而加深了对生活的热爱是各有不同的情感内容的；反过来说，又正是各不相同的情感内容才真正有益于各不相同的工作与创造。因此，作为"专业个性"动力结构中的有机组成的"热爱生活"这个特征，并不仅仅是指在"第一生命"（即自然生命）的意义上乐于享受生活的甘美，而主要是指在"第一生命"与"第二生命"（即创造生命）的积极协调中、通过专业的工作与创造实践而发现了生活的真谛与自身的价值；由此而产生的热爱之情才能真正发挥动力作用，促进包括文艺创作在内的各类工作与创造。至于热爱艺术这个个性特征，则情况当然更为明显。固然许多文艺创作者从小就有对某种艺术的浓厚兴趣，但却从来不会有某个艺术家在幼小之时即已把某种艺术当成自己的"第二生命"。"第二生命"的形成必然是通过较为长久的创作实践，取得了较为显著的成果，从而对自己有所发现、有所塑造的结果。这也就意味着对某种艺术的稳固的热爱之情，乃是围绕着创作实践的加深而加深的。

这里特别需要强调的一点是，创作成果的正负反馈在"第二生命"和"专业个性"的形成过程中所起的巨大作用：正反馈能够支持和强化创作者本来是较为朴素的创造兴趣和热情，使之趋于稳固、深厚并更富于自觉性；负反馈则使创作者不断纠正创作中的误差，并不断扬弃旧模式，开拓创新路。在正负反馈的共同作用下，文艺创作者才有可能最终形成既丰富又稳固的"第二生命"和艺术个性。

正因为成果反馈有如此巨大的作用，所以文艺创作者唯一可行的成长之路是边修养边创造；而不可以对诸如"读书破万卷，下笔如有神""厚积而薄发"等传世名言作机械的理解。万卷书当然要读，但不是读完了再下笔；生活经验和知识理论当然要积累，但不是等"厚积"之后再去"薄发"，而是边积边发，最后达到"厚积又厚发"的境地。倘若把修养与创造机械地分割为两个互不联系的段，则创作者在万卷书读破之时早已因为长期得不到成果的鼓舞而消磨了创造的热情；同时光"积"不"发"则意味着没有正负两方面的反馈，所似等"厚积"之后再"薄发"出来的作品，因为出于"闭门造车"、从来未经社会检验，所以很可能是一个陈旧的废品。对于文艺创作者来说，边修养边创造的意义是多方面的，仅就艺术个性来说，它在单纯的修养中是根本无法养成的，只有一边修养、一边不脱离创造的实践，才能使创作者不断对自己有所发现和塑造。所以,"第二生命"和艺术个性的形成是与边修养边创造紧密联系的,它们之间有着必然的同步互促的关系;也正是因为有这样的关系,所以创作者不难从中找到作出主观努力、养成艺术个性的可靠途径。

其次,在文艺创作者"专业个性"的特征结构中,能力的特征是一个重要的因素。文艺创作者一般都有较强的形象思维能力,但实际上个人的形象思维能力又各有特点;这主要因为个人有各不相同的能力结构,即感受、理解、记忆、思维、想象等多种基本能力的不同方式、不同分量的组合,从而形成各不相同的能力特征,成为创作者的艺术个性的重要组成和决定艺术风格的重要因素。那么,不同的基本能力组合是不是通过沉思默想的自我考察而后构成一纸"配方"的呢?显然,情况绝非如此。各种基本能力的发现和锻炼,特别是它们的优化组合,都只能在创作实践中逐步完成,并且也受到效果反馈的检验与促进。发现与组合一经完成,创作者便能认识到自己的优势和弱点所在,因而通过扬长避短、截长补短以至化短为长等自觉的努力,来发展和完善自己的能力组合,使作品表现出独特的风格,打上深深的艺术个性的烙印。

最后,在文艺创作者"专业个性"的调节结构中,可以谈谈动情、驭情与表情的关系问题。文艺创作者一般都有丰富的情感体验和活跃的情绪反应,也就是易于动情。但为了完成真正的艺术创造,就不能不致力于分寸准确的驭情和表情。倘若只是听任情感肆意动荡,甚至进入激化状态,那么整个意识便会专注于极其狭窄的情感对象,不由自主地离开对创作来说实际是重要或有用的东西,"身体的变化和表情动作变成越来越缺乏意识。细微的动作由于强烈紧张而发生紊乱。抑制越来越强烈地包围着大脑皮层(按:这意味着失去理智和思考),而兴奋则在皮下神经节与间脑中增大,人感到被顽固地迫使屈从于他所体验到的情感。"① 在这种情况下显然无法有效进行任何类型的创作。所以,为了完成真正的艺术创造,便不可能没有准确的情感驾驭,并因此而有准确的情感表现。驭情和表情正是个性调节结构的一种重要的功能。但这种调节同样也不是静止的修身养性能得到有效锻炼的。作为创作者的艺术个性的有机组成来说,个性的调节结构也只有在长期的艺术创造实践中,

---

① 彼得罗夫斯基主编:《普通心理学》,人民教育出版社1981年版,第411页。

根据一个个特定的创作目标，进行反复的调节试验与锤炼，并不断接受创作效果的反馈，才能进到有效驾驭、有效表现、运用自如而恰到好处的境界。所以，投身于创造实践，又是创作者在改进并完善艺术个性的调节结构方面能够发挥主观能动作用的有效途径。

　　总起来说，人的自然个性主要是在自发与受动过程中形成的；自然个性也有变化发展，而且也可经过个体的主观努力促其演变；但这种主观努力只能贯穿在日常的自我制约或追求之中，而并无一条较为明确稳定的途径。至于在自然个性基础上养成的、表现在"第二生命"中的"专业个性"则情况有所不同，它固然深受自然个性的制约，但在其发展完善的过程中却有更大的发挥主观能动作用的余地；并且存在着争取积极演变的明确而有效的途径，这就是紧紧瞄准创造的目标，在创造实践中摸索锻炼，正确接受创造效果的反馈，使"专业个性"的三个亚结构都在持续不断的创造进程中发生积极的变化，最终养成较为完善而特征鲜明的"专业个性"——就文艺创作者来说，也就是他的艺术个性。

（本篇与金开诚教授合作，刊于《北京大学学报》1987年第1期）

第二部分

审美心理类型

　　艺术作品和其他美的事物都是通过审美者的心理活动实现其社会价值的。审美者在审美过程中的实际心理活动，既遵循某些共同的规律，又各有其不同的特点。这些特点可以概括为一些类型，而不同心理类型的审美又会产生不同的审美效应。由于审美过程是许多复杂心理因素相互结合、交互作用的结果，因此其心理类型的分析也不能是简单的、一维的，而需要从多层次、多维度进行考察。

　　从审美者对审美对象的认识关系上考察，审美心理可以划分为"客观型""主观型"和"主客观型"三种类型。任何审美过程都是对象的客观属性与审美者主观心理结构的相互作用与统一，世界上没有脱离对象客观属性的纯主观的审美活动，也没有脱离审美者主观心理结构的纯客观的审美活动。但是在某一个审美者的具体的审美过程中，主观与客观可能因审美个体对自身与对象的认识关系的不同把握而有所侧重，由此形成了以上三种类型。

　　客观型审美个体把对象作为外在于自身的客观存在物来把握，力求排除种种主观因素的干扰而认识其本来面目。在这种审美中，审美者往往会努力排除自己意识到的各种主观成见、定势、情感倾向、个人意志等心理因素，力求获得一个尽可能客观的印象。

　　主观型审美个体把对象作为主观心理世界的投射物来把握，从主观的心理经验和心理需要（认识的、情感的、意志的等）出发去感受和认识对象。在这种审美中，审美者往往不关心对象的本来内容是什么，作者所要表现的是什么，而只是根据自己的心理经验去感受和理解对象，或者从一定的心理需要出发通过对象表现自己的认识、情感和意志。例如对于李商隐的"春蚕到死丝方尽，蜡炬成灰泪始干"这两句诗，"客观型"的审美总是侧重于考察作者写此诗的身世与思想背景，诗句语词意义的历史变化，以及此诗与其他无题诗的关系等，以期求索诗句的本意。"主观型"的审美则可能只把它看作某种思想或情感意义的符号，借以抒发审美者对所献身的理想、事业或其他所热爱的事物的始终不渝的忠贞情怀；至于诗句本身究竟表现了什么，则并不关心。

主客观型审美方式则是审美个体既关注对象本身的意义，并尽力克服主观的心理偏见和定势去加以考察；又立足于主观的心理世界，力求获得独特的感受和理解，并在这个过程中表现和抒发了自己的思想感情。一般说来，这种审美方式是最为多见的。

从审美者对审美对象的接受态度上考察，审美心理可以分为"现实型""欣赏型"和"现实欣赏型"三种类型。任何美的作品都是现实生活的反映，因而都有其现实属性。任何美的作品又都是高于现实的艺术美的创造，因而又有其美的欣赏属性。对此的不同侧重形成了以上所说的三种类型。

现实型其接受并不是对艺术之美没有感受，但它所注重的是对象的现实性而忽视其欣赏性，接受者与对象的心理距离过于接近，甚至将艺术创作混同于现实生活。鲁迅的小说《阿Q正传》发表后，一些人对号入座，以为阿Q写的是自己，这便是"现实型"接受态度的突出表现；观看《逍遥津》而要上台杀"曹操"，观看《奥赛罗》而打伤演员的事例，更趋于"现实型"接受的极端。

欣赏型接受所着重注意的是作品的审美属性，而忽视其现实属性，接受者与对象的心理距离比较远，只对作品的动听悦目之处感兴趣，不大注意其思想内容。例如过去北京有的戏迷欣赏京剧，闭着眼睛品味唱腔的韵味；现在有的歌手唱《苏三起解》"流水板"不但眉开眼笑，而且大扭大摆，便都是单纯欣赏的突出表现。

现实欣赏型其接受与对象的心理距离则远近适当，因而既注重作品的现实内容，又注重作品的审美属性。在审美教育中，这种接受态度是应当倡导的。

从审美者接受过程的自觉性程度来考察，审美心理可分为"自发型""自觉型"和"结合型"三种类型。

自发型审美者的心理活动往往是受动的、不自觉的，为审美对象所左右，缺乏独立的审美意识。他们的感受、理解、联想、想象等心理活动往往是在审美对象的作用下自发产生的，情感活动也往往是因对象的感染而自然形成的，因此较容易对对象产生认同并接受其倾向。缺乏文化素养的审美者较多地属于这种类型。

自觉型审美者的心理活动则大都具有一定的自觉意识和独立意识。他们能够积极地甚至是有目的地对审美对象进行深入的感受和理解，也能够自觉地展开联想与想象以扩大对象的认识内容和自身的审美感受，甚至对对象进行审美再创造或分析评估。所有这些心理活动固然是由作品引发的，却又是审美者自觉而独立进行的。审美者可能接受对象的倾向，也可能不接受对象的倾向，无论怎样，总是力图获得独特的感受和理解作出独立的判断和评估。专业的审美者和评论家都属于这种类型。

结合型审美者心理活动的特点则是"自发型"与"自觉型"的结合。在审美接受中他们的心理状态常常处于有意无意之间，在接受对象的感染和影响的同时伴随着对对象的自觉玩味和思索；无意产生的联想与想象，也可能转化为有意的。一般的审美接受都属于这种类型。

从审美者心理活动的形式特点来考察，审美接受可以分为"感受型""理解型"和"混合型"三种类型。

感受型审美者长于对审美对象进行感受和体验。他们感觉敏锐，想象活跃，情感丰富，善于捕捉各种由对象引发的细微感受，体验各种复杂细腻的情绪和情感，对对象进行直觉、整体的把握，但是缺乏对对象作出深刻理解和准确判断的能力。

理解型审美者则惯于用理性的解剖刀对对象进行深入的分析，力图寻找对象与时代及作者的联系，以及对象各部分间的内在联系；从而对对象作出合乎逻辑的、有说服力的判断和评估。这种类型的审美者比较缺乏深入细致的感受能力或习惯。

混合型审美者的心理特点是感受与理解的综合，他们在深入感受对象的过程中逐渐形成较深的理解。整个心理过程始终有形象感受、情感体验与理性思索的交织与互促。应该说这是一种比较理想的审美心理类型。

应该指出，心理活动的基本规律决定了任何审美心理过程都是主观与客观、现实与欣赏、自发与自觉、感受与理解的对立与统一。因此，所谓"主观型"与"客观型"、"现实型"与"欣赏型"、"自发型"与"自觉型"、"感受型"与"理解型"的分类都是相对的，只不过概括了不同审美个性的主要倾向，不能把任何对立的一方绝对化。而这四个方面十二种类型的不同组合，则会形成各种综合的审美心理类型（例如"主观感受型""客观理解型""感受欣赏型""自发现实型"等等），由此形成审美心理类型的复杂情况。

（本篇与金开诚教授合作，刊于《百科知识》1991年第3期）

艺术欣赏的个体心理意义

艺术欣赏是一种重要的精神生活。无论什么人,都希望在自己的生活中给艺术安排上一席之地,都希望通过对艺术的欣赏获得某种精神上的享受。艺术欣赏作为一种审美精神活动,对人的心理有重要的意义。

(一)

艺术欣赏的心理意义,首先表现在它有利于人的个性心理的发展。个性又称人格,是现代心理学中一个相当复杂而又颇多争议的概念。苏联心理学家从历史唯物主义的观点出发,认为"个性——这是作为社会成员的人"[1],"是参与社会关系并成为社会发展的活动者的社会生物"[2]。就个性的实质与形成而言,这些定义无疑是正确的。人降生于世后,要成为区别于动物的、具有稳固心理特质整体的社会的人(即个性),只能通过社会的交往与生活的实践。正是在积极的生活实践与社会交往中,人形成并发展了他的作为人的本质,形成并发展了作为人的心理——区别于动物而又远远高于动物的人的感觉、知觉、理智、情感、性格、能力等等。人的个性心理发展的程度,取决于他生活、实践与社会交往的广度和深度。

但是就任何一个个体而言,受种种主客观条件的限制,其生活实践和社会交往无论在空间和时间上都是有限的,这不能不使其个性心理的发展受到一定的局限。然而个性心理的发展不仅可以通过直接的渠道获得,而且可以通过间接的渠道获得。文学艺术正是这样一种间接的渠道。通过对文艺作品的欣赏,人们可以间接接触到更为广阔的社会生活,获得更丰富的精神财富,这对于个性心理的发展无疑有重要意义。

---

[1] 波果斯洛夫斯基等主编:《普通心理学》,人民教育出版社1979年版,第57页。
[2] 彼得罗夫斯基主编:《普通心理学》,人民教育出版社1981年版,第104页。

首先，艺术欣赏可以丰富人的精神世界。人的精神世界具有无限丰富发展的潜力，然而现实中狭小的生活天地和单调的生活经历往往使个体没有条件使其得到充分的丰富和发展。一个没有上过战场的人，很难体验到那种浴血沙场、为国捐躯的崇高情感；一个没有经历过政治斗争的人，也很难感受到政治斗争的复杂和严酷。然而艺术却可以为人们提供无限广阔的生活天地。别林斯基说："科学并不羞于宣称，它的目的是理解和说明现实，然后应用它的说明以造福于人；让艺术也不羞于承认，它的目的是在人没有机会享受现实所给予的完全美感快乐的时候，尽力去再现这个珍贵的现实作为补偿，并且去说明它以造福于人吧。"别林斯基认为，艺术可以补偿人们在现实中没有机会享受的美感快乐。其实艺术可以补偿的不仅是美感快乐，还可以在不同程度上补偿现实生活所赋予人的各种精神财富。在艺术欣赏中，欣赏者通过想象使自己置身于艺术家所提供的丰富多彩的虚幻生活之中，感受着他在现实生活中没有条件感受的种种矛盾，体验着他在现实生活中没有条件体验的种种情感。欣赏者通过作品，感性地掌握着现实，他所丰富的不只是自己的理性世界，而且是感性与理性、认识与情感相统一的完整的心理世界。

其次，艺术欣赏可以提高人的精神境界。在生活实践中，人不仅丰富着自己的精神世界，而且使自己的精神世界不断从较低的境界进入较高的境界。如果说，前者体现了人的个性的量的变化，那么后者则体现了人的个性的质的变化。在生活中，人是通过把握现实的种种关系发展和提高自己的精神世界的。但是现实生活中的事物关系往往是零散、驳杂、模糊、隐蔽的，它虽然可以潜移默化地对人产生影响，但影响的深度与强度都有一定的局限。艺术作品将现实生活中的事物关系加以提炼、加工、集中、概括，并按照美的规律将其熔铸于艺术形象之中，从而使其表现力和感染力大大加强。

国际共产主义战士季米特洛夫曾叙述过《怎么办？》一书对他思想性格的影响："我还记得，在我少年时代，是文学中的什么东西给了我特别强烈的印象。是什么榜样影响了我的性格？我必须直接地说：这是车尔尼雪夫斯基的书《怎么办？》。我在参加保加利亚工人运动的日子里培养起来的那种坚持力和我在莱比锡法庭上所采取的那种一贯的坚持力、信心和坚定精神——这一切都无疑地同我在少年时期读过的车尔尼雪夫斯基的艺术作品有关系。"[①]

---

① 《季米特洛夫论文学、艺术与科学》第9页。

再次，艺术欣赏可以发展人的审美心理能力。发展审美心理能力对于人的个性的完美发展具有重要的意义。完美的个性应该是主体与客体、个体与社会、感性与理性、合规律性与合目的性、个别性与一般性的高度完美的统一，是以上诸因素的有机和谐的整体。但是在现实生活中，受种种主客观因素的限制，这种境界很不容易实现。而在艺术中，这种境界却可以达到。优秀的艺术作品，往往在丰富的感性形态中积淀着深沉的理性，在自由意志的创作中潜藏着社会的价值与规范，在展现独特创作个性的同时又遵循着一般的艺术形式法则，种种对立的因素在这里得到了和谐完美的统一。因为这是一种出于现实而又高于现实的审美的境界，是艺术地把握世界的方式。我们所说的发展人的审美心理能力，不是单指那些专门的艺术反映能力，例如"音乐家的耳朵""画家的眼睛"，这些当然是重要的；但是更重要的是发展这种以审美的方式把握世界的心理能力，因为这种心理能力是使个性向完美方向发展的基础。发展审美心理能力的最有效途径就是艺术创作与艺术欣赏的实践，对于广大没有条件从事艺术创作的人而言，艺术欣赏是一条更为实际的途径。在艺术欣赏中，面对精美的艺术作品，欣赏者在现实生活中经常被理性思维所压抑的感觉与情感被激活了，他以感性的方式占有着审美对象，而消融于感性形象中的理性精华也潜移默化地注入了他的心灵；他唤醒了沉睡的自我，任凭它在想象的世界中自由翱翔，但并没有脱离作品和现实在一定高度上的规范。正是在这种欣赏实践中，他发展了审美心理能力，从而促进了完美个性的形成和发展。

（二）

艺术欣赏的心理意义的另一个重要表现就是它可以调节人的心理生活，使其处于一种和谐的状态。

人的心理生活的状态决定于人与周围环境的关系。人作为一个高度发达的生命有机系统，是在与周围环境相互作用的活动中存在与发展的。而推动人与周围环境相互作用的动力便是人的需要。"需要是个性的一种状态，它表现出对具体的生活条件的依赖性。"[①]奥地利心理学家弗洛伊德将人的各种各样的心理动力归结于本能，并将其分为两大类，即生本能与死本能。对生本

---

① 彼得罗夫斯基主编：《普通心理学》，人民教育出版社1981年版，第111页。

能的能量形式，他称之为"里比多"。在他的早期著作中，里比多仅指性能，后来，它便成为一切生本能能量的总称。本能的根源就是与其相应的本能需要。弗洛伊德断定，本能需要就是人体的某个组织或器官的兴奋过程，在这一过程中体内储存的能量便释放出来。

但是弗洛伊德基于"人既无异于动物，也不高于动物"的观点的本能需要说有两个致命的弱点。其一是他把人的需要降低为动物的需要，而实际上人的需要比之动物的需要要丰富得多。美国心理学家马斯洛将人的需要分为生理需要、安全需要、归属和爱的需要、尊重需要、自我实现需要五个从低级向高级发展的层级。这种需要层级论虽然将人与动物的需要做了区别，但仍然是一种抽象的个体需要说。实际上，人的需要是一个社会历史的范畴，"具有社会——个人的性质"[①]，因此要比马斯洛所说的还要丰富复杂得多。但是不论多么丰富复杂，只要产生出一定的需要，就必然产生一种以生理为基础并表现在心理上的能量的释放，成为个体追求需要的满足的积极性和动力，从而使心理生活表现出某种不平衡。只有需要得到满足，心理生活才能恢复平衡。其二是，弗洛伊德把人的需要的产生与满足看作是一个与动物一样的消极被动的过程。而实际上人是一种具有自觉意识的社会动物，他不是像动物那样通过消极被动地适应环境来满足自身的需要，而是通过积极能动地改造环境来满足自身的需要。因此，人与环境的关系不是一个"需要——满足"的简单循环过程，而是一个"需要——满足——更高的需要——更高的满足"的永无止境的发展过程。换句话说，人的需要是一个不断追求的过程。这决定了人的心理生活不会满足于个体与环境相统一基础上的宁静、和谐与平衡，而总是希望在与环境的相互作用中激发起新的积极性，使心理处于一种紧张活跃的不平衡状态。为什么有些人宁可放弃和平安乐的生活而去搜奇探险？为什么有的人在取得了巨大的成就之后马上又产生了新的创造热情？从心理学上看，恐怕就是人的心理要求不断发展使然。但是人的生理与心理毕竟不能永不间断地处于一种紧张活跃的不平衡状态之中，而希望在个体与环境的相互作用中不断地取得某种统一，使心理处于一种相对平衡的状态。由此看来，人的心理生活是一种追求与满足、紧张与松弛、倾斜与平衡等因素交替作用、对立统一的发展过程。因此，人对自己的心理生活就有加以调节的必要。

---

① 彼得罗夫斯基主编：《普通心理学》，人民教育出版社1981年版，第113页。

心理生活是现实生活的反映，因此心理生活的调节离不开个体与环境现实关系的调节。但是现实生活中个体与环境的关系往往受种种主客观因素的制约，有时不是随心所欲就可以调节的。例如一个失恋的人，陷入极度的痛苦之中，但是对方既不会满足他的恋爱要求，他自己的意志又难以克服情感的力量，于是心理生活出现了一种需要与追求得不到满足的不协调。类似的例子在生活中并不少见。但是艺术作品却可以在一定程度上调节这种心理的不谐调状况。它可以为欣赏者提供一个"虚幻的现实""心灵的摹本"，使欣赏者在想象中改变自身与环境的关系，从而使心理生活处于一种较为和谐的状态。下而具体分析艺术欣赏在以上所谈的两个方面对心理生活的调节作用。

　　第一，激发作用。在现实生活中，人的心理可能处于种种的消极平衡状态。较长地处于这样的心理状态中，对人的心理健康无疑是没有益处的。艺术欣赏可以在一定程度上激发起人的心理积极性，改变消极的心理状态。这种激发作用可以表现在两个层次上。一个层次是低级的情绪性激发。例如富有刺激性的音乐、色彩、造型、场景，离奇曲折的情节，紧张激烈的场面等等。这些艺术现象往往可以直接引起人的情绪性反应和冲动，使神经系统形成某种张力，从而产生某种振奋、好奇、惊讶、追求的心理效果。这种情绪性激发，虽然对改善人的心理状态、激发心理的积极性有一定的作用，但是如果没有充实的认识内容只是单纯的感官与心理刺激，这种积极性就既不能持久，也不能有效地移到生活中来。另一个层次是高级的情感性激发。例如作品中所蕴含的生活哲理对人的启迪，生命力量对人的震动，情感力量对人的感染，美的形象对人的熏陶，等等。这些艺术现象由于蕴含着丰富的社会精神内容，因此可以唤起人高级的精神需要和追求。比之情绪性激发来说，这种激发对人的心理生活的影响和心理状况的改善更深刻、更持久、更充实，也更有力量。

　　第二，代偿作用。在现实生活中，人的心理可能处于种种不平衡状态。例如理想与追求难以实现，愿望与要求难以满足，情感与情绪无法宣泄，思想与感情无法交流，等等。这种心理状态的共同特征是，内心的需要比较强烈，形成一种张力，要求得到满足，但是现实环境又无法满足或缺乏合适的形式满足，这种需要与环境的矛盾就使得个体心理上产生了一种不平衡。艺术作品可以为个体提供一个适应其需要的虚幻环境或宣泄对象，使其需要在想象中获得一种替代性满足，从而使心理能量获得宣泄或转移，心理的不平衡状态得到改变。它可以表现为以下几种形式：

第一种是象征满足，即通过对艺术作品的欣赏使现实的需要在想象中得到象征性满足。例如一个强烈追求自由爱情生活而在现实生活中无法实现的人，可以在《罗密欧与朱丽叶》《安娜·卡列尼娜》等作品中体验到自由爱情的甜美，从而使炽烈的爱情需要得到哪怕是暂时的心理满足。

第二种是情感宣泄。人在现实生活中会产生各种各样的情感，这些情感无论是肯定的（如幸福、欢愉）还是否定的（如愤怒、哀伤）都会在生理和心理上形成一种张力，要求宣之于外，得到疏散。在这种情况下，个体可能选择一些恰当的方式抒发情感，对艺术作品的欣赏就是其中的一种方式。例如一个人因事业成功或爱情顺利内心充满幸福欢愉之情，他可能通过吟唱一支欢快的乐曲来抒发内心的情感。再如一个人内心充满了思乡之情，也可以通过吟诵李白的《静夜思》、王安石的《泊船瓜州》等诗寄托自己的情思。情感宣泄与象征满足既有所联系又有所区别。象征满足往往也伴随着一定的情感宣泄，例如描写爱情的作品满足了欣赏者追求爱情的需要，也宣泄了他的恋爱之情；而情感宣泄往往也伴随一定的需要满足，因为抒发某种情感的需要在欣赏中得到了满足。但是二者毕竟是有区别的，前者是一种满足需要的方式，而后者则是一种宣泄情感的手段。在情感宣泄中，某种情感所由产生的需要往往并没有得到满足，例如《静夜思》并没有满足思乡的需要，而只是疏导了思乡的情感。

第三种是能量转移。所谓能量转移，就是支持某种需要或情感的生理、心理能量由一个方向转到另一个方向，使前一个方向上不能实现的心理平衡在后一个方向上实现。在象征满足与情感宣泄中，艺术作品与所要满足的需要和所要宣泄的情感在性质上是一致的，《罗密欧与朱丽叶》中自由爱情的情节与欣赏者追求自由爱情的需要是一致的，《静夜思》思乡的情调与欣赏者思乡的情感也是一致的。但是在能量转移中，所欣赏的作品与赏者的需要、情感却不必一致。假如一个人内心充满苦闷，可以通过欣赏一些与之无关乃至情调相反的艺术作品，将其由于苦闷而聚集于大脑某个兴奋中心的能量转移到艺术作品的欣赏中去，在这方面求得某种心理平衡。

以上我们从激发作用与代偿作用两方面分析了艺术欣赏对予调节个体心

理生活的意义。那么是不是说心理生活处于一种需要与平衡谐调状态时艺术欣赏就没什么意义了呢？并不是这样。因为人的需要是极其丰富的，某一艺术作品可能对激发我们某一方面的需要没有意义，却可能会激发我们另一方面需要，从而使我们受到激励与鼓舞。同样，人的需要的满足（即心理平衡）也是多种多样的，某一作品对我们某一方面需要的满足可能没有意义，却可能会满足另一方面的需要。因此，艺术欣赏对于人的心理生活的调节是有普遍意义的，它使得人们的心理生活更丰富、更充实、更活跃、更美好。

（本篇与金开诚教授合作，刊于《百科知识》1989年第3期）

第二部分

欣赏心理中的"泛化"与"分化"

文艺创作是通过欣赏者的心理发生作用的。创作要取得好的欣赏效果,就要研究并适应欣赏的心理规律。神经过程的"泛化"与"分化"就是欣赏心理的规律之一,本文即准备从创作与欣赏的关系上对这一问题作一点探讨。

(一)

文艺欣赏是一种审美的形象认识活动,同一般认识活动一样,它也是通过大脑的神经过程来实现的。客观事物的信息通过人的各种感官被人所接收,并以神经冲动的方式传导到大脑皮层,引起皮层有关神经细胞的兴奋,人就对客观事物获得了一种认识(以表象、概念等心理形态而存在的认识)。认识的神经过程遵循着"兴奋泛化"和"分化抑制"(以下简称"泛化"和"分化")的规律。所谓"泛化",就是大脑神经兴奋的扩散,就是对事物相同、相似、相通方面的反映过程;所谓"分化",就是大脑神经兴奋在抑制过程作用下趋向集中,就是将某一事物或事物的某一方面从其他事物或事物的其他方面中区分出来的过程。人对客观事物的最初认识总是"泛化"性的,文艺欣赏也是如此。开始欣赏达·芬奇的名画《最后的晚餐》时,我们并不能立即将犹大从耶稣的十二个门徒中区别出来,因为他们之间相通或相似的部分使我们的神经兴奋"泛化"了。有的同志可能会说,如果欣赏对象是单一形象,如一朵花,一只熊猫,恐怕就不会产生"泛化"了。其实不然。因为人对客观事物的认识是以已有的认识经验为中介的,神经兴奋的"泛化"不仅会在当时感知的事物中产生,而且会在头脑中储存的、以表象和概念等心理形态存在的事物中产生。例如欣赏郑板桥的墨竹,如果只是草率地看上几眼,我们只能认知这是竹或风中之竹;却不能看出这竹和别的竹究竟有何不同,究竟有什么妙处;因此脑子里很难留下清晰深刻的印象。因为画面上的竹反映到我们头脑中,首先只是通过神经兴奋的扩散诱发起我们记忆中的其他竹的表象;而如果认识过程到此为止,我们就不容易将这新表象与过去的旧表象区别开来。

文艺欣赏中神经过程的初期"泛化"现象是人们认识客观事物的心理规律在欣赏活动中的反映,它虽然有其必然性和积极意义(这一点我们将在后面谈),但是每一个欣赏者却总希望对作品中的艺术形象及其所蕴含的美学意义获得一个清晰准确的印象,因此创作者就要在促进欣赏过程的"分化"上下功夫。

怎样促进欣赏过程的"分化"呢?主要就是要使创作具有一定的鲜明性。所谓鲜明性,就是指创作者所要表现的事物的新异特征和审美倾向在作品中得到了突出和强化。特征,是一事物与它事物本质区别的征象和标志。突出了所要表现的事物特征,就使该事物在与其他相关事物的比较中变得鲜明起来,从而可以抑制欣赏者神经过程的盲目"泛化",促进其准确"分化",使其尽快获得较为清晰准确的认识。例如在《最后的晚餐》中,由于达·芬奇赋予了犹大手抓钱袋、身体因惊慌而后倾、将一张充满虚伪和奸诈的面孔藏在阴影处等形象特征,因此使我们能通过一定的比较,较快地将他从耶稣的其他门徒中区别出来。《最后的晚餐》这个取自《圣经》的题材,在达·芬奇之前不少画像都画过,但构思和艺术处理(特别是对犹大形象)都比较平庸,很难给人留下深刻印象。达·芬奇的艺术构思和处理是独特、深刻和新异的,他所表现的犹大的特征是别人从未表现过的,因此具有新异性的特征。为什么只有突出了事物的新异性特征才能促进欣赏者神经过程的"分化"、使其获得鲜明深刻的印象?因为"新异性是引起不随意注意的刺激物的最重要的特点之一",而"注意是意识对一定客体的集中,以保证对它获得特别清晰的反映"。

突出事物的新异性特征,是使作品获得鲜明性、从而促进欣赏者神经过程"分化"的根本途径。至于怎样突出和促进,则主要表现在以下两个方面:

第一,增强事物特征本身的刺激强度,以提高欣赏者感受的绝对值。巴甫洛夫认为,在条件反射中,反映的效果与刺激的强度有着密切的关系。在一定限度内,条件反射的强弱是以每一种刺激达到大脑皮层的能量为转移的。对象刺激越强,相应的神经细胞的兴奋度越高,周围神经细胞由于负诱导规律所产生的兴奋抑制度越高,神经过程的"分化"就越迅速,对象在皮层上的印象也就越鲜明突出。在这方面,有四种较为常见的方法:

(1)集中。所谓集中,就是对现实生活中分散、朴素、不明显的事物特征给予提炼、提高和典型化的处理。在鲁迅先生创造阿Q这个典型之前,人们对国民中普遍存在的"精神胜利法"这种病态意识并没有引起注意,但当鲁迅先生将"精神胜利法"的分散、朴素的表现加以典型化处理并通过阿Q这一形象给以突出表现时,就使人们一下子认识了这一特征,以至于一些人竟然"联系实际,对号入座"起来。

(2)强调。所谓强调,就是对所要表现的事物特征给以强化处理,即结合想象给以突出。例如巴尔扎克在《欧也妮·葛朗台》中对吸血鬼、守财奴葛朗台形象的刻画:

讲起理财的本领,葛朗台先生是只老虎,是条巨蟒:他会躺在那里,蹲在那里,把俘虏打量个半天再扑上去,张开血盆大口的钱袋,倒进大堆的金银,然后安安宁宁去睡觉。……

作者并没有对葛朗台贪婪,凶狠的形象特征进行一般的泛泛描写,而是采取暗喻和拟物等想象方法将其与老虎、巨蟒联系了起来,使其特征得以强化,从而给欣赏者以深刻的印象。

(3)反复。反复是通过重复的刺激来突出事物的特征,例如电影《城南旧事》中反复唱奏李叔同的《送别》,有力地渲染了影片的思乡忆旧气氛。反复由于某一刺激在不同背景上一再出现而变得突出起来,从而使欣赏者能够较容易地将其从整体中分化出来。

(4)夸张。夸张就是对事物进行表面上看起来不合实际的夸饰和铺张的处理,例如汉乐府民歌《上邪》说:"山无陵,江水为竭,冬雷滚滚夏雨雪,天地合,乃敢与君绝。"就是通过实际上不可能出现的事物的夸饰铺张的处理来表现忠贞不渝的感情。夸张的艺术形象由于不符合实际生活的逻辑而在欣赏者头脑中与过去的经验发生了冲突,从而使欣赏者的神经过程能够迅速将被夸张的形象特征从过去的经验中分化出来,在头脑中留下鲜明印象。

第二,突出事物之间的对立和差异,使所要表现的事物特征在比较中得到强化,提高欣赏者感受的相对值。这又有两种较为常见的方法:

(1)反衬。反衬就是用相反或差异较大的事物来衬托所要表现事物的特征,以增强其相对刺激强度。例如王维《鸟鸣涧》"人闲桂花落,夜静春山空。月出惊山鸟,时鸣春涧中",就是以鸟鸣之动来反衬春山之静的特征。从心理学上看,人在感知客观事物时,总是选择其中的某一刺激作为感知对象,其他刺激则作为感知背景。对象与背景的差异越小,神经兴奋模式的重叠部分越大,反映就越容易"泛化";差异越大,神经兴奋模式的重叠部分越小,反映就越容易"分化"。以"嫩绿丛中红一点"来说,由于绿与红在视神经上的色素反应重叠很小,因此我们很容易将"红一点"的特征从"嫩绿"的背景中分化出来;如果说"万花丛中红一点",我们就很难将"红一点"的特征从"万花"中分化出来,因为"红一点"在视神经上的色素反应被淹没在紫红、粉红、桃红等花的相类似的色素反应之中,它们的许多成分在神经细胞上反应都是重叠的,从而使神经兴奋趋向"泛化"。

(2)对比。对比是用相反或差异较大的两个事物来进行对照比较,以突出各自特征,增强各自的刺激强度。例如鲁迅的"横眉冷对千夫指,俯首甘为孺子牛",就是对敌人的恨与对人民的爱相互对照,使两种情感表现的特征更其鲜明。对比与反衬的心理学原理基本一样,只不过反衬中对象与背景的关系基本上是单向的,对比则是双向的,是互为对象和背景的。

(二)

文艺欣赏中的"分化"有助于欣赏者获得准确鲜明的印象,但是,同世间任何事物都具有两面性一样,过于迅速准确的"分化"反而会对欣赏产生消极的作用。这主要表现在以下两个方面:

第一,过于迅速准确的"分化"会影响欣赏者审美认识的愉悦。文艺欣赏是伴随着审美愉悦的,其中也包括认识活动本身所带来的愉悦。对未知事物的认识是人的一种基本需要,这种需要的满足会给人带来一种精神上的愉快。在欣赏中,欣赏者的整个心理会处于一种积极探索的状态,对美的任何一点新的发现和认识都会给他带来一种心理上的愉悦和满足,继而又会激起他更高的认识积极性。一般来说,对对象认识的要求越强烈,认识中付出的心理努力越大,其所带来的愉悦也越大。达·芬奇的杰作《蒙娜丽莎》中的"神秘的微笑",几个世纪以来吸引着广大欣赏者作出巨大的心理努力去认识和探索,并从中获得美的愉悦和享受。但是假如达·芬奇在下面明确标出这是一种"美满姻缘带来的喜悦",或标出别的解释,她还会具有这样巨大的魅力吗?显然不会。因为这样就使欣赏者产生了迅速准确的"分化",一下子获得了明确的认识,从而探索玩味所带来的愉悦也就化为乌有了。

第二,过于迅速准确的"分化"会影响欣赏者的创造想象,从而会减弱其欣赏中的审美愉悦。我们知道,创造是人的本质力量的集中体现,人通过创造看到自己的本质力量会产生一种愉悦之感。高水平的欣赏并不满足于对作品的消极接受,而是要展开创造想象的翅膀,扩大审美感受,并享受创造的愉快。但是,"想象是在情境非常不明确的认识阶段上发挥作用的。情境越是习以为常,越是清楚明确,它为想象力提供的活动场所也越小。"因此,如果创作过于清楚明确,使欣赏者产生迅速准确的"分化",就会抑制欣赏者的创造想象。

文艺欣赏中的"分化"现象是人的神经系统机能的表现,是不以人的意志为转移的,我们不能对一个清楚明确的对象(如两个苹果、三本书等)运用主观意志使有关它们的认识变得模糊缓慢。然而欣赏者却又需要欣赏具有一定程度的模糊和一定的时间过程以增加审美感受和审美愉悦,这就要求创作者为欣赏者神经过程的一定程度的"泛化"创造条件。这种神经过程"泛化"的积极意义在于,它使欣赏者的神经兴奋在大脑皮层的较为广阔的范围内扩散开来,唤醒与之相通或相似的记忆储存,并在它们之间建立起暂时神经联系,从而使联想、想象、比较等认识活动成为可能。

为欣赏者神经过程的一定程度的"泛化"创造条件,主要是使创作具有一定的含蓄性,就是指对作品所要表现的内容和主旨不作直接的揭示和过分的强调,而是采取曲折隐蔽的方法使欣赏者思而得之。至于怎样使作品具有含蓄性,则主要表现在以下两个方面:

第一,对所要表现的事物不作直接的描绘,而是通过对与之有一定关系的事物的描绘来间接地表现。与鲜明性相反,含蓄不是要在直观上突出所表现的事物,而是要加以隐蔽,使欣赏者按照一定的关系、通过联想和想象来把握作品的内容和主旨。俄罗斯著名风景画家列维坦曾经画过一幅风景画《弗拉基米尔卡》,画的是沙皇政府遣送千千万万"犯人"到西伯利亚去所必经的一段道路。画面上只有原野、天空和一条伸向远方的路,没有人,但却引导欣赏者通过路与人的关系想象出道路上一队队衣衫褴褛的"犯人"艰难地行走着,无数人的斑斑血泪洒在这条路上；进而通过画面上那条无穷无尽的路把人们的想象越引越远；对这些"犯人"的命运的惦念，对俄罗斯苦难现实和今后前途的思索……作者把这些深刻的内容都隐蔽了起来，并通过一定关系的引导而留给了欣赏者；而欣赏者的种种联想正是通过神经过程的"泛化"（神经兴奋由刺激对象向与之相通、相似、相关的其他事物的扩散）来实现的。

第二，突出所表现事物的和谐与统一。任何事物之间都存在着对立与差异，也存在着和谐与统一。鲜明所要突出的是事物之间的对立与差异，含蓄所要突出的则是事物之间的和谐与统一。渲染是突出事物之间和谐与统一的一种重要方法，这种方法在绘画和文学中都有广泛的运用。如柳永《雨霖铃》："念去去，千里烟波，暮霭沉沉楚天阔。"这句词写了水、暮气、天空三种景物。这三种景物分有特点，合有差异，但诗人却用一种情感基调将三者统一起来。写水以"千里烟波"，表现其迷蒙渺远，给人以惆怅之感；写暮气则"暮霭沉沉"，给人以沉抑之感；写天空为"楚天阔"，给人以茫然若失之感。三种景物都被涂上了一种"多情自古伤离别"的情感色彩，从而形成了一个和谐有机的整体。从心理学的角度看，这样的艺术处理增强了欣赏者神经过程的"泛化"，减弱了"神经过程"的"分化"，使欣赏者不去注意水、暮气、天空各自的特点，而笼罩在一种迷茫凄戚的情绪氛围之中。

（三）

如前所述，人认识客观事物的神经过程主要表现为"兴奋泛化"和"分化抑制"。文艺作品的鲜明性，有利于欣赏者神经过程的"分化"，从而促进审美感受的准确；文艺作品的含蓄性，有利于欣赏者神经过程的"泛化"，从而促进审美感受的持久与丰富。但是，在实际的审美认识活动中，神经过程的"泛化"与"分化"并不是相互孤立的，而是相互联系、相互作用的。反映的"泛化"、兴奋的扩散，必然引起反映的"分化"、兴奋的集中；反之，反映的"分化"、兴奋的集中又必然导致反映的"泛化"，兴奋的扩散。整个神经过程就是通过"泛化"、"分化"、再"泛化"、再"分化"的循环而使人获得越来越准确、深刻、全面、完整的认识。例如初读《红楼梦》，贾府中众多的婢女在我们脑子里的印象可能是模糊的，甚至会张冠李戴，这就是神经兴奋的初期"泛化"。要获得对她们的清楚认识，我们就必须把注意分别集中于每一个人，如晴雯、司棋、金钏、鸳鸯等等，于是神经兴奋就必然趋向集中，这种集中使我们认识了她们每个人的外部特点，能够在外部联系上把她们区别开来，这就是神经兴奋的初期"分化"。在初期"分化"的基础上，我们又可能产生多种方向的"泛化"，方向之一如由晴雯的死想到金钏的死、司棋的死、鸳鸯的死，以及《红楼梦》以外的与她们有着类似身份的人的死，这就是神经兴奋的再"泛化"，就是联想。这次"泛化"已经不像第一次那样盲目，而是具有了一定的明确性，神经兴奋只是沿着"婢女之死"的方向扩散着（当然也可以沿着别的方向扩散）。神经兴奋扩散到一定程度又会再集中，通过对晴雯、金钏、司棋、鸳鸯等人的死的联想，我们发现了其中的共性，即她们都是被封建贵族主子残酷威逼迫害致死的。于是这一认识就从对婢女们的种种认识中"分化"出来，这就是神经过程的再"分化"。这次"分化"在认识上显然是比第一次深刻了。

欣赏者神经过程"泛化"与"分化"相统一的认识规律要求文艺作品中的鲜明性与含蓄性统一起来。由于"分化"是一定"泛化"基础上的"分化"，因此鲜明应该是含蓄基础上的鲜明，是寓于含蓄的鲜明；由于"泛化"是一定"分化"影响下的"泛化"，因此，含蓄也受到鲜明的制约，是寓于鲜明的含蓄。如果把欣赏比作航行，那么鲜明就是海上的航标，含蓄就是大海的茫无涯际。没有航标，欣赏就会迷失方向，就谈不到到达彼岸；可是，若非茫无涯际，欣赏者过于容易地到达彼岸，又有何探险的乐趣？作为创作者，关键要把握住鲜明与含蓄的尺度，使之恰如其分地适合欣赏者神经过程"分化"与"泛化"的规律。宋代诗人梅尧臣说："必能状难写之景，如在目前，含不尽之意，见于言外，然后为上矣。"（欧阳修《六一诗话》）写景"如在目前"，当然是鲜明；言外"含不尽之意"，当然是含蓄。诗人认为，二者的有机结合才是诗之极致，真可谓一语中的。

欣赏心理中的"泛化"与"分化"要求创作的鲜明性与含蓄性相统一，但并非要求二者平分秋色或有什么标准"配方"可以如法炮制。就一部具体作品的创作而言其鲜明性和含蓄性可以有所侧重，并由此形成作品在审美认识方面的特色。

（本篇与金开诚教授合作，刊于《无锡教育学院学报》1986年第1期）

文艺创作与定势

按照马克思主义的反映论，文艺创作是艺术家对客观世界的艺术反映。但是这种反映并不是机械的、被动的，而是能动的、创造性的。换句话说，文艺创作不仅要受客体因素的制约，而且要受主体心理的影响。在主体心理的影响下，定势是一种值得注意的心理现象。

（一）

定势是一种由一定心理活动所形成的准备状态，它影响或决定着后继心理活动的趋势或形成。它使人们按照一种固定了的倾向去反映现实，从而表现出心理活动的趋向性和专注性。苏联心理学家乌兹纳捷为证明这种现象曾做过这样一个实验：给被试者催眠后，将两个体积不等的球多次重复地放入他的手中。解除催眠后，再将两个相等的球放到他手中，并要他比较。结果是，不同的被试者都将球估计为不相等的。这个实验说明，由于被试者多次接受两个不等的球的刺激，因此头脑中形成了一种较为稳定的反映模式，并作为一种心理准备，对以后的反映活动产生着影响。因此，他后来固然接受的是两个相等的球的刺激，但这种心理准备却对后来的刺激做了修正，于是被试者仍认为两个球是不相等的。定势效应常常是不自觉的，"对人来说它们在许多场合不知不觉地决定着人的整个生活态度"[①]。

定势效应在文艺创作中有着很多表现。例如文艺创作中有时会出现这样的情况：笔下形象在创作者没有明确意识到的情况下自然而然地形成和发展起来，甚至会违反创作者的意志。现在看来，这其中的原因固然很多，定势却可能是一个不可忽视的因素。俄国画家列宾有一次为他的一个泼辣蛮横的女邻居画像。他诚心诚意地想把她画成一位心肠很好的、容颜端庄的妇女，

---

① 彼得罗夫斯基主编：《普通心理学》，人民教育出版社1981年版。

因此一边作画一边对这个女人说："你多么诚挚，多么善良，我可得把你画成天使。"对方当然也在努力配合。然而他笔下的女人却显然是一副眼露凶光的小市民形象。列宾手中的画笔为什么会违反他的意志呢？我想恐怕是由于他平时已经不自觉地对这个女邻居形成了蛮横泼辣的反映定势。因此，固然他在理智上想把这个女人画得善良一些，头脑中的定势却使他不知不觉地画成了后来的样子。

美国心理学家克雷奇等人认为："知觉定势主要来自两个方面：早先的经验和像需要、情绪、态度和价值观念这样一些重要的个人因素。简言之，我们倾向于看见我们以前看过的东西，以及看见最适合于我们当前对于世界所全神贯注的和定向的东西"（克雷奇等著《心理学纲要》）。这是就知觉定势而言，实际上思维定势和运动定势也是如此。

早先的经验所形成的定势对创作的影响是很突出的。雨果青少年在贵族学校读书时，曾看到过一个外号叫"小骆驼"的工友。这是一个相貌和打扮都很古怪的驼背人：红脸，头发绺像一条条绳子披下来，红毛衣，蓝绒裤，黄袜，俄国样式的皮鞋。这个人心地善良，工作勤苦。他的外在丑和内在美的鲜明结合给雨果留下了深刻的印象，乃至形成了一种心理定势，一种塑造人物形象的模式。我们从《巴黎圣母院》中的加西莫多和《国王寻乐》中的忒列布莱身上都可以看到这个驼背人的影子。这正是一种定势效应。

由需要、情绪、态度和价值观念等个人因素形成的定势对创作的影响也很普遍。面对公园内千姿百态的花卉，画菊者只专注菊花，画牡丹者只欣赏牡丹，不同专业需要所形成的定势决定了他们不同的知觉趋向。而面对一株松树，植物学家可能想到它的针叶形态对光合作用的意义，艺术家却可能想到它那不畏严寒傲然挺立的品格，这则是他们不同的态度和价值观念（科学的和审美的）的定势决定了他们在同一对象上知觉到不同的内容。至于情绪定势对创作活动的影响，那就更为突出。例如，鸟语花香，赏心悦目，会使一般人获得愉快的感受；然而在诗人杜甫的眼中却是"感时花溅泪，恨别鸟惊心"，成了催人泪下和惊心动愁的事物。原因在于，诗人是以"感时"和"恨别"的心理准备去对这些事物进行反映的。诗人当时正逢"安史之乱"，被困长安，目睹国破家亡之惨状，悲愤之情充溢胸中。这种深切强烈的情感形成一种定势，给对象涂上了强烈的主观色彩。

定势对创作过程的影响并不只局限于某个环节，而是表现在知觉、思维和运动（即形象的感知、创造和外化）的各个阶段。"运动定势是准备作特殊动作；心理定势是准备进行特殊的思维过程；知觉定势是对刺激作特殊组织的准备"（《心理学纲要》）。如果我们把前面所说的杜甫"感时花溅泪，恨别鸟惊心"的感受看作一种知觉定势，那么法国古典戏剧家在创作时习惯以"三一律"的模式去进行构思，则是一种思维定势。至于运动定势，主要表现在创作的外化阶段。例如当一个画家对某种画法形成定势以后，无论作什么画，画笔的运动都会表现出自己固有的特点。

（二）

定势作为对客观事物进行反映的心理准备，常使反映活动具有主观性、稳定性、不自觉性等特点。这对于文艺创作活动具有一定的积极作用，主要表现在以下几个方面：

第一，定势有助于艺术家获得独特的直觉感受。艺术感知与其他感知活动的一个重要区别，就是具有强烈的主观情意化和个性化特点。一方面客观对象的信息作用于艺术家，另一方面艺术家的经验和需要、情感、意愿等个人因素也反作用于对象，从而获得熔铸着主观情意和个性印迹的独特的知觉印象。对于真正的艺术感受来说，这种主观因素注入不是有意做作，而是一种自然地投射。在这个过程中，定势发挥着积极的作用。当外界事物的信息触动了艺术家的心理世界后，先此存在的有关定势立即对其进行整体反应，从而使艺术家获得一种直觉感受。列夫·托尔斯泰晚年曾从一丛被辗轧但尚未死去的鞑靼木中自觉地感受到顽强不屈的生命力量，并由此引发了小说《哈泽－穆拉特》的创作冲动。原来托尔斯泰青年时曾以志愿者的身份在高加索服过役，在那里，他听到了不少关于哈泽－穆拉特的传说，了解了不少当地人民顽强斗争的事迹。这使他在心理上形成了一种对于顽强不屈精神的崇敬感情，一种潜在的强有力的定势。这种定势在他40年后知觉到某种异质同构的情境时（鞑靼木经挫折后还要顽强生长与人经受打击后还要顽强抗争有着异质同构的关系）发生作用，使他直接将早年的经验和情感注入知觉对象，从而跨越了理性思考而一下获得了某种直觉感受。

第二，定势有助于形成敏捷的专业反映能力。每一门艺术都有其反映生活、表达思想感情的特殊方式,这就要求艺术家具有一定的专业反映能力,能够按照一定的艺术方式去对一般的客观事物进行特殊的感知、思维和表现。这种反映不应是机械生硬的,而应是自然而然的,也就是说要通过艺术实践形成一种对一般事物进行特殊专业反映的定势。达·芬奇说过这样一段话:"假如你凝视一堵污渍斑斑或嵌着各种石子的墙,而正想构思一幅风景画,那么你会从墙上发现类似一些互不相同的风景画面,其中点缀着山、河、石、树、平原、广川,以及一群丘陵"①。污渍斑斑的墙就是污渍斑斑的墙,然而画家却能从中"看"到如此丰富的绘画内容,显然他是以绘画的眼光去感知的。这种专业眼光如果成为一种定势,达到不自觉乃至自动化的程度,就能自然而敏捷地对那些看似无关的普通事物形成专业反映,这无疑会大大有益于创作。

第三,定势有助于形成良好的创作心态。所谓良好的创作心态,就是创作时的一种随心所欲、充分自由的心理状态。许多创作者都有这样的体会,处于良好的创作心态时,心中文思泉涌,笔下飞龙走蛇。作者常常并没有明确意识到要表现什么,怎样表现,这一切都出色地在作品中展现了出来。如何形成这种创作心态呢?一个重要的因素就是要形成一种良好的创作心理定势。文艺创作并不是像盖房子那样对生活素材进行即时的谋划和堆砌,而是要有一个长期积累和酝酿的过程。在这个过程中,创作者自觉不自觉地逐渐形成一种由经验、需要、情感等多种因素构成的创作定势。一旦外界有关刺激触发了他的创作欲望,定势就会发生作用,从而形成一种信笔为之、轻松自如的创作心态。据郭沫若说,他写历史剧时"妙思泉涌,奔赴笔下",创作《筑》只用了13天,《屈原》只用了7天。然而,荆轲刺秦王的故事早就曾使他心动,至于《屈原》,则是他25年前试作《湘累》的发展。因此,他的良好的创作心态,实际是以长期的心理准备为基础的。

第四,定势有助于艺术风格的形成。风格是艺术家在作品中自然表现出的稳定而独特的创作风貌。风格往往能够体现一个艺术家独特的审美情趣、思想倾向、思维方式、表现手法乃至气质、性格、能力、修养等众多的个性因素。但是这并不意味着如果一部作品体现了以上所说的诸因素就可以说这位艺术家已经形成了自己的风格,而只有这些因素在他的一系列品中得到稳

---

① 转引自龙协涛编著《艺范趣谈录》。

定持久的表现才可以这样说。因此，风格的形成有赖于一个艺术家的个性诸因素在长期的创作实践中形成一种稳定的心理模态，即形成一种定势。这种定势是艺术家创作时的一种不自觉的心理准备，它以潜在的心理形式规范和制约着艺术家的创作，在其作品上留下印迹，而不论其具体的创作内容是什么。

（三）

同世间任何事物都具有两面性一样，定势对文艺创作不仅有着积极意义，也有着消极影响。这种影响至少表现在以下三个方面：

第一，定势在一定情况下影响艺术家对客观世界的正确把握。文艺创作作为对客观世界的艺术把握，是客观与主观、真与善在审美层次上的辩证统一。它不要求与客观事物在外部现象上一模一样，却要求符合客观事物的内质。这就决定了定势这种对客观事物发生影响的主观倾向，既可能对创作产生积极作用，也可能产生消极影响。当艺术家的心理被某种不符合客观事物内质的定势所统治时，就可能不自觉地对对象做出不正确的反映。例如由于托尔斯泰头脑中对妇女和家庭问题存在着不正确的定势，安娜在他笔下最初是个否定的形象。而只有当他克服了那种固有定势，按照人物的内在逻辑进行创作时，安娜才成了一个令人同情的肯定形象。这种情况说明，艺术家在创作中一方面要发挥与客观事物内质相一致的定势效应，以获得独特的感受与理解；另一方面又要克服与客观事物内质不相一致的定势效应，以获得对客观事物的正确把握。

第二，定势在一定程度上阻碍艺术家的创新。艺术的生命在于创新。然而，在实际的创作中，创新常常要受到种种因素的干扰和影响，定势就是其中的一个重要因素。当一个艺术家对某一对象进行反映时，以往关于这一对象的经验就会自觉不自觉地对反映活动发生作用，使之囿于已有的惰性模式而不能有所创新。一个文艺创作者要在创作中表现出某种新颖独特的认识，就要善于克服头脑中的习惯定势，从新的视角、以新的方式认识对象。据说宋代画院曾以"野渡无人舟自横"这句诗命题考画，应考者有人画一只空船系在岸边，有人画一只鸬鹚站在船头，还有的画一只乌鸦在船篷上乱叫。唯有一人与众不同，画一舟人坐在船尾口吹横笛，任小船在水中漂游，对于这句诗中的"野渡无人",一般人都习惯理解为没有摆渡之人,前三者正是为这种习惯认识所囿,故虽着意点缀,终无新意。而最后者突破了这种认识定势,意为"野渡无人"并非无舟人,而是无行人,并以舟人之有来强调渡河人之无,从而给人以耳目一新之感。

第三,定势影响创作思维的灵活性。灵活性是良好的思维品质之一,它可以使艺术家根据创作情境的发展变化不断地调节思维方向、变换思维视角、转变思维方式,灵活地从多侧面、多角度去想象构思,使创作思维呈现出"精骛八极、心游万仞"的活跃状态。但是定势却会使思维的灵活性受到遏制。这不仅表现在固有定势的影响上(例如前人和自身创作经验对艺术创新的影响),而且表现在新近形成定势的影响上。当艺术家循着某一方向构思时,很容易不自觉地形成一种趋向或模式,即一种对后来心理活动产生影响的定势。它使艺术家只注意按照某一方向或某一方式在事物间建立联系,而忽视在其他方向或以其他方式在事物间建立联系,从而使思维陷入僵化而刻板的泥潭,甚至殚思竭虑而得不到理想的结果。这种情况在文艺创作中并不少见,它常常使文艺创作者陷入极大的苦闷之中。改变这种思维状况的方法就是要善于把自己从思维定势的桎梏中解放出来。文艺创作中常有这样的情况,创作者有意识苦苦思索而不得的东西却常常会在一些无关的情境(如散步、游玩)中意外地得到。这种情况的原因也许很复杂,但依笔者所见,定势的突破应该是一个重要的原因。当创作者把注意转移到其他方面去时,定势的优势兴奋也就逐渐减弱。此时,那些被定势的优势兴奋所压抑的事物联系就可能被艺术家发现,从而获得了意想不到的思维成果。当然这是一种较为消极的克服思维定势的方式,从积极方面着眼,创作者应该注意自觉地转换思维的角度与方向,以保持思维的灵活性。

(刊于《百科知识》1987年第11期)

艺术欣赏与心理调节

艺术欣赏不仅可以使人获得美的享受，而且可以调节人的心理生活，使其处于一种良好的心理状态。

人的心理生活状态决定于人与周围环境的关系。人作为一个高度发达的生命有机系统，是在与周围环境相互作用的活动中存在与发展的。推动人与周围环境相互作用的动力便是人的需要。需要的产生往往使个体在生理和心理两个层次上形成一种追求需要满足的积极性和动力，从而使心理生活表现出某种不平衡。只有需要得到满足，心理生活才能恢复平衡。然而，人与环境的关系不是一个"需要——满足"的简单循环过程，而是一个"需要——满足——更高的需要——更高的满足"的永无止境的发展过程。换句话说，人的需要是一个不断追求的过程。因此，人在经历了一定时间的不平衡的心理状态后，往往需要在与环境的相互作用中取得某种统一，使心理处于一种相对平衡的状态；另一方面，人在经历了一定时间的与环境相统一基础上的平衡后，又需要在与环境的相互作用中激发起新的积极性，使心理处于一种不平衡状态。由此看来，人的心理生活实际是一种追求与满足、紧张与松弛、失衡与平衡等因素交替作用，对立统一的发展过程。较长时间地处于追求、紧张、失衡的精神状态，会对人的生理和心理产生不良影响；而较长时间地处于满足、松弛、平衡的精神状态，则会使人失去积极进取等许多人生的价值和乐趣，极端者还会走向悲观抑郁，从而使心理健康受到影响。然而，在现实生活中，由于种种复杂的原因，人们往往自觉不自觉地陷入某种不良的精神状态而不能自拔，这就需要对心理生活加以调节而使其进入良性轨道。

心理生活是现实生活的反映。因此心理生活的调节离不开个体与环境现实关系的调节。但是现实生活中个体与环境的关系往往受种种主客观因素的制约，有时不是随心所欲就可以调节的。例如，一个失恋的人陷入极度的痛苦之中，但对方既不能满足他的恋爱要求，他自己的意志又难以克服情感的力量，于是心理生活出现了一种需要与追求得不到满足的不平衡。又如，一个人因事业上受到重大挫折而对自己完全丧失信心，客观上没有使他再度成功的机遇，主观上则完全失去了拼搏进取的积极性，于是心理生活处于一种得过且过的消极平衡状态。但是艺术作品却可以在一定程度上调节这种种不良的心理状态。它可以为欣赏者提供一个"虚幻的现实""心灵的摹本"，使欣赏者在想象中改变自身与环境的关系，从而使心理生活处于一种良好状态。

（一）艺术欣赏可以改变消极平衡的心理状态

在现实生活中，人的心理可能处于种种消极平衡状态。例如受到打击而心死，对生活失去信心；遇到挫折而消沉，对事业心灰意懒；自觉生活没有意义和乐趣，内心空虚；对他人、对社会态度冷漠，缺乏交往与参与的热情，等等。较长时间地处于这样的消极状态中，对人的心理健康无疑是没有益处的。艺术欣赏可以在一定程度上激发人的心理积极性，改变消极心理状态。这可以表现为以下几种方式：

（1）官能刺激。所谓官能刺激，指的是艺术现象对人的感官与本能的冲击与震动，例如富有刺激性的音乐、色彩、造型、场景，离奇曲折的情节，紧张激烈的场面，等等。处于消极心理状态的人，往往感觉迟钝，欲望低弱。而这些艺术现象则可以直接引起人的情绪性反应和冲动，使神经系统形成某种张力，从而产生某种振奋、好奇、惊讶、探求的心理效果。这对于激发当事者的感官与欲望，进而改善其消极的心理状态是有一定作用的。

（2）心灵启迪。所谓心灵启迪，指的是艺术作品中所蕴含的生活哲理对人的启发，生命之光对人的照耀，精神力量对人的鼓舞，美好形象对人的感染，等等。这些艺术现象由于蕴含着丰富的社会精神内容，因此可以唤起人高级的精神需要与追求。比之官能刺激，这种激发对人的心理生活的影响更深刻，更持久，更充实，也更有力。十九世纪俄国作家乌斯宾斯基在其小说《她使我们伸直了腰》中曾叙述了这样一件事：一个穷乡僻壤的教师佳普希金贫困潦倒，对生活失去了信心。有一次，他想起了维纳斯那美丽动人的形象，顿时产生了一种愉悦欣喜的感觉。从维纳斯的形象中，他看到了人的美好和力量，认识到通过不屈的斗争一定能够得到幸福。于是他挺起腰投身于生活的激流之中。像这种从艺术作品中汲取生活的勇气和力量，从而改变了消极精神状态的例子是很多的。

（3）情感激发。所谓情感激发，指的是艺术作品对人的情感世界的影响和发动，它使欣赏者在作品的影响下唤起并体验着某种情感。处于消极心理状态的人，其情感往往较为淡漠，甚至喜怒哀乐无动于衷，发展下去则很容易形成情感障碍等精神疾患。通过对艺术作品的欣赏，当事者会不由自主、不知不觉地进入作品所展示的特定的情境之中，他内心深处处于惰性状态的情感因子潜移默化地被唤醒，并形成一股情感之流，伴随着对作品欣赏的深入而发展起伏。通过这样的过程，当事者消极冷漠的情感状态会逐步变得积极热情起来。

（二）艺术欣赏可以改变紧张失衡的心理状态

在现实生活中，人的心理可能处于种种紧张失衡状态。例如理想与追求难以实现，愿望与要求难以满足，情感与情绪无法宣泄，思想与感情无法交流，等等。这种心理状态的共同特征是，内心的需要比较强烈，形成一种张力，要求得到满足，但是现实环境又无法满足，于是形成了一种心理不平衡。艺术欣赏可以通过以下形式使欣赏者的需要得到一定程度的满足。

（1）象征满足。即通过对艺术作品的欣赏使现实的需要在想象中得到象征性满足。例如一个强烈追求自由爱情生活而在现实生活中无法实现的人，可以在《罗密欧与朱丽叶》《安娜·卡列尼娜》等作品中体验到自由爱情的甜美，从而使炽烈的爱情需要得到哪怕是暂时的心理满足。

（2）情感宣泄。即通过对艺术作品的欣赏使内心集聚的情感宣之于外。例如一个充满思乡之情的人，可以通过吟诵李白的《静夜思》来寄托自己的情思。情感宣泄与象征满足既有联系又有区别。象征满足往往也伴随着一定的情感宣泄，例如描写爱情的作品满足了欣赏者追求爱情的需要，也宣泄了他的恋爱之情；而情感宣泄往往也伴随着一定的需要满足，因为抒发某种情感的需要在欣赏中得到了满足。但是二者毕竟是有区别的，前者是一种满足需要的方式，后者则是一种宣泄情感的手段。在情感宣泄中，某种情感所由产生的需要往往并没有得到满足，例如《静夜思》并没有满足思乡的需要，而只是疏导了思乡的情感。

（3）能量转移。即通过对艺术作品的欣赏，使支持某种需要或情感的心理能量由一个方向转向另一个方向。在象征满足与情感宣泄中，艺术作品与所要满足的需要和所要宣泄的情感在性质上是一致的。但是在能量转移中，所欣赏的作品与欣赏者的需要、情感却不必一致。例如一个人内心苦闷，可以通过欣赏一些与之无关乃至情调相反的艺术作品，将其由于苦闷而集聚于大脑某个兴奋中心的能量转移到艺术作品的欣赏中去，在这方面求得某种心理平衡。

（刊于《民主与科学》1993年第4期）

情感宣泄与情感表现

——关于艺术中情感表现的思考

艺术具有情感宣泄的作用。朱光潜先生说:"从亚里士多德和柏拉图所举的'净化'的例子来看,可知'净化'的要义在于通过音乐或其他艺术,使某种过分强烈的情绪因宣泄而达到平静,因此恢复和保持住心理的健康。"[①]由此可见,早在古希腊时期,艺术的情感宣泄作用就已为人们所注意。

所谓情感宣泄,是指内部集聚的情感通过某种外在形式表露出来,从而使个体的心理和生理恢复到某种平衡状态。当人处于某种情绪状态时,无论是悲是喜,是爱是恨,机体内部都会产生某种生理变化,例如心跳加快、血压升高、内分泌增强等。这种状况反映到心理上,就形成了心理上的不平衡。不平衡使生理和心理上形成某种张力,要求通过一定的形式宣泄出来,以求得平衡。如果能够宣泄出来,人就会感到轻松;如果长久地压抑而不能使其得到某种疏导,则可能会影响生理和心理的健康。因此,情感宣泄实际是身体自卫机制的一部分,是人在生理和心理两种水平上进行自我调节的一种手段。

在生活中,内在的情感活动可以通过种种形式宣泄出来。兴奋时手舞足蹈,愤怒时横眉立目,悲哀时失声痛哭,高兴时开怀大笑,这些都是通过身体媒介,直接自然地将某种情感宣之于外。情感还可以通过某些间接的形式宣泄出来。例如,向某人献上一束鲜花以表示自己的尊敬或爱慕之情,为逝去的人扎上一个花圈以寄托自己的哀思,中秋赏月以抒发对异地亲人的思念之情,等等。凡此种种,都属于以身体之外的某种事物为媒介曲折地抒发某种情感,因而是间接的形式。

艺术创作中的情感宣泄主要属于间接的形式。当创作者内心集聚了某种

[①] 朱光潜:《西方美学史》,上卷,人民文学出版社1979年版,第88页。

情感的时候，将其化为一首诗、一幅画、一段乐曲或其他艺术作品表现出来，确实能在情感上获得某种平衡。而且，许多优秀的文艺作品，往往正是以这种集聚的情感为动力创作出来的。司马迁在《史记·太史公自序》中说："昔西伯拘羑里，演《周易》；孔子厄陈蔡，作《春秋》；屈原放逐，乃著离骚；左丘失明，厥有《国语》；孙子膑脚，而论兵法；不违迁蜀，世传《吕览》；韩非囚秦，《说难》《孤愤》；《诗》三百篇，大抵圣贤发愤之所为作也。此人皆意有所郁结，不得通其道也，故述往事，思来者。"这里所说的著作都是在作者内心集聚的强烈情感推动下创作出来的。虽然著作者这样做的目的可能并不是或不仅仅是为了宣泄情感，但这样做却毫无疑问地会使他们的情感获得某种宣泄。

然而，艺术创作中的情感传达虽然具有情感宣泄的作用；但它同时又需是一种情感表现。

所谓情感表现，是指将内部情感通过某种形式呈现于外部，以影响和作用于他人。情感表现与情感宣泄既有联系又有区别。从其联系的方面看，二者都是将内在情感表露于外，因此不同程度地都会使内部集聚的情感得到疏导，使紧张得到缓解。从其区别来看，则二者强调的角度不同，使情感宣之于外的动机也不同。情感宣泄所着眼的是对个体本身的生理和心理意义，情感宣之于外的动机主要是为了使个体在生理和心理上取得一种平衡（而且这种动机在很多情况下是无意识的、不自觉的）。因此它可以考虑也可以不考虑情感外观的方式和效果，只要为内在集聚的情感找到一条渠道使之疏泄出来即可。例如极度悲痛时的大声号哭，极度愤怒时的打碎家具，个体在激情的推动下已无法理智地考虑或不愿考虑这些行为的后果，而一任情感不受控制地宣泄出来。情感表现则在宣泄的同时还须考虑对他人的影响和意义，情感宣之于外的主要动机是为了影响他人，而不是只求自身的痛快。因此它不能像情感宣泄那样不加克制地一吐为快，而是要考虑以何种形式将情感外现出来，怎样才能影响对方以取得好的效果。例如某人对某事愤愤不平，希望得到别人的理解、同情或支持，他就不能采取毁坏家具、高声怒吼等方式来表达他的愤怒，因为这样做固然可以使他的愤怒情感得到宣泄，但却并不能得到别人的理解和同情。而如果他将引发愤怒的前因后果以及他对此的看法和态度绘声绘色地讲给人听，那么就可能引起别人的理解和同情。在这个过程中，他的情感也会得到一定程度的宣泄。

艺术创作是人们表现和交流思想感情的一种手段。一般来说，绝大多数艺术家都是为了交流而创作的，都希望在思想感情上打动欣赏者，得到欣赏者的共鸣。因此，虽然"感情是诗情天性的最主要的动力之一"（别林斯基语），虽然只有"情动于中"才能"形于言"，但是创作者却不能一任情感无控制地喷发和宣泄，而是要考虑怎样将情感表现出来才能真正感动人，才能收到好的效果。美国符号学家苏珊·朗格说，一个孩子号啕大哭时的表现，比一个艺术家歌唱时的情感表现不知强烈多少倍，但谁又愿意花钱到剧院去欣赏一个孩子的号啕呢？之所以如此，除了审美的因素外，主要因为孩子的号啕只是一种自发的情感宣泄，而艺术家的演唱却是一种自觉的情感表现；他要考虑如何在情感上打动和影响听众，而不是像孩子大哭那样只受自己的情感冲动的支配。演唱艺术如此，其他艺术也是如此。

（刊于《火花》1992年第9期）

第二部分

通感及其类型分析

人对世界的了解离不开感觉。对于审美活动来说，感觉更有着特殊的意义；因为美存在于感性事物之中，不通过感觉，我们就无法获得美的感受。一支乐曲传入我们的耳鼓，我们就听到了它那美妙的旋律；一幅画映入我们的眼帘，我们就看到了它那斑驳的色彩。人的各种感官各司其职，它们按照各种渠道将客观世界的各种信息传递到大脑的神经中枢，于是我们就获得了各种各样的感觉：视觉、听觉、嗅觉、肤觉、运动觉、机体觉，等等。通过各种各样的感觉，我们把握了世界，进而形成了对世界的各种各样的审美印象。

然而人的各种感觉虽然分工明确，却并非互无联系。它们有时会相互影响和作用，从而形成一种特殊的心理现象：通感。《火花》杂志1989年第6期刊登的名为《听琴》的一篇散文中有这样一段描绘：

> 音符儿从手下流出来，如一线清亮亮的溪水，铮铮淙淙、叮叮咚咚、嘈嘈切切，……那琴声像绿波中出一朵红荷，微风里酥酥地颤；又像彩霞里开一轮朝日，光华在灿灿地闪了。情意绵绵时宫商动人，吴语呢喃，壮怀激烈处又金戈铁马、喇叭声咽。那乐声不是司马相如的相思，不是萧史引凤的诱惑，也不是蔡文姬的胡笳声，不是商妇的琵琶怨，也不是张君瑞的幽愤；那乐声该是水，是山溪里的水，那曲儿该是乳了，水乳交融，便化作了溶溶的月光，月光也如水，照在了听众的心里，听众也才融融地陶醉了么？有人说：建筑是凝固的音乐。那么，音乐便一定是流动的建筑了。法国诗人梵乐希在他论建筑的书里赞美：建筑"如一个女子的奇花初放，一个可爱的人儿的音乐的和谐，是一阕新婚的歌，里面夹着清亮亮的笛声，我现在已听到它在我内心里升起来了。"而这美妙的琴音在我的想象里也升起了一幢幢美丽的建筑，那是罗丹的雕像、嬴政的秦俑，是庄

严的纪念碑一座又一座，是现代化的大厦一层又一层……

请看，作者所直接感受到的只是琴声，一种听觉的信息，然而在他大脑的屏幕上却显现了一幅幅视觉的画面：绿波中酥酥颤动的红荷，彩霞里光华灿灿的朝日，水乳交融所化作的融融月光，以及罗丹的雕塑、嬴政的秦俑和一座座庄严的纪念碑，一层层现代化的大厦……所有这些视觉表象并不是他直接看到的，而是琴声在他的大脑中引发的，在他的心里生成的。这种在一种感觉影响下产生另一种感觉的心理现象，就叫通感。这种现象在审美活动中有着较多的表现。

通感作为一种心理现象其实并不神秘，它实际是人的有关感觉在生活实践和审美实践中所建立的特殊联系的结果。人在实践中形成了各种各样的感觉经验，这些感觉经验作为记忆表象储存在人的头脑里。当外界某种刺激进入人的头脑后，就有可能唤醒某些处于潜沉状态的感觉经验并与之形成某种联系，这些复苏的感觉经验在大脑皮层上的兴奋就会使人获得某种相应的感觉。虽然这种间接产生的感觉具有一定的虚幻性，没有直接产生的感觉那样实在，但它毕竟是一种伴随着自身体验的感觉。《听琴》中所描述的通感，正是琴声的听觉经验与作者头脑中储存的种种视觉经验建立了某种联系的结果。

通感虽然不神秘，但却并不简单。下面结合具体实例从不同的角度对它的类型做一点分析。

从产生的方式看，通感可以分为重现型与新建型。所谓重现型通感，是指两种感觉经验过去就建立了一定的联系，当外界刺激激活了其中一种感觉经验后，通过这联系自然引发了另一种感觉经验，从而形成通感。例如当红色作用于我们的眼睛的时候，我们不仅视觉上觉知到这是红色，而且在肤觉上会获得一种温暖之感。之所以如此，是因为我们过去在知觉"太阳""火"这些事物的时候，同时获得了"红"的视觉和暖的肤觉，这两种感觉相互联系并作为经验储存在我们的头脑里。当"红"的刺激单位作用于我们时，这种联系就会重现出来，于是我们就获得了暖的肤觉。这种现象在文艺创作和文艺欣赏中是很常见的。苏轼《书蒲永升画后》一文中谈到，画家蒲永升"善画水"，曾为他作画二十四幅，"每夏日挂之高堂素壁"，观者觉寒气逼人，毛发为立。观者之所以能通过对蒲永升所画之水的视觉而产生"寒气逼人"的肤觉,是因为过去对水的感知中所产生的,这两种感觉已经在他的头脑里建立了联系,通感只是这种联系在新刺激下的重现而已;当然这也是与画家出色的艺术表现力分不开的。

所谓新建型通感,是指两种感觉经验过去在大脑中并没有建立过既成的联系,它们的联系是在对某一事物感觉的过程中新建立起来的。例如我们前面所举的《听琴》这篇散文,毫无疑问,作者在听琴之前头脑中是早已储存了关于绿波中的红荷、彩霞里的朝日、罗丹的雕塑、嬴政的秦俑等等事物的感觉经验的,但是听琴之前,它们与琴声似乎并没有过什么联系。(如果作者是第一次听这首琴曲的话)。这种联系是在听琴的过程中建立的。琴声通过听觉系统传入听者的大脑后,激发了他的情感活动,也唤醒了种种沉睡的感觉经验。于是,在情感的催动和影响下,琴声的听觉信息开始在过去的感觉经验中寻求联系。这种联系可能是两种感觉经验在心理感受上的某种相似(超出具体的感觉形态,例如某节琴声的听觉与"绿波中的红荷"的视觉可能都会使人产生一种清新明丽的感受),也可能是两种感觉经验所引发的情感情绪上的某种相似(例如某节琴声的听觉与"彩霞里的朝日"的视觉可能都会引发一种欣欣向上的情感)。这种联系的建立,就使得作者在琴声的听觉信息的作用下产生了一系列的视觉意象。毫无疑问,这种新建型的通感比之重现型的通感要复杂困难得多,它往往要求审美者有较强的审美感受能力,付出较大的心理努力。

从联系形态上看,通感可以分为相关型与相似型。所谓相关型通感,是指两种感觉经验之间是一种相关关系,它们在时间上或空间上相互关联,因而一种感觉可以引发起另一种感觉。宋代学者张栻曾作《墨梅》诗云:

> 眼明三伏见此画,便觉冰霜抵岁寒。
> 唤起生香来不断,故应不作墨花看。

张栻观画梅而感到寒冷、闻到花香,这种由视觉通于肤觉和嗅觉的通感,就是一种相关型通感。在现实中,梅花于寒冬开放,故它的视觉形象常与寒冷的肤觉相伴而生;至于花香的嗅觉,当然更是与视觉一起被人所感受的。因此纸上之梅虽然既无温度又无气味,但却可以通过视觉引发起与之相关的肤觉和嗅觉。

相似型通感,是指两种相通的感觉经验之间是一种相似关系。这两种感觉经验可以在时空上毫无联系，但它们之间却存在着一种超出具体形态的相似关系。1984年6月24日《文汇报》刊载的薛尔康《卖花谣》一文中有这样一段描写：

> 踏进房门，飘来一阵清奇的幽香，香味儿虽浓，但来得温雅，不慌不慢的韵律，如一曲柔婉的江南绿竹。

在花的幽香的嗅觉与"柔婉的江南丝竹"的听觉之间并不存在着时空上的联系，换句话说，它们并不像前面所举的梅花的视觉、肤觉、嗅觉那样是在同一时间和空间中被感受者所感受到的。它们之间只是存在一种超出个体感觉形态（嗅觉形态与听觉形态）之上的相似点。正是这相似点使它们之间建立了通感关系，使对于花的幽香的嗅觉引发了并未直接在耳边产生的"柔婉的江南丝竹"的听觉。

从感觉类型上，通感可以分为相异型与相同型。所谓相异型通感，是说形成通感的两种感觉经验在感觉上是相异的，如前所举的由听觉引发视觉、视觉引发肤觉、嗅觉引发听觉等例子，其感觉类型都是不同的。但是通感并不仅仅发生在不同类型的感觉之间，事实上还存在着一种通感——相同型通感，即两种类型相同而内容不同的感觉经验的相通。这在审美活动中似乎表现得更多一些。据史书载，唐代著名书法家张旭"见公主担夫争道而得其意，又观公孙大娘舞剑器而得其神"，书法大进。公主担夫争道的杂而不乱、挤而有让的情景，使他联系到书法上的大小长短、参差不齐的谋篇布局；公孙大娘舞剑器的舞姿，使他悟彻了书法的低昂回翔、行动而又有节奏的生动气韵。"见公主担夫争道""观公孙大娘舞剑器"与研磨书法属同类型的感觉经验（主要是视觉，其次是动觉），而其具体的感觉内容却不相同。张旭由前者而引发了对后者的感悟，从类型相同而内容不同的感觉经验中获得了某些相通的感受，继而丰富了自己对书法艺术的审美感觉。

以上从三个方面对审美通感做了一些分析。一般来说，对某一具体的通感现象，都可以从这三方面分析它的特点。

（刊于《火花》1993年第10期）

第二部分

比喻心理研究

比喻是一种重要的修辞手法,在文学创作乃至各种语言表达活动中有着广泛的应用。从语言学的角度对比喻的研究已经颇为广泛而深入,因此本文准备从心理学的角度对其做一点探讨,以求获得对这种修辞手法的更为全面的认识。

(一)比喻的心理根据

比喻产生于比较。所谓比较,就是在认识中确定事物的同异和关系。人在认识某一事物时,总是自然地将该事物与它事物进行比较,找出它们的相同点和不同点,确定它们之间的关系,从而达到对事物准确清楚的感受和理解。比喻是表达者引导接受者进行比较从而使之对所传达事物取得明确认识的一种方式。一切在某方面具有可比关系而又有所不同的两个事物都能进行比较,只是由于表达者的目的不同,对比较对象之间的关系的处理不同,比较的方式也就不同。有的比较所要突出的是两个事物之间的差异,如"万绿丛中红一点",所突出的是比较对象(即红与绿)之间的差异,比较对象之间主要是一种对立关系,这叫对比手法。比喻是一种强调事物之间相似关系的比较,所突出的是两个事物之间的同一,它要求相比较的两个事物在某一点上极其相似,而在整体上极不相似。例如"霜叶红于二月花"所要突出的就是枫叶与二月花在"红"这一点上的相似,而从整体上看,"霜叶"与"二月花"在类别和形态上都是极不相同的。

比喻要求喻体和本体在一点上极其相似而在整体上极不相似,是有心理学根据的。人对客观事物的认识是通过大脑的神经活动来实现的。大脑的神经活动遵循着"泛化"与"分化"的规律。所谓"泛化",就是大脑神经兴奋的扩散,就是对事物相同、相似、相通方面的反应;所谓"分化",就是大脑神经兴奋的集中,就是对事物不同、差异方面的反应。喻体与本体在某一方面越相似,越有利于大脑神经兴奋"泛化"的精确,因而对所要表现的事物之间的相似特征的把握就越准确;另一方面,喻体与本体在整体上越不相似,就越有利于大脑神经兴奋"分化"的准确,因而更容易将事物的特征从整体中区分出来。例如:

> 战士们的三只小船就奔着东南方向,箭一样飞去,不久就消失在中午水面上的烟波里。(孙犁《荷花淀》)

在这个比喻中,作者抓住小船与箭运动时在轻盈快速这一点上极其相似,在二者之间建立了比喻关系。这样,"小船"在读者头脑中所引起的神经兴奋的"泛化"过程就不是无目的的扩散(如弯月、织布梭在形象上与小船有相似之处,滑翔的鹰、游动的鱼等在运动速度、形态上与小船也有相似之处,它们都可能在神经兴奋的"泛化"过程中与小船建立起联系),而只对运动的小船与运动的箭的相似点产生反应,从而使小船运动时"轻盈快速"的特点通过箭的运动形态而得到强化。另一方面,由于"小船"与"箭"在整体上极不相似(类别、形象都不同),因而又促进了神经兴奋的分化过程,使"轻盈快速"的特点在整体差别的背景中显著突出出来。

(二)比喻的心理机制

前面谈了比喻之所以被广泛应用,是因为它符合接受者认识事物的规律,有助于接受者对所传达事物获得清楚明确的认识。此处则要讨论两个极不相同的事物是怎样在表达者的头脑中建立起联系的,即比喻形成的心理机制问题。

比喻是通过相似联想,通过本体与喻体在表达者大脑皮层上建立"暂时神经联系"而形成的。那么在整体上极不相同的本体和喻体,作为表达者头脑中储存的客观事物的信息,又是怎样建立起"暂时神经联系"的呢?是通过它们极其相似的那一部分特征所共有的心理反映模式。这种反映模式是本体与喻体之间建立联系的中介:从生理机制上说,它们是一些对本体和喻体都进行反应的神经细胞;从心理机制上说,它们是一些对本体和喻体都做了反映的信息单位。在不同的相似联想中，可能形成种种不同的、为本体和喻体所共有的反映模式，它们都是经过各种不同的概括（具象概括、抽象概括、情感概括等）而形成的心理存在。

苏东坡诗"岭上青云披絮帽，树头初日挂铜钲"二句是两个生动的比喻，以后一句来说，"初日"与"铜钲"这两个形象之所以会在诗人头脑中建立起联系，乃是通过一种概括性的反映模式。诗人在日常生活中通过对朝阳、落日、铜镜、红盘、铜钲等事物的多次反映，就会在头脑中形成一种高于这些具体表象之上的概括性表象。这种表象并不具有这些事物的个别形象特征，而具有它们的共同形象特征：又大、又红、又圆。它像一个骨架，联系着铜镜、红盘、铜钲、朝阳、落日等具体事物的表象，是它们所共有的心理反映模式。当大脑对这些事物作反映时，无论在具体的反映模式上有何种不同，都会引起这种共有的、概括的反映模式的兴奋。当"树头初日"反映到诗人的大脑皮层，诗人感受到它又大、又红、又圆的特征后，就引起了这种共有反映模式的兴奋，并通过神经兴奋的扩散相继唤醒与之相联系的一系列表象。在这种情况下，诗人有可能首先就想到铜钲这个喻体；也可能先后想起几个喻体，经过比较才决定选取铜钲。这就是相似联想的过程，比喻正是在这一过程中形成的。

（三）比喻的心理类型

从语言学的角度，比喻可分为明喻、隐喻、借喻、讽喻等类型。那么从心理学的角度看，比喻可以分为哪些类型呢？此处准备对比喻的心理类型做一点探索和分析。

依据什么来划分比喻的心理类型呢？笔者认为依据表达者头脑中本体与喻体相似点的心理形态来划分比较合适。因为比喻的心理机制主要是相似联想，相似联想与其他联想（对比联想、接近联想、关系联想等）的最大区别，在于两个各不相同的事物在表达者的大脑皮层上是通过它们的相似点建立起暂时神经联系的，这些相似点在比喻形成的过程中分别表现为表象、概念和情感的心理形态。

刘勰在《文心雕龙·比兴》中说："夫'比'之为义，取类不常：或喻于声，或方于貌，或拟于心，或譬于事。宋五《高唐》云：'纤条悲鸣，声似竽籁',此比声之类也；枚乘《菟园》云：'焱焱纷纷,若尘埃间白云',此则比貌之类也,贾生《鵩鸟赋》云：'祸之与福,何异纠纆',此以物比理者也；王褒《洞箫》云：'优柔温润,如慈父之畜子也,'此以声比心者也。"刘勰在这里从取类（指其相似之处）的心理形式上将比喻分为四种类型。"喻于声"与"方于貌"虽然感觉形式不同,但它们所反映的都是事物外部形象上的相似,其相似点都是以表象形式存在于表达者的头脑中,因此可以并为一类。"拟于心"所指的是不同事物所给予人的情绪感受上的相似,其相似点是以情感体验的方式存在于表达者的心中的。"譬于事"乃是"以物比理",它所指的是事物内部逻辑上的相似,其相似点是以概念形式存在于表达者的心理中的。据此,我们可以将比喻分为表象、概念、情感三种心理类型。

1. 表象型比喻。这种比喻所要表现的是本体与喻体外部形象上的相似,其心理中介是一种通过对事物外部形象的具象概括所获得的,以表象形式存在的心理模式。例如：

> 那融化的雪水从峭壁断崖上飞泻下来,像千百条闪耀的银练。这飞泄下来的雪水,在山脚汇成冲激的溪流,浪花往上抛,形成千万朵盛开的白莲。
>
> 碧野《天山景物记》

这里两个比喻所反映的是飞泻的雪水与闪耀的银练、上抛的浪花与盛开的白莲在视觉形象上的相似。这一比喻的形成,是飞泻的雪水与闪耀的银练的视觉表象,上抛的浪花与盛开的白莲的视觉表象分别通过一种在色彩、形态等方面反映二者共有的外部特征的概括心理模式建立起神经联系的结果。读者虽然实际上并没有见到飞泻的雪水与上抛的浪花,却可以通过头脑中储存的闪耀的银练、盛开的白莲等视觉表象的复现而引起这种共有的心理模式的兴奋,从而把握住这些景物的概括性特征。再将这种特征与头脑中储存的雪水、浪花的表象联系在一起,于是就可能产生如在目前之感。

以上两个表象型比喻所反映的都是同一感觉对象间的相似关系。还有一种表象型比喻,所反映的是不同感觉对象间的相似关系。例如：

> 层层的叶子中间，零星地点缀着些白花，有袅娜地开着的，有羞涩地打着朵儿的；正如一粒粒的明珠，又如碧天里的星星。微风过处，送来缕缕清香，仿佛远处高楼上渺茫的歌声似的。
>
> 朱自清《荷塘月色》

将绿荷间的白花比作明珠、碧天里的星星，所反映的都是视觉对象间的相似关系；而将微风吹送的清香比作远处高楼上渺茫的歌声，所反映的则是嗅觉对象与听觉对象的相似关系。这就是所谓"通感"，即人的某一种感觉有时可以引起另一种感觉的表象联想。两种不同类型的感觉对象在人的大脑中通过一种概括性更高的共有的心理反映模式而建立起联系。这种反映模式虽然概括性较高，但由于它所反映的仍是事物的外部形态和结构，因此仍属于表象概括型的心理反映模式。它就是联结两个不同感觉类型表象的心理中介。

2. **概念型比喻**。这种比喻所要表现的是本体与喻体在内部结构成逻辑上的相似。其心理中介是一种通过对事物内部性质的抽象概括而得出的，以概念形式存在的心理模式。例如，孟子见梁惠王，梁惠王问孟子，谁能统一天下，孟子说，不好杀人的国君能统一天下，梁惠王又问，那有谁来跟随他呢？孟子说，天下的人没有不跟随他的，接着，就做了这样一个比喻：

> 王知乎苗乎？七八月之间旱，则苗槁矣。天油然作云，沛然下雨，则苗然兴之矣。其如是，孰能御之？今夫天下之人牧，未有不嗜杀人者也。如有不嗜杀人者，则天下之民皆引领而望之矣。诚如是也，民归之，由水之就下，沛然谁能御之？

久旱的禾苗遇雨与老百姓对于不杀人的国君的向往这两种现象在外在形态上无丝毫相似之处，但久旱的禾苗与雨的关系和老百姓与不杀人的国君的关系却是相似的，它们之间都是一种需要与满足需要的关系，这种相似点是蕴藏于事物内部的逻辑模式与逻辑关系，是孟子通过对自己内心的感受进行抽象概括而形成的一种概念性的心理模式。

有的比喻，本体并不是一种具体事物，而是一种抽象的道理，如前面引的刘勰所举贾谊《鵩鸟赋》"祸之与福，何异纠纆"之例，就是以纠纆相联的关系来说明祸福相依的道理。还有的比喻，本体干脆不出现，而直接以喻体来代替本体，如"春蚕到死丝方尽，蜡炬成灰泪始干"，即比喻一种忠诚不渝、死而后已的精神。这些比喻的相似点的心理形态都是概念性的，都属概念型比喻。

3. 情感型比喻。这种比喻所要表现的不是事物本身外部和内部的相似关系，而是事物对人情感作用上的相似关系。客观事物作用于人，人会由于它是否满足自己的需要，对自身具有什么样的意义而产生种种情感，并在大脑皮层上形成相应的反映。这些反映由于皮层的分析综合活动，可以概括为各种不同的模式和类型，如愉快、忧伤、愤怒、恐怖等，因此，外部形态和内部实质都是不相同的各类事物，由于对个体的意义相似，就可以引起类似的情感反映，两个事物就可能以某种概括性的情感反映的心理模式为中介而形成相似联想，从而形成情感性比喻。韩愈《听颖师弹琴》一诗中"呢呢儿女语，恩怨相尔汝。划然变轩昂，勇士赴敌场"一节，前二句将轻柔细碎的琴声比作恩怨尔汝的呢呢语声，主要反映的是听觉形象上的相似，是一种表象型比喻。后二句将轩昂雄壮的琴声比作勇士赴战场杀敌的场面，无论是外部形象还是内部逻辑，二者的关系都是不相似的。但它们使人产生的情绪感受却有着明显的相似性，它们都使人产生一种激昂向上的情感。当诗人听到这种轩昂雄壮的琴声时，就会引起某种具有激昂向上性质的情感反映模式，这种情感反映模式的兴奋会唤起与之相联系的许多事物（这些事物都可能引起这一情感反映模式的兴奋），于是诗人就选择"勇士赴敌场"这一事物作为喻体而与轩昂的琴声建立了比喻关系。反之，欣赏者则是通过"勇士赴敌场"所唤起的情感去体验琴声的。

情感型比喻的本体与喻体，无论在外部形态还是内部实质上都既可以相似，也可以不相似。构成情感型比喻的关键在于表达者通过比喻所要表现的主旨是什么。只要表达者所表现的主旨是本体和喻体对主体情感作用上的相似，那么即使本体与喻体在外部形态或内部实质的某些方面有相似之处，这个比喻也仍然应该划为情感型比喻。

以表达者所要表现的本体与喻体相似点的心理形态为依据，我们将比喻分为以上三种类型。但是，由于人的大脑是一个有机的整体，一个具体的反映过程常常需要多种心理功能在多种水平上的协同活动来完成，因此，在一个比喻形成的实际心理过程中,本体与喻体的相似点有时并不表现为单一的心理形态。其心理类型也常常并不像以上所分析的那样纯粹。"日出江花红胜火"一句,江花与火固然在色彩上相似,在情绪上不也同样给人以热烈之感吗?但是,在这些不同心理形态的相似点中,总有一种是作者所要表现的主要方面。比喻的心理类型正是由它决定的。例如前一例主要反映的是红花与火在色彩上的相似,属表象型比喻。

(刊于《吕梁学刊》1994年第3期)

文艺欣赏的鲜明性与含蓄性

鲜明与含蓄，是艺术家在创作中的普遍追求，也是欣赏者对文艺作品的普遍要求。所以如此，是因为鲜明与含蓄适应了审美认识中神经过程的"泛化"与"分化"规律，对欣赏者获得良好的欣赏效果具有重要的心理学意义。

（一）

文艺欣赏是一种审美的形象认识活动。同一般认识活动一样，其神经过程遵循着"兴奋泛化"和"分化抑制"的规律。所谓"泛化"，就是大脑神经兴奋的扩散，就是对事物相同、相似、相通方面的反映过程；所谓"分化"，就是大脑神经兴奋在抑制过程作用下趋向集中，就是将某一事物或事物的某一方面从其他事物或事物的其他方面中区分出来的过程。

人对客观事物的最初认识总是"泛化"性的，文艺欣赏也是如此。开始欣赏达·芬奇的名画《最后的晚餐》时，我们并不能立即将犹大从耶稣的12个门徒中区别出来，因为他们之间相通或相似的部分使我们的神经兴奋"泛化"了；最初欣赏郑板桥的墨竹，我们也很难看出这竹和别的竹有什么不同，因为神经兴奋的"泛化"引发了我们记忆中储存的竹的一般表象。但是每一个欣赏者都希望对作品中的艺术形象及其所蕴含的美学意义获得一个清晰准确的印象，因此就欣赏者而言，需要通过比较等方法来实现神经过程的"分化"；而创作者，则要努力使创作具有一定的鲜明性，从而促进欣赏者神经过程的"分化"。

所谓鲜明性，就是指创作者所要表现的事物的新异特征在作品中得到突出和强化。突出了所要表现的事物特征，就使该事物在与其他相关事物的比较中变得鲜明起来，从而可以抑制欣赏者神经过程的盲目"泛化"，促进其准确"分化"。例如，在《最后的晚餐》中，由于达·芬奇赋予了犹大手抓钱袋、身体因惊慌而后倾、将一张充满虚伪和奸诈的面孔藏在阴影处等形象特征，因此能使我们通过一定的比较，很快地将他从耶稣的其他门徒中区别出来。《最后的晚餐》这个取自《圣经》的题材，在达·芬奇之前不少画家都画过，但构思和艺术处理（特别是对犹大的形象）都比较平庸，很难给人留下深刻印象。达·芬奇的艺术构思和处理则是独特、深刻和新异的，因而使人获得了鲜明的印象。为什么新异性特征能够有力地促进欣赏者神经过程的"分化"呢？因为"新异性是引起不随意注意的刺激物的最重要的特点之一"，而"注意是意识对一定客体的集中，以保证对它获得特别清晰的反映"。

突出事物的新异性特征以使作品获得鲜明性，是促进欣赏者神经过程"分化"的根本途径。至于突出和促进的具体方式，则主要有以下两种：

（1）增强事物特征本身的刺激强度，以提高欣赏者感受的绝对值。巴甫洛夫认为，在条件反射中，反映的效果与刺激的强度有密切的关系。对象刺激越强，相应的神经细胞的兴奋度越高，周围神经细胞由于负诱导规律所产生的兴奋抑制度越高，神经过程的"分化"就越迅速，对象在皮层上的印象也就越鲜明突出。在这方面，有四种较为常见的方法：一是集中。就是对现实生活中分散、朴素、不明显的事物特征给予提炼、提高和典型化处理。例如，20世纪初人们对国民中普遍存在的"精神胜利法"这种病态意识及其表现并没有引起注意，鲁迅先生通过阿Q这一典型给予了集中表现，使人们一下获得了深刻认识。二是强调。就是对所要表现的事物特征给予强化处理。三是反复。就是通过重复的刺激来突出事物的特征。例如，电影中的主题曲和音乐中的主旋律。四是夸张。夸张的艺术形象由于不符合实际生活的逻辑而在欣赏者头脑中与过去的经验发生了冲突，从而使欣赏者的神经过程能够迅速将被夸张的形象特征从过去的经验中分化出来，在头脑中留下鲜明印象。

（2）突出事物之间的对立和差异，使所要表现的事物特征在比较中得到强化，提高欣赏者感受的相对值。这方面主要有反衬和对比这两种常见的方法。前者如"嫩绿丛中一点红"，就是通过较大的色彩差异使"一点红"的特征在"嫩绿"的背景中得到强化；后者如"横眉冷对千夫指，俯首甘为孺子牛"，就是用相反的两个事物的对照比较来突出各自的特征，增强各自的刺激强度。

（二）

同世间任何事物都具有两面性一样，鲜明性虽然有助于欣赏者神经过程的"分化"，但过度的鲜明、过快的"分化"，也会对欣赏产生消极的作用。这主要表现在以下两个方面：

第一，过度的鲜明、过快的"分化"，会影响欣赏者审美认识的愉悦。心理学认为，对未知事物的认识会给人带来一种精神上的愉悦，审美认识更是如此。一般来说，认识中付出的心理努力越大，其所带来的愉悦也越大。一部作品如果鲜明过度，一览无余，使欣赏者神经过程迅速"分化"，一下子获得明确认识，那么欣赏者由探索玩味所带来的审美认识愉悦也就化为乌有了。

第二，过度的鲜明、过快的"分化"会影响欣赏者的创造想象，从而减弱其欣赏中的审美愉悦。我们知道，创造是人的本质力量的集中体现，人通过创造看到自己的本质力量会产生一种愉悦之感。高水平的欣赏并不满足于对作品的消极接受，而是要展开创造想象的翅膀，扩大审美感受，并享受创造的愉快。但是，"想象是在情境非常不明确的认识阶段上发挥作用的。情境越是习以为常，越是清楚明确，它为想象力提供的活动场所也越小"。因此，如果创作过于清楚明确而使欣赏者产生过快的"分化"，就会影响其创造想象及由此产生的审美愉悦。

那么如何防止欣赏者神经过程的过快"分化"呢？这就需要使创作具有一定的含蓄性，即对作品所要表现的内容和主旨不作直接的揭示和过分的强调，而是采取曲折隐蔽的方法使欣赏者思而得知。这样，就为欣赏者神经过程的一定程度的"泛化"创造了条件，从而促进欣赏者联想、想象等心理活动的展开。至于怎样使作品具有含蓄性，则主要表现在以下两个方面：

第一，对所要表现的事物不作直接的描绘，而是通过对与之有一定关系的事物的描绘来间接地表现。这一点与鲜明性的要求正好相反。例如，俄罗斯著名画家列维坦的风景画《弗拉基米尔卡》，画的是沙皇政府遣送千千万万"犯人"到西伯利亚去所必经的一段道路。画面上只有原野、天空和一条伸向远方的路，没有人，但却引导欣赏者通过路与人的关系想象出道路上一队队衣衫褴褛的"犯人"在艰难地行走，进而引发出对俄罗斯现实与未来的深刻思索。

第二，突出所要表现事物的和谐与统一。任何事物之间都存在着对立与差异，也存在着和谐与统一。鲜明所要突出的是前者，含蓄所要突出的则是后者。渲染是突出事物之间和谐与统一的一种重要方法，在绘画与文学中都有广泛的运用。如柳永的《雨霖铃》："念去去，千里烟波，暮霭沉沉楚天阔。"这句词所写的水、暮气、天空这三种景物本各有特点，但诗人将它们都涂上了一种"多情自古伤离别"的情感色彩，使之形成了一个和谐有机的整体。这样的艺术处理增强了欣赏者神经过程的"泛化"，减弱了其神经过程的分化，使欣赏者不去注意水、暮气、天空的各自特点，而笼罩在一种迷茫凄戚的情绪氛围之中。

（三）

如前所述，文艺作品的鲜明性，有利于欣赏者神经过程的"分化"，从而促进审美感受的准确；文艺作品的含蓄性，有利于欣赏者神经过程的"泛化"，从而促进审美感受的持久与丰富。但是，在实际的审美认识活动中，神经过程的"泛化"与"分化"并不是相互孤立的，而是相互联系、相互作用的。反映的"泛化"和兴奋的扩散，必然引起反映的分化和兴奋的集中；反之，反映的"分化"和兴奋的集中又必然导致反映的"泛化"和兴奋的扩散。二者实际是一种对立统一关系。

这就要求文艺作品中的鲜明性与含蓄性也不能相互割裂，而应该是对立统一。由于"分化"是在一定"泛化"基础上的"分化"，因此鲜明应该是含蓄基础上的鲜明，是寓于含蓄的鲜明；由于"泛化"是一定"分化"影响下的"泛化"，因此含蓄也受到鲜明的制约，是引导鲜明的含蓄。如果把欣赏比作航行，那么鲜明就是海上的航标，含蓄就是海上的迷雾。没有航标，欣赏者就会迷失方向，就无法到达审美认识的彼岸；没有迷雾，欣赏者过于容易地到达彼岸，又有何审美探索的乐趣可言呢？因此，作为创作者，关键要把握住作品中鲜明与含蓄的尺度，使之恰如其分地适合欣赏者神经过程"分化"与"泛化"的规律。

（本篇与金开诚教授合作，刊于《百科知识》1995年第12期）

文艺创作与社会心理

社会心理作为文学艺术与社会存在的中介，对文艺创作有着重要的作用和影响，这主要表现在以下几个方面：

第一，社会心理影响文艺创作的基本倾向和内容。文艺创作者不是生活在真空的世界里，而是生活在一定的社会环境和人际关系之中。一定社会群体（阶级的、阶层的、民族的等）的需要、情绪、意向、信仰、道德风尚、生活情趣等心理现象会通过各种方式、各种渠道对他产生着潜移默化的影响，不自觉地铸造着他的心理个性。因此，在他的个性心理中不可避免地溶解着一定的社会心理，这不仅表现在他的显意识层次，而且表现在他的潜意识层次；因为社会心理常常是在不自觉的情况下对个体发生作用的。另一方面，文艺创作是一种精神生产活动，它是以作用于一定社会成员的精神生活为直接目的的，因此必然要受到一定社会心理需要的制约。正如丹纳所说："精神气候仿佛在各种才干中作着'选择'，只允许某几类才干发展而多多少少排斥别的。……群众思想和社会风气的压力，给艺术家定下一条发展的路，不是压制艺术家，就是逼着他改弦易辙。"[①] 因此文艺创作不可避免地要受到一定社会心理的影响和作用。例如，古希腊人所处的温暖湿润的地中海气候和他们的军事需要使他们产生了裸体进行体育锻炼的风俗，"这种特有的风气产生了特殊的观念。在他们眼中，理想的人物不是善于思索的头脑或者感觉敏锐的心灵，而是血统好，发育好，比例匀称，擅长各种运动的裸体。"[②] 正是在这样的社会心理的影响和作用下，古希腊的艺术家们创作了大量的完美的裸体塑像；而这对于其他民族，例如以"男女授受不亲"为道德规范和行为准则的中国古代社会，则是绝不可能的；因为不具备相应的社会心理基础。

[①] 丹纳：《艺术哲学》，第35页。
[②] 丹纳：《艺术哲学》，第43页。

社会心理对文艺创作的影响和作用不仅表现在那些持久、稳定的心理因素上，而且表现在那些活跃、变化的情感、情绪、意向等心理因素上。例如小说《新星》被改编为电视连续剧播出后，在社会上曾引起强烈反响，群众争相购买，颇有"洛阳纸贵"之势。《文艺报》记者为此曾采访了二十名从16岁到60岁不等的读者，他们认为，这本书触及了"权"与"法"的关系这个大家关注的问题，把人们感觉到的一些东西淋漓尽致地表现了出来，因此引起社会的共鸣。这里所说的"人们感觉到的"一些东西，实际就是阻碍改革的官僚主义、特权思想、不正之风等不良现象。人们"感觉到了"这些，并自发形成了一些要求改变这种现象的不定型、不系统的情绪、愿望和要求。小说的作者正是感受到了这些社会心理并以艺术的形式加工表现了出来，从而与这种社会心理产生了共鸣。因此，这一现象正是从相反的方向证明了社会心理对文艺创作的决定作用。

第二，社会心理制约文艺创作的表现形式和特征。每个民族的艺术都有自己独特的表现形式，每个时代的艺术也都有自己的风格特征；这固然是通过艺术家的创作表现出来的，却是受一定的社会心理所制约的。一定的社会心理（道德风尚、审美趣味、欣赏习惯、精神特色等等）引导和制约艺术家以特殊的方式和风格对生活进行艺术加工，从而形成独特的艺术形式和艺术风格。例如中国的五言诗形式最早产生于民间，早在春秋末期，就出现了《孺子歌》那样的形式，更晚又出现秦始皇时的《长城歌》的形式。汉武帝以后，这种形式的诗歌大量被采入乐府，吸引了文人的注意，他们大量模仿创作，从而最后完成了五言诗的形式。由此可见，正是群众审美心理引导着艺术家进行创作，从而形成新的艺术形式。而一个艺术形式一旦形成，艺术家就必须遵循这一形式的规则去进行创作。表面看来这好像是艺术创作受制于艺术形式，而实际上却是受制于某种社会审美心理。因为接受对象已经对这种艺术的形式形成了某种心理定势，不这样创作就不能得到他们的肯定和批准。例如我国戏曲的程式化表演，演员手摇马鞭即是代表策马而行，四个龙套即可代表千军万马，欣赏者在心理上完全可以接受。而如果哪位演员将真马牵上舞台，或将四个龙套改成六个，这恐怕就难以被人接受了。以上说的是社会心理对艺术形式的制约，下面再看对创作风格的制约。鲁迅曾经指出，从汉末魏初曹氏父子的"清峻、通脱、华丽、壮大"，到晋代阮、嵇的狂放、高逸，再到晋末"田园诗人"的平和、自然，都是与当时的社会状况、封建文人的生活方式、社会心理的变化密切相关的。再看以李白、高适、岑参、李颀、王昌龄等人为代表的豪迈奔放的盛唐之音，不正是对当时强盛的大唐帝国充满信心，对未来充满希望的社会心理的写照吗？反之，以杜牧、李商隐、温庭筠、李煜等人为代表的充满感伤情调的晚唐诗歌，不也反映了一种国运衰败、悲观失望的社会情绪吗？这些都是显而易见的，不必细说。

第三，社会心理为文艺创作提供心理素材。文艺创作是以人为对象的，它要反映作为社会的人的精神世界和精神生活。但是文艺是以形象直观的方式对此进行反映的，它所要反映的不是人们头脑中的抽象精神成果，而是活生生的、完整的人的精神活动。因此，它固然要从高层次的社会意识（即一些以抽象概念形式而存在的思想理论）汲取营养，但是却要以社会心理这种低层次的社会意识作为直接的创作素材。社会中存在的种种朦胧的、杂乱的心理倾向、价值观念、思想方式、情绪活动等等为创作者提供了大量的创作素材，等待着创作者去感受、挖掘、研究、加工，创造出具有典型意义而又有血有肉的艺术形象。鲁迅笔下的阿Q正是这样的一个艺术形象，他那"精神胜利"的思想方式、盲目自大而又愚昧可笑的心理特征，不正是当时某些国人灵魂的写照吗？鲁迅对这种病态的社会心理揭示得那样深刻，描绘得那样逼真，以至许多不同身份的人以为写的自己。可见正是这种社会心理的存在为鲁迅提供了创作素材，鲁迅也正是通过对这些社会心理的直接感受与研究，而不是通过对某些思想理论的图解创造出这一典型的。

第四，文艺创作社会功能的实现有赖于社会心理的整体效应。任何社会意识形态要作用于社会存在以实现其社会功能都要通过社会心理这个中间环节，因为它们不可能直接改变、破坏或创造经济关系和社会关系。但是对于某些抽象形态的思想理论来说，它们所依赖的主要是社会心理理性层次的效应，它们主要是通过影响社会心理的理性部分而使理论转化为实践的。例如经济体制改革的理论主要是通过影响人们的理性认识而使其诉诸行动的，对于人们在感性心理中可能存在的种种不适应、不习惯、不稳定的情况则作用不大。但是文艺创作则不然，它是通过影响人的整个心灵来达到最后影响人的行为，因此它有赖于包括意识和潜意识、理性与感性、理智和情感等多层次水平在内的社会心理的整体效应。因此，从社会效应的角度看，社会心理之于文艺比其他意识形态有着更为重要的意义。

综上所述，社会心理对文艺创作有着重要的作用和影响。因此，文艺创作者应该对社会心理给予充分的重视。

首先，要敏锐地感受社会心理。由于社会心理是社会存在自发的、直接的反映，因此具有敏感的特点。社会生活中的一些细微变化，都会迅速地在社会心理中得到反映。因此，可以说社会心理是社会生活的晴雨表，是文艺工作者认识社会生活的钥匙。社会心理常常是依附于一定人和事表现的，同明确系统的思想理论等意识形态相比，它具有不定型、不明确、不稳定、不系统的特点，这就要求文艺工作者具有敏锐的感受能力，能够从纷纭复杂的社会现象中准确地把握住社会心理的脉搏。交通拥挤、乘车困难曾经是北京的一个老大难问题，乘客有意见，司售人员有情绪。对于这一司空见惯的现象，一般人只是发发牢骚而已。作家刘心武却敏锐地发现了隐藏在表面现象之中的一种社会心理，即改革给人们心理上带来的一种复杂微妙的波动，一种心理的不适应与不平衡。于是他据此写出了纪实小说《公共汽车咏叹调》。小说发表后，在社会上和广大司售人员中引起了强烈的反响，一些司售人员感到小说把潜藏在自己内心深处的、自己也说不太清楚的那种情绪、意向和心理活动准确而又细致地表现了出来，从而促进了乘客与司售人员之间的相互了解与相互体谅。然而，要想如此准确细致地把握住一定的社会心理却也不是轻而易举的。一定的社会心理产生于一定的社会环境与社会关系，文艺家只有深入其中，进行切身的体验和感受，才能真有所得。刘心武为此曾经花了1个多月的时间，从早到晚乘坐公共汽车观察体会，同各种各样的乘客和司售人员交谈了解，深入司售人员的工作场所和家庭体验感受，获得了大量的第一手材料。因此，敏锐准确地把握住一定的社会心理，离不开对一定社会生活的深入体验。

其次，要能动地反映社会心理。文艺作品中的心理内容，实际上是一定社会心理在文学艺术中的反映。不论创作者是否明确意识到，这种反映实际是通过创作过程实现的。创作过程实际是社会心理向创作者个体心理的转化，是社会心理由纷杂朴素形态向典型概括形态的转化。通过这种转化，社会心理以创作者个体心理的形式表现出来，并上升为文学艺术型的社会意识形态。但是这种反映和转化不是消极被动的，而是积极能动的，事实上这是创作者个体心理与一定社会心理相互作用的过程。在这个过程中，作为客体的社会心理影响着主体，而主体也会以自己固有的心理改造着客体。因此，反映在作品中的某种社会心理，可能与创作者个体心理一致，也可能与其不很一致甚至很不一致。例如电影《血总是热的》中所反映的不甘现状、要求改革的心理，就体现了创作者个体心理与社会心理的一致。但是鲁迅在《阿Q正传》中所反映的"精神胜利"的社会心理，就与创作者的心理不一致，作者对这种心理是取否定和批判态度的。但是《血总是热的》中所反映的要求改革的心理也不是对一定社会心理的照抄，而是经过创作者个性心理过滤的、熔铸着他独特的理解和感情的社会心理；鲁迅对"精神胜利"心理的否定，也不是超社会的个性心理的体现，而是同样具有一定的社会心理基础。因此，创作者既不能以主观意志代替社会心理，也不能被动地反映社会心理，而应该从社会心理与个体心理的有机统一中正确地反映社会心理。

再次，要艺术地加工社会心理。任何意识形态都是通过对社会心理的加工制作而形成的，但由于各种意识形态的性质不同，其对社会心理的加工方式也就不同。文艺创作是以艺术的形式反映社会心理的，因此要对社会心理进行艺术的加工。所谓艺术的加工，主要是对社会心理采取具象概括的方式，而不是采取抽象概括的方式。也就是说创作者没有用理性思维的方式从纷纭复变的社会现象中将社会心理提炼成若干概念，而是要从心理行为的联系出发，从众多的个别行为中概括出具有一定普遍性的社会心理，同时形成最能表现这种心理的行为方式和形象系统，并且这是与创作者自身的心理体验相联系的。这就要求文艺创作者具有形象直觉能力和心理同感能力。巴尔扎克说："我喜欢观察我所住的那一郊区的各种风俗习惯，当地的居民和他们的性格……对我来说，这种观察已经成为一种直觉，我的观察既能不忽略外表又有深入对方的心灵。"（巴尔扎克《法齐诺·加奈》）他又说："当我观察一个人的时候，我能够使自己处于他的地位，过着他的生活……他们的欲望，他们的需求，这一切都深入我的心灵，我的心灵和他们的心灵已经溶而为一了。"如果说前者指的是作家的形象直觉能力，后者则解释了作家的心理同感能力，即设身处地地进入他人心理状态的能力。形象直觉能力使文艺创作者能够通过千百次"不忽略外表又能深入对方的心灵"的观察从行为与心理、个别与一般的联系上对一定的社会心理做出整体性的概括，而心理同感能力则使文艺创作者能够从环境与心理的关系出发以自己的心灵去切实地体验一定的社会心理，这样就使文艺创作中所反映的社会心理既具有一定的典型意义，又是活生生的、有血有肉的个性心理。

又次，要积极地影响社会心理。文艺创作不仅要反映社会心理，而且要反作用于社会心理。文艺的社会职能正是通过对社会心理的影响实现的。要影响社会心理，首先要适应社会心理。文艺创作只有适应一定社会心理的意志、要求和审美需要，才能为其所接受，也才能对其产生影响。但是这种适应并不是消极的，而是积极的。所谓积极的适应，就是说文艺创作不仅要服从社会心理，而且要引导社会心理。马克思说："艺术对象创造出懂得艺术和能够欣赏审美的大众——任何其他产品也都是这样。"文艺创作的正确引导可以给社会心理以健康的发展方向，也可以提高社会的欣赏水平。当然，这种引导只有在尊重社会心理的基础上进行，才能收到理想的效果。

（刊于《火花》1994年第8期）

关于艺术感知的几个问题

（一）感觉

感觉是客观事物的个别属性在人脑中的直接反映。客观事物直接作用于人的感觉器官，引起神经冲动，由感觉神经传导到脑的相应部位，便产生感觉。因分析器的不同，感觉可分为视觉、听觉、嗅觉、味觉、肤觉等。感觉是人的一切认识活动的基础，一切较高级、较复杂的心理现象，如知觉、想象、思维等，都是在通过感觉而获得的材料的基础上产生的。因此列宁说："不通过感觉，我们就不能知道实物的任何形式也不能知道运动的任何形式。"[①]

感觉是审美感受中不可缺少的一种基本心理因素。感觉在审美感受中所起的作用与生理快感有一定的关系。实验美学的材料证明，对单颜色可以有愉快或不快的不同感觉，如红色与绿色对视神经的刺激反应便很不一样，并随年龄、性别等等而有所差异。所以，应该承认审美感受的愉快与生理快感有一定的联系。即生理机能上的适应满足与作为人的社会需要的精神享受之间，可以有一定的联系。但是对这种联系不应过分夸大，事实上，感觉的生理快感因素在美感中的作用到底是次要的。

感觉在艺术活动中具有重要意义。任何艺术都是以特定的感觉形式作用于人的特定感觉器官来表现丰富多彩的社会生活和精神生活的。例如音乐是以听觉形式作用于人的听觉器官，绘画是以视觉形式作用于人的视觉器官。因此它要求从事某一艺术创作和欣赏的人具有与该艺术的表现形式相适应的感觉能力。正如马克思所说："对于没有音乐感的耳朵说来，最美的音乐也毫无意义，不是对象，因为我的对象只能是我的一种本质力量的确证，也就是说，它只能像我的本质力量作为一种主体能力自为地存在着那样对我存在，

[①] 列宁：《唯物主义和经验批判主义》，《列宁全集》，第14卷，第319页。

因为任何一个对象对我的意义（它只是对那个与它适应的感觉说来才有意义）都以我的感觉所及的程度为限。"[1]需要说明的是，对各种艺术的感觉形式的感受，往往不是某一感觉的孤立活动，而是需要相关感觉的协同活动。这种对事物的各种属性、各个部分及其相互关系的综合的、整体的反映，就是知觉。因此，感觉对艺术活动虽然重要，但在实际的认识活动中却往往是离不开知觉的，是联系着知觉的整体来感觉事物的个别属性的。当然，在不同艺术的知觉活动中，各种感觉所发挥的作用也不是平均的，而是有主有从的。在绘画艺术的知觉中，视觉发挥着主导作用，可以称之为视知觉；在音乐艺术的知觉中，听觉发挥着主导作用，可以称之为听知觉。

（二）统觉

统觉是指由当前事物引起的心理活动（知觉）同已有的知识经验相融合、从而更清晰地理解事物意义的心理现象。它说明，知觉并不是当前事物在大脑屏幕上的直观反映，也不是一种孤立的心理影像，而是个体已有的知识经验、兴趣态度等心理因素与当前刺激相互作用的产物。客观事物的刺激引起了以前形成的暂时神经联系的兴奋，于是事物信息就在已有的知识经验、兴趣态度等心理因素中被组织，从而使个体理解到事物的意义。

统觉对于艺术知觉具有重要意义。从一定意义上说，艺术活动中的知觉虽然具有某种直觉的性质和表现，但这只是由于职业敏感、艺术通感、心理定势等因素的作用使知觉变得更为敏捷和迅速，并不意味着可以不涉及已有的知识经验而孤立地从知觉对象中获得直接的理解。因为艺术知觉作为一种特殊的知觉，不能脱离一般知觉规律的制约，因此也不能脱离统觉。例如，中唐诗人刘禹锡在其著名的《金陵五题》之二《乌衣巷》中写道："朱雀桥边野草花，乌衣巷口夕阳斜，旧时王谢堂前燕，飞入寻常百姓家。"诗人从对桥边野草、巷口夕阳、飞燕入屋等景物的知觉中获得了某种意义，即五百年前显赫一时的王谢士族的府宅如今已成为寻常百姓的庭院，名位权势不过是过眼烟云，历史却是不以人的意志为转移而发展的。这种感想的获得就有赖于统觉的作用。如果诗人没有王谢士族的历史知识和自身荣辱沉浮的人世阅历，或没有将所见景物与这些知识经验、生活态度联系起来，那么他知觉到的只

---

[1]《马克思恩格斯论艺术》，中国社会科学出版社1982年版，第155页。

能是一些表面物象、而不会有这样深刻的感悟和理解。

知觉的发生依赖于人的知识、经验、兴趣、生活态度等,而每个人的知识经验、生活态度、个性特征都不完全相同,与人的这些因素相联系,各人的统觉也不完全相同。这一点在艺术知觉中尤为突出。

(三)通感

通感是指感觉经验之间的相互沟通和转化。例如红色引起暖的感觉,白色引起冷的感觉,就是视觉经验与肤觉经验的沟通。又如观赏书法,由不同的笔墨而引起"甜熟"或"生涩"的感觉,则是视觉经验通于味觉经验。表面看来,通感似乎只是"感觉的转移",即一种感觉引起了另一种感觉的兴奋,实际上它的心理内容并不仅仅限于感知活动,还必然包含着表象的活动。因为感觉是客观事物直接作用于人的感觉器官的结果,离开了客观事物,感觉也随即消失。而通感这种心理现象,不可能是客观事物直接使人产生两种感觉的结果,它或者是一种感觉引起某一表象活动从而使相应的感觉经验复现,或者是某一表象引发另一表象活动从而使两种感觉经验相通。例如观看不同书法笔墨而引起"甜熟"或"生涩"的感觉,就是由书法视觉引发了与之相通的味觉表象的联想,由于此种味觉表象是富有感性的,它的活动能使大脑皮层上某个味觉部位出现一定程度的兴奋,因而才有那种似乎感到"甜熟"或"生涩"的感觉,而不是真正通过味觉器官产生"甜熟"或"生涩"的感觉。综上所述,通感的心理内容主要是感觉(或表象)所引起的关于其他表象的某种相连感受。

从生理机制上看,通感的产生主要是大脑皮层有关部分暂时神经联系的建立。客观刺激物作用于人的感受器,引起大脑皮层的活动。由于客观刺激物彼此间存在一定的联系,加之主观因素(情感、倾向、兴趣等)的影响,反映在大脑皮层活动上,就形成各有关神经元之间一般联系和特殊联系的建立,表现在心理活动上,就成为各种联想。这种联系之所以会建立,首先是因为"兴奋泛化"的结果,"泛化"使大脑皮层中储存相同或相似信息的各点兴奋起来,因而使人感知事物的相通之处。同时"兴奋泛化"又与"分化抑制"相交替,分化的结果使人觉察事物之间的相异之处;从而又突出了特定路线的"泛化",使个体所注意的相通之处更显得清晰。这种能使个体于同中见异、异中见同的"泛化"与"分化"的交替,正是通感所由产生的根本原因。例如,最早把建筑说成"凝固的音乐"的是贝多芬,对于贝多芬来说,音乐乃是他大脑皮层上一个持久的兴奋中心,因此"兴奋泛化"的结果,竟感受到建筑与音乐的相通之处。但他的"兴奋泛化"又是与"分化抑制"相交替的,所以他并不简单地把建筑视为音乐,而是准确地称之为"凝固的音乐",表明他同时也感受到建筑与音乐的某一突出的相异之处。

通感对于文艺创作和欣赏具有重要的意义,这主要表现在以下几个方面:

一是创作素材的发现和冶炼。任何艺术都是以特定的感觉形式和艺术方式来反映客观世界的,音乐是以听觉形式,绘画是以视觉形式,文学则是以作用于视听觉的语言诱发想象的形式;而在同一感觉形式的艺术中,如绘画、书法、雕塑等,其具体的艺术表现方式又不同;由此形成了艺术反映的专门化特点。但是客观事物是丰富复杂的,其作用于艺术家的感官也是多种多样的,要在这纷纭复杂的感觉信息中发现创作素材并将其冶炼成具有特定感觉形式和艺术方式的艺术形象,显然离不开通感的作用。例如中国古典乐曲《春江花月夜》,现实中的相应景物绝不是光靠听觉就能感知的。即从题目来看,就可以有对春夜江风的肤觉、明月的视觉、花香的嗅觉、江水拍岸的听觉等;而这一切却都要通过听觉形式的音乐旋律来表现,作者如果不能将这些感觉经验与音乐的听觉感受相通联,又怎能创作出这首乐曲呢?又如唐代书法家李阳冰在《上李大夫论古篆书》中说道:"于天地山川,得方圆流峙之形;于日月星辰,得经纬昭回之度;于云霞草木,得霏布滋蔓之容;于衣冠文物,得揖让周旋之体……"以上所举物象,都是视觉形象,但却无法直接照搬到书法艺术之中,而必须以书法的眼光将其提炼加工为适合于书法艺术的东西并融化到书法的创作中,也就是将一般视觉通于书法的特殊视觉,才能用于书法艺术形象的创造。

二是对艺术感性的充分表现。在语言艺术创作中,为了突出再现作者对事物形象的生动感受并使读者也产生相应的形象感,往往在比喻中运用通感。例如晋代陆机写"佳人抚琴瑟"而说"哀响馥若兰",将琴声说成似兰香,是借嗅觉强化听觉;晚唐周朴说"风暖鸟声碎",宋代宋祁说"红杏枝头春意闹",前者("碎")借视觉强化听觉,后者("闹")借听觉强化视觉,都在隐喻中表现了敏锐的通感,因而成为名句。

三是对艺术奥秘的感悟和领会。文艺创作者在创作实践中发挥艺术通感的作用，还往往能对各种艺术触类旁通，乃至融会贯通；同时在日常生活中，也能经常有感于物，有悟于心。这样的训练和收获，当然有益于文艺创作者对各种艺术奥秘的理解和把握，使之不断扩展与加深。例如唐代书法家张旭观公孙大娘舞剑器而"笔势益俊"。舞蹈与书法乃是两种不同的艺术，张旭运用艺术通感悟到其中的相通之处并将其吸融到自己的书法创作之中，从而丰富和提高了自己的创作。一个艺术家如果能够经常运用艺术通感来把握各种艺术的相通之处，例如从诗歌的"言有尽而意无穷"、绘画的"目尽尺幅，神驰千里"、书法的"黑处是字，白处也是字"、音乐的"此时无声胜有声"等艺术中感悟到虚实结合、有无相生的艺术辩证法，并将其有机地融入自己的创作中，那么他的创作就可以进入一个更高的境界。

四是对艺术欣赏的作用。在艺术欣赏中，通感的主要作用表现在使欣赏中的感受更为丰富和深入，进而有益于对艺术的理解。例如，有人认为欣赏颜真卿的书法名作《祭侄文稿》和裘盛戎的唱腔，都使人感到有悲壮之美；"无言独上西楼，月如钩，寂寞梧桐深院锁清秋"的画面和弹词演员侯莉君的中调、长调都有凄婉之美；渴笔书、破笔画与周信芳的唱腔都有苍劲之美。……在艺术欣赏中，能如此运用通感而对各种艺术进行弃异求同的感受，无疑会使欣赏进入一个更高的境界。

（四）艺术初感

艺术初感是指欣赏一件艺术品时所得到的最初感受。欣赏艺术首先要对作品进行感受，在这方面，最初的感受十分可贵。因为它对人的感官是一种新鲜刺激，所以最为敏锐。有些品酒专家指出，人的嗅觉是最容易疲劳和麻痹的，只有最初一二次闻嗅最灵敏，因此要抓住一刹那间所嗅到的香气特征。品酒虽不能算是一种艺术欣赏，但这里所讲的道理，却程度不同地适用于各种感受活动。在一切艺术欣赏中，都要利用新鲜刺激物所给予感觉器官的最初感受，敏锐地抓住其中一些深入而细微的东西，进一步加以玩味以至思考。这样做对锻炼感受能力、提高欣赏水平很有好处。

捕捉艺术初感要注意以下几点：（1）集中并稳定注意。初感虽是一种新鲜刺激，但要准确地把握住它也不是很容易的，必须集中并稳定注意，才能充分发挥尚处于敏锐状态的感觉器官的作用以获得较佳的感受效果。浮光掠影、草草了事不可能感受到深入细致的东西。（2）细心果断。艺术欣赏中的感受往往隐约细微，飘忽游移，因此必须细心品味体察，抓住了便不放。越是隐约的感受越要抓得狠，才不至于轻轻放过那较为含蓄隐蔽的内涵。（3）克服势利之心。势利之心是初感的大敌。如果在欣赏之前已经在头脑中形成"这是名家大作"或"这是无名之辈"之类的心理定势，必然会干扰对作品客观正确的感受，难以在初感中发现名家的败笔和无名者的出色之处。

艺术初感虽然敏锐，却不一定准确和全面，甚至还会有错觉。因此在抓住某种初感之后，不仅要对此反复玩味，还要结合对整个作品的全面感受，统一进行思考，才能使敏锐而隐约的初感转化为准确而深刻的欣赏。

（五）艺术专感

艺术专感是指各种艺术所要求的专门的感受方式和感受能力。任何艺术都是以特定的感性形象作用于人们特定的感觉器官的。音乐形象作用于人们的听觉，美术形象作用于人们的视觉，戏剧形象既作用于人们的视觉又作用于人们的听觉，文学形象则通过语言作用于人们的视觉或听觉，从而引起人们的想象。但是艺术中的感觉与日常生活中的感觉有所不同，它是一种专门的感觉，要受特定的感受方式的制约。在日常生活中，我们听到雷声，就可以判断出这是雷声；看到闪电，就可以知道这是闪电。但是在音乐中，我们就不能把听觉简单地归结为某种音响，它所包含的内容要比这种直接的听觉丰富得多。以古曲《春江花月夜》来说，现实生活中的相应景物是由各种性质的事物构成的，而且绝不是光靠听觉就能感知的，它可以产生春夜江风的肤觉、明月的视觉、花香的嗅觉、江水拍岸的听觉等等。而在音乐中，这一切却都要被表现为听觉艺术形式的音乐旋律。这就要求欣赏者具有音乐艺术的专感能力，能够按照音乐艺术的法则，经过复杂的心理信息转换，将这些特定的听觉信息转变为反映现实世界的音乐艺术的感受；否则，他就只能形成一般的听觉，而不能形成音乐的感觉。正如马克思所说："对于不辨音律的耳朵来说，最美的音乐也毫无意义，音乐对他说来不是对象。"音乐艺术是这样，其他艺术也是这样。欣赏书法要按照书法艺术的法则将各种线条组合的视觉信息转变为各种相应的感受与情感，欣赏绘画要按照绘画艺术的法则将二度空间的视觉信息转变为三度空间的相应感觉和某种意境感受。

艺术专感的意义不仅表现在欣赏中，也表现在创作中。这就是说，艺术家对生活的感受也不是按照一般的方式进行的，而是按照某种专门的艺术感受方式进行的。画家要按照绘画艺术的法则将各种感觉和各种性质的信息转变为绘画的视觉信息，音乐家要按照音乐艺术的法则将各种感觉和各种性质的信息转变为音乐的听觉信息。对于一个成熟的艺术家来说，这种复杂的心理信息转换并不是一种生硬的"编码"，而是一种定势化了的自然反应。现代舞蹈创始人邓肯曾经说："我的灵感可以从树木、云彩、海浪以及介于热情与山岚之间和恬静与微风之间的共感得到。"从视觉的树木、云彩、海浪、山岚和肤觉的微风等自然现象中，直接感受并产生了以运动觉为主的舞蹈创作灵感，可以看出其间经历了何等复杂而又自然的心理信息转换，这种转换正是以舞蹈艺术的感受方式感知自然的结果。

艺术专感能力的获得和提高固然需要学习必要的专业知识，但更要依靠创作和欣赏的实践。某种艺术的感觉经验虽然可以通过概括和抽象上升为理性认识并用语言指导初次接触这门艺术的人，但却并不能使这个人获得实际的专感能力。因为许多细微的感觉信息是与个体自身的体验相联系的，在上升为理性认识的过程中，这些信息大都被抽象概括掉了，转入他人脑中的只是干巴巴的概念，而不是生动丰富的感受。

（本文系作者对其撰写的相关词条编辑而成。词条刊于金开诚主编《文艺心理学术语详解词典》，北京大学出版社1992年10月出版）

艺术活动中的表象运动

（一）什么是表象

表象也叫记忆表象，是保留在记忆中的客观事物的映象，也就是个体曾经感知过而现在不在感知范围中的事物的形象反映。

一切文艺创作都必须富于感性，即表现为可见可闻的、多姿多彩的、有特定艺术形式的生动形象。这种形象的创造虽然不可能排除理性心理活动的作用，但却不是由其派生的，而是复杂的感性心理活动的直接成果。从认识活动的角度来看，感性心理活动主要是感觉、知觉、表象的形成与活动。创作过程可分为生活经验阶段、创作构思阶段、形象外化阶段三个环节，其中创作构思阶段是形象创造的核心环节。感觉、知觉主要在一、三两个环节中发挥作用（在第一环节通过感知获得直接经验，在第三环节通过感知评估"外化"效果），而在构思阶段，则一般不起作用。其原因有二：第一，感觉和知觉都只是在刺激物正处于人的感觉器官能够直接感知的范围之内才得以产生；只要刺激物脱离了直接感知的范围，感觉和知觉也随即消失。因此，它们无法进入创作构思。艺术家在构思形象时，头脑中活动的虽是感知过的事物，但由于已脱离了对这些事物直接感知的范围，因此实际上活动着的是事物的表象，而不是对事物的感觉和知觉。即使是写生画，也是先由客观景物通过画家的视觉变为画家头脑中的记忆表象，然后才表现在画幅之上的。因为当作者举目观物之时，他固然能产生对景物的知觉，而当他低下头来落笔作画时，由于眼光已经转而落在画幅上，所以他那对景物形象的知觉也已变成一种记忆了。第二，感觉、知觉的实际内容都有赖于客观刺激物所固有的真实属性，无法进行有意地加工和改造。知觉的产生固然可以受到原有经验及需要、情感等主观因素的影响，但这些都是感知者在一定的心理定势的基础上自然产生的，而不可能自觉地"想要它怎样便怎样"。但是任何艺术形象的创作都是一种新的创造，需要有意识地对表现为心理形态的原材料进行加工改造；感觉、知觉既然不能被有意地加工改造，所以便不能直接成为构思的材料。由此可见，创作构思中属于认识方面的感性心理活动主要是表象的活动。表象是艺术构思中进行加工改造的直接心理材料。

表象具有以下一些特性：

1. **形象性**。这一特点标志着表象与概念的根本区别。概念是以符号为载体的客观事物的概括而抽象的反映，它虽然同表象一样可以不依赖于客观事物的直接刺激而保存在心理中并成为抽象思维的材料，但因为没有形象性，所以无法在艺术创作中直接派生形象。而表象则因为有形象性，所以在艺术构思中形成的艺术形象乃是表象运动的直接成果。

2. **概括性**。表象有形象性，但也有概括性，所以是一种具象的概括。例如人们想起"树"的表象，这表象就只显现"树"的一般而突出的特征，在内容上远远不能反映任何一棵树的具体性。表象的概括性在人类认识活动中有很大的作用，具体说来就是举一反三。表象的概括性对于文艺创作很有意义，它使得创作者致力于再现事物的特征，因为只有这样，创作者和欣赏者才都能根据表象来认知：创作中所再现的，确为某种或某一事物，而非其他事物。所以画人不需要把头发一根根都画出来，因为这不是特征之所在，无关乎认知；但却需要画出人的基本特征，因为人们需要借助头脑中代表这些特征的概括性表象来认知画中的形象是人。

3. **可塑性**。表象在人的头脑中不是凝固不变的，而是处于运动变化之中，并具有可塑性。因此记忆者可以利用这一点并通过"有意想象"自觉地对表象进行加工改造，使头脑中形成新的"想象表象"。这种可塑性，使表象成为构想艺术形象的最理想而适当的材料。创作者正是充分运用表象的可塑性并通过活跃的想象力来创造艺术形象的。

4. **间接获得的可能性**。表象除了通过直接的感知而保留在记忆中之外，还可以通过间接的途径获得，这与知觉只能产生于对客观事物的直接感受很不相同。人们听故事、看小说或听人讲述种种事物与景观，都有可能在头脑中形成一定的表象，这种表象实际是人们进行了"再造想象"的结果。表象可以通过间接途径获得，这一特点对文艺创作也很有意义。因为直接生活经验对创作来说固然重要,但文艺创作仅靠直接生活经验而创作出来的情况是极为少见的,甚至是不可能的;文艺创作总要在不同程度上借助于间接生活经验的"协作";而间接生活经验所起的重要作用之一,就是它提供了丰富的间接表象;这种表象总是作为个体所掌握的文化知识的一种有机成分,储存在人的头脑里,在各种认识和创造活动中发挥作用。

5. **表象记忆的个体差异性**。这就是说表象虽然是客观事物的映象,但个人的表象记忆情况却是有差异的。一种差异是,有人善于表象记忆,有人则不善于表象记忆。一般说来,文艺创作者都有较强的表象记忆力,例如苏联学者考证,托尔斯泰所刻画的安娜·卡列尼娜的外貌是以普希金之女玛丽亚·普希金娜为原型的,托尔斯泰仅在土拉与普希金娜见过一面,而过了十三年至十五年,他刻画安娜的外貌仍能酷似普希金娜。另一种差异就是对不同类型表象的记忆力,例如有人善于记住视觉表象,有人则善于记住听觉表象。结合文艺创作来说,不同的记忆能力很可能影响到对不同专业的选择:善于记住视觉表象显然有利于从事视觉艺术;善于记住听觉表象,当然有利于从事听觉艺术。表象记忆的这种个体差异性使得文艺创作者能够在天赋因素的基础上通过训练形成较强的专业表象记忆能力,从而大大有利于创作。

(二) 表象运动

表象在人的记忆中并不是凝固静止的,而是运动变化的。这种运动变化可以分为消极的变化和积极的变化两大类。

消极的变化指表象的淡漠以至遗忘。这是一种自然的心理现象,在许多情况下,初次形成的表象如果不经过强化,往往会淡漠和遗忘。这种运动变化对文艺创作没有什么积极意义,只是从反面告诉文艺创作者,要注意训练准确记忆事物形象的能力,否则是不利于文艺创作的。

积极的变化是指各种加深记忆的表象运动。从运动形式上来看,它可以分为表象深化、表象分化、表象变异、表象联想、想象等类型;从意识状态上来看,它又可以分为自发、无意的表象运动和自觉、有意的表象运动两种类型。

自发的表象运动不能直接作用于文艺创作。在文艺创作中直接发挥作用的是自觉的表象运动,即文艺创作者根据一定的创作意图使头脑中的表象通过运动发生变化,以创造出艺术形象。但是自发的表象运动对文艺创作也具有一定的积极意义:首先,自发的表象运动往往能成为引发创作冲动或构思灵感的契机;这种契机一出现,创作者就会立即把自发的表象运动变为自觉的,使它们发挥巨大的作用。例如,做梦就是一种自发的表象运动,即无意想象,因为任何人都不可能怀着某种目的去做梦,并使梦中呈现的形象符合自己的目的。但是文艺创作中却有不少因做梦而引发或有助于创作的现象,梦者醒来后,常常会把这种自发表象运动的成果变成自觉的表象运动而作进一步的加工,从而创造出艺术形象。其次,自发表象运动的任何一种表现,都是文艺创作在刻画人物心理时经常要用到的;而这种描写又总要参照作者本人的心理活动经验。因此,作者所经历过的那些自发表象运动的经验是对创作有用的,只是用起来都要在艺术构思中变为自觉的表象运动。

自发表象运动虽是无意出现的,但并不意味着与个人的主观因素毫无关系。例如对某一事物看得多了,自然表象加深,但其深度也因个人的知觉与观察能力的不同而不同。又如人人都可能把冬日玻璃窗上的冰花想象成某种形象,但受过绘画训练的人"看到"的一定比没受过训练的人更加丰富生动。总之,自发表象运动一方面人人都有,另一方面又因人而异。

在文艺创作中,自发表象运动与自觉表象运动之间并没有不可逾越的界限,前者往往可以转化为后者。例如杜甫诗"天上浮云如白衣,斯须变幻为苍狗",诗人观看浮云,出现了白衣苍狗的无意想象,接着就按白衣、苍狗的规格把它们越想越像,终于写入诗中,这就成为自觉有意的表象运动了。

自觉的表象运动,是文艺创作中最基本、最突出的心理活动,关于它的特点和作用将在各种具体的表象运动形式中分别介绍。

(三)表象深化

表象深化是指随着反映的重复和加深,有关事物的表象逐步变得准确、深刻、完整、鲜明和稳定。表象深化可以是自发的,也可以是自觉的。自发的表象深化是无意的、自然而然形成的,例如与人初次见面印象不深,交往时间长了,虽无意识记,印象也会慢慢加深,变得鲜明而稳定。自发的表象深化对文艺创作有积极意义,因为文艺创作是通过对头脑中的表象进行加工改造而创造艺术形象的,表象越鲜明深刻,越有利于艺术形象的创造。但是文艺创作者不能消极等待表象自然而然、不知不觉地变得准确深刻，而要发挥主观能动作用，通过对事物的有意观察和回忆使表象尽快深化，这就是自觉的表象深化。

自觉表象深化的过程为：首先要集中注意对客观事物进行反复深入地感知，使头脑中的表象鲜明准确。晚清著名艺人"泥人张"（即张明山）善塑人像，他所塑三教九流各类人像无不形象逼真，生动传神。之所以如此，是由于他头脑中形成了关于这些人物的深刻稳定的表象。而这些表象的获得，又是他反复观察使表象不断深化的结果。他喜欢流连街头，观察揣摩各种人的相貌、服饰、神态、动作。为了塑造一个理发匠的形象，他曾走了许多理发馆，站在窗外仔细观察理发师的动作、神情。这种反复深入的感知，当然会使他头脑中的表象变得鲜明准确。其次要不断对头脑中储存的表象进行回忆和使用，以使表象持久稳定。前面说过，表象具有自然而然向消极方面变化的趋向，即淡漠遗忘；克服这种消极趋向除了反复感知客观事物外，还要不断回忆和使用表象。对已有表象的回忆和使用可以使大脑皮层上相应的记忆痕迹由于反复的兴奋不断强化和加深，从而使表象稳定持久。

（四）表象分化

指对客观事物形成表象之后，在保持表象的基本形态和主要特征的同时，构想出种种类似的新表象。这种现象的心理基础在于表象具有一定的概括性，是一种类化了的映象；同时又具有可塑性，所以个体能够根据某个概括的、类化的表象分化出种种大同小异的、更为具体的新表象。

表象分化可以自发地产生，例如人们脑中无意中浮现一只老虎的形象，继而可能又会出现第二个、第三个类似的老虎形象，这些就是某种概括的老虎形象的具体化或分化。自发的表象分化可以成为创作的某种契机或准备，但要在创作中直接发挥作用，就要将这种自发的表象分化转变为自觉的表象分化。例如自发分化出的老虎形象可能在某些方面启发了创作者，于是创作者可能对这一表象再作进一步的分化加工，以使其体现出某种创作意图。这样，自发的表象分化也就转变为自觉的表象分化。

表象分化，特别是自觉的表象分化，对文艺创作十分重要。因为如果没有这种表象的运动，那么原始表象无论多么深刻准确，也难以反映客观事物的千姿百态。唐代画家李公麟善画马,所画常"信意落笔,自然超妙",宋代罗大经认为这是他"终日纵观……久久则胸中有全马矣"的结果。(见罗大经《鹤林玉露》)李公麟之所以能"信意落笔,自然超妙",画出千姿百态的马来,一个重要的原因是他具有较强的自觉的表象分化能力,因此能够在牢固把握马的基本形貌、主要特征以及熟悉马的一些姿态的基础上,通过表象分化画出千姿百态的马的形象。不仅绘画,在任何艺术创作中,表象分化都可以发挥重要作用。在书法艺术中,凡是学习前人而有所改变,表现出一定的特色,其间就有表象分化在起作用。舞蹈、戏曲演员从其基本功中可以化出丰富多彩的舞蹈动作,这中间也有表象分化(视觉与运动觉表象)的作用。在音乐中,主题变奏同表象分化的关系更为明显,变奏次数越多,分化的作用越显著。

自觉的表象分化中往往也有想象的成分,因此与有意想象有时难以区分。但是像把一棵四枝分叉的树的表象变为三枝分叉或五枝分叉的表象,那只能算是一种表象分化,而够不上有意想象。所以总的来看,表象分化和有意想象还是可以视为两种不同的表象运动。

(五)表象变异

指某个表象在其他心理因素的影响下发生了变化。表象在头脑中的存在不是孤立的,而是与其他心理因素(知识、经验、需要、态度、兴趣、性格等)和心理活动(认识、情感、意志等)相联系的。

这些联系可能对已形成的表象发生作用使其变异。例如某一个人曾经给人们留下一个美好的印象,后来人们了解到,这个人虽表面温文尔雅,实际却是一个两面三刀、心狠手黑的人,于是人们头脑中的表象就会发生变化,这种变化是某种认识和态度的作用造成的。

表象变异可以自发产生,也可以自觉产生。自发的表象变异是无意的、自然而然形成的,所以是自发的表象变异。至于自觉的表象变异则与此有所不同。它是有意识地使表象产生某种变化。例如一个继母为了与孩子搞好关系,可能有意识地多想一些孩子的优点而少想一些孩子的缺点,甚至以积极的方面去理解孩子的一些不友好行为,这样孩子在她头脑中的表象就可能慢慢变得好起来。

自发的表象变异与自觉的表象变异对文艺创作都有意义。自发的表象变异常常成为自觉的表象变异的基础。例如有人长期离开故乡，由于思乡的种种复杂心理因素和心理活动的作用，他对故乡的印象往往比他当初形成的那些表象要美好得多，令人心驰神往。这就是一种自发的表象变异。而如果他想创作一篇怀念故乡的诗或散文，他就会在已经自发变异了的表象的基础上更自觉地使它变得更美好，这就成为自觉的表象变异了。

在各类艺术形象的塑造中，不论美化还是丑化，不论赋以什么样的情感色彩，起主要作用的都是有意想象；但是自觉的表象变异还是会在其中起一定的作用。一般说来，文艺创作中真实事物的成分越重，表象变异所起的作用就越大。因为把真实事物典型化，一方面固然必须借助有意想象，才能充分表现其美或丑；但同时真实事物本身的表象也必然在创作过程中被美化或丑化，从而促进作者进一步通过有意想象对原表象进行加工。

（六）表象的分解与综合

表象的分解与综合是在表象联系中所展开的更为复杂的运动形式，是文艺创作中最重要的一种表象运动，是创造艺术形象的一种根本方法。表象的深化、分化、变异、联想等运动形式虽然在运动形态上各不相同，但其性质都是原有表象的运动变化，并不能形成新的表象。表象的分解与综合却可以在对原有记忆表象加工改造的基础上创造出新表象。文艺创作不是对客观事物形象的简单摹写，而是在反映客观事物的基础上创造新形象的过程。新形象的创造主要是通过想象活动来实现的，表象的分解与综合正是想象活动的主要心理内容。

所谓表象分解，就是把记忆中的有关表象"拆散"或"碾碎"；所谓表象综合，则是将这些经过分解的表象再重新结合成一个新的表象。高尔基说："假如一个作家能从二十个到五十个，以至几百个小店铺老板、官吏、工人中每个人的身上，把他们最有代表性的阶级特点、习惯、嗜好、姿势、信仰和谈吐等等抽取出来，再把它们综合在一个小店铺老板、官吏、工人的身上，那么这个作家就能用这种手法创造出典型来——而这才是艺术。"[①]这是对表象的分解与综合的形象注释。当作家把这些生活中众多人物的特点、习惯、姿

[①] 《谈谈我怎样学习写作》，《古典文艺理论译丛》第11辑。

势等从它们所属的人物身上抽取出来的时候，他头脑中就在进着将这些表象细节从它们原有的完整表象中分解出来的工作；当作家把这些表象细节综合在一个人身上以创造出艺术形象时，他就在进行表象的综合工作。

表象的分解与综合表现在一切艺术形式和艺术形象的创造上。拜伦说："描写自然的诗，如果仅只是如实地写自然，是不能表达诗人的意图的。他所画的天空并非自然天空的形象。它是由很多不同的天空所组成的（这些天空是画家在不同的时候观察到的），而不是任何一天的天空的全盘模仿。"又说："当康诺瓦塑像时，他采取一人的肢体，另一个的手，第三人的五官，或第四人的体态，或者同时对他们都加以改善，像古希腊艺术家在具体化他的维纳斯像时所做的那样。"①

在艺术形象的创造中，表象的分解，不应是生硬的割裂，而应是精细的分化；表象的综合，不应是简单的捏合、凑合，而应是有机的融合。托尔斯泰在谈到创造《战争与和平》中娜塔莎形象时说："我拿过达尼亚来，把她同苏尼雅一同捣碎，于是就出现了娜塔莎。"歌德谈他创造《少年维特之烦恼》中的主人公绿蒂，是"把许多美女们的容姿和特性合在一炉而冶之，铸成那主人公绿蒂"的。一个"捣碎"，足见表象分解之精细；一个"冶之"、"铸成"，足见表象综合之浑然天成。只有这样，创造出的艺术形象才能是和谐的、完整的、血肉丰满的。

表象的分解与综合可以是自发的，也可以是自觉的。凡是头脑中无意产生的未曾见闻过的新形象，实际都经历过一个自发的表象分解与综合的过程。例如有人大脑中偶然浮现出一个背生双翅的飞人形象，实际就是把鸟的翅膀表象从鸟的完整表象中分解出来，又与人的表象综合在一起。只是由于这种分解与综合是无意的，因此其过程往往不易为人们注意。同其他表象运动一样，自发的表象分解与综合在文艺创作中只起辅助作用，它只能为艺术形象的创造提供契机与准备，在艺术形象创造中发挥主要作用的是自觉的表象分解与综合。

（七）表象联想

指由一事物表象想起另一事物表象的心理现象。"联想"一词来源于拉丁

---

① 《致约翰·墨雷先生函》，见《古典文艺理论译丛》第1辑。

文 associo，有联系、联结的意思。最初的联想概念是在对记忆过程进行观察时形成的。亚里士多德将联想分为接近联想、类型联想和对比联想三种。近代的笛卡尔、斯宾诺莎、霍布斯对联想进行研究，认为一切心理过程的发展都是由物质原因决定的。洛克在《人类理智论》中首先提出用观念的联合解释联想作用。而贝克莱、休谟、布朗则从唯心主义方面对联想进行解释，认为联想的内容和联想本身是第一性的心理现象，其总和不仅构成全部心理生活，而且也构成外部现实。十九世纪，著名心理学家穆勒、贝恩、冯特对联想进行了系统的研究。而二十世纪初，弗洛伊德及其追随者在心理分析中提出自由联想概念，并把它作为心理治疗的技术而与无意识的心理现象联系起来。

如果说表象深化、表象分化、表象变异都只是单个表象的运动变化，那么表象联想则是在表象与表象的联系中所展开的更为复杂的表象的运动变化。表象联想主要可以分为接近联想、相似联想、对比联想、关系联想等类型。

1. **接近联想**。指甲乙两事物在空间或时间上接近，因而在反映活动中由甲及乙的一种联想。白居易《忆江南》词说："江南好，风景旧曾谙。日出江花红胜火，春来江水绿如蓝。能不忆江南！"江南、江花、江水这些事物在空间关系上是接近的，因此这首词中反映的这三种事物表象之间的联想就是一种接近联想。通过这种联想，突出表现了诗人对江南风物的美好回忆。

2. **相似联想**。指在性质或形态上相似的事物表象之间产生的联想。文艺创作中常见的比喻、象征等表现手法的心理基础，主要就是相似联想。表象的相似联想可以在同一感觉类型的表象间进行（例如"明月光"与"地上霜"就是视觉表象间的相似联想，白居易《琵琶行》中"大弦嘈嘈如急雨"将琵琶音比作急雨声，则是听觉表象间的联想），也可以在不同感觉类型的表象间进行。后者也可以叫作通感联想，例如韩愈《听颖师弹琴》中"昵昵儿女语，恩怨相尔汝；划然变轩昂，勇士赴敌场"中后两句的比喻，就是在琴声的听觉表象和"勇士赴敌场"的视觉表象之间产生的相似联想，是两种不同感觉类型表象的相通。茅盾《白杨礼赞》中以白杨树来象征北方农民质朴、坚定、不屈不挠和团结向上的精神品质，从心理内容上讲也是一种相似联想，只是其相似点不是着眼于外部形态，而是内在的气质与风貌。

3. **对比联想**。指在两种或两种以上截然相反的事物表象之间产生的联想。

文艺创作中对比、反衬等手法，在心理活动上看就是对比联想的运用，其目的是要突出所要表现的事物特征。

4.关系联想。指依据事物之间的各种关系而在有关的表象之间产生的联想。广义来看，接近、相似、对比等也是事物之间关系的体现，在此基础上形成的联想也可称之为关系联想。但是事物之间并非只有这三种关系，通过其他关系（例如因果关系）所形成的联想并不能为以上三种联想所包孕，因此还可以把它们另分一类，并从狭义的角度称之为关系联想。关系联想在文艺创作中的运用也是很多的。例如齐白石所画的《蛙声十里出山泉》，画面上并无一只青蛙，只画着若干蝌蚪顺着急流的泉水自山里游出，但欣赏者却可以通过蝌蚪与青蛙的关系联想到十里深山内的青蛙，甚至仿佛听到它们在嘱咐自己的孩子"一路小心"的"呱呱"叫声。可以想见，作者在构思这幅画时，头脑中也是经历了由蛙到蝌蚪的联想的，而这种联想所遵循的正是青蛙与蝌蚪之间的种系繁延关系。

表象联想可以自发产生，例如无意中由白云想到棉花、由雪花想到柳絮，也可以是自觉产生。同其他表象运动形式一样，自发的表象联想也只能成为文艺创作的准备和契机，一旦进入创作过程，自发的表象联想就要转变为自觉的表象联想。因此在文艺创作中发挥作用的主要是自觉的表象联想。

表象联想对于文艺创作有重要的意义，主要表现在三个方面：其一，表象联想是生活形象转化为艺术形象的重要途径。文艺创作主要是进行艺术形象的创造，作品中的艺术形象虽然是来自生活，却不是对生活形象的简单复制，而是要经过一个艺术化的过程，这个过程离不开表象联想。音乐创作要将各种感觉类型的表象转化为听觉表象，舞蹈创作要将各种感觉类型的表象转化为视觉和运动觉表象，其间各种感觉类型表象的转化都是以表象联想为基础的。小说、绘画中的许多艺术形象虽然是生活形象的再现，但却不是艺术家头脑中某一原始生活表象的简单翻版，而是艺术家在诸多相关生活表象的基础上加工而成；在这个过程中，必然要经过由某一生活表象向另一些相关生活表象的联想活动。其二，表象联想是艺术形象之间相互联系的基本途径。一部艺术作品往往并不是一个单一的艺术形象，而是由众多形象（各种人物、景物、环境等）按照特定关系组成的形象系统，因此必然需要各种类型的表象联想将它们相互结合在一起。其三，文艺创作要运用比喻、象征、对比、反衬等多种表现手法塑造艺术形象，这些都离不开表象联想。

表象联想对于文艺欣赏也有重要的意义，主要表现在两个方面：其一，欣赏中的表象联想是艺术形象转化为生活形象的桥梁。前面说过，在创作中生活形象是通过联想转化为艺术形象的，同样，在欣赏中艺术形象也是通过联想转化为生活形象的。欣赏贝多芬的《命运交响曲》，不会停留在音乐形象本身上，而是会自觉不自觉地把它"翻译"成各种各样的人类与命运抗争的生活图景；欣赏芭蕾舞剧《天鹅湖》，也不会停留在舞蹈形象本身上，而是会不同程度地把它转换为各种各样的善良与邪恶相斗争的生活画卷。这些"翻译"和转换都离不开表象联想。其二，欣赏中的表象联想是扩大艺术作品认识内容的重要手段。艺术创作固然是对生活的反映，但是由于艺术形式自身的特点及其在时间和空间上的限制，其认识内容在数量上也就远逊于丰富多彩的现实生活。就时空限制来说，一幅山水画不能展示出天下所有的奇山异水；就艺术形式的限制来说，绘画只能现其形而不能传其声，音乐只能得其声而不能展其形。要从有限的艺术形象中获得尽可能多的认识内容，就需要欣赏者通过表象联想去丰富和发展艺术形象。

（八）表象转化

表象转化与表象联想很难严格区分，它是由表象联想引起的。但当艺术家由某一事物的表象而引起有关其专业实践的联想时，他的心理活动并没有到此为止。他还要对该事物留在自己记忆中的表象继续进行研究分析，以求更加深入地把握它的某种特征，再经过大脑的加工，使之融化到与其专业实践有关的特定的表象运动中去。例如唐代草书名家张旭观公孙大娘舞剑器而笔势益俊，这是一个著名的运用通感的事例。这一事例决不意味着张旭面对公孙大娘舞剑器便产生了一阵有关草书的联想；舞剑器留在他脑子里的表象也无法直接进入草书的创作。他定然是在公孙大娘的舞中吸收到某种东西，又经过特殊的加工，使舞剑器的表象被分解、综合、制作和改造，才使他的草书真正得到了滋养。在整个创作构思的过程中，关于舞剑器的某种表象竟能变成关于书法的某种表象，这就叫表象转化，其内容显然不是"联想"一词所能够概括。概括地说，表象转化具有以下的特点：（1）它不是一般的表象联想，而是与专业艺术实践相联系的表象联想。它要将生活中各种各样的表象转变成专业艺术创作所需要的表象，音乐创作要将各种各样的表象转变为与之相应的音乐听觉表象，即各种相应的音调、节奏与旋律；舞蹈创作要将各种各样的表象转变为与之相应的舞蹈动作表象，即各种各样的形体动作。（2）它不像一般的表象联想那样只是简单地在两个现成的表象之间建立起某种联系，而是要从某种专业艺术要求出发对生活中的表象进行复杂的分解综合、加工改造，因此，它又是与有意想象紧密结合的。

表象转化对于文艺创作具有重要意义。任何文艺创作都是要把丰富多彩的生活素材统一表现于某种特定的艺术形式，因此都需要将生活中积累的各种各样的表象转化为专业艺术创作所需要的表象。如果创作者不善于进行表象转化，那么即使他积累了相当丰富的表象素材，也难以创造出生动的艺术形象来。另外，表象转化对于文艺创作者职业敏感的养成、艺术通感的形成也具着重要意义。一个文艺创作者如果具有敏捷而熟练的表象转化能力，他就可以迅捷地把生活中的各种信息转变为专业艺术所需要的表象，乃至做到触类旁通，融会贯通，这当然会大大有益于创作。

（九）具象概括

具象概括是一个相对于抽象概括的概念，指在反映活动中，将诸对象中相通、相似、相同的感性内容从它们原有的系统中分离出来、联合起来的心理过程。任何概括都是通过神经生理过程中的"兴奋泛化"和"分化抑制"来实现的。"泛化"就是对诸事物中相通、相同、相似因素的反射，使人在相异的事物中见出"同"；"分化"则使反射趋于精确，使人在相同的事物中见出"异"；二者的准确结合，就使个体能够对客观刺激物"同中见异""异中见同"。概括正是通过"泛化"与"分化"的结合实现的。"泛化"使事物相通、相同、相似的因素在心理上得到反映，"分化"则将这些因素从它们原有的系统中分离出来，突现出来，从而实现了对事物的某种概括。严格说来，任何概括都需要经过一定的抽象，具象概括也不例外。具象概括与抽象概括的区别不在于它是否经历了抽象的过程，而在于它的概括成果的心理形态是具象的感性形态还是抽象的理性形态。抽象概括的成果主要表现为舍弃感性内容的概念形态，具象概括的成果则主要表现为保留感性内容的概括性的表象形态。

具象概括对文艺创作和文艺欣赏都具有重要意义。在文艺创作中，典型形象的塑造，比喻、象征、通感等表现手法的运用，都离不开具象概括。典型形象既要表现该类形象的一般特点，又要保留其感性形态，因此要用具象概括而不能用抽象概括。比喻、象征、通感等手法许多是以某一感性事物来表现另一感性事物，而这两类感性事物在心理上赖以建立联系的桥梁，正是经过具象概括而形成的一种概括性的表象。在文艺欣赏中，欣赏者对艺术形象的认知和联想都离不开具象概括。正是由于欣赏者头脑中有着经过具象概括（自觉或不自觉的）而形成的概括性的松树表象，他才可能认知画上画的这株针叶球果的树就是松树，也才可能由这株松树联想到其他各种各样的松树。

具象概括作为一种感性概括，主要有以下三种类型：

1. 形象特征的概括。例如大山与大海的形象固然极不相同，但却都有"大"的特征。这个特征除了可以概括为"大"这个概念之外，也可以在意识中保留一种具有概括性的大的空间感，后者就属于具象的概括。"苍山如海"这一构思所表现的内容之一，就是揭示了"苍山"与"海"在空间感上的相似。上面所说的特征概括，还限于同是视觉对象的范围之内。由于"分化""泛化"的进一步深入，人们还能在不同的感觉对象之间实现特征的具象概括。例如视觉上的"珠圆玉润"也可以在聆听戏曲或歌唱中感受到；味觉上的甜熟与生涩也可以在观看书法、绘画中感受到。这种通感之所以能够形成，是由于通过对两种不同感觉类型表象的具象概括而形成了一种超于感觉类型之上并反映二者共有特征的概括性的表象，这种概括性的表象正是两种感觉相通的桥梁。

2. 美感的概括。不同的事物形象给人以不同的美感，但美感的经验也是可以概括的。例如中国的万里长城和埃及的金字塔给人的具体审美感受并不相同，但却可以从中概括出二者所共有的"雄伟""悲壮"的美感。诸如秀丽、和谐、崇高、匀称、质朴、典雅、简洁、华艳等等，都可以在不同的审美经验中被概括出来，成为某种概括性的美感表象，并成为各种不同审美经验相通的渠道。

3. 情感和情绪的概括。不同的事物形象能引起不同的情感与情绪，但情感与情绪的经验也是可以概括的。例如二胡曲《江河水》和罗丹的雕塑《老妓女》虽属于视听两种不同的感知对象,但都可以使人产生一种"心酸"的情感,这就是一种概括性的情感。对不同情感与情绪经验的概括所形成的概括性的情感或情绪感受,可以成为不同性质、不同类型事物在头脑中建立联系的通道,这无论对文艺创作还是文艺欣赏都具有重要意义。

以上所谈三种具象概括在实际的创作与欣赏活动中往往并不是彼此孤立的,而是相互联系发挥作用的。一种表象与另一种表象在创作者或欣赏者头脑中产生的联系,往往既有形象特征上的概括,也有美感和情感色彩上的概括。当然这并不意味着三者在各种表象联系中都是平均的,实际上它们往往是有所侧重的。

(十)想象

指人脑将原有的表象加工改造形成新表象的心理过程,是文艺创作中最重要的心理活动之一。想象是一种表象活动,但却不是原有表象的简单复现,而是大脑通过对原有表象的加工改造而形成的一种从未直接感知过的事物的表象,因而是一种新的表象。想象活动的实际心理活动内容是表象的分解和综合。想象所形成的新表象的素材来源于原有的旧表象,因此首先要将这些素材从其所在的表象系统中分解出来,然后再将它们综合在一起(详见"表象的分解和综合")形成一个新表象。

从想象的意识状况来分析,想象可以分为无意想象与有意想象。无意想象是一种没有预定目的、并不做出努力、也无意志参与的想象活动,属于自发的表象活动。无意想象由于是一种自发的表象活动,因此不能直接作用于文艺创作。但无意想象往往能成为引发创作冲动或灵感的契机;这种契机一出现,创作者就可以立即把无意想象转变为有意的,使它们发挥巨大的作用。例如梦中常常会出现一些新奇形象,但是这些新奇形象却是梦者事先所无法预料更无法安排的,因此想在梦中或在半睡眠状态中寻求预期的新奇形象无异于缘木求鱼。然而创作者如在梦中产生了对创作有益的新奇形象与灵感,却可以在醒来后立即将其纳入创作构思,从而把无意想象转变为有意想象。另外,文艺创作在刻画人物心理时往往要描写人物的无意想象,而这种描写又总要参照作者本人的心理活动经验(抒情诗中更多是作者心理活动的直接表现),因此,作者所经历过的一些无意想象的经验还是对创作有用的,只是用起来都要在艺术构思中变为有意想象。

有意想象是一种按照一定的目的并做出一定的意志努力的想象活动，是一种自觉的表象运动。有意想象对于一切人类劳动都具有重要意义，因为人类劳动与动物本能的根本区别，就在于"劳动过程结束时得到的结果，已经在劳动过程开始时，存在于劳动者的观念中"。这种"观念地存在着"的劳动结果，就是有意想象的产物。文艺创作是一种精神产品生产的创造性劳动，当然离不开有意想象。由于文艺创作致力于艺术形象的创造，而有意想象的直接成果就是创造新形象，因此有意想象在文艺创作中尤其具有重要的作用，可以说艺术形象从根本上说是通过有意想象创造出来的。因此，高尔基说"想象是创造形象的文学技巧的最重要的方法之一。"

从想象与现实的关系来看，它可以分为超现实想象与现实想象。超现实想象是通过在不同类的事物之间进行分解和综合，从而形成一种在现实中不可能出现的新形象。例如希腊神话、传说中人面狮身的怪物斯芬克斯是人面与狮身的表象综合，《西游记》中的孙悟空是人与猴的表象综合。超现实想象常常运用在浪漫主义的创作中，这更易于表现人的主观意愿和情感。现实想象通过表象的分解与综合所形成的是一种现实中可能出现的新形象，例如《子夜》中的吴荪甫在现实中并无其人，他乃是茅盾通过对现实中各个民族资本家形象的分解综合创造出来的，但却是现实中可能有的。一些人曾有过一种误解，认为只有浪漫主义的文艺创作是充满了想象的，而现实主义的创作则似乎与想象关系不大。这其实是把想象与虚构臆想等同起来，又把想象与对现实的真实反映对立起来。实际上，构成想象这一概念内涵的并不在于它是否超脱现实。从心理学上看，主要是看它对现实表象是否进行了加工制作而创造出新的表象。想象乃是一切文艺创作都必须自觉运用的；只不过在不同的创作方法中，想象的方式和心理内容有所不同罢了。

（本文系作者对其撰写的相关词条编辑而成。词条刊于金开诚主编《文艺心理学术语详解词典》，北京大学出版社1992年10月出版）

艺术活动中的情感问题

（一）情感与认识

情感与认识的关系是文艺心理学中的一个重要问题。因为文艺创作与欣赏中的任何情感活动都是在一定的认识活动（感知活动、表象活动、思维活动）中产生的，又是通过一定的认识活动而表现的。情感与认识的关系可以概括为：一定的情感活动依赖和产生于一定的认识活动并受它的调节，反过来又对认识活动产生积极的影响并通过它进行表现。认识与情感的这种辩证关系从生理机制上看是由大脑皮层与皮层下中枢的辩证关系所决定的。

1. 感知活动与情感。感知活动是文艺创作与欣赏中情感活动的直接源泉。我国战国时期的《礼记·乐记》一书曾对此作过精辟的论述："凡音之起，由人心生也。人心之动，物使之然也。感于物而动，故形于声。"这告诉我们艺术家的情感活动来源于客观世界，是"物使之然也"。但是客观事物只有与人发生关系才能使人产生情感活动，只有"感于物"才能"动"；因此，从心理过程来看，文艺创作与欣赏中的情感活动的最初直接来源都是对客观事物（文艺作品对欣赏者而言也是客观事物）的感知。

感知活动对情感活动的诱发作用比较单纯，但是对于文艺创作来说，有两点需要说明：一是由于感知不能直接进入创作构思而只能成为创作的契机（参阅前文有关表象的论述），因此感知所诱发的情感活动也只能成为创作的动力而不能直接在创作中表现。但这并不是说感知中的情感活动对创作没有意义。恰恰相反，感知中的情感活动越丰富，感知所形成的表象的情感色彩也就越丰富，从而以自觉表象运动为主体的创作构思中的情感活动也越丰富。二是感知过程可能引起回忆、联想、想象、思维等其他心理活动，与此相应也就必然引起情感活动的变化和深入。

感知诱发情感，情感反过来又会影响感知，从而给感知成果涂上特殊的主观情感色彩。例如，鸟语花香，赏心悦目，会使一般人获得愉快的感受，然而在诗人杜甫的眼中却是"感时花溅泪，恨别鸟惊心"，成了催人泪下和惊心动魄的事物。原因在于，诗人当时正逢"安史之乱"，被困长安，目睹国破家亡之惨状，悲愤之情充溢胸中，这种强烈的情感影响了诗人的知觉，给知觉对象涂上了强烈的主观色彩。

2. 表象活动与情感。 表象活动也可以诱发情感。但是与感知相比，表象对情感的作用又有自己的特点。第一，表象不像感知那样随着客观事物脱离感知范围而消失，它是可以长久地保存在大脑之中的，因此与之相联系的情感也就可能长久地发挥作用。这对于文艺创作具有重大意义，因为文艺创作是把表象作为可以积累并用于构思的材料，因此与之结合的情感当然就能够在创作中发挥作用。第二，表象既然可以长期记忆，它在记忆中就会因为受到不同的生活处境和心理状况的影响而发生活动与变化，从而有可能引发出新的情感，出现新的表象与情感的结合。

表象活动对情感活动的作用特点在想象活动中表现得最为突出，这可以概括为以下三点：

（1）想象使情感鲜明集中。感知活动由于是对客观事物直接与共时的反映，因此它所诱发的情感活动可能比较纷乱或模糊。想象则是艺术家根据一定的创作目的对记忆中的表象所进行的分解综合、加工改造，不是记忆中的表象的简单复现。因此随着表象在分解综合、加工改造中愈益鲜明集中，其所诱发的情感也就愈益鲜明集中。陆机在《文赋》中所说的"情瞳昽而弥鲜，物昭晰而互进"，正是对这一状况的极好形容。

（2）想象使情感发展变化。想象是创造形象的过程，也是对形象深入认识的过程。伴随着想象认识的发展变化，情感也会相应地发展变化。托尔斯泰创作《安娜·卡列尼娜》时，开始对主人公安娜抱有一种鄙视的情感，随着创作中想象活动的进行，当人物按照自身的性格逻辑发展变化、安娜不断受到上流社会的欺骗、诋毁和迫害时，作家的认识发生了转变，情感也就相应地由鄙视转为同情。

（3）想象使情感复杂多样。感知活动中所产生的只是感知者自身的情感，而想象中不仅存在着想象者自身的情感，而且有各种角色的情感；因为创作者在想象各种人物形象时必须体验人物相应的情感活动。

表象活动可以诱发情感活动，情感活动反过来又可以对表象活动产生作用。这主要表现在以下两个方面：

（1）情感推动表象活动。艺术家开动脑筋进行表象活动的目的是为了用形象的方式表明他对社会生活的认识，情感的产生则使这种要求变得迫切，成为表象活动的推动力量。当客观事物的刺激使艺术家产生创作欲望后，负责形成意愿的皮层前额部就引发皮层下中枢产生情绪性兴奋并反作用于大脑皮层。由于以生理变化为标志的情绪性反应具有较大的力量，因此这种反作用使欲望得到强化，使皮层一些神经细胞的积极性和兴奋度大大提高，积极谋求建立暂时联系以满足创作欲望。这样，就推动表象活动（表象的深化、分化、变异、联想和想象）在广阔的范围内活跃地开展起来。

（2）情感组织表象活动。艺术形象的创造是通过表象的深化、分化、变异、联想和分解综合等活动进行的，不同的表象活动、特别是不同的表象分解与综合形成了不同的艺术形象。但是，表象并不是无原因地进行这样或那样的分解与综合（或进行其他类型的表象活动）以创造出各种不同的艺术形象，而是在许多心理因素的催动和作用下这样做的，情感就是其中的一个重要因素。由于情感与表象有着密切的联系，因此一定性质的情感活动能够唤醒与之相关的表象。又由于情感活动与形成意图的皮层前额部有着密切的关系，因此它能在一定程度上起到类似于"分化剂"的作用，促使有关的表象从旧的系统中分离出来；又能在一定程度上起到类似于"凝结剂"的作用，促使其凝结成一个新的表象。这样，表象就按照一定的情感倾向被组织成一定的艺术形象。

3.**思维活动与情感**。思维活动需要理智和冷静，但它也会引起情感活动，反过来又受到情感的推动和影响。同感知和表象活动相比，思维与情感的关系具有以下的特点：

（1）思维引起的情感活动更为复杂和深刻。思维以其间接、概括的反映特点而使认识的复杂度和深刻度远超过感知和表象活动。因此伴随思维而出现的情感活动在深刻性和复杂性上也会超过以感知和表象为认识内容的情感活动。

（2）思维可以协助对情感活动进行控制。文艺创作不是发泄情感而是表现情感，因此情感控制相当重要。情感控制虽然是意志的功能，却要通过思维对认识的调整而实现。例如当演员的心情与角色的情感不一致时，就需要通过"我现在的任务是演戏"之类的判断控制自己的情感。

思维可以引发和控制情感，情感反过来也会影响思维。因为在一定的情感驱动下，思维会变得更加活跃；情感的倾向也会影响思维的取向。另外，思维的理智态度固然可以克服情感的一些即时影响，但一些稳定的情感倾向和情绪状态却可能潜移默化地、持久地影响思维的方式和趋向，在文艺创作上，它常成为决定作者形成稳定的选材趋势和艺术风格的重要因素之一。

在实际的创作活动中，感知、表象、思维等活动常常是作为一个整体的认识活动而与情感活动发生关系的，在想象活动中有思维的参与，在思维活动中又有想象的参与。但就整个创作的心理过程来说，却是以表象活动为主体的。同时，这种以表象活动为主体的认识活动与情感活动的相互影响和作用又是一种动态的关系，一定的认识引发了一定的情感，这种情感反过来又影响认识的变化，变化了的认识又会引发新的情感。这样，情感与认识便在相互作用中不断发展。

（二）情感移入

情感移入是指根据某种需要而将某种外在于自身的情感体验转移到自身，或者说使自身处于某种情感状态之中。情感移入对于文艺创作具有重要的意义。高尔基指出，科学工作者研究公羊时，用不着想象自己也是一头公羊，但是文学家则不然，他虽慷慨，却必须想象自己是个吝啬鬼，他虽毫无私心，却必须觉得自己是个贪婪的守财奴，他虽意志薄弱，但却必须令人信服地描写出一个意志坚强的人。这就是说，文艺创作者必须根据创作需要体验各种人的各种情感，以使他们所创作的作品能真实感人。因此文艺创作者必须善于将各种情感转移到自身。

将某种外在于自身的情感体验转移到自身并不是很容易的。由于情感体验是与机体的某些内部生理变化（心跳的加快或减慢、血管的扩张与收缩、肾上腺等内分泌腺的活动等）相联系的，而这些生理变化又是受自主神经系统（交感神经系统与副交感神经系统）根据机体内外的情况自然调节控制的，因此人很难通过大脑的直接命令使内部生理活动发生预期的变化，进而体验到某种情感，就像人无法直接控制自己的心跳加快或减缓一样。那么人是否能将某种情感移入自身呢？回答是肯定的，只是不能采取直接命令的方式，而须采取间接诱发的方式。一定的情感活动是由一定的认识引发的，是受一定的需要与满足需要的主客体关系制约的。个体只有对外界事物是否符合自身的需要产生出某种认识和评价（自觉或不自觉的），才能自然地通过自主神经系统引起内部的生理变化，从而体验到相应的情感。因此，移入某种情感体验，首先要移入与这种情感体验相联系的包含特定需要与满足需要的主客体关系的认识内容。例如要将老葛朗台贪婪守财的情感体验引入自身，就要将他对金钱的价值观、他聚敛财富的需要以及从此出发与周围事物发生关系时的态度等认识内容引入自身，这样就可能产生相应的情感体验。当然这并不是说要创作者真的成为葛朗台，而是要求创作者通过想象使自己处于他的地位，按照他的需要和价值观念去处理各种关系。

在文艺创作中，创作者情感经验的丰富与否对情感移入具有重要意义。情感移入固然有赖于创作者移入与情感相关的认识内容并设身处地地体验之，但却是以创作者自身的情感经验为基础的。它需要创作者调动和组织与移入情感相关的自身的情感经验，以深入体验所移入的情感。这个过程主要是通过联想进行的。电影演员赵丹曾谈到，他演电影《烈火中永生》中许云峰在狱中的戏时，不仅移入了角色思想倾向、价值观念和周围环境等体现特定主客体关系的认识内容，而且调动了自己早年在新疆盛世才监狱中的情感经验去体验之，这样就使他的情感移入更为迅速、真切和深刻。赵丹与许云峰狱中情感的具体认识内容并不一样，但二者却有一定相似之处，因此可以通过相似联想促进情感移入。由此可见，一个创作者的情感经验越丰富，越有助于他的情感移入。

情感移入不仅要求创作者有丰富的情感经验，而且要求他具有活跃的情感品质。这表现在他的情感因子高度敏感，情感经验极易激活，能够根据创作的需要，迅速地唤起相关的情感经验，进入要求的情感状态。文艺创作（特别是表演艺术和文学的创作），常常要求创作者迅速从自身的情感状态转到角色的情感状态，从某种情感状态转到另一种情感状态，没有活跃的情感品质，便很难自如地完成这些转变。

情感移入对于文艺欣赏也具有意义。要取得好的欣赏效果，就需要对人物和作者的情感进行体验。这种体验在很多情况下是自发进行的，即随着情节的展开自然而然地进行。但是对于一些高标准的欣赏来说，例如文艺研究者和评论者的欣赏，自发的情感体验往往是不够的。这就需要自觉的情感移入，以有目的地、深刻细致地体验人物和作者的情感。

（三）情感宣泄

情感宣泄是指内部聚集的情感通过某种外在形式表露出来，从而使个体的生理和心理状况恢复到某种平衡状态。当人处于某种情感状态时，无论是悲是喜，是爱是恨，机体内部都会产生某种生理变化，例如心跳加快、血压升高、内分泌增强等，使生理活动失去原有的平衡状态。这种状况反映到心理上，就形成了心理上的不平衡。不平衡使生理和心理上形成某种张力，要求通过一定的形式宣泄出来，以求得平衡。如果能够宣泄出来，人就会感到轻松；如果长久地压抑而不使其得到某种疏导，则可能会影响生理和心理的健康。因此，情感宣泄实际是身体自卫机制的一部分，是人在生理和心理两种水平上进行自我调节的一种手段。

在生活中，内在的情感活动可以通过种种形式宣泄出来。兴奋时手舞足蹈，愤怒时横眉立目，悲哀时失声痛哭，高兴时开怀大笑，这些都是通过身体媒介直接、自然地将某种情感宣之于外。情感还可以通过某些间接的形式宣泄出来。例如，向某人献上一束鲜花以表现自己的尊敬或爱慕之情，为逝去的人扎上一个花圈以寄托自己的哀思，中秋赏月以抒发对异地亲人的思念之情，等等。凡此种种，都属于以身体之外的某种事物为媒介曲折地抒发某种情感，因而是间接的形式。

艺术活动也是一种情感宣泄的间接形式。情感宣泄虽然不是艺术活动的本质和目的，但是艺术活动确实具有一定的情感宣泄的功能。从创作方面来说，当作者内心集聚了某种情感的时候，将其化为一首诗、一幅画、一段乐曲或其他艺术创作表现出来，确实能在情感上获得某种平衡。而且，许多优秀的文艺作品，往往正是以这种集聚的情感为动力创作出来的。司马迁在《史记·太史公自序》中说："昔西伯拘羑里，演《周易》；孔子厄陈蔡，作《春秋》；屈原放逐，乃著《离骚》；左丘失明，厥有《国语》；孙子膑脚，而论兵法；不韦迁蜀，世传《吕览》；韩非囚秦，《说难》《孤愤》；《诗三百篇》，大抵贤圣发愤之所为作也。此人皆意有所郁结，不得通其道也。"这里说的这些著作都是在内心集聚的强烈情感的推动下创作出来的，虽然著者这样做的目的可能并不是或不仅仅是为了宣泄情感，但这样做却毫无疑问地会使他们的情感获得某种宣泄。

艺术欣赏也具有情感宣泄的功能。这可以分为两种类型：一种是欣赏者将作品当作宣泄内心情感的方式与手段。当某人内心集聚了某种情感的时候，由于种种主客观的原因，他可能不通过哭喊之类的直接方式发泄，而通过对某些艺术作品的欣赏使其得到疏导。例如一个人因事业成功或爱情顺利内心充满幸福欢愉之情，他可能通过吟唱一支欢快的乐曲来抒发内心的情感；一个人内心充满了思乡之情，也可以通过吟诵李白的《静夜思》、王安石的《泊船瓜州》等诗寄托自己的情思；一个人因爱情失败而陷入深深的痛苦之中，他可能对《红楼梦》中宝黛的爱情悲剧产生强烈的共鸣，等等。艺术欣赏中情感宣泄的另一种类型，是欣赏者在作品的诱发下不断集聚起某种情感，又随着情节的展开而使这种情感得到宣泄。例如看歌剧《白毛女》，欣赏者会逐渐集聚起一种同情喜儿、仇恨黄世仁的强烈感情，而随着喜儿被解放、黄世仁被处决，欣赏者内心的感情也就得到了宣泄。在这个过程中，欣赏者经历了由聚集到宣泄的情感历程，内心会产生一种轻松舒畅的感觉，并由于获得了某种情感体验和艺术感染而感到满足。如果没有这种情感的聚集与宣泄，作品只是引导欣赏者平静地经历了整个欣赏过程，那么欣赏者的精神世界就不会受到较大的震动，从而也就很难收到较强的艺术感染效果。

（四）情感表现

情感表现是指将内部情感通过某种形式呈现于外部，以影响和作用于他人。情感表现与情感宣泄既有联系又有区别。从其联系的方面看，二者都是将内在情感表露于外，因此不同程度地都会使内部集聚的情感得到疏导，使紧张得到缓解。从其区别来看，则二者强调的角度不同，使情感宣之于外的动机也不同。情感宣泄所着眼的是对个体本身的生理和心理意义，情感宣之于外的动机主要是为了使个体在生理和心理上取得一种平衡（而且这种动机在很多情况下是无意识的、不自觉的）。因此它可以考虑也可以不考虑情感外现的方式和效果，只要为内在集聚的情感找到一条渠道使之疏泄出来即可。

例如极度悲痛时的大声号哭，极度愤怒时的打碎家具，个体在激情的推动下已无法理智地考虑或不愿考虑这些行为的后果，在当时的场合下是否合适，而一任情感不受控制地宣泄出来。情感表现所着眼的则是对他人的影响和意义，情感宣之于外的动机主要是为了影响他人，而不是只求自身的痛快。换句话说，作为一种情感行为，情感宣泄是目的性的，而情感表现则是一种手段。因此它不能像情感宣泄那样不加克制地一发为快，而是要考虑以何种方式将情感外现出来，怎样才能影响对方以取得好的效果。例如，某人对某事愤愤不平，希望得到别人的理解、同情或支持，他就不能采用毁坏家具、高声怒吼等方式来表达他的愤怒，因为这样做固然可以使他的愤怒情感得到宣泄，但却并不能得到他人的理解和同情。而如果他将引发愤怒的前因后果以及他对此的看法和态度绘声绘色地讲给人听，那么就可能引起别人的理解和同情。在这个过程中，他的情感也会得到一定程度的宣泄。

情感表现对艺术活动具有重要的意义。艺术活动虽然具有情感宣泄的功能，但它的目的却不是为了宣泄情感，而是为了表现情感。艺术活动是一种社会交往活动，是人们表现和交流思想感情的手段。真正为了藏之深山或自我欣赏的艺术创作是极少的，绝大多数的创作者都是为了交流而创作的，都希望在思想感情上打动欣赏者，得到欣赏者的理解和共鸣。因此，虽然"感情是诗情天性的最主要的动力之一"（别林斯基语），虽然只有"情动于中"才能"形于言"，但是创作者却不能一任情感无控制地喷发和宣泄，而要考虑怎样将情感表现出来才能真正感动人，才能收到好的效果。美国符号学美学家苏珊·朗格说，一个孩子号啕大哭时的表现，比一个艺术家歌唱时的情感表现不知强烈多少倍，但又有谁愿意花钱到剧院去欣赏一个孩子的号啕呢？之所以如此，除了审美的因素外，主要因为孩子的号啕大哭只是一种自发的情感宣泄，而艺术家的演唱却是一种自觉的情感表现；他要考虑如何在情感上打动和影响听众，而不是像孩子大哭那样只受自发的情感冲动的支配。

无论是情感宣泄还是情感表现，只要是内在情感宣之于外，就会有一定的表现方式。这些情感表现方式因内在情感的不同而不同，并为一定的社会群体所通用，表情者依此而表情，识情者据此而识情。许多情感表现方式在各民族中是通用的，例如痛苦时要流泪，高兴时要发笑，忧愁时要皱眉，等等；这些表现方式是人人生而有之、不学即会的。而有些情感表现方式，则是后天习得的，例如在舞蹈中以不同的形体动作表现不同的感情，不同的民族又各有一些不同的表情方式，这都是经过一定的学习才获得的。

达尔文从进化论的观点出发，对各地人类的情感表现方式作了比较研究。最后声称：人类现有的表现情感的方式，乃是由进化而来。开始时，情感表现方式完全服从于一种生物学的目的，到后来，由于这种生物性功能越来越频繁地在一种更为复杂的社会生活圈子中使用，便逐渐成为遗传的了。他举"蔑视"这种情感的外在表现做了说明。他指出，这种情感的通常表现是把鼻子皱起来，上嘴唇呈卷起状态。但有趣的是，这样一种脸部变化在一些生物性反应中也不乏其例，例如当动物或人嗅到一种难闻的气味时，脸部也会发生这种变化。

情感表现方式是受社会文化因素的影响的。保尔·艾克曼提出，任何一种情感表现都是遗传与学习这两种不同活动相互作用的结果。存在一种由先天规则指导的"脸部感情表现程序"，但是这些先天的规则不可避免地要受到特定文化中学习行为的修正或改动。学习行为可以使内在情感按照先天规则表现出来，也可以通过不同的方式将这些自发、直接的表现加以削弱、加强或改变。

情感表现方式不仅由一种发泄本能转变为一种表现手段，而且不断地分化和丰富，变得更加微妙和精巧。例如"笑"这种表情方式，对幼儿来说，不论什么样的刺激，只要感到愉快，就会做出"笑"的反应；而在成人作为手段的笑中，就有了"开怀大笑""冷冷地笑""皮笑肉不笑"等等区别。

艺术中的情感表现从作为手段这一点来看与生活中的情感表现是一样的，但是从审美活动的角度看又与生活中的情感表现有区别。它是在生活中的情感表现方式的基础上通过种种艺术形式的加工改造使其变得更加美好，从而不仅达到情感表现与交流的目的，而且还给人一种美的享受。

（五）情感的艺术表现

所谓情感的艺术表现是指艺术活动中的情感表现，是经过艺术化处理的情感表现。托尔斯泰说："人们用语言互相传达自己的思想，而人们用艺术互相传达自己的感情。""艺术活动是以下面这一事实为基础的：一个用听觉或视觉接受他人所表达的感情的人，能够体验到那个表达自己的感情的人所体验过的同样的感情。"由此可见,艺术中的情感表现是人与人之间进行交流的一种手段,是为了交流的表现,而不是自我宣泄和自我表现。

艺术中的情感表现是从生活中的情感表现发展来的。在远古时代漫长的社会生活中,人类自然形成了种种情感表现的方式,这些情感的自然表现方式往往是粗糙的、模糊的,具有较强的实用性和自我表现性。后来逐步产生了艺术,但是艺术与生活的界限并不是很分明,情感的自然表现与艺术表现、其实用性与审美性也往往交融为一体。例如最初的舞蹈,大都是直接抒发情感的自然动作,或是声嘶力竭地狂喊,或是疯狂地旋转和跳跃,或是激烈地摇摆,其价值取向主要并不是为了欣赏,而是生活情感的抒发宣泄。后来艺术渐渐从生活中独立出来,这样一些自然的情感表现动作,经过专业艺术人员的选择、加工和整理,便逐渐演化成艺术的表现。即使在现实生活中,艺术也要不断从现实生活中汲取情感表现方式的素材而进行艺术的加工整理。

但是情感的艺术表现与情感的自然表现毕竟有本质的区别,它不是一般的情感表现,而是艺术创造和审美活动的有机组成,它是通过创造具有审美价值的艺术形象来表现情感的。这具体表现在以下两个方面:

第一,它通过创造艺术形象来表现具有审美价值的情感。情感的艺术表现不像情感的自然表现那样可以随便表现生活中的任何情感,而是要表现那些具有审美价值和社会意义的、能给人以启迪和教益的情感。因此艺术家不能像一般人那样什么样的情感都加以自然表现,一吐为快,他要对自己体验到的种种情感进行整理认识,挖掘和发展其所蕴含的审美价值。滕守尧《审美心理描述》认为:"情感的发泄,大都是在失去理智或失去控制的情况下进行的,一个人在极为愤怒的情况下,可以把家具打坏,甚至把仇人杀死,这固然是一种情感的表现,但绝不是艺术的情感表现。情感的自然表现,则是一种生活的手段,大都是预先想到要用某种情感达到某种效果(如引起别人什么样的反应),而艺术的表现却带有创造、发现、整理、组织或探索人类感情之奥妙的性质,因此,它的主要着眼点不是放在情感的发泄上,而是对自我内在情感的形态或本质进行发现、认识……"艺术所要表现的既然不是生活中的自然情感,那么它的表现方式也就不能是自然的。艺术家在认识、整理、加工自己所体验到的某种情感的同时,也要为这种情感创造一个使其得以完美准确表现的感知对象,即艺术形象,从而使欣赏者在感知这一形象的过程中体验到相应的情感。换句话说，情感的自然表现，大都没有一个酝酿、构思、创造的过程，即使是作为手段的表现，也往往是运用现成的方式表现自然形态的情感；而情感的艺术表现，则无论是情感内容还是表现方式都需要加工、创造。就心理过程而言，这种加工创造过程，是遵着认识诱发情感、情感反作用于认识的规律进行的。具体说来，就是表现者通过感知、表象活动、思维等认识活动诱发某种情感并对其进行体验和整理，继而又依据情感的内容及表现的要求对头脑中的认识材料（主要是表象）进行组织和加工，从而形成具有一定情感表现性的艺术形象。例如鲁迅从许多人身上看到了"精神胜利法"的表现，因而产生了"哀其不幸，怒其不争"的情感。为了表现这种情感，他通过对头脑中保存的众多的人物表象的分解与综合，创造了阿Q这一形象。而他之所以要做这样的分解与综合，则是由"哀其不幸，怒其不争"的情感内容和表现要求所决定的。在小说中，他并不是像情感的自然表现那样把"哀其不幸，怒其不争"的情感直接说出来，或将这种情感所由产生的一些现成的生活材料复述出来，而是创造了一个具有典型意义的艺术形象，使广大读者通过对这一艺术形象的感受而体验到相应的情感，这正是情感的艺术表现的特点。

第二，它通过艺术化的处理来表现情感，从而使这种表现具有审美价值和感人力量。情感的艺术表现不仅要把某种情感表现出来，而且要使这种表现具有审美性，能给人以美感和较强的情绪感染。为此，就要对这种表现进行艺术化的处理。情感表现的艺术化处理主要包括两方面内容。其一，将情感表现纳入某种艺术形式系统，即按照特定的艺术形式来表现情感。情感的自然表现没有什么特定的形式要求，表现者的喜怒哀乐可以随意诉诸面部表情、动作、语言等等；情感的艺术表现则必须通过特定的艺术形式来表现。音乐只能通过由乐音、节奏、旋律等因素按照音乐法则所构成的听觉艺术形式来表现情感，绘画只能通过由线条、色彩等因素按照绘画法则所构成的视觉艺术形式来表现情感，其他艺术如舞蹈、雕塑、书法等也都各有其专门的艺术表现形式。即使像戏曲这样的融音乐、舞蹈、美术、文学于一身的综合艺术，其情感表现也不是照搬生活，而是有其特定的形式。例如京剧中青衣的哭泣和小生的笑，就不是像生活中那样哭法笑法；欣赏者对此不但不怪，而且还要求这样的表现。这是因为欣赏者不仅将此看作情感表现的手段，从而了解并体验到表现者的情感，而且将其看作一个审美对象，从对戏剧化动作和声音的感受中获得一种美感。其二，对情感表现进行艺术加工，使其更为准确、深刻、感人，获得更好的表现效果。情感的自然表现虽然有时也注意表现效果，但毕竟是自然形态的表现，因此并不要求对表现手段进行刻意加工。情感的艺术表现却与此大为不同，艺术家往往要运用夸张、对比、渲染、衬托、变形、象征、超现实、典型化等手法对情感表现进行加工，使其收到更为深刻感人的艺术效果。例如日本电视连续剧《命运》中岛崎荣次一角，开始令人感到憎厌，随着剧情的展开却逐渐使人感到同情。电视剧的创作者们对这个角色当然早有同情之感，但他们在表现这种情感时却不愿一上来就向观众"交底"，而是有意要在全剧的情感交流过程中造成一种变化与转折，以便通过心理反差来加深观众对这一人物的情感倾向，取得更好的表现效果。

（六）情感控制

情感控制是指人自觉地克服情感的盲目冲动，使情感活动符合行为目的的要求。我们知道，情感具有调节功能，它可以影响人的心理和行为，并作为一种动力，在一定程度上决定着人的心理和行为的方向与强度。由于情感活动是与有机体内部的生理变化相联系的，因而具有较大的力量。特别是在激情状态下，人们常会感到自己的心理和行为被一种强烈的冲动所驱使而难以自制。情感的这种动力活动如果与行为目的的要求相一致，便可发挥积极的作用，例如在战场上对敌人刻骨仇恨的情感冲动可以激励战士们奋勇杀敌。反之，情感的这种动力活动如果不符合行为目的的要求，则可能对人的心理和行为产生消极的影响，使人做出一些不应该做的事来，例如盛怒之下摔毁器具乃至拳脚相加等。因此人需要按照行为目的的要求对情感活动进行控制。

情感控制对于文艺创作具有重要意义。毫无疑问，文艺创作需要情感驱动和情感表现，但文艺创作中的情感表现是有行为目的的，它是一种交流性的表现，是为了感染他人，而不是自我发泄。因此文艺创作中的情感驱动不能是一种盲目的情感冲动，而必须符合完成创作和表现效果的要求。在创作过程中，创作者一方面要满怀情感地进行创作，另一方面又要按照行为目的的要求对情感活动进行一定的控制，否则就可能导致创作的失败。

文艺创作中的情感控制可以表现为情感类别控制和情感强度控制两个方

面。情感类别的控制是指抑制、平息某种不适合创作要求的情感活动而使自己处于一种与创作要求相适应的情感状态之中。例如演员在演出中，要体验和表现角色的情感，如果此时演员内心的情感与角色不一致，他就要控制自己的情感而使自己进入角色，形成演出所要求的情感。又如在小说创作中，如果创作者在某个晚上正处于兴高采烈的情绪之中，而他的作品的某个悲惨阴暗的情节又有待在当晚写出，他也不能不对自己的情感有所控制和调节。情感强度的控制是指抑制住情感的过分冲动，使情感活动的强度保持在可以驾驭的范围之内。在创作活动中，即使情感类别适应创作要求，而情感活动的强度过强甚至失去控制，也会对创作产生不良影响。导演郑君里在《角色的诞生》一书中说："据先辈告诉我们，像这样下意识地创造一个角色全部心灵生活的天才，从来没有见过，而为自己原生情绪的不测性所戏弄的经验，倒是每个演员都有的。一个演员的情绪失去了控制，它汹汹地激荡着他时，反常常被误认为灵感的降临。它像一条断了缰的马，横冲直撞，弄得它的主人甚至没有办法指挥他的手，或转动他的眸子……"处于这种失控的情绪状态之中，显然无法创造出理想的人物形象。因此在创作中必须对情感的冲动进行控制。

对情感活动进行控制的心理因素主要是意志。意志是人自觉地调节心理和行为去克服困难以实现预定目的的心理过程。在创作活动中，意志根据创作的目的和意图，审视并调节内部的心理活动和外部的行为动作；对于情感活动来说，则是要控制其盲目的冲动，使之与整体的创作意图和构思要求相适应。然而意志并不是孤立、直接地对情感活动进行控制和调节；它需要感知、表象、思维等认识活动的配合。例如当演员要克服自己的不良情绪而使自己进入角色的情感状态时，可能会用"我是演员，我现在的任务是演戏"这样的判断（思维活动）提醒自己，也可能在头脑中想象人物形象（表象活动）而使自己从原来的情绪状态转移到剧本要求的情感状态之中。当然，这些认识活动也是在意志的调节下进行的。

（七）情感交流

情感交流是指社会交往中人们情感信息的相互传递和接收，是人们在情感上的相互作用和影响。情感交流离不开情感表现，一个人只有将内在的情感表现出来，才能使别人了解和认识，进而才能影响和感染别人。

情感既是通过表现而实现交流，那么不同的表现方式也就会产生不同的交流效果。人的情感行为大体由两方面因素构成：一是某种情感所由产生的原因和内容，二是这种原因所导致的表情结果和形式。例如"悲痛"这种情感，在失去亲人、家庭破裂、事业失败等情况下都可能产生，这些情况就是"悲痛"这种情感产生的原因和内容。当这种情感产生后，当事者可能失声痛哭，可能顿足捶胸，也可能呼叫"我好悲痛"，这些情感表现都是前述原因产生的表情结果和形式。情感行为构成的两因素可以演化为情感表现的两种方式，这两种方式都可以达到情感交流的目的。一种方式是将诱使某种情感产生的原因、内容展示出来，这可以是某个事件，某种景物，某种环境，乃至某种音响或图案等等，这些事物中都可能蕴含着诱发某种情感的主客体关系。当交流对象了解并接受了这种情感关系后，便可能设身处地地产生相类似的情感体验，从而实现情感的交流。这种方式可以称之为情感内容的表现。另一种方式是将某种情感的表情结果和形式展示出来，例如放声大哭、开怀大笑、横眉立目等等，或者用语言将内在的情感概括地表述出来，例如说"我很难过""我高兴极了"等等。无论是放声大哭之类的情感的生理表现，还是"我很难过"之类的情感的语言概括，所揭示的都是某种情感行为的结果或外现形式，都可以使交流对象了解到某种情感的类别和强度，并受到一定的感染，从而实现某种情感的交流。这种方式可以称之为情感形式的表现。那么，这两种情感表现方式哪一种的交流效果更好、更深刻呢？显然是前者而不是后者。因为后者只是使人了解到表情者处于什么样的情感状态之中，使人对某种情感的类别和强度有所认知，并不了解这种情感产生的原因和内容，因而很难设身处地地产生相应的情感体验。前者则由于使人了解了表情者处于某种情感状态的原因和内容，因而既能产生相应的情感体验，又能在这种体验中认知这种情感的类别和强度。例如某人放声大哭，别人只能了解他很悲痛；某人高喊"我好痛苦"，别人也只能了解到他很痛苦。因为表情者向他人传达的只是他自身的情感类别和强度的信息，别人很难产生相应的具体体验。而如果他将这种悲痛情感产生的原因展示出来，那么别人就可能设身处地而产生相类似的情感体验，甚至洒下同情的眼泪。

艺术中的情感交流从根本上说也是通过展示情感内容和情感形式这两种方式实现的，例如，看过《窦娥冤》之后，人们会自然产生一种同情窦娥、憎恨赃官的情感体验，这种情感的产生正是作者所预期的。作者内心的这种情感转移给了欣赏者，从而实现了创作与欣赏的情感交流。而欣赏者之所以产生这样的情感，乃是由于作者把这种情感所由产生的原因和内容（窦娥的清白无辜，赃官的草菅人命等等）展示给了欣赏者，使欣赏者通过对这些内容的认识而产生相应的情感体验，实现情感的交流。又如"床前明月光，疑是地上霜。举头望明月，低头思故乡"这首诗所传达的是一种游子思乡的情感，人们在读这首诗后也会产生相应的情感体验。这种情感之所以能够通过这首小诗得到交流，乃是由于作者将这种情感所由产生的环境及其与人之间的情感关系形象地展示了出来，从而使欣赏者可以通过对这种环境和关系的认知而被诱发相应的情感。

以上两个例子都属于通过情感内容的表现而实现的情感交流，至于通过情感形式的表现而实现的情感交流，在艺术活动中也很普遍。例如在各种声乐中，气声和哭腔之类的运用，便是对情感在发声方面的生理反应的艺术表现。在以人物为主体的绘画和雕塑中，在电影、戏剧和舞蹈中，艺术地再现"面部表情"和"身段表情"，更是形象创造和情感表现的重要手段。舞蹈艺术则更重在"身段表情"（当然也有"面部表情"的配合），事实上有些优美而抒情的舞蹈动作是对生理反应所引起的人体动作姿态进行了艺术加工的结果。在小说、诗歌等语言艺术中，则往往运用艺术的语言对情感的生理反应进行从里到外、细致入微的描述，以利于人物形象的创造和情感活动的表现。至于在单体的人像雕塑中，则艺术地再现情感的生理性反应（涉及全身各部位），简直可以说是表现和交流情感的唯一直接手段。这种种情感表现方式，都可以使欣赏者了解到作者所要表现的情感类别和强度，从而达到一定的情感交流。

通过情感形式的表现而实现的情感交流在艺术活动中虽然较为普遍，但只是一种辅助手段，因为它只能表明情感的类别和强度，无法表现情感的具体内容和原因而实现深刻的交流。因而在情感表现中它常常要与情感内容的表现结合在一起。例如戏曲、歌剧中的哭腔，常与剧情的展示结合在一起；歌曲中的气声，也有赖于歌词所提供的具体情感内容。在舞蹈中，也往往通过一些情节揭示某一表情动作的情感内涵。在电影、小说中，具体表情动作的描绘更是与情节所展示的情感内容紧密结合在一起。如果单纯地追求哭哭笑笑等情感的外部生理表现，而不注意挖掘和表现产生这种情感的深刻原因和内涵，那么欣赏者就只能是知其然而不知其所以然，很难受到深刻的感染。

那么如何解释许多优秀的雕塑和绘画的艺术效果呢？例如《蒙娜丽莎》和《思想者》，都只是通过刻画人物的情感生理表现（即情感形式的表现）而具有感人的力量。这个问题主要应从创作与欣赏的辩证关系来理解。就创作者一方来说，刻画人物的情感生理表现不是为刻画而刻画，而是着眼于启发和调动欣赏者的积极性，使之通过玩味、思索、联想、想象以至于考证，把眼前的形象与更为丰富的认识内容联系起来，从而更为有力地引发情感活动。从欣赏者一方来说，则要求对作品不能止于表面、直观的认识和理解，而要充分发挥主观能动作用。一是要力求对作品产生的时代背景、作者的生平思想、作品的具体内容有较多的了解，以扩充作品的认识内容，进而诱发情感活动；二是要充分展开联想与想象活动，通过"自己给自己"提供更多的认识内容而产生丰富的情感活动。

无论是情感内容还是情感形式的表现，都是创作者向欣赏者提供的富有特定情感色彩的认识对象。创作者通过对这一对象的创造表现某种情感，欣赏者则通过这一对象而感受到相应的情感，从而实现情感的交流。但是这种交流需要一个条件，这就是创作与欣赏要对这一对象取得某种程度的共识。换句话说，一部作品的情感倾向只有为欣赏者所接受，才能引起他的共鸣。然而人们对事物的认识都受到各种社会因素和心理因素的制约，由于人与人之间在民族传统、阶级利益、生活遭遇、思想观点、个性特征以及特定的心理状态方面会有种种区别，因而情感交流中可能产生种种复杂情况。一种情况是欣赏者对作品的情感倾向与创作者截然相反，可称之为情感交流中的逆反现象。更多的情况是，欣赏者与创作者虽然基本的情感倾向一致，但具体的情感活动却有深浅强弱、纯杂偏正之分，可称之为情感交流中的变异现象。严格来说，由于个体之间的各种差异，任何情感都不可能丝毫不差地从某一个体转移到另一个体，因此情感交流中的变异现象在艺术交流实际中往往是存在的。

（本文系作者对其撰写的相关词条编辑而成。词条刊于金开诚主编《文艺心理学术语详解词典》，北京大学出版社1992年10月出版）

情感机能对文艺创作的意义

（一）情感的信号机能

情感的信号机能是心理学的重要范畴。这一范畴表明，情感是客观事物对人具有某种意义的信号。客观事物反映到人的头脑中，会由于是否符合人的需要而使人产生肯定或否定的情感生理反应，这种反应作为信息返传至大脑，人就体验到某种情感。这种情感体验实际上成为该事物是否符合人的需要的信号，它强化了人对该事物的反映，并与该事物在大脑皮层上建立起神经联系，从而给该事物涂上了一种特定的情感色彩。

情感的信号机能对文艺创作具有重要的意义。文艺创作所反映的虽是客观的社会生活，却是通过主观的情感将生活素材熔铸为作品的。在这个过程中，情感的信号机能发挥着桥梁和中介的作用。

首先，它是主客体之间建立联系的一种桥梁和中介。文艺创作者对客观事物认识并不是纯客观的，而是要受主观的需要、兴趣、意愿、价值观念等因素的制约，这种制约正是通过情感的信号机能实现的。客观世界众多的事物刺激着人的各种感官，人的意识域不可能对这些刺激物都发生条件反射。当某些刺激物由于对人有着某种意义（适应或违反人的某种需要），就会引起人的某种情绪反应。这种情绪反应所产生的内部生理变化会在大脑皮层上形成兴奋，从而强化了该事物的刺激，使人把知觉的方向指向了该事物。显然，主客体之间之所以能建立起这种知觉关系，乃是由于情感信号的作用。例如一位喜欢画菊的画家随意在百花园中游览时，会突然驻足于一株色态特异的菊花面前仔细观察。而这位画家之所以于无意中把知觉突然指向菊花，乃是由于这株菊花特异的色态对他的绘画需要具有意义，并自然引起了他的喜悦之情，这种情感在大脑皮层上的兴奋促使他对这株菊花产生了兴趣。情感的这种信号机能也发生在表象活动和思维活动中。在构思中，创作者往往会感到某一隐约闪现的表象或思绪适应创作的需要而产生一种喜悦之情，这种喜悦之情作为信号放大或强化了该表象或思绪的意义，从而使创作者将该表象或思绪从众多杂乱的表象与思绪中分离出来深入玩味。

其次，它是各种相关信息在大脑皮层上建立联系的一种桥梁和中介。从心理学上看，艺术构思实际上是创作者根据一定的创作意图使头脑中储存的各种相关信息建立起新的联系的过程。这种联系可以表现为各种性质、各种类型的关系，例如由红花想到绿叶是一种接近关系，由弯月想到小船是一种相似关系，由下雨想到地湿是一种因果关系，等等。这些都属于客观事物本身的关系。还有一类属于客观事物对主体的意义的关系，例如可能由慈祥的房东老大妈想到自己的母亲，因为她们对个体在情感上具有相似的意义；又如由"横眉冷对千夫指"会想到"俯首甘为孺子牛"，因为他们对个体在情感上具有对立的意义。而这些事物信息之所以可以在个体的头脑中建立起意义的联系，乃是情感的信号机能所致。情感的信号机能可以为事物涂上一层情感色彩并与该事物一起作为记忆表象保存下来。过后，该事物表象的浮现可以引发与其相应的情感活动，该情感记忆的复苏也可引起该事物表象的活动。这样，当某一事物表象浮现并同时引发了相应的情感记忆后，这种情感就可能引发另一种相类似或相对立（乃至其他各种关系）的情感的表象。由此，两种事物表象就以情感信号为中介建立起联系。

（二）情感的调节机能

彼得罗夫斯基主编的《普通心理学》认为："情感及其多种多样的体验形式不仅执行着信号机能，而且也执行着调节机能。它们在一定程度上决定着人的行为，成为人的活动和各种动作（以及动作完成的方法）的持久的或短时的动机，从而产生追求所提出的和所想到的目的的意向和欲望。"情感的这种动力调节机能在人的各种活动中普遍存在，而在文艺创作中则表现更为突出。汉《毛诗序》说："情动于中而形于言，言之不足故嗟叹之，嗟叹之不足故永歌之，永歌之不足，不知手之舞之，足之蹈之也。"别林斯基则认为："感情是诗情天性的最主要的动力之一；没有感情，就没有诗人，也没有诗歌。"由此可见，古今中外的文艺理论家对于情感的动力调节作用都是深有认识的。

从文艺创作的实践来看，可以说任何一部优秀的文艺作品都是在情感的推动调节下创作出来的。但这种调节却不能脱离理性的调节孤立进行。人的任何正常活动都离不开理性的调节，情感是与理性相互配合对人的行为进行调节的，文艺创作活动也不例外。从生理机制上看，理性对人的活动的调节主要是由大脑皮层前额部负责的，它是负责制定行为程序、调节和控制心理活动的机构；而情感活动则是由网状结构、丘脑、下丘脑等皮层下中枢直接发动的，它可以对大脑皮层的活动产生影响。但是"脑的前额——特别是它的内侧部和基底部——具有强大的、与网状结构相联系的上行联系束和下行联系束"，"它既能给予下部的神经组织以激活性作用，也能给予它们以抑制性作用"。[1] 这就使皮下中枢所发动的情感活动对大脑皮层活动的调节与人的复杂的自觉意识活动相适应。由此可见，皮层前额部的理性活动既能诱发又能控制皮下中枢的情感活动。但皮下中枢的情感活动也具有相对的独立性，有可能在一定程度上突破皮层前额部的控制而对整个大脑皮层以至人的外部活动产生冲动性影响。因此，实际情况是皮层前额部的理性活动与皮下中枢的情感活动相互配合对人的活动进行调节，只是由于活动的性质和对象不同，二者的结合方式也就不同，从而对活动的调节也就呈现为不同形态。一般来讲，在皮层前额部有效地控制着皮下中枢而使情感活动保持在一定程度内的情况下，人的活动主要受理性调节，情感调节居辅助地位，如科学研究活动就是如此。在皮下中枢过度兴奋（如在激情或应激情况下）而在较大程度上突破皮层前额部控制的情况下，人的行为就为情绪冲动所控制，做出一些失去理智的行动，显然在这种情况下包括文艺创作在内的任何创造活动都无法正常进行。还有一种情况是，皮下中枢兴奋虽然大为加强，但皮层前额部并没有失去对它的控制，此时活动就在皮层前额部与皮下中枢的相互作用下接受理性与情感两方面的调节，呈现为理寓于内、情动于外的形态，文艺创作活动中的多数调节就是如此。因此，情感的调节机能在文艺创作中既大为加强又在不失去理性控制的情况下与理性调节相互配合发挥作用。

（本文系作者对其撰写的相关词条编辑而成。词条刊于金开诚主编《文艺心理学术语详解词典》，北京大学出版社1992年10月出版）

---

[1] 鲁利亚：《神经心理学原理》，科学出版社1983年版，第93-110页。

比喻、对比、含蓄手法的心理学分析

（一）比喻

比喻是文学创作中一种重要的表现手法。它通过引导欣赏者对两个在某一点上极其相似而在整体上极不相似的事物的比较，使其把握所要表现的事物的某一方面特征，从而对该事物获得准确深刻的认识。

比喻之所以能使欣赏者产生以上的心理效应，同含蓄和对比手法一样，也是以欣赏者认识事物时大脑神经过程的分化与泛化活动为根据的，只是作用方式有所不同（关于分化与泛化的概念，请参看有关"分化与泛化"的论述）。人对事物的认识都是通过大脑神经过程的分化与泛化活动实现的，但是由于认识对象的情况不同，认识主体大脑神经过程分化与泛化活动的作用也就不同，认识的效应也就不同。事物之间都存在着相似、相通的因素，也存在着对立、差异的因素。人通过神经过程的泛化活动，认识事物相似、相通的因素；又通过神经过程的分化活动，认识事物的对立、差异的因素，从而在把握事物的同中之异和异中之同的过程中准确而全面地认识事物。在文艺创作中，出于对艺术效果的不同考虑而采用不同的表现方式，作品欣赏者神经过程中分化与泛化活动的作用就会不同。含蓄的表现突出事物之间相通、相似、统一、和谐的一面，因而有助于欣赏者神经过程的泛化，在欣赏中侧重于把握事物的"异中之同"；对比的表现突出事物之间的对立和差异的一面，因而有助于欣赏者神经过程的分化，在欣赏中侧重把握事物的"同中之异"。比喻的表现由于要求喻体和本体在一点上极其相似而在整体上极不相似，因此既突出事物之间相似、相通的一面而促进欣赏者神经过程的泛化，又突出事物之间对立、差异的一面而促进欣赏者神经过程的分化。

这样，欣赏者既把握事物的"同中之异"，又把握事物的"异中之同"，就能获得鲜明深刻的印象。例如白居易《暮江吟》中"可怜九月初三夜，露似珍珠月似弓"二句，抓住露水与珍珠在晶莹圆亮上极其相似这一点，促使欣赏者神经兴奋由露水向珍珠泛化，从而把握住二者的"异中之同"，通过珍珠形象支持和强化了露水"晶莹圆亮"的形象特征；而由于露水与珍珠在整体上是完全不同的两类事物，这种差异性又促进了欣赏者神经兴奋的分化，使其把握住二者的"同中之异"，进而使"晶莹圆亮"的形象特征在整体差别的背景中显著突出出来。

从表象活动的角度看，比喻对欣赏者大脑神经过程分化与泛化的影响，实际表现为引导欣赏者在本体表象与喻体表象之间进行相似联想。这种相似联想是以本体表象与喻体表象的相似点为中介的，而这种相似点实际却是需要通过一定的概括而形成。分析起来，这种作为中介的心理因素可以是具象的事物外在特征的概括，也可以是抽象的事物性质或关系的概括，还可以是情感的概括。因此，从心理过程上说，就有三种相似联想的模式：

本体表象——相似点的具象概括——喻体表象
本体表象——相似点的抽象概括——喻体表象
本体表象——相似点的情感概括——喻体表象

例如：露水与珍珠在性质上是全然不同的两个事物，"露似珍珠"的比喻是引导欣赏者对二者外在特征进行具象概括并以之为中介使二者联系起来。曹操《龟虽寿》说"老骥伏枥，志在千里，烈士暮年，壮心不已"，伏枥之老骥与暮年之烈士在外在形态上无任何相似之处，比喻是要引导欣赏者对二者的外部行为进行抽象概括从而获得二者所具有的"一生英烈，老而弥坚，渴望新成就"这种内部实质的相似，并以此使二者建立起相似联想关系（当然老骥本身不可能具有这种人的精神气质，它实际是创作者引导欣赏者进行想象的产物）。再看韩愈《听颖师弹琴》中"划然变轩昂，勇士赴敌场"一句，以"勇士赴敌场"来比喻琴声，这无论从外部形象或内部的性质与联系上看，都是不相似的，但它们使人产生的激昂情绪却有相似性，以这种情绪的概括为中介，本体与喻体同样可以建立起相似联想关系。

比喻引起的相似联想虽然有不同的模式，但由于大脑活动遵循整体性原则，一个具体的认识过程往往是由多种心理功能协同活动的结果；因此一个比喻所引起的相似联想，其相似点的概括并不一定表现为单一的心理形态，也就是说并不像模式所显示的那么单纯。例如以珍珠来比露水，固然可以引起欣赏者对二者在外在形态上相似的认识，也可以引起欣赏者对二者相似的喜爱情感，而这在相似联想的形成中也是有意义的。但是在几种不同心理形态的相似点中，总有一种是主要的，在相似关系上比较突出，因此仍然可以区别种种比喻所引起的相似联想的模式归属。

（二）对比

对比作为一种表现手法，在文艺创作中被广泛运用。它通过突出事物之间的对立和差异，使所要表现的事物特征在比较中得到强化，从而使欣赏者获得鲜明深刻的感受和印象。

任何人在文艺欣赏中都希望对作品的艺术形象及其所蕴含的美学意义获得一个清晰准确的印象。一般来说，艺术表现越鲜明，越有助于欣赏者神经过程的分化活动，从而使其头脑中的印象越清晰准确；艺术表现越模糊，越会促进欣赏者神经过程的泛化活动，从而使其头脑中的印象越朦胧含混。文艺创作要使欣赏者获得清晰准确的印象，就要使创作具有一定的鲜明性。所谓鲜明性，就是指创作者所要表现的特征在作品中得到突出和强化。特征，是一事物与它事物相区别的征象和标志。突出了所要表现的事物特征，就使该事物在与其他相关事物的比较中变得鲜明起来，从而可以抑制欣赏者神经过程的盲目泛化，促进其准确分化，进而获得较为清晰准确的认识。

突出和强化所要表现的事物特征，可以从两方面入手。一是增强事物特征本身的刺激强度，以提高欣赏者感受的绝对值，例如典型化、反复等表现手法就是如此。二是突出事物之间的对立和差异，使所要表现的事物特征在比较中得到强化，以提高欣赏者感受的相对值，对比手法就是如此。人在感知事物时，总是选择其中的某些刺激作为感知对象，另一些刺激作为感知背景。对象与背景的差异越小，神经兴奋模式的重叠部分越大，反映就越容易泛化；差异越大，神经兴奋模式的重叠部分越小，反映就越容易分化。对比正是通过扩大对象与背景之间的差异，来促进欣赏者反映的分化。以"嫩绿丛中红一点，动人春色不须多"的诗意画一幅画，由于绿与红在视神经上的色素反应重叠很小,因此人们很容易将"红一点"的特征从"嫩绿"的背景中分化出来;如果画的是"万花丛中红一点",人们就很难将"红一点"的特征从"万花"中分化出来,因为"红一点"在视神经上的色素反应被淹没在紫红、粉红、桃红等等花的相类似的色素反应之中,它们的许多成分在神经细胞上的反应都是重叠的,从而使神经兴奋趋向泛化。对象与背景的关系可以是单向的,也可以是双向的。以上的例子基本是单向的,以"嫩绿"为背景,"红一点"为对象,通过与"嫩绿"背景的对比来突出和强化"红一点"的特征。有些对比则是双向的,互为对象和背景。例如鲁迅的"横眉冷对千夫指,俯首甘为孺子牛",就是对敌人的恨与对人民的爱相互对照,使两种情感表现的特征更具鲜明。

(三)含蓄

含蓄是文艺创作中的一种重要的表现手法。它对于作品所要表现的意向和主旨不做直接的揭示和过分的强调,而是采取曲折隐蔽的方式将其藏蕴于作品的深处,让欣赏者寻思求索、玩味无穷,获得丰富深远的审美享受。

含蓄的这种心理效应是与艺术欣赏的心理特点分不开的。人的任何认识活动都是通过大脑神经过程的分化与泛化活动实现的,欣赏认识也不例外。一般来说,对象表现越鲜明,越有助于认识者神经过程的分化,促使其获得较为明确的认识;对象表现越含蓄,越有助于认识者神经过程的泛化,促使其神经兴奋扩散,认识朦胧模糊。对于一般的认识活动、特别是科学的认识活动来说,由于认识的目的只是了解对象,对象越清楚明确越有助于主体的把握,因此含蓄的表现似乎有些消极作用。但对于作为审美认识的艺术欣赏来说,由于认识的目的不仅是了解对象,而且是通过认识活动本身获得某种精神上的愉悦,因此含蓄的表现有它自身的积极意义。这主要表现在以下两个方面:

第一,含蓄有助于延长审美认识带来的愉悦。文艺欣赏中的审美愉悦也包括认识活动本身带来的愉悦。对未知事物的认识是人的一种基本的需要,这种需要的满足会给人带来一种精神上的愉快。在欣赏中,欣赏者的整个心理会处于一种积极探索的状态,对美的任何一点新的发现和认识都会给他带来一种心理上的愉悦和满足,继而又会激起他更高的认识积极性。一般来说,对对象认识的要求越强烈,认识中付出的心理努力越大,其所带来的愉悦也越大。含蓄使欣赏者神经过程的泛化活动增强,分化活动减弱,弥散的神经兴奋使其不能一下获得清晰明确的认识,这对于调动欣赏者认识探索的积极性,保持和延长其审美认识带来的愉悦,无疑具有积极意义。达·芬奇的杰作《蒙娜丽莎》中"神秘的微笑",几个世纪以来吸引着广大欣赏者做出巨大的心理努力去认识探索,并从中获得美的愉悦和享受。如果他在画下明确标出这是一种"美满姻缘带来的喜悦"或别的解释,就不会有这样巨大的魅力。因为它使欣赏者一下子获得了明确的认识,从而使探索玩味所带来的愉悦也就化为乌有了。

第二,含蓄有助于欣赏者联想与想象活动的展开。联想与想象是使欣赏者扩大审美认识内容、增加审美感受的重要心理活动。通过联想与想象,欣赏者可以产生一种审美再创造的愉快。但是,"想象是在情境非常不明确的认识阶段上发挥作用的。情境越是习以为常,越是清楚明确,它为想象力提供的活动场所也越小"①。含蓄使作品的情境变得不很明确,从而可以促使欣赏者的神经兴奋在大脑皮层的较为广阔的范围内扩散开来,唤醒与之相似或相通的记忆储存,使联想与想象成为可能。如果创作过于清楚明确,使欣赏者产生迅速准确的分化,就会抑制欣赏者的联想与想象。

含蓄的表现固然要促进欣赏者神经过程的泛化,但却不能因此而使含蓄变成没有任何确定性的含糊,从而过分抑制了欣赏者神经过程的分化,使其杂然而不知所云,茫然而不知所指。因为人对任何事物的认识都是大脑神经过程分化与泛化两种活动协同作用的结果,只有泛化没有分化,神经兴奋就不能集中,人就无法将各种事物区别开来以获得对对象的认识。含蓄表现只是为了延长欣赏认识的愉悦,而不是取消认识。因为如果连起码的认识起点都没有,就谈不到以此为基础的深入认识及其带来的愉悦,含蓄也就失去了自身的意义。因此,任何含蓄的表现都应与某种确定性相联系,都应是寓某种确定性于其中的含蓄。

从心理学上看,含蓄的表现主要是为欣赏者神经过程一定程度的泛化创造条件,这主要表现个方面:

第一,对所要表现的事物不作直接的描绘,而是通过对与之有一定关系

---

① 彼得罗夫斯基主编:《普通心理学》,人民教育出版社1981年版,第375页。

的事物的描绘来间接表现。例如，俄国画家列维坦的风景画《弗拉基米尔克》，画的是沙皇政府遣送千千万万"犯人"到西伯利亚去所必经的一段道路。画面上只有原野、天空和一条伸向远方的路，没有人，但却引导欣赏者通过路与人的关系想象出道路上一队队衣衫褴褛的"犯人"艰难地行走着，进而通过路向远方的延伸把人们的想象越引越远；对这些"犯人"命运的惦念，对俄罗斯苦难现实和今后前途的思索……作者把这些深刻的含义都隐蔽了起来，而通过一定关系的引导，使欣赏者在感知这条路时神经过程产生兴奋的泛化（神经兴奋由刺激对象向与之相通、相似、相关的其他事物的扩散），从而通过联想与想象意会到其中的含义。

第二，减弱所要表现事物的对立与差异而突出其和谐与统一。事物之间存在着对立与差异，也存在着和谐与统一。在艺术表现中，突出前者有利于神经过程的分化，突出后者则有利于神经过程的泛化。例如柳永的《雨霖铃》："念去去，千里烟波，暮霭沉沉楚天阔。"这句词写了水、暮色、天空三种景物。这三种景物各有特点，各有差异，但诗人却用一种"多情自古伤离别"的情感基调将三者统一起来，从而减弱了欣赏者神经过程的分化，增强了神经过程的泛化，使其不去注意水、暮色、天空各自的特点，而笼罩在一种迷茫凄清的情绪氛围之中。

（本文系作者对其撰写的相关词条编辑而成。词条刊于金开诚主编《文艺心理学术语详解词典》，北京大学出版社 1992 年 10 月出版）

艺术欣赏中的几个心理学问题

（一）艺术欣赏的心理意义

艺术欣赏作为一种审美精神活动，对人的心理有着重要的意义。这种意义主要表现在以下两个方面：

第一，它有利于人的人格心理的发展。人降生于世后，要成为区别于动物的、具有稳固心理特质整体的社会的人，只能通过社会的交往与生活的实践。"个人交际的范围越是比较广泛，他同生活各方面的联系就越是多样，他深入到社会关系的各个方面也就越深刻，他自己的精神世界也越变得丰富。"[①] 但是就任何一个个体而言，因受种种主客观条件的限制，其生活实践和社会交往无论在空间上还是时间上都是有限的。因此人格心理的充分发展还需要通过间接渠道获得。文艺作品的欣赏正是这样一种间接渠道。古今中外各式各样的文艺作品构成了人类几千年来丰富多彩的生活画卷，熔铸着人类几千年形成的光辉灿烂的精神财富。因此，欣赏文艺作品就对人格心理的发展具有重要的意义：

首先，艺术欣赏可以丰富人的精神世界。人的精神世界具有无限丰富发展的潜力，然而现实中狭小的生活天地和单调的生活经历往往使个体没有条件使其得到充分的丰富和发展。然而艺术却可以为人们提供无限广阔的生活天地。在艺术欣赏中，欣赏者通过想象使自己置身于艺术家所提供的丰富多彩的虚幻生活之中，感受着他在现实生活中没有条件感受的种种矛盾，体验着他在现实生活中没有条件体验的种种情感，精神世界日益丰富。

其次，艺术欣赏可以提高人的精神世界。在生活中，人是通过把握现实的种种关系以发展和提高自己的精神世界的。但是现实生活中的事物关系往

---

① 波果斯洛夫斯基等著：《普通心理学》，人民教育出版社1979年版，第57页。

往是零散、驳杂、模糊、隐蔽的，它虽然可以潜移默化地对人产生影响，但影响的深度与强度都有一定的局限。艺术作品将现实生活中的事物关系加以提炼、加工、集中、概括，并按照美的规律将其熔铸于艺术形象之中，从而使其表现力和影响力大大加强，因此它对于人格心理的影响在一定情况下有可能比现实生活更为深刻和强烈。

再次，艺术欣赏可以使人格心理得到较为完美的发展。完美的人格心理应该是主体与客体、个体与社会、感性与理性、规律性与目的性、个别性与一般性等因素的高度统一。但是在现实生活中，这种境界很不容易实现。例如，人的理性的发展往往以牺牲其感性为代价，使得现代成人的有些感受性远逊于原始人和儿童，而人们又不能也无法为恢复丰富的感受性而回到原始状态。又如片面强调个性的自由发展往往损害社会共性，而片面强调个性统一于社会又往往扼杀个性的活力。所有这些，都不利于个体形成健康完美的人格。但是优秀的艺术作品，往往在丰富的感性形态中积淀着深沉的理性，在自由意志的创作中潜藏着社会的价值与规范，在展现独特的创作个性的同时又遵循着一般的艺术形式法则，种种对立的因素在这里得到了和谐完美的统一。因此，艺术欣赏可以使欣赏者在现实生活中的人格心理发展得到教益和补充，使之较为和谐与完美。

第二，它可以调节人的心理生活。人的心理生活状态取决于个体与环境的关系。当个体对环境产生某种需要时，他的心理就处于一种不平衡状态；而当环境适合或满足了个体的需要时，他的心理就处于一种平衡的状态。但是人的需要的产生与满足并不像动物那样是一个消极被动的过程。人的需要是一个由低级到高级不断发展的过程，旧的、较低的需要满足之后，人又会产生和追求新的、更高的需要，并通过积极能动地改造环境来满足需要。因此，人与环境的关系不是一个"需要——满足"的简单循环过程，而是一个"需要——满足——更高的需要——更高的满足"的永无止境的发展过程。这就决定了人的心理生活既要求满足需要而使之处于一种宁静和谐的平衡状态，又要求激发需要而使之处于一种紧张活跃的失衡状态，它实际是一种追求与满足、紧张与松弛、失衡与平衡等因素交替作用、对立统一的发展过程。但是一个人的心理生活不可能永远处于这种协调状态，个体与环境的关系可能出现种种的不协调，由此造成心理生活的不协调。例如，一个人由于某种原因对生活心灰意懒，无所追求，于是心理生活就会出现一种缺乏需要与追求积极性的不协调。心理生活的调节从根本上说有赖于个体与环境现实关系的调节，但是在现实生活中个体与环境的关系往往受种种主客观因素的制约，不是随心所欲就可以调节的。而艺术作品却可以为欣赏者提供一个"虚幻的现实""心灵的摹本"，使欣赏者在想象中改变自身与环境的关系，使心理生活呈现出一种较为和谐的面貌。艺术欣赏对心理生活的这种调节作用主要表现在以下两个方面：(1)激发作用。当个体由于与环境关系失调而在心理上处于消极、空虚、无聊的状态，缺乏生活的追求与热情时，艺术欣赏可以在一定程度上激发起他的心理积极性，改变消极的心理状态。这可以表现在两个层次上。一个层次是低级的情绪性激发，例如富有刺激性的音乐、色彩、造型、场景，离奇曲折的情节，紧张激烈的场面，等等。这些艺术现象可以刺激欣赏者的神经系统，从而使其产生某种振奋、惊讶、好奇、追求的心理效果。但是这种单纯感官刺激的积极性既不容易持久，也不容易有效地转移到生活中来。另一个层次是高级的情感性激发。例如作品中所蕴含的生活哲理对人的启迪，生命力量对人的振动，情感力量对人的感染，美好形象对人的熏陶，等等。比之情绪性激发来说，这种激发可以唤起人高级的精神需要和追求，对人的心理生活的影响更深刻、更持久、更充实，也更有力量。

（2）代偿作用。当个体内心的需要比较强烈，形成一种张力，要求得到满足，而现实环境又无法满足这种要求时，艺术作品可以为其提供一个适应其需要的虚幻环境或宣泄对象，使其需要在想象中得到一种替代性满足，或使其心理能量获得宣泄、转移，从而改变其不平衡的心理状态。这可以表现为三种形式。第一种是象征满足，即通过对作品的欣赏使现实的需要在想象中得到象征性满足。例如一个强烈追求自由爱情生活而在现实中无法实现的人，可以在《罗密欧与朱丽叶》《安娜卡列尼娜》等作品中体验到自由爱情的甜美。第二种是情感宣泄，即通过对作品的欣赏使内心积聚的情感宣之于外。例如一个人内心充满了思乡之情，可以通过吟诵李白的《静夜思》、王安石的《泊船瓜州》等诗寄托自己的情思。情感宣泄与象征满足既有联系又有区别。象征满足往往也伴随一定的情感宣泄，例如描写爱情的作品满足了欣赏者追求爱情的需要，也宣泄了他的恋爱之情；而情感宣泄往往也伴随一定的需要满足，因为抒发某种情感的需要在欣赏中得到了满足。但是二者毕竟是有区别的，前者是一种满足需要的方式，后者则是一种宣泄情感的手段。在情感宣泄中，某种情感所由产生的需要往往并没有得到满足，例如《静夜思》并没有满足思乡的需要，而只是疏导了思乡的情感。第三种是能量转移，就是支持某种需要或情感的生理、心理能量由一个方向转到另一个方向，使前一个方向上不能实现的心理平衡在后一个方向上实现。在能量转移中，所欣赏的作品与欣赏者的需要、情感不必像在象征满足和情感宣泄中那样求其一致。例如一个人内心充满苦闷，可以通过欣赏一些与之无关乃至情调相反的艺术作品，将其由于苦闷而聚集于大脑某个兴奋中心的能量转移到艺术作品的欣赏中去，在这方面求得某种心理平衡。

（二）艺术接受心理类型

这是指对艺术接受活动中接受者心理活动特点的分类。任何艺术作品都是通过接受者的心理活动实现其社会价值的。接受者在艺术接受过程中的实际心理活动，既遵循某些共同的规律，又各有其不同特点。这些不同特点可以概括为某些类型，而不同心理类型的接受又会产生不同的接受效应。由于接受过程是许多复杂心理因素相互结合、交互作用的结果，因此其心理类型的分析也不能是简单的、一维的，而需从多层次、多维度进行考察。

从接受者对作品的认识关系上考察，接受心理可以划分为客观型、主观型和主客观型三种类型。任何接受过程都是作品的客观属性与接受者主观心理结构的相互作用和统一，没有脱离作品客观属性的纯主观的接受，也没有脱离接受着主观心理结构的纯客观的接受。但是在一个具体的接受过程中，主观与客观可能因接受者对作品与自身认识关系的不同把握而有所侧重。当接受者把作品作为外在于自身的客观存在物来把握，力求排除种种主观因素的干扰而认识其本来的面目时，接受就呈现为客观的心理类型。在这种接受中，接受者往往会努力排除自己意识到的各种主观的偏见、定势、情感倾向、个人意志等心理因素，力求获得一个尽可能客观的印象。当接受者把作品作为主观心理世界的投射对象来把握，从主观的心理经验和心理需要（认识的、情感的、意志的等）出发去认识和感受作品时，接受就表现为主观的心理类型。在这种接受中，接受者往往并不关心作品的本来内容是什么，作者所要表现的是什么，而只是根据自己的心理经验去解释和理解作品，或者从一定心理需要出发借助作品表现自己的认识、情感和意志。例如对于李商隐"春蚕到死丝方尽，蜡炬成灰泪始干"这句诗，客观型的接受者往往侧重于考察作者写此诗的身世与思想背景，此诗语词意义的历史变化，以及此诗与其他无题诗的关系等，以期求索诗句的本意。主观型的接受者则可能只把它看作某种思想或情感意义的符号，抒发自己对所献身的事业鞠躬尽瘁、死而后已的情怀，对友谊忠贞不渝的情感，等等；至于作品到底要表现什么，则并不关心。如果接受者既关注作品本身的意义并尽力克服主观的心理偏见和定势，又立足于主观的心理世界力求获得独特的感受和理解，并在这个过程中表现和抒发了自己的思想感情，这就是一种主客观型的接受。一般来说，艺术接受大部分属于这种心理类型。

　　从接受者对作品的接受态度上考察，接受心理可以分为现实型、审美型和现实审美型三种类型。任何艺术作品都是现实生活的反映，因而都有其现实属性。任何艺术作品又都是高于现实的审美创造，因而又有其审美属性。现实型的艺术接受往往注重于作品的现实性而忽视其审美性，接受者与作品的心理距离过于接近，甚至将艺术创作混同于现实生活。旧红学派将《红楼梦》作为清代宫廷逸事的烦琐考证，就是现实型艺术接受的极端表现。艺术接受史上所传的看《逍遥津》而要上台杀曹操、观《奥赛罗》而打伤演员的逸事，同样也是现实型艺术接受的极端。审美型的艺术接受则较多注意作品的审美属性而忽视其现实性，接受者与作品的心理距离比较远，大多将作品作为纯粹的艺术品来欣赏，对其艺术风韵和美学特性进行品味和评论，而较少注意其现实内容。例如北京的老戏迷欣赏京剧时，常常闭着眼睛品味唱腔的韵味，并不关心戏的内容。至于现实审美型的艺术接受，其与作品的心理距离则远近相当，因而既注重作品的现实内容，又注重作品的审美属性。

　　从接受者接受过程的自觉性程度来考察，艺术接受可以分为自发型、自觉型和结合型三种类型。自发型接受者的心理活动往往是受动的、不自觉的，为作品所左右，缺乏独立的接受意识。他们的感受、理解、联想、想象等心理活动往往是在作品的作用下自发产生的，情感活动也往往是在作品的感染下自然形成的，因此较容易对作品产生认同并接受作品的倾向。艺术文化素养较低的接受者一般属于这种类型。自觉型接受者的心理活动则大多具有一定的自觉意识和独立意识。他们能够有目的地对作品进行深入的感受和理解，也能够自觉地展开联想与想象以扩大作品的认识内容和自身的审美感受,甚至对作品进行审美再创造或分析评价,而所有这些心理活动固然是由作品引发的,却是接受者独立进行的。接受者可能接受作品的倾向,也可能不接受作品的倾向,对作品力图获得独特的感受和理解,做出独立的判断和评价。职业鉴赏和评论家往往属于这种类型。结合型接受者心理活动的特点则是自发型与自觉型的结合。在艺术接受中他们的心理状态常常处于有意无意之间,在接受作品影响和感染的同时伴随着对作品的探索和思考,无意产生的联想与想象可能转化为有意的、自觉的。一般的艺术接受都属于这种类型。

从接受者心理活动的形式特点来考察,艺术接受可以分为感受型、理解型和混合型三种类型。感受型的接受者长于对作品进行感受和体验,他们情感丰富,想象活跃,善于敏锐地捕捉各种由作品引发的细微感觉,体验各种复杂细腻的情绪和情感,对作品进行直觉、整体的把握,但是却缺乏对作品做出深刻理解和准确判断的能力。理解型的接受者则喜欢用理性的解剖刀对作品进行具体细致的分析和判断,力图寻找作品与时代和作者以及作品各部分间的内在联系,对作品做出合乎逻辑的、有说服力的判断和评价,但却缺乏深入细致地感受和体验作品的能力。混合型接受者的心理特点是感受与理解的综合,他们在感受作品的过程中逐渐形成自己的理解。整个心理过程始终有形象、感受、情感反应和理性思索的交织与统一。应该说这是一种比较理想的接受类型。

任何艺术接受的心理过程都是主观与客观、现实与审美、自发与自觉、感受与理解四方面两两对立因素的统一。所谓主观型与客观型、现实型与审美型、自发型与自觉型、感受型与理解型的分类,都是就其各自的主要倾向而言,并不意味着某一因素的单独作用。而此四方面十二类型的不同组合,则会形成各种综合的接受心理类型,例如主观感受型、客观理解型、审美感受型、现实自发型等等,由此形成接受心理类型的复杂情况。

(三)认同作用

认同作用是一种情感的移入过程,指某人在与他人交际的过程中,使自己被别人同化或使别人被自己同化。从社会心理学的角度看,艺术活动也是一种社会交往活动。创作者通过创作作品而希图影响欣赏者,使欣赏者被自己的思想感情所同化；欣赏者则通过评论、再创作等形式影响创作者，想使创作者被自己的思想感情所同化。在这个过程中，创作与欣赏之间实际存在着相互同化对方而又被对方所同化的活动。因此，这实际是一个相互认同的过程。当然，在创作与欣赏的关系中，创作居主导地位。因此，艺术活动中的认同作用主要表现为欣赏为创作所同化。具体说来，就是创作者总是设法使欣赏者被自己所同化，而欣赏者则往往自觉不自觉地被创作者所同化。

作为交往着的社会的人，人们的思想感情既存在着相同的因素，又存在着相异的因素。而认同作用的产生，则是建立在人们思想感情存在相同因素的基础之上的。认同者总是首先肯定和接受与自己心理结构相一致的东西，然后在认知过程中不同程度地受到对方相异因素的影响，从而自觉不自觉地使自己原有的心理结构产生一定的变化，进而在较大的范围内（深度和广度）达到对对方的认同。因此，要使欣赏者对作品产生认同，创作者首先要为欣赏者提供一个赖以认同的基础，进而通过提高艺术表现力和感染力的方法，征服欣赏者，以使其达到更深更广的认同。例如安娜·卡列尼娜这一形象之所以可以为大多数欣赏者所认同，就因为创作者为欣赏者提供了一个赖以认同的心理基础：人具有追求自由美好爱情的权力。这是能为多数人接受的一种思想感情。至于她离夫弃子，使一个既成的家庭解体，如果孤立地看，则不易为多数人所接受。而作者将二者联系起来，并通过各种艺术手法表现旧的家庭关系对安娜爱情追求的禁锢和摧残，上流社会对安娜的欺骗、诋毁和扼杀，从而激发了欣赏者对安娜的同情（对弱者的同情也是一种较普遍的认同心理基础），达到了更深更广的认同。

欣赏者对作品的认同不仅取决于创作者是否提供了认同基础和较强的艺术感染力量，还取决于欣赏者已有心理结构的性质和稳定程度。如果欣赏者的固有心理结构与创作差距较大且较为稳定，那么就不容易在作品的作用下发生变化，因而也就很难对作品产生认同。因此，有的欣赏者为了体会、理解乃至研究作品，有意破除固有心理结构的稳定性，使自己被作品所同化而达到某种程度的认同。

（四）艺术默契

任何文艺创作都是将客观世界中的种种事物形象统一表现于某种特定的

艺术形式之中。例如音乐就将本应由听觉、视觉以至嗅觉、味觉、触觉所感知的事物统一表现于由音响、节奏、旋律组合而成的特定形式，成为专由听觉所感知的艺术形象。绘画则将万事万物统一表现为由线条和色彩组合而成的特定形式，成为专由视觉感知的形象。戏剧、电影、小说等也各有其特定的艺术形式。这些都说明任何文艺创作相对于它所反映的现实生活来说，都已有了或多或少、这样那样的艺术变形与虚拟。这种变形与虚拟出于创作者之手，而为欣赏者所认同，这就是二者之间在艺术表现上的默契。有了这种默契，才谈得上内容的认识、情感的交流以及艺术价值之被肯定。

艺术默契的建立并不直接取决于外在力量的干预，也不直接由社会法规来决定。它是在创作与欣赏相互依存、相互作用的过程中自然形成的。所以虽有变形与虚拟，创作与欣赏双方都感到不言而喻，彼此心照不宣。

艺术默契建立以后，就有稳定性，无论创作者或欣赏者都不能单方面违背它，破坏它。但是正像世界上一切事物一样，稳定总是相对的，相对的稳定事实上也处于发展变化之中，这种发展变化又是创作与欣赏双方相互作用、彼此促进的结果。

关于艺术默契的稳定性与变动性，可分别从纵向与横向两个角度来看。"纵向"就是说任何一种艺术的默契，在其历史发展中，必然既有稳定性，又处在逐渐变化之中。例如中国古代诗歌就有四言、五言、七言、长短句等形式，每一种形式都因为创作与欣赏的默契而在一定的历史阶段上具有稳定性，但这默契又不是凝固不变的，所以，在四言诗统领诗坛的时候，也出现了非四言的句式；在五七言诗占主导地位时，也出现了长短句。而且，非主流的句式还逐渐变为主流的形式。再说"横向"，其稳定性就是指各种不同的艺术必有各种不同的默契，互相不得混淆。例如话剧以语言来表意，歌剧以歌唱来表意，舞剧则以舞蹈动作来表意，此三者各有其表现特点，不能相互移用。但此类各不相同的默契也不是凝固不变的，所以各种艺术之间有可能出现这样那样的借鉴、交流、吸收，以至于融合而成新的艺术品种，形成新的默契。

默契之所以会有稳定性与变动性，从创作与欣赏双方的心理上说，乃是因为谅解、定势、求新、求美等诸种因素交互作用的结果。例如电影最初是无声的，当然不够理想，但因为大家心里明白在当时的技术条件下做不到有声，所以便因谅解而对无声的表现形式达成了默契。这种默契还相当牢固，所以当 1923 年有声电影刚出现时，并未引起观众的多大注意，这就是欣赏中的心理定势在起作用。但有声电影毕竟比无声电影更有表现力和创造性，所以由于创作者和欣赏者共有的求新求美心理而终于形成新的默契。

（本文系作者对其撰写的相关词条编辑而成。词条刊于金开诚主编《文艺心理学术语译解词典》，北京大学出版社 1992 年 10 月出版）

艺术欣赏的心理调节功能

艺术欣赏可以调节人的心理生活。

人的心理生活状态决定于人与周围环境的关系。人作为一个高度发达的生命有机系统，是在与周围环境相互作用的活动中存在与发展的。推动人与周围环境相互作用的动力便是人的需要。需要的产生往往使个体在生理和心理两个层次上形成一种追求需要满足的积极性和动力，从而使心理生活表现出某种不平衡。只有需要得到满足，心理生活才能恢复平衡。然而，人与环境的关系不是一个"需要——满足"的简单循环过程，而是一个"需要——满足——更高的需要——更高的满足"的永无止境的发展过程。换句话说，人的需要是一个不断追求的过程。因此，人在经历了一定时间的紧张、不平衡的心理状态后，往往需要在与环境的相互作用中取得某种统一，使心理处于一种相对平衡的状态；另一方面，人在经历了一定时间的与环境相统一基础上的宁静、和谐与平衡后，又需要在与环境的相互作用中激发起新的积极性，使心理处于一种紧张活跃的不平衡状态。由此看来，人的心理生活实际是一种追求与满足、积极与消极、紧张与松弛、失衡与平衡等因素交替作用、对立统一的发展过程。较长时间地处于追求、积极、紧张、失衡的精神状态，会对人的生理和心理产生不良的影响；而较长时间地处于满足、消极、松弛、平衡的精神状态，则会使人失去许多人生的乐趣和价值，极端者还会使心理健康受到影响。然而，在现实生活中，由于种种复杂的原因，人们往往自觉不自觉地陷于某种不良的精神状态而不能自拔，这就需要对心理生活加以调节而使其进入良性轨道。

心理生活是现实生活的反映。因此心理生活的调节离不开个体与环境现实关系的调节。但是现实生活中个体与环境的关系往往受种种主客观因素的制约，有时不是随心所欲就可以调节的。例如一个失恋的人，陷入极度的痛苦之中，但是对方既不会满足他的恋爱要求，他自己的意志又难以克服情感的力量，于是心理生活出现了一种需要与追求得不到满足的不协调。类似的例子在生活中并不少见。但是艺术作品却可以在一定程度上调节这种心理的不谐调状况。它可以为欣赏者提供一个"虚幻的现实""心灵的摹本"，使欣赏者在想象中改变自身与环境的关系，从而使心理生活处于一种较为和谐的状态。

首先，艺术欣赏可以改变消极平衡的心理状态。在现实生活中，人的心理可能处于种种消极平衡状态。例如遇到打击而心死，对生活失去信心；遇到挫折而消沉，对事业心灰意懒；自觉生活没有意义和乐趣，内心空虚，得过且过；对他人、对社会态度冷漠，缺乏交往与参与的热情等等。较长时间地处于这样的消极状态中，对人的心理健康无疑是没有益处的。艺术欣赏可以在一定程度上激发人的心理积极性，改变消极的心理状态。这可以表现在两个层次上。一个层次是低级的情绪性激发。例如富有刺激性的音乐、色彩、造型、场景，离奇曲折的情节，紧张激烈的场面，等等。这些艺术现象往往可以直接引起人的情绪性反应和冲动，使神经系统形成某种张力，从而产生某种振奋、好奇、惊讶、追求的心理效果。这种情绪性激发虽然对改善人的心理状态、激发心理的积极性有一定的作用，但是如果没有充实的认识内容而只是单纯的感官与心理刺激，这种积极性就既不能持久，也不能有效地转移到生活中来。另一个层次是高级的情感性激发。例如作品中所蕴含的生活哲理对人的启迪，生命力量对人的震动，情感力量对人的感染，美的形象对人的熏陶，等等。这些艺术现象由于蕴含着丰富的社会精神内容，因此可以唤起人高级的精神需要与追求。比之情绪性激发来说，这种激发对人的心理生活的影响和心理状况的改善更深刻、更持久、更充实，也更有力量。十九世纪俄国作家乌斯宾基在其小说《她使我们伸直了腰》中曾叙述了这样一件事：一个穷乡僻壤的教师佳普希金穷愁潦倒，对生活失去了信心。有一次，他想起了维纳斯那美丽动人的形象，顿时产生了一种愉悦欣喜的感情。从维纳斯的形象中，他看到了人的美好和力量，认识到通过不屈的斗争一定能够得到幸福。于是他挺起腰投身于生活的激流之中。像这种从艺术作品中汲取生活的勇气和力量，从而改变了消极精神状态的例子是很多的。

其次，艺术欣赏可以使现实生活中无法满足的需要得到某种代偿，从而在一定程度上改变欣赏者紧张失衡的心理状态。在现实生活中，人的心理可能处于种种紧张失衡状态。例如理想与追求难以实现，愿望与要求难以满足，情感与情绪无法宣泄，思想与感情无法交流，等等。这种心理状态的共同特征是，内心的需要比较强烈，形成一种张力，要求得到满足，但是现实环境又无法满足，于是形成了一种心理的不平衡。艺术欣赏可以通过以下几种形式使欣赏者的需要得到一定程度的满足。

第一种是象征性满足，即通过对艺术作品的欣赏使现实的需要在想象中得到象征性满足。例如一个强烈追求自由爱情生活而在现实生活中无法实现的人，可以在《罗密欧与朱丽叶》、《安娜·卡列尼娜》等作品中体验到自由爱情的甜美，从而使炽烈的爱情需要得到哪怕是暂时的心理满足。

第二种是情感宣泄，即通过对艺术作品的欣赏使内心集聚的情感宣之于外。例如一个人因事业成功或爱情顺利内心充满幸福欢愉之情，他可以通过对一首欢乐曲的欣赏来抒发内心的感情；一个人充满思乡之情，也可通过吟诵李白的《静夜思》来寄托自己的情思。情感宣泄与象征满足既有联系又有区别。象征满足往往也伴随着一定的情感宣泄，例如描写爱情的作品满足了欣赏者追求爱情的需要，也宣泄了他的恋爱之情；而情感宣泄往往也伴随一定的需要满足，因为抒发某种情感的需要在欣赏中得到了满足。但是，二者毕竟是有区别的，前者是一种满足需要的方式，后者则是一种宣泄情感的手段。在情感宣泄中，某种情感所由产生的需要往往并没有得到满足，例如《静夜思》并没有满足思乡的需要，而只是疏导了思乡的情感。

第三种是能量转移，即通过对艺术作品的欣赏支持某种需要或情感的心理能量由一个方向转到另一个方向。在象征满足与情感宣泄中，艺术作品与所要满足的需要和所要宣泄的情感在性质上是一致的，但是在能量转移中，所欣赏的作品与欣赏者的需要、情感却不必一致。例如一个人内心苦闷，可以通过欣赏一些与之无关乃至情调相反的艺术作品，将其由于苦闷而集聚于大脑某个兴奋中心的能量转移到艺术作品的欣赏中去，在这方面求得某种心理平衡。

（原题目为"艺术欣赏与心理调节"，刊于《火花》1992 年第 11 期）

第三部分

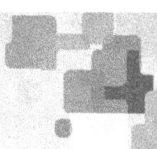

第三部分

艺术美育

（一）艺术美育的特征

艺术美育是与自然美育、社会美育相并列的一种审美教育活动。我们知道，如果按存在的领域和特征来划分，美大致可以分为现实美和艺术美两大类。现实美是指现实生活中存在的各种各样的美，主要包括自然美和社会美；而艺术美则是现实美的反映，是人们通过一定的艺术手段创造出来的艺术作品的美，例如莎士比亚的戏剧、贝多芬的乐曲、齐白石的绘画、郑板桥的书法等等，都是艺术家在反映现实生活中美的事物的基础上按照一定的艺术法则创造出来的，它们中所蕴含的美都称为艺术美。艺术美育正是以艺术美为内容对人们进行审美教育的活动。

艺术美育与自然美育、社会美育一样，具有形象性和美的感染性，并且在这些特点的表现上比自然美育和社会美育更为突出、更有代表性。鲁迅曾指出："文艺之所以为文艺，并不贵在教训，若把小说变成修身教科书，还说什么文艺。"又说："文学和学术不同，学说所以启人思，文学所以增人感。"[①]这些都深刻说明了艺术美育所具有的感染性的特点。周恩来同志说："群众看戏，看电影是要从中得到娱乐和休息，你通过典型化的形象表演，寓教育于其中，寓于娱乐之中。"[②]这更明确指出了艺术美育的娱乐性特点。数年前，上海戏剧学院教师曾演出过一场反映挽救失足女青年的话剧《救救她》，谢幕之后，虹口区工读学校的40多名女生扑向扮演方老师的演员，放声大哭。这个戏震撼了她们的灵魂，她们从剧中看到了自己失足的过去，也看到了自己的希望和前途。一出戏为什么会有如此巨大的力量？这是因为它

---

① 《鲁迅全集》，第八卷，第331页。
② 《周恩来论文艺》，人民文学出版社1979年版，第92页。

不是以枯燥的说教和抽象的道理向受教育者灌输，而是以生动感人的艺术形象和跌宕起伏的戏剧情节引导欣赏者自己去感受和体验，进而自然而然地在他们心中引发起情感的波澜，并在艺术的享受中体会到某种生活哲理，从而受到教益。从中可以看出艺术美育所具有的形象性、感染性的鲜明特点及其强烈的审美教育效果。

与自然美育、社会美育相比，艺术美育还具有自身独有的特征。这些特征是：

1. 创造性

自然美育和社会美育都是以现实中客观存在的美来进行美育的。例如从泰山接受自然美育，它就不是人们为了进行美育而造出来的，而是在此之前由于地壳的变迁等原因自然形成的；以雷锋的事迹来进行社会美育，这些事迹也不是为了教育别人而有意做出来的，而是雷锋本人全心全意为人民服务的思想的自然流露。因此，就其教育内容而言，自然美育和社会美育所使用的都是现成的"教材"，不具有创造性。

这里有两点需要说明：第一，经过人们加工、改造过的自然物的美，例如整齐舒展的田垄，蜿蜒雄伟的长城；人们在社会实践中所形成的一些社会事物之美，例如巴黎公社的创举，改革开放的实践，毫无疑问都闪烁着人类智慧的火花，都具有创造性。但是人们创造这些事物的主要目的不是为了进行美育，而是为了现实的功利目的。因此对于美育来讲，它们不具有创造性。第二，自然美育和社会美育的教育过程还是存在创造性的，例如教育者在实践中所形成的一些行之有效的教育方法等等；说它们不具有创造性只是就其教育内容而言。

与自然美育和社会美育不同，艺术美育是以人工创造的美——艺术美为内容来对接受者进行审美教育的。艺术美虽然是现实美的反映，但毕竟不是现实美本身，而是艺术家通过对现实美的加工改造而创造的一种新美。这种创造不是为了满足人们现实的、物质的需要，而是为了满足人们精神的、审美的需要；换句话说，艺术家所创造的艺术品，是专门供人们欣赏的，而不是供人们实用的。艺术家在创作这些艺术作品时，总是要将自己的审美趣味、审美倾向、审美理想熔铸于作品之中，以期影响接受者；接受者在欣赏这些作品时，伴随着审美愉悦，也可能自然而然地接受、认同了作品中流露的审美趣味、审美倾向、审美理想。正是在这个意义上，我们说艺术美育是通过创造新美来向接受者进行审美教育的；艺术美育的教材——艺术作品，不是现实中固有的，而是艺术家创造出来的。因此，艺术美育具有创造性。

艺术美育的创造性特点使得它可以突破自然美育和社会美育所难以避免的种种现实局限，使审美教育能够更充分地发挥自己的社会功能，取得更好的社会效果。例如自然美育往往受空间条件的限制，你要使受美育者感受黄山之美，就必须领他们到黄山看一看；要使他们领略黄河之美，也要领他们到黄河瞧一瞧。然而艺术美育则不必如此，一张画布可选取天下美景，一只画笔可绘出四季风光，人们可以根据审美教育的需要自由创造。又如社会美育往往要受现实情况的限制，它的教育内容必须是现实生活中实际存在的人和事，如果审美教育的要求超出了这个限制，它便无能为力了。但是艺术美育却可以通过作品的创作虚构出审美教育要求的内容，它是现实生活中可能出现的，却不必是实际真有的。因此，在现实生活中，艺术美育往往能比社会美育更自由、更充分地发挥其社会作用。

2. 专业性

艺术美育是以艺术美为内容进行审美教育的，而任何一种艺术美都是通过一定的艺术形式来展示的。例如绘画艺术之美是通过二度空间内色彩、线条、形状等的特定组合来展示的；音乐艺术之美是通过流动的时间内乐音、旋律、节奏等的特定组合来展示的；建筑艺术之美是通过三度空间内特殊物质材料和形体结构结合的造型来展示的，这些都是它们的艺术形式。其他如书法、雕塑、舞蹈、戏曲、小说、诗歌、电影等也都各有其特定的艺术形式。这是艺术美区别于自然美、社会美的又一显著特征。

艺术作品之美包括内容和形式两个方面。艺术内容之美即是艺术家经过艺术加工而在作品中反映的现实美，它是通过特定的艺术形式表现出来的。例如舞剧《天鹅湖》第二幕中王子与天鹅初次相遇时的一大段古典双人舞，细腻地表现了奥杰塔由害怕、提防到放心、信赖，进一步发展到腼腆羞涩、萌发爱情的复杂心理变化过程，而这一切又是通过不同节奏、不同力度、不同形态的舞蹈形体动作，特别是双臂（翅膀）的变化多端的挥动和与之配合的头部转动来表现的。如果欣赏者不懂得舞蹈这种艺术形式，不理解舞蹈的形体动作语言，就无法了解作品的内容与情节，更无法体验其中所蕴含的现实之美。因此，我们说艺术形式是通向艺术内容之美的桥梁。另一方面，艺术形式也有其自身的相对独立之美，例如京剧中一些优美的唱腔，一些诸如"走边""起霸"之类的程式化动作，即使脱离剧目单独表演，也能给人以美的享受，这正是艺术形式自身的魅力使然。总之，各门艺术都以其特定的艺术形式反映现实，它们所反映的现实可能是相同的，而它们所表现的艺术形式却是迥异的；而且正是这迥异的艺术形式决定了各门艺术独特的审美价值。

由于艺术形式是艺术美的一个重要特征和组成部分，因此培养受教育者了解某些特定的艺术形式就成为艺术美育的一项重要工作。这是自然美育、社会美育没有而艺术美育所独有的一项工作。要掌握某一艺术的表现形式就要学习这门艺术的一些专门的知识法则和技巧，例如音乐中的音色、节奏、和声、旋律、配器的知识，律诗中平仄、对仗、押韵的讲究，绘画中构图、设色、透视的法则，等等。为此，中小学开设了音乐、美术等课程，教授这些艺术的专业知识和技能，向青少年进行一般的艺术审美教育；而国家开办的美术、戏剧、音乐、舞蹈等中、高等专业艺术院校，则是系统学习专业艺术知识、技能，培养专业艺术人才的学府。这些都体现了艺术美育的专业性特点。

3. 丰富性

所谓丰富性，是指艺术美育的内容比自然美育和社会美育都更为丰富和全面，这主要表现在以下几个方面：

（1）艺术美育的内容既包含自然美又包含社会美。自然美育的内容只是自然美，社会美育的内容只是社会美。艺术美育的内容是艺术美，而艺术美又是包括自然美和社会美在内的现实美的反映，因此艺术美育的内容必然囊括自然美与社会美。例如国画《江山如此多娇》之美，是现实中祖国壮丽山河这一自然美在绘画艺术中的反映；油画《开国大典》之美，是现实生活中的社会美——中华人民共和国成立这一庄严雄伟的场面的艺术再现；而诸如一些优秀的电影，则既在其外景中反映了现实中的自然美，又通过人物和情节反映了现实中的社会美。

（2）艺术美育的内容既包含内容美又包含形式美。自然美侧重于形式美，诸如内蒙古的莽莽草原，桂林的奇山秀水，或雄浑，或秀美，无不是以其外在的形象使人产生这样的审美感受。至于说牡丹雍容华贵，荷花洁身自好等等,实际都是人们从这些植物的某些自然特征出发产生的对人的某些特征、品质的联想,并不是这些自然事物自身具有这样的精神内容。因此自然美育侧重于培养受教育者感受形式美的能力,它的教育内容侧重于自然形象美。与之相反,社会美侧重于内容美。如果一个人灵魂丑恶,外貌再漂亮,也不能认为是美的;反之,一个人即使其貌不扬,但却有一颗毫不利己、专门利人的金子般的心,同样会受到人们的赞美和爱戴。衡量社会事物美的尺度主要是"善",社会美实际就是通过感性形式显现出来的、有利于社会进步的"善"。因此,社会美育主要是引导受教育者透过各种社会现象、社会事物认识其中蕴含的进步、美好的社会内容和精神财富,它更侧重于理性的分析和思考。

艺术美既包含内容美又包含形式美,例如欣赏电影《焦裕禄》,我们既会为主人公焦裕禄为了兰考人民摆脱贫困、过上好日子鞠躬尽瘁、死而后已的精神所感动,又会深深叹服影片在人物形象塑造、镜头剪辑、情节设计等艺术形式方面所取得的杰出成绩。因此,艺术美育既重视内容美,又重视形式美,并不偏废任何一方。

(3)艺术美育的内容既包括作为创作客体的现实美,又包括作为创作主体的精神美。我们说艺术美育的内容既包括自然美又包括社会美,并不意味着艺术美只是自然美与社会美的简单相加。对于艺术创作来说,包括自然美和社会美在内的现实美只是创作客体,艺术家在对它们进行加工改造以创造艺术形象时,必然要将自己的审美倾向、审美理想、审美个性等主体精神之美熔铸于其中,使其成为艺术美的一个重要方面,艺术美育的一项重要内容。

例如巴金的小说《家》,是中国封建大家庭这种社会现实的艺术反映,如作者自己所说:"书中人物都是我所爱过和我所恨过的。许多场面都是我亲眼见过或者亲身经历过的。"[1]因此,在觉新、梅、瑞珏、觉慧等人物形象身上,无疑包含着社会美的内容。但这些人物形象并不是照搬现实,而是作者根据自己的审美倾向对现实素材进行了加工和改造。这也如作者自己所说:"瑞珏的性格跟我嫂嫂的不同,虽然我祖父死后我嫂嫂被逼着搬到城外茅舍里去生产,可是她并没有像瑞珏那样悲惨地死在那里。我也有过像梅那样的表姐,

---

[1] 山东师范学院中文系文艺理论教研室编:《中国现代作家谈创作经验》,山东人民出版社1980年版,第206、209页。

她当初跟我大哥感情好……后来听说姑母不愿意'亲上加亲',因此这一对有情人终不能成为眷属。四五年后我的表姐做了富家的填房少奶奶"[①]。那么作者为什么要以死的结局来改变瑞珏与梅的原形的生活经历呢?显然是为了表现自己,也是为了激起读者对这些不幸女子的同情,对封建大家庭的愤恨。如作者自己所说:"我庆幸我把自己的感情放进了我的小说,我代那许多做了不必要的牺牲品的年轻女人叫出了一声'冤枉'!"[②]这种通过作者的艺术处理所表现的审美倾向,是自然美、社会美所没有而为艺术美所独有的。因此在艺术美育中,不仅要使受教育者了解作品所反映的自然美和社会美,还要引导其把握隐藏于作品之中的作者的审美倾向。

艺术创作表现作者审美倾向这一特点,使得它可以把生活中一些丑恶的事物变成可供欣赏的审美对象,从而丰富了艺术美的内容。例如达·芬奇名画《最后的晚餐》中的犹大、歌剧《白毛女》中的恶霸地主黄世仁、莎士比亚戏剧《奥赛罗》中的埃古,他们或是让人愤恨的恶棍,或是令人鄙视的小丑,在现实生活中无论如何不会成为人们的审美对象。但是在艺术作品中,这些丑恶人物经过艺术处理而成为渗透着艺术家否定性情感倾向的艺术形象,其自身的丑恶本质虽然没变,但却从反面肯定了生活中的美。因此在艺术美育中,不仅应该启发受教育者从正面人物身上汲取营养,还应该引导他们从那些渗透着艺术家否定性情感倾向的反面人物身上接受反面的教育。

4. 典型性

艺术美是一种典型形态的美,是比现实美更高形态的美。包括自然美与社会美在内的现实美,虽然千姿百态,丰富多彩,但却彼此分散、孤立,缺乏内在联系。而艺术美是艺术家按照一定的创作意图,根据一定的艺术法则,通过对现实生活中的美的采集、加工、改造而创造出来的。它虽然不像生活中的美那样生动丰富,但由于它对某一类事物的共同特点有所概括,因而比之这一类的任何个别事物都更集中、更完美;又由于它经过人的加工创造而显示出某种内在的联系和协调,体现出人类的理想和生活的本质,因而比现实生活中的美更深刻。这正如毛泽东同志所说:"人类的社会生活虽是文学艺

[①] 山东师范学院中文系文艺理论教研室编:《中国现代作家谈创作经验》,山东人民出版社1980年版,第206、209页。

[②] 同上。

术的唯一源泉,虽是较之后者有不可比拟的生动丰富的内容,但是人民还是不满足于前者而要求后者。这是为什么呢?因为虽然两者都是美,但是文艺作品中反映出来的生活却可以,而且应该比普通的实际生活更高,更强烈,更有集中性,更典型,更理想,因此就更带着普遍性。"①

艺术美的以上特点,使得艺术美育比自然美育和社会美育都具有更强烈、更普遍的审美教育效果。例如革命回忆录《在烈火中永生》可以被看作是一本社会美育的教材(它因具有形象性、感染性的特点而不同于抽象的政治理论教育,又因是社会史实而不是艺术虚构,因此不属于艺术美育范畴),它曾在五十年代、六十年代对青年进行的革命传统教育中发挥过重要作用。但是无论在广度上还是深度上,这本回忆录在青年中的影响都远不及与之同一题材、同一作者(罗广斌、杨益言)的长篇小说《红岩》。长篇小说《红岩》中的英雄江雪琴、陈岗、华子良的主要事迹虽来源于生活中的原形江竹筠、陈然、韩子栋,但作者在塑造这些人物形象时集中了更多革命英雄的特点并加以理想化和艺术化的处理,因此小说中的英雄比生活中的原形更生动、更典型、更感动人,因而强烈震撼了广大青年的心,影响了整整一代人。

以上分析了艺术美育的特征,可以看出,艺术美育在审美教育中具有十分重要的意义,处于核心地位。古希腊哲学家柏拉图说:"我们不是应该寻找一些有本领的艺术家,把自然的优美方面描绘出来,使我们的青年们像住在风和日暖的地带一样,四周一切都对健康有益,天天耳濡目染于优美的作品,像从一种清幽境界呼吸一阵清风,来呼吸它们的好影响,使他们不知不觉地从小就培养起对于美的爱好,并且培养起融美于心灵的习惯吗?"②这说明早在两千多年以前,人们对艺术美育就已经十分重视了。

(二)艺术美育的功能

任何教育都具有提高人的素质的功能,艺术美育也不例外。艺术美育的功能概括起来有以下四点:一、拓展人的认识领域(即认识功能);二、陶冶人的思想道德(即教育功能);三、提高人的审美素质(即审美功能);四、促进人的全面发展(即发展功能)。下面分别做一些探讨。

---

① 毛泽东:《在延安文艺座谈会上的讲话》。
② 柏拉图:《文艺对话集》。

1. 拓展人的认识领域

艺术美育虽然具有娱乐性特点,却绝不是一种单纯的娱乐活动。艺术作为一种社会意识形态,在本质上是社会生活的艺术的反映。因此它不仅具有娱乐价值,更具有认识价值。艺术美育则是使艺术的认识价值得以实现的重要途径。它通过艺术作品在受教育者面前展开了一幅幅色彩斑斓的自然世界与社会生活的画卷,从而大大提高受教育者认识客观世界的广度和深度。

人对客观世界了解、认识的广度,取决于他的生活、实践与社会交往的广度。但是就任何一个个体而言,由于受种种主客观条件的限制,其生活、实践和社会交往无论在空间和时间上都是有限的,这不能不使其认识受到一定的局限。然而人的认识不仅可以通过直接渠道获得,而且可以通过种种间接渠道获得。艺术美育正是这样一种间接渠道。它引导受教育者通过艺术作品具体生动的形象,了解自然与社会中各种各样的事物,从而大大丰富受教育者的文化知识和思想认识。

对于艺术作品的这种认识价值,马克思主义的经典作家曾给予高度评价。马克思曾说希腊艺术"是一种规范和高不可及的范本",因为它使人们看到了"历史上的人类童年时代"。[①] 恩格斯则对法国杰出的批判现实主义作家巴尔扎克的作品做过这样的评价:"他在《人间喜剧》里给我们提供了一部法国社会特别是巴黎'上流社会'的卓越的现实主义历史,他用编年史的方式几乎逐年地把上升的资产阶级在一八一六年至一八四八年这一时期对贵族社会日甚一日的冲击描写出来……我从这里,甚至在经济细节方面(如革命以后动产和不动产的重新分配)所学到的东西,也要比从当时所有职业的历史学家、经济学家和统计学家那里学到的全部东西还要多。"[②] 列宁也曾称赞列夫·托尔斯泰的《安娜·卡列尼娜》《复活》等作品忠实地描绘了十九世纪中后期俄国社会的现实,是"俄国革命的镜子"。文学的认识价值是显而易见的,其他一切艺术作品也都具有认识价值。例如敦煌莫高窟中的壁画、雕塑和建筑艺术,以其生动逼真的形象反映了我国自十六国到宋元时期的政治、经济、文化、军事、宗教、民族、科技等各方面情况,为我们认识那个时代的社会生

---

① 《〈政治经济学批判〉导言》,《马克思恩格斯选集》第2卷,人民出版社1972年版,第114页。
② 恩格斯:《致玛·哈克奈斯》,《马克思恩格斯列宁斯大林文艺论著选讲》,春风文艺出版社版,第304、305页。

活提供了极为宝贵的形象资料。即使偏重于情感表现的音乐艺术，也具有一定的认识价值。例如小提琴协奏曲《梁祝》，虽然并没有具体描写出人物、事件和语言，但是我们从"草桥结拜"那委婉缠绵的乐曲中分明可以感受到梁山伯与祝英台之间那真挚美好的感情；从"英台抗婚"那铿锵激烈的曲调中则可感受到祝英台为争取自由爱情而进行的坚决抗争，从而在一定程度上了解到中国封建社会男女爱情的不自由和他们的斗争。

　　古今中外艺术作品浩如烟海，为受教育者提供了取之不尽的认识对象。艺术美育工作者应选择那些最具认识价值、最有代表性的作品，为拓展受教育者的认识广度当好向导。

　　艺术美育不仅可以拓展受教育者的认识广度，而且可以提高受教育者的认识深度。因为任何一件真正具有美学价值的艺术作品，都不会是对生活表面现象的复写，而是艺术家经过长期观察与深刻思考后对生活进行的形象概括，因而都会在一定程度上反映出生活的某些本质方面。例如鲁迅通过他的小说《狂人日记》揭露了封建礼教的吃人本质，通过《阿Q正传》揭示了辛亥革命的不彻底性和"精神胜利法"等国民劣根性，这是鲁迅对20世纪初叶旧中国社会冷静观察和深刻思考的结果。与鲁迅同时代的人有多少能达到这样的认识深度呢？许多人就是通过阅读鲁迅作品而认识了自己置身于其中的社会的某些本质问题，从而起来反抗那吃人的社会。

　　因此，在艺术美育中要注意引导受教育者挖掘潜藏在作品形象之中的深刻的思想内容。例如达·芬奇的名画《蒙娜丽莎》，就画面形象而言不过是一位微笑的妇女。然而在这普通妇女的微笑之中却蕴含着深刻的社会思想内容。原来在黑暗的中世纪，封建统治和基督教的禁欲主义剥夺了人们享受幸福生活的权利，情感的自由表现也会被视为触犯上帝的天条，因此中世纪的人物画像，都是那样呆板、僵硬、毫无表情。文艺复兴使人们的思想得到了解放，久已丧失的笑容又回到人间，特别是回到那些获得解放的妇女的脸上。达·芬奇作为一个与时代同呼吸共命运的艺术家，敏锐地感受到了这一点，并在作品中天才地表现了这一点。他一扫过去肖像上那郁郁寡欢的阴影，绘出了自由明朗的笑容。那笑容里充满着新时代、新人物的自信和乐观，洋溢着对未来、对真善美的渴望。他用艺术形象表明，人从禁欲主义下解放出来，不再是没有七情六欲的模具了。如果我们能使受教育者认识到这些，无疑会大大提高他们对文艺复兴时期社会生活的认识深度。

2. 陶冶人的思想道德

艺术美育具有陶冶人的思想道德、提高人的精神境界、美化人的心灵的功能。对于艺术美育的这一功能，早在两千多年前人们就有了深刻的认识。古希腊哲学家柏拉图非常重视艺术对人们思想道德的影响。他曾经激烈地攻击诗歌和悲剧，认为诗和悲剧"逢迎人性中低劣的部分"，所以要"拒绝它进到一个政治修明的国家里来"[①]；他大大赞美音乐，认为"音乐教育比起其他教育都重要得多……如果教育的方式合适，它们就会拿美来浸润心灵……受过这种良好的音乐教育的人可以很敏捷地看出一切艺术作品和自然界事物的丑陋，很正确地加以厌恶；但是一看到美的东西，他就会赞赏它们，很快乐地把它们吸收到心灵里，作为滋养，因此自己性格也变成高尚优美。"[②] 柏拉图以艺术门类来划分其对人的影响是积极还是消极的观点虽然并不可取，但他对艺术美育可以陶冶人的思想道德的认识还是值得注意的。其后，亚里士多德在这方面有了更明确的认识，他说："音乐之所以必须学习，不是只为了一种益处，而是为了许多益处，这就是说：（1）为了教育，（2）为了心灵的'净化'……（3）为了理智的享受，为了紧张劳动后精神的松弛和修养。"[③] 他把音乐的教育功能摆在了头等重要的地位。古希腊思想家们对于艺术、特别是音乐教育功能的认识，与我国古代某些美育理论几乎是不谋而合的。《礼记·乐记》中说："乐也者，圣人之所乐也，而可以善民心。其感人深，其移风易俗，故先王著其教焉。"[④] 这段论述对音乐的移风易俗、道德教化的作用给予了高度评价。其实不只音乐，一切艺术都具有教育功能。

古今中外的许多例子说明，优秀的文艺作品对人的精神世界的影响是十分深刻的。俄国作家车尔尼雪夫斯基在他的长篇小说《怎么办？》中塑造了一个职业革命家拉赫梅托夫的形象。他为了了解俄国社会和人民，磨炼自己的革命意志，跑遍了俄罗斯，当过锯工、石匠、拉纤工、码头工人，吃粗茶淡饭，睡钉子床。这本书曾经对许多无产阶级的革命者产生过积极的影响。国际共产主义战士季米特洛夫在叙述《怎么办？》一书对他的影响时说："我

---

① 柏拉图：《理想国》，转引自滕守尧《审美心理描述》第342页。
② 伍蠡甫、蒋孔阳主编：《西方文论选》，上卷，上海译文出版社1979年版，第29—30页。
③ 亚里士多德：《政治论》，转引自涂途《西方美育史话》，第49页。
④ 郭绍虞主编：《中国历代文论选》，第一册，上海古籍出版社1979年版，第61页。

还记得，在我少年时代，是文学中的什么东西给了我特别强烈的印象。是什么榜样影响了我的性格？我必须直接地说：这是车尔尼雪夫斯基的书《怎么办？》。我在参加保加利亚工人运动的日子里培养起来的那种坚持力、信心和坚定精神——这一切都无疑地同我在少年时期读过的车尔尼雪夫斯基的艺术作品有关系。"[1] 在我国，五十年代，奥斯特洛夫斯基的长篇小说《钢铁是怎样炼成的》曾经在青年中产生过巨大影响。不少青年把这部小说奉为自己的"生活纲领"，把小说主人公保尔·柯察金当作学习的楷模，把保尔在家乡烈士墓前关于人一生应当怎样度过的一段独白当作座右铭，激励着自己为共产主义事业而斗争。

当前，我国人民在中国共产党的领导下，正以经济建设为中心，致力于社会主义现代化建设的宏伟事业。处在这样的历史时期，我们应当如何认识艺术的教育功能呢？有人认为，现代社会的激烈竞争和快速发展使生活的节奏越来越快，人们在紧张的工作之余需要的是松弛和休息，因此艺术的主要功能是娱乐，要求它发挥教育功能是不合时宜的。我们认为，这种意见是值得商榷的。毫无疑问，社会需要艺术发挥其娱乐功能，特别是在生活节奏加快的今天；但是社会更需要艺术发挥其教育功能，因为我们正在进行着一场异常深刻的社会大变革：加快改革开放步伐，建立社会主义市场经济体制，尽快实现社会主义现代化。这场变革必然会引起人们思想观念、精神状态和生活方式的深刻变化。时代需要艺术担负起社会的责任，反映这一变革给我国社会生活带来的深刻变化；表现人民群众在改革开放中大胆探索、不断开拓的创造精神；塑造为社会主义现代化建设奋力拼搏、无私奉献的英雄人物；讴歌爱国主义、集体主义、社会主义的光辉思想；颂扬真诚、善良、美好的事物，抨击虚假、邪恶、丑陋的灵魂；帮助人民认识时代的特征、前进的困难、历史的趋势、光辉的前景；鼓舞人民团结一致，振奋精神，开创祖国无限美好的未来。艺术应该责无旁贷地担负起这一重任。

那么，处于当今的时代，艺术应该如何发挥自己的教育功能呢？我们认为，艺术要发挥其教育功能，首先要博得群众的喜爱，而要做到这一点，就要：

（1）反映时代精神和历史发展的主流。

任何一个时代、一个社会，都有其历史发展的主流和与之相适应的时代

---

[1] 《季米特洛夫论文学、艺术与科学》第9页。

精神，都要求艺术对此做出反映。欧洲文艺复兴时期，资本主义开始冲破封建牢笼而登上历史舞台，反对精神禁锢、主张人权和个性解放成为当时的时代精神。于是就有了但丁、薄伽丘、塞万提斯、莎士比亚、达·芬奇、拉斐尔等一大批艺术家创作的反映人文主义精神的作品。中国"五四"时期，反帝、反封建、要民主、要科学成为时代精神，于是就有了鲁迅的小说和郭沫若的诗歌。党的十一届三中全会以来，改革开放、加快社会主义现代化建设成为时代精神，于是表现社会主义现代化进程中的矛盾冲突，塑造新时期社会主义的新人形象，展示人们在新旧机制交错中的各种心态，就成为许多艺术家共同关注的课题。这个时期，产生了一批反映和贴近现实生活的作品，如小说《新星》《苍生》，电影《月亮湾的笑声》《咱们的牛百岁》《喜盈门》《血总是热的》，电视剧《外来妹》《中国商人》等等。诸如此类的作品都因对时代精神有所反映而受到人民群众的喜爱。为什么反映时代精神的作品能够赢得群众的喜爱呢？因为这些作品能帮助他们了解、理解和适应迅速变化的社会生活，使他们能从中获得一些启发和教益，从而能更正确地对待生活。电视剧《新星》曾在群众中引起很大反响，许多人看过后争购原作小说，《文艺报》记者现场采访了一些购书者。当问到"为什么看过电视剧还要买书"时，一位轮胎厂的工人说，作者在思索"中国向何处去"，咱厂工人在思索"轮胎厂向何处去"，两下正对胃口！我们也喜欢有个像李向南这样没有私心、大刀阔斧搞改革的带头人。由此可见，反映时代精神有助于艺术更好地发挥教育功能。

（2）反映人民群众的愿望和要求。

不少从事教育工作的人都有这样的体会：当你和受教育者产生了某些共同语言后，你讲的道理就更容易为他们所接受。艺术美育也是如此，当一部艺术作品反映了群众的愿望和要求，也就是说和他们产生了共同语言后，就会受到他们的欢迎，因而更有助于实现作品的教育目的。电影《焦裕禄》所描写的是一位家喻户晓的人物，影片既没有什么离奇的故事，也没有强烈的感官刺激，它只是以朴实的手法描写了一位为人民的幸福忘我工作、无私奉献、鞠躬尽瘁、死而后已的共产党员、革命干部，却在群众中引起了强烈反响，大家争相观看，许多人被感动得流下了热泪。影片之所以具有如此巨大的魅力，除了其艺术上的成就和演员的出色表演外，很重要的一个原因是它涉及了一个群众关心的重要问题，即党群关系问题。群众对改革开放条件下一些党员、干部经不住考验而脱离群众乃至走向腐败是不满意的，它们在心底呼唤焦裕禄这样的全心全意为人民服务的好干部，因此能与影片产生强烈共鸣。同时，影片主人公焦裕禄所具有的巨大人格力量和高尚精神境界必然会使每一个观众的心灵受到震动，从而使他们在感动之余受到深刻教育。

（3）提高作品的艺术质量。

艺术的教育功能是通过审美享受实现的，即"寓教于乐"。因此作品艺术质量的高低对于其教育效果有重要的作用。缺乏艺术魅力的作品，再强调教育意义也无济于事；因为它吸引不了接受者，从而也就无法实现其教育功能。反之，艺术质量高的作品，即使受到禁毁，也可能以其强大的艺术力量吸引欣赏者而使之私下流传。例如王实甫的《西厢记》，虽多次被禁，却在民间广为流传。小说《红楼梦》中就生动描写了林黛玉被这部作品的艺术力量所征服的情景；宝玉、黛玉反抗封建束缚、追求自由爱情的精神是与《西厢记》的影响分不开的。因此，要发挥艺术的教育功能，必须在提高艺术质量上下功夫。

（4）多层次地发挥艺术的教育功能

当前，我国还处于社会主义的初级阶段，以社会主义公有制经济为主体多种经济成分并存的国情决定了群众的思想文化不可能是清一色的。因此，艺术教育功能的发挥也不能是单层次的，而应是多层次的。我们既要有闪耀着社会主义乃至共产主义思想光辉的艺术形象，如电影《周恩来》《焦裕禄》《蒋筑英》中的主人公；也要有体现爱国主义精神风貌和思想感情的作品，如电影《甲午风云》《高山下的花环》、歌曲《我的中国心》等；还要有表现清正廉洁、见义勇为、尊老爱幼、尊师敬贤等中华民族传统美德的作品，如电视连续剧《包公》《渴望》、电影《烛光里的微笑》等，即使是那些没有什么深刻思想内容的通俗作品，如果能生动表现善良美好的品性、健康真挚的爱情、扶危解难的豪气、惩恶扬善的宗旨等，也都可以使人们从中得到积极的情绪感染，乃至为人处世的有益启示。我们要把宣传爱国主义、社会主义、集体主义作为艺术美育的主旋律，同时也要注意把主旋律与多样化辩证统一起来，全方位、多层次地发挥艺术的教育功能。

3. 提高人的审美素质

提高人的审美素质，是艺术美育的核心功能。艺术与其他精神活动的一个重要区别,就是它可以给人带来审美愉悦和审美享受。但是并不是随便一个人都可以获得这种审美愉悦和审美享受的,它需要主体具有一定的审美素质。因为如前所说,任何艺术都具有一定的艺术形式和表现方式,不懂得这种艺术形式和表现方式,就无法欣赏它,因而也就无法获得它可能带来的审美享受。艺术美育可以培养和提高人的审美素质,使其成为一个有艺术修养的人。

对于艺术美育的这种功能,前人早有认识。古希腊哲学家亚里士多德曾指出,教儿童以绘画,可以"使他们成为人体美的评判者"。[1] 又针对有些人反对儿童学习音乐演奏,亚里士多德指出:作为一个评判者应该也是一个演奏者,他们应该从小就开始练习,虽然到他们成长以后,也许就可以免去这种操作。由于幼年学会了这种知识,它们就能从中鉴别音乐的美,并从中感到乐趣。[2] 由此可以看出,亚里士多德认为艺术美育有助于儿童掌握绘画、音乐的知识和技巧,从而使他们成为具有一定艺术修养和审美素质的人。

艺术美育不仅要从小培养人的审美素质,更要不断提高人的审美素质。谈到提高审美素质,人们有可能联想到近年来我国文艺领域中出现的通俗艺术走俏,而高雅艺术受冷落的现象。有人叹息群众的审美素质在下降,有人为此而愤愤不平。如何认识这种现象呢?我们不妨对这种现象产生的原因做一点分析。

从欣赏对象即艺术作品的角度看,这与改革开放以来艺术创作的丰富和艺术市场的繁荣有关。过去,我国的艺术领域也像经济领域一样,是一种封闭的计划体制,艺术园地里几十年来一直是京剧、电影、话剧、舞蹈等传统艺术形式和严肃题材的领地,发展到"文化大革命"中更只"净化"到只有八个样板戏。改革开放以来,艺术领域由封闭走向开放,并且逐步向着市场化的方向发展。随着港台通俗歌曲、言情和武侠题材的小说、电影、电视剧的大量涌入,内地也开始制作这类艺术产品争夺市场,再加上现代科技手段(彩电、电声乐器、激光唱盘等)的运用,使得通俗艺术日益繁荣,蔚为壮观,从而对传统艺术形式形成了强大的冲击。

再从欣赏主体即欣赏者的角度看,这与改革开放以来社会生活变化带来

---

[1] 涂途:《西方美育史话》,红旗出版社1988年版,第52、53页。
[2] 同上。

的群众审美倾向和审美趣味的变化有关。首先，出于对"文化大革命"中那些充满政治说教的作品的反感，人们对一些严肃题材作品的兴趣有所下降，而对一些轻松平易的通俗艺术作品则感到亲切，发生兴趣。其次，作为发展中国家，我国一般群众的文化素质不是很高，加之"文化大革命"的十年空白，使这种情况更为严重；因此京剧、交响乐、舞蹈、歌剧等高雅艺术很不容易为一般群众所把握，而通俗歌曲、武侠小说之类则因其艺术形式的通俗、易于把握和比较注重娱乐性而受到群众青睐。再次，现代社会激烈的竞争、快节奏的生活使人们常常处于一种紧张的精神状态，因此对艺术的需求更趋向于放松、消遣，而不愿意劳心费神地去思考作品的思想内涵、艺术得失，通俗艺术正好适应了这种需求。又次，改革开放所带来的思想解放和竞争意识，使群众文化生活出现了表现性、自娱性特点，人们已经不满足于像过去那样作为旁观者去看戏听歌，而希望自己去参与、去表现，最突出的例证就是卡拉OK和街头舞场的大量涌现，而通俗歌曲比之高雅音乐显然更易于为一般群众模仿和掌握。

　　以上分析可能并不全面，但也可以说明，通俗艺术的走俏和高雅艺术的受冷落有其复杂的社会文化原因。需要研究的是，面对这种情况，艺术美育如何发挥提高群众审美素质的功能。我们认为应该从通俗艺术与高雅艺术两方面入手。

　　（1）通俗艺术争品位。通俗艺术拥有广大的读者、观众、听众，但以什么样的手段来吸引群众，却是一个值得研究的问题。有些通俗艺术工作者并不是凭艺术的魅力，而是凭官能的刺激吸引群众。有的演员在台上卖弄姿质、嗲声嗲气、扭来摆去，所着意的不是歌曲本身，而是力图成为少男少女心目中的青春偶像，煽动起他们内心的迷狂之情。有的小说、电影、电视剧胡编乱造，着力描写挑逗性场面，或大肆渲染恐怖气氛，或不断使用粗言秽语，以此来刺激读者、观众的感官。由此造成了一些通俗艺术作品品位低下，不利于群众的审美素质的提高。因此，就提高群众的审美素质来说，通俗艺术所要做的重要工作之一就是提高自己的艺术品位。当然，这并不是说通俗艺术作品的品位都不高；事实上，不少通俗艺术作品的格调是健康的，有些还是高品位的作品。这里要强调的是，由于通俗艺术容易滑向低俗，因此应该自觉地追求高品位。在这方面，著名相声艺术大师侯宝林曾做过不少的努力。

相声作为一门通俗艺术，新中国成立前存在着不少低俗的东西。侯宝林先生取其精华，去其糟粕，博采众长，推陈出新，使相声艺术不断向着高品位的方向发展。例如他的相声《大改行》，毫无污言秽语的哗众取宠，却通过稳健的铺垫和精彩的"包袱"，不惟令听众捧腹大笑，而且在大笑之余会在心头隐隐产生一种对旧社会艺人们种种遭遇的同情。

（2）高雅艺术争群众。高雅艺术具有较高的艺术品位，对于提高群众的审美素质有重要意义。歌德曾经说过："鉴赏力不是靠观赏中等作品而是要靠观赏最好作品才能培育成的。"[①] 高雅艺术所面临的问题是曲高和寡，在文化市场中处于明显的劣势地位。因此，在提高群众审美素质的问题上，高雅艺术的主要任务是争取群众。那么高雅艺术能不能争取到群众呢？应该说只要动脑筋努力去做，总是会有成效的。1993年10月9日人民日报（海外版）赫然刊登了这样一则报道：《华人音乐经典演出轰动蓉城，各界人士争相购票一睹为快》。报道说："这场历时五天的二十世纪华人音乐经典演出精选了124首曲目，它们都是二十世纪以来在各个历史时期中华民族精神的体现。每当夜幕降临，锦城艺术宫门口总是人声鼎沸，从白发苍苍的老人到稚气未脱的孩子，都赶来欣赏二十世纪以来华人音乐的经典。一些没有买到票的人更忙着到处'吊票'，一位个体经营者看完首场演出后，非常感慨，当即拿出15万元，要求订购数百套演出票，转送给中小学的优秀教师。四川大学学生黄明看了演出后激动不已，虽然许多曲目他只是第一次完整地欣赏，但其中巨大的凝聚力却让他振奋。他说上中学的时候我是个'追星族'，受了高等教育后，感到一味地卿卿我我总像是缺了什么，现在听了《黄河大合唱》《毕业歌》，才觉得中华民族多么伟大。"这种高雅音乐能让个体户、"追星族"如此感动，说明只要我们工作做到家，高雅艺术是可以争取到群众的。这正如四川省文化部门的一位负责人所说："严肃音乐受到这样的热烈的欢迎，连我们也没有意料到，看来我们从前提供给观众的太少太少了。"

高雅艺术要争取群众，很重要一点就是要使其通俗一点，距离群众近一点。钢琴曲是一种典型的高雅艺术，理查德·克莱德曼创作了《致爱丽丝》等一批轻松浪漫的乐曲，使钢琴曲由高雅的音乐殿堂走到了广大青年之中，在世界各地受到了热烈欢迎。他在首都体育馆的演出倾倒了广大青年观众，

[①]《歌德谈话录》，人民文学出版社1982年版，第32页。

获得了极大成功。京剧也是一门高雅艺术，北京京剧三团排演了一出反映现实生活的戏《女税官》，受到各地群众特别是税务部门的热烈欢迎。几个月内，他们带着这出戏南下湖北、湖南、河南、四川、天津，所到之处受到热情接待，演了近百场仍势头不衰。之所以如此，一个重要的原因就是这出戏贴近生活、贴近群众，艺术形式上也更通俗一些。

普及高雅艺术，提高群众的审美素质，是个很重要也很复杂的问题。特别是在走向社会主义市场经济的今天，难度似乎更大。但是我们相信，有国家和社会各界的多方面支持，有广大艺术工作者和美育工作者的努力，这项工作一定会越做越好。

4. 促进人的全面发展

任何教育都应着眼于使受教育者形成完美的个性（又称人格，是心理学的重要概念，指的是作为个体的人所具有的区别于动物而又与他人存在差异的、稳定的心理特质的整体）。而完美的个性（人格）应该是理性与感性、理智与情感、共同性（一致性）与个体性（差异性）等对应因素的高度完美的统一，是以上诸因素的有机和谐的整体。这就要求对人的教育要从整体发育、全面发展着眼；在培育一些能力、素质的同时，要考虑与之对应的另一些能力、素质；要努力使人的各种能力、素质都得到谐调发展。

然而一般的教育往往重视前者（理性、理智、共同性等因素）而忽视后者（感性、情感、个体性等因素）。似乎存在着这样一种认识：后者是生而具有的，前者才是需要通过教育发展的——幼儿不就是以感性的方式把握世界、以本能的情感支配行动、以个体为中心处理与周围事物的关系吗？只有通过不断的教育，才能逐渐变得理性、理智起来，也才能学会从社会的角度考虑问题。这种说法似乎无可非议，但却忽略了这样一个问题：后者作为构成整体的人的另一个方面的能力、素质，也需要伴随着前者不断由低级向高级发展；否则个性的发展就会片面，发育就会失去平衡。而促使个性的感性、情感、个体性等因素伴随着理性、理智、共同性等因素不断由低级向高级发展，从而使人的各种潜能、素质得到全面发展、整体发育的重要手段，便是美育，特别是艺术美育。著名科学家达尔文曾经对这个问题有过深切的体会：

在三十岁左右的时候，我对密尔顿、格勒、拜伦、华兹华斯、克勒律治、雪莱等人的诗是那样入迷（当然，对莎士比亚的诗，尤其是他的历史剧，从学生时代起，就已经入迷了）。我还敢说，自己对绘画和音乐也很感兴趣，但是现在就大不一样了。这许多年来，我竟没有读完过一首诗，有一度我曾试着去重读莎士比亚的诗，但一拿起来就感到它乏味和厌烦。到现在，我对绘画和音乐的兴趣也开始丧失了……我的思想似乎已经变成了一种机器，它只是机械地从无数事实和原料中剔取出一般规律。我真的不明白为什么对艺术爱好的丧失会引起心灵的另一部分能力——能够产生高级意识状态的那一部分能力——的衰退。我在想，一个具有比我更高级和更为全面统一的意识的人是断然不会像我现在这样的。假如我能够从头再活一次，我一定要给自己规定这样一个原则：一星期之内一定要抽出一定的时间去读诗和听音乐。只有这样，我现在业已退化的那一部分能力才能在持续不断地使用中保持下来。事实上，失去这种趣味和能力就意味着失去了幸福，而且还能进一步损害理智，甚至可能会因为本性中情感成分的退化而危及道德心。①

达尔文以自己切身的体会说明，对艺术爱好的丧失会引起"能够产生更高级意识状态另一部分能力"的衰退，而失去这种能力则会使理智受到损害，情感发生退化。这从反面说明了艺术在促使人全面发展方面所起的作用。那么艺术美育在促进受教育者个性全面发展方面能起哪些作用呢？下面做一些具体分析。

（1）促进理性与感性的谐调发展。

现代心理科学的研究证明，人的大脑是由左、右两个半球组成的。左半球主要负责概念、判断、推理等抽象思维活动、理性心理活动，右半球主要负责直观形象、空间知觉等感性心理活动。左半球所进行的是受语言和逻辑支配的分析思维，右半球所进行的则主要是把所感知的元素联结成某种整体的知觉。但是左右两半球并不是彻底分割的，而是相互联系、相互作用的。一般来说，左半球影响和制约着右半球的活动，"甚至在感知周围世界的时候，成年人也把自己的印象组织到逻辑系统中去"。②另一方面，右半球也对

---

① 转引自滕守尧著《审美心理描述》，中国社会科学出版社，第351页。
② 鲁利亚：《神经心理学原理》，科学出版社1983年版，第102页。

左半球的活动产生着影响和作用。由于在二十世纪五十年代末首先提出弱力和电磁力统一理论而获得了1979年诺贝尔物理学奖的美国物理学家格拉肖，曾经生动地谈到形象思维对于抽象思维、科学创造的意义："涉猎多方面的学问可以开阔思路，像抽时间读读小说，逛逛动物园都有好处，可以帮助提高想象力，这同理解力和记忆力一样重要。假如你从来没有见过大象，你能凭空想象出这种奇形怪状的东西吗？我这样讲，有的人听起来可能会感到奇怪。但是在我们研究物理问题的时候，往往会用到现实世界的各种形式。对世界或人类社会的事物形象掌握得越多，越有助于抽象思维。"①

一般教育，例如智育中的数学、化学等课程，所着眼的都主要是受教育者理论知识的掌握和理性思维能力的培养。而如果不注意受教育者感性知觉、整体把握能力的培养，必然会使其这部分潜能逐渐退化，影响受教育者的全面发展，甚至影响理性思维能力的充分发挥。艺术美育正可以弥补这方面的不足。当我们把精美的艺术形象展现在受教育者的面前时，他们那被理性思维所压抑的感性心理活动就会复苏。对艺术形象的欣赏使他们的感觉、知觉、联想、想象、体验等感性心理活动逐渐活跃起来，并且正是在这样的活动中，这些感性心理活动的能力不断得到发展和提高。这种发展和提高不是孤立进行的，而是在已经发展和提高了的理性心理活动能力的影响和作用下进行的，并反过来促进理性心理活动能力的进一步发展。因此，艺术美育可以促进受教育者的理性和感性心理活动能力相互作用、谐调发展。

（2）促进理智与情感的谐调发展。

从一定意义上我们可以把理智与情感确定为人对与之发生关系的客观事物的两种心理反应方式。人在世界中生活，一方面自身存在着这样那样的需要，另一方面又要同周围的环境发生这样那样的关系。客观信息通过人的各种认识活动作用于个体，个体会由于其是否适合自己的需要而产生一定的态度（如肯定、否定等）。这种态度如果表现为理性的思考、冷静的处理等，就可以说是一种理智的心理反应方式；如果表现为以自身的某种感受为特征的体验，则可以说是一种情感的心理反应方式。

一般教育主要有助于受教育者理智心理反应方式的形成，因为一般教育所灌输的主要是各种道理，所训练的主要是理性思维方式。这对于改变幼儿

---

① 周昌忠编译：《创造心理学》，中国青年出版社，第27页。

对周围世界的本能冲动和直接情感反应，使之逐步走向成熟，无疑是十分重要的。然而一个全面发展的、完美的个性不仅应具有充分的理智，而且应具有丰富的情感。情感不仅是人的一种心理反应方式，而且是人的一种心理动力，如列宁所说："没有'人的感情'，就从来没有也不可能有人对于真理的追求。"[①]情感还是人的精神生活必不可少的组成，没有喜怒哀乐，人生将会平淡乏味得多。随着理智的发展，人的情感也应该不断地发展，由简单到复杂，由粗糙到细腻，由贫乏到丰富，由冲动到成熟。

人的情感的发展并不像理智的发展那样简单。理智的发展通过知识、道理的传授大致可以解决，而情感的发展却不可能这样。无论我们内心产生什么样的情感，我们都无法通过知识、道理的传授使对方也产生相应的情感。例如我们在体验着一种愤怒的情感，尽管我们向某人讲述愤怒是怎样的一种情感，以及怎样才能产生这种情感的知识和道理，他仍然不会产生愤怒的情感。因为情感是人们对与之发生关系的客观事物的态度的体验，只有当个体与周围环境发生关系并产生某种态度变化时，他才可能体验到某种情感。因此，情感是与一个人的生活经历与实践密切相关的。一般来说，一个人的生活经历越丰富，情感也就越丰富。

然而现实中狭小的生活天地和单调的生活经历往往使个体没有条件使自己的情感世界得到充分的丰富和发展。一个没有上过战场的人，很难体验到那种浴血沙场、为国捐躯的崇高情感；一个一生生活在城市中的人，也很难体验世代无立锥之地的农民分得土地后的那种热烈喜悦的情感。而艺术却可以为人们提供无限广阔的生活天地。别林斯基说："科学并不羞于宣称，它的目的是理解和说明现实，然后应用它的说明以造福于人；让艺术也不羞于承认，它的目的是在人没有机会享受现实所给予的完全美感快乐的时候，尽力去再现这个珍贵的现实作为补偿，并且去说明它以造福于人吧。"别林斯基认为，艺术可以补偿人们在现实中没有机会享受的美感快乐。其实艺术可以补偿的不仅是美感，还包括人在现实中没有机会体验的其他情感。在艺术欣赏中，欣赏者通过想象使自己置身于艺术家所提供的丰富多彩的虚幻生活之中，感受着他在现实生活中没有条件感受的种种矛盾，体验着他在现实生活中没有条件体验的种种情感。艺术美育工作者要选择那些具有健康、美好情感倾

[①] 《列宁全集》，第20卷，人民出版社1958年版，第255页。

向的艺术作品,引导受教育者在对这些作品的欣赏中体验其中的情感,陶冶自己的情操,丰富和发展自己的情感世界。从这个意义上说,艺术美育也可以说是一种情感教育。

(3)促进共同性与个体性的谐调发展。

个性是共同性(一致性)与个体性(差异性)的辩证统一。首先,人与人之间存在着共同性,这种共同性既包含自然因素(例如高度发达的大脑、神经的第二信号系统、能制造工具的手等等),又包含社会因素(例如民族性、阶级性等等),两种因素并存,后者则是本质所在。其次,每一个人又具有区别于他人的个体性,即自身所独有的情趣、性格、气质、风度等,从而呈现出不脱离人的共同性的独特的心理特征和精神风貌。个性的全面发展应该是共同性与个体性的谐调发展。即一方面形成和发展全社会、全民族、全阶级(以及其他社会范畴)所共有的世界观、价值观、道德观、风俗习惯、审美趣味乃至思维方式、思想方法等,另一方面形成和发展有自己特点的兴趣、爱好、风格、气质、性格等,并且寓共同性于个体性之中,从而形成既有个体性特点又与社会相统一的个性(人格)。

然而一般教育所着眼的主要是形成和发展受教育者的共同性,即社会对受教育者的一般要求。例如德育中热爱祖国、热爱党、热爱社会主义的观念和尊老爱幼、见义勇为、助人为乐等道德规范;智育中的数学公式、形式逻辑、语言语法等科学法则,都是社会所共同遵守的公德或公理,是社会对每个成员的要求,是大家所具有的共同性。这对个体的社会化来说无疑是十分必要和重要的,但是仅仅如此却是不够的。因为强调共同性而忽略个体性很容易使个体形成易于被同化的性格,造成惯于模仿而缺乏创造性、惯于随波逐流而不敢标新立异等性格缺陷。

艺术美育可以弥补这方面的不足。它通过艺术创造与艺术欣赏活动使受教育者的共同性与个体性得到谐调发展,从而使个性的全面发展得以实现。这主要表现在两个方面:

第一,艺术的精神产品的特点使个性能在一个广阔的领域内得到较为自由的发展。艺术创作是精神产品的生产,艺术欣赏则是精神产品的消费。无论创作还是欣赏,其所直接作用的都是人的精神世界,而不是物质世界。因此,对于个性发展来说,固然创作源于以物质生产为基础的社会生活,欣赏也要受作品物质形态的制约，但艺术创作与欣赏毕竟比物质生产与消费有着更多的自由。例如在现实生活中，飞机的制造与使用要求每一个生产者与消费者都必须严格按照反映客观规律的某些统一的规则办事，个体不能有半点的随心所欲；而在艺术创造与欣赏中，飞机却可以按照创造者与欣赏者的意愿在想象中被赋予种种在现实生活中没有的形态与功能，就像电视上演的"变形金刚"一样，而不必遵循那些统一的规则，也不必担心它们在现实生活中能否实现。因此，在艺术美育中，受教育者通过艺术创作与欣赏，可以使自己的意识、愿望、情感、兴趣、理想、性格、气质、才能等冲破现实的束缚而在想象的世界中得到较为充分的表现，并在这一过程中，使在其他教育中受到一定抑制的个体性得到较为充分的发展。当然，这种个体性的发展并不是脱离共同性而孤立进行的；相反，它是在某种共同性（例如一定社会所通行的公理、公德、意识形态、风俗习惯等）的指导下进行的，只不过这种指导比之现实生活中的活动较为宏观、原则、间接，因此给个体性的发展留下了较为广阔的天地。

第二，艺术形象的表现方式为个性的全面、充分展现提供了有利条件。在一般的教育特别是一般的智育中，由于抽象性比较强，感性的东西往往会由于抽象概括而不断地被淘汰掉，附丽于其上的个体性表现当然也会随之一起被淘汰，剩下的只是一些抽象的概念、公式等。但是在艺术美育中，无论是创作还是欣赏，都是以形象直观的方式进行的，因此个体差异性必然会较多地在这种感性实践活动或实践成果中表现出来。所以，假设让受教育者做数学题，其结果可以有对有错，但很难从中反映出他们的个体性特征；而如果让他们来作画，例如画马，情况就不同了。固然他们都会按照画马的一般法则来画，但它们笔下的马却会因各人审美趣味、艺术能力、性格气质的不同而表现为各不相同的神态。这就意味着个体差异性在感性形象中自然地、充分地被表现出来；个性在艺术活动中得到锻炼，也得到全面（共同一致性与个体差异性的统一）谐调的发展。

（三）艺术美育的任务

艺术美育的任务，就是通过对艺术欣赏与艺术创作的引导，使欣赏者、创作者形成正确的艺术审美态度，树立科学的艺术审美标准，养成一定的艺术审美修养。

1. 形成正确的艺术审美态度

所谓艺术审美态度，指的是艺术审美者如何对待艺术审美活动的问题。例如，在艺术审美活动中，是追求感官刺激，还是追求精神享受？是把对象当作科学的或实用的对象，还是当作审美的对象？在诸如此类的问题上，审美者的态度不同，审美活动的质量与效果也就不同。艺术美育应该引导审美者形成正确的艺术审美态度，以取得理想的审美效果。而要做到这一点，就要引导他们处理好以下两方面的关系：

（1）感官娱乐与精神愉悦的关系。任何艺术都是以一定的美的形式，作用于欣赏者的特定感官。这些美的形式由于为欣赏者的特定感官提供了"好听""好看"的东西，因而能使人产生一种愉快之感。这种由对象的美的形式作用于人们的感官而直接产生的"好听""好看"之感，叫作感官娱乐。任何艺术都有使人得到感官之娱的美的形式，因而都具有娱乐感官的功能。然而感官娱乐只是以直接的生理反应为基础的一种愉快，因而在艺术审美的整体效应中处于较低的层次。艺术并不是一种娱乐感官的玩意，在它的美的形式中蕴含着丰富的社会内容、人生哲理和人类情感。当欣赏者探寻到其中的真谛，领略到其中的意蕴时，就会体验到一种更高的愉快之情，获得一种不同于感官娱乐的精神愉悦。完美的审美享受应该是感官娱乐与精神愉悦的统一：感官娱乐要向精神愉悦升华，精神愉悦影响和指导感官娱乐。

在艺术审美活动中，在感官娱乐的基础上追求精神愉悦，自觉地由感官娱乐向精神愉悦升华，是一种正确的审美态度。反之，如果单纯沉溺于感官娱乐，甚至刻意去追求某种官能刺激，例如陶醉于一些靡靡之音或强烈刺激，或是一些紧张、惊险、恐怖的场面，乃至一些影视、画册和读物中的色情描写，等等，则是一种不正确的审美态度。这样的审美态度不可能获得美好的审美效果。那么如何形成正确的审美态度呢？

首先，要养成高尚的审美情趣。审美情趣的高尚与低俗，直接影响审美活动中感官娱乐的性质与导向。这个问题在人体美和含有性爱内容的艺术作品的创作与欣赏中表现较为突出。有人认为，创作、欣赏裸体艺术和含有性爱内容的作品，都是审美情趣低俗的表现。这种说法是片面的。艺术是以人作为反映和表现对象的，而人是肉体与精神、自然与社会的统一体。因此，艺术不仅要反映和表现人的精神与社会性，也必然会涉及人的肉体和某些自然属性。早在四五千年以前，古埃及和两河流域就出现了裸体艺术的表现，而古希腊时期形成的光辉灿烂的人体艺术连同其他艺术一起，更被马克思称为"高不可及的范本"，具有"永久的魅力"。至于性爱内容，在古今中外的许多著名的文艺作品中都有不同程度的反映，以两性关系为基础的爱情更被称为文艺作品"永恒的主题"。因此，问题不在于艺术创作与欣赏是否涉及性爱内容与人体美，而在于以什么样的审美情趣（高尚的还是低俗的）来表现和欣赏这些内容。一般来说，凡是追求精神的愉悦与升华、注重作品社会属性的创作与欣赏，其审美情趣就是高尚的；反之，追求官能与情欲刺激、注重人体自然属性的创作与欣赏，其审美情趣就是低俗的。从高尚审美情趣出发的创作与欣赏，总是赋予人的肉体以某种精神内容，赋予人的自然属性以某种社会内容，赋予两性欲望以某种爱情内容。例如，当一个人直观维纳斯雕像的时候，她那典雅美丽的面庞，丰腴饱满的体躯，优美庄重的神态，起伏多变的线条，会对这个人的感官产生一种直接的吸引。此时如果他怀着一种高尚的审美情趣，就能从这优美的人体形象中感受到蓬勃的生命力量和青春活力，感受到人的伟大和美好，从而由感官娱乐导向精神愉悦。反之，如果怀着一种低俗的审美情趣，就可能会像鲁迅曾经讽刺过的一种人那样："一见短袖子，立刻想到白臂膊，立刻想到全裸体，立刻想到生殖器，立刻想到性交，立刻想到杂交，立刻想到私生子。"这样，就把审美感知导向了一种官能刺激与幻想的满足。

其次，要树立自觉的审美意识。我们知道，感官娱乐是审美者对审美对象的一种直接反应，它往往并不需要意识活动的影响和干预。我们听到一曲优美的音乐所引起的愉快之感是自然而然产生的，并不是通过我们的意识引导出来的。反之，由感官娱乐向精神愉悦的升华却需要意识活动的积极参与。因此，如果没有自觉的审美意识，就可能为声色之美和感官娱乐所陷而难以升到更高的境界。《大众电影》1986年第10期的一篇文章指出了这样一种现象：对电影《日出》获得1986年百花奖的最佳影片奖，观众大多是认可的，然而专家们大多并不满意。为什么呢？作者认为，编导们所寻求的是视觉快感和观赏效果，着意展示陈白露这个摩登女郎的服饰、身腰、姿态、表情、绣床闺房，乃至她所置身的华丽场面和"上流"气氛。这样就使影片的思想意义被降至一个次要地位，以至陈白露的悲剧没有使人感到巨大的震撼力量，反而使人乐于欣赏她那富于生命力的表现。我们不想对这部电影和这篇文章的观点进行评论，只是想以这个例子说明，感官之娱具有一种自发的诱惑力量，如果没有一种自觉意识，很可能陷于其中而难以升华到精神愉悦的层面。

（2）入乎其内与出乎其外的关系。近人王国维在《人间词话》中说："诗人对宇宙人生，须入乎其内，又须出乎其外。入乎其内，故能写之；出乎其外，故能观之。入乎其内，故有生气；出乎其外，故有高致。"这段话虽是就艺术创作而言，却也适用于艺术欣赏及一切审美活动。在艺术审美活动中，对"入乎其内"与"出乎其外"的关系处理不同，会形成不同的认识态度，取得不同的审美效果。

将"入乎其内"与"出乎其外"有机地结合起来，统一起来，是艺术审美活动中一种正确的认识态度。所谓"入乎其内"，可以理解为审美主体向审美对象的趋同，即在想象中将自身置于对象的情境之中，深入体验。前人曾总结这方面的体会说："读词之法，取前人名句意境绝佳者，将此意境缔构于吾想望中，然后澄思妙想，以吾身入乎其中而涵泳玩索之，吾性灵相与浃而具化，乃真实为我所有而外物不能夺。"① 这是对"入乎其内"这种认识方式的极为生动的注释。"入乎其内"可以使审美者对审美对象获得真切的审美感受和体验。

所谓"出乎其外"，可以理解为审美主体与审美对象在心理上疏远的趋向，即以一种超然的、客观的眼光审视对象，表现出对对象的冷静观察和思考。"出乎其外"可以使审美者对审美对象获得全面的审美认识，做出客观审美评价。在艺术审美活动中，"入乎其内"地感受体验与"出乎其外"地观察思考往往并不表现为泾渭分明的两个阶段，而表现为审美主体与审美对象之间一种既分又合、若即若离的心理关系。这是艺术审美活动中正确的认识态度，可以使审美者获得良好的审美效果。

将"入乎其内"与"出乎其外"割裂开来，对立起来，是艺术审美活动中不正确的认识态度。这可以分为两种情况。一种是排除"入乎其内"地体验感受，排除个人愿望、需要、情感等一切主观倾向，对对象进行单纯的理性分析与认识。这种认识态度可以获得比较客观的认识成果，却无法获得令

---

① 况周颐：《蕙风词话》。

人心旷神怡的审美享受。例如《西厢记》中"碧云天，黄花地，西风紧，北雁南飞。晓来谁染霜林醉？总是离人泪。"这段曲词，将各种易于诱发人离愁别绪的自然景物加以典型化处理，创造了一种令人动情的氛围和情境。当我们借助想象使自己置身于这种环境中，便会自然地产生出一种凄凉、伤感的情绪；而如果联想起自身离别、失恋等生活经历，则更可能潸然泪下，凄然动容。但是，如果我们采取一种与我无关的、科学的认识态度，例如将以上这首曲词作为物候学的资料来研究认识，我们还能获得这样的审美感受吗？显然不能。

另一种情况则相反，即对艺术作品单纯采取"入乎其内"的感受与体验，排除"出乎其外"地进行认识与评价。这种认识态度往往带着主观的愿望、需求、情感色彩去认识对象，在精神上完全将审美对象置于自身的生活之中，或完全将自身置于审美对象的情境之中，乃至混淆艺术世界与现实生活的界限。这种认识态度固然会使审美主体对审美对象获得较为深切的体验，但却会妨碍审美主体对对象做出全面、正确的审美评价，甚至会使审美者溺于其中不能自拔，做出荒唐可笑的事来。清人陈其元在《庸闲斋笔记》中记述了这样一件事：杭州有个女子读《红楼梦》入了迷，"致成瘵疾"。"父母以是书贻祸，投之火，女在床，乃大哭曰：'奈何烧煞我宝玉！'遂死。"这种在艺术欣赏中为情所溺的现象在现代青年中也并非没有。据载，有个女青年失恋后投湖自杀，当同学们将她救起时，发现她身穿"安娜服"，怀里揣着一本托尔斯泰的《安娜·卡列尼娜》。这位女青年怀着失恋的痛苦阅读《安娜·卡列尼娜》，将自身置于安娜的情境之内不能自拔。这种不正确的审美认识态度使她不能客观地认识安娜自杀的社会历史原因和这部作品的美学价值，反而因效仿安娜的行为险些丧命。

近年来青少年中出现的"追星热"现象，原因很多，其中有一点就是他们对审美对象采取了"入乎其内"而不能自拔这种不正确的审美认识态度；只不过他们所溺的不仅仅是作品，还包括演员本人。据载，有些学生把印有香港所谓"四大天王"头像的画片贴在床头或课桌上，每天流连观看，迷恋得发狂；有些学生不惜东借西凑，花几百元钱购得一张某歌星演唱会的门票，以求一睹心中偶像的风采；有些女学生整夜守候在某歌星所住的饭店楼下，齐声高喊"××，我爱你！"有些女学生得知某歌星昏迷不醒，哭了好几天，并在家中烧香，为他祈祷。这样的例子不胜枚举。这些正值青春期的少男少女，觅寻着能够满足他们青春情感的歌曲，追寻着能够满足他们崇拜心理的偶像。歌星们的表演令少男少女们如醉如痴，他们把艺术欣赏当作现实生活，将那些被崇拜的歌星移入了自己的精神生活，向他们奉献出自己纯真的感情，于是便有了前面所举的那些痴迷的例子。这是一种单纯从主观的情感与需要出发的审美，他们将自己的审美情感与审美标准投射到对象上，把对象幻想成偶像，寄托以种种的梦想。

对于广大青少年来说，"入乎其内"至溺于欣赏对象而不能自拔，是一种极不正确的审美认识态度。这是由他们的生理和心理特点所决定的。那么如何引导青少年改变这种不正确的审美认识态度和不良的审美倾向呢？

第一，帮助他们认识青春期的生理心理特点，认识艺术与生活、演员与真人的区别，引导他们走出自己构建并深陷其中的精神误区，认清由文化商人包装而成的虚假偶像。在这方面，觉悟了的青年的现身说法往往更容易为他们所接受。有一位青年在劝导"追星族"伙伴时说道："我觉得作为追星族本身既劳神又悲惨……当然，也许我离追星族这个称号还远了点，但也做了点追星族们做的事情，当然是床头前摆着偶像的'大特写'，枕头边放着偶像的'专辑册'，与他们不同的是，我没有偶像的私人档案，甚至不知道他喜欢什么颜色，喜欢什么季节，更没有打听过他的生日，他心目中的女友的目标……因为这些都无须知道，因为即使你都了解了，那你能完完全全地按照他所需的要求去改变你吗？我们都知道，×××有过极苛刻的择偶条件，那么他的追星族发烧友们真的能做到吗？即使万里挑一真的有那么'beautiful'的又能怎样呢？是飞往香港自我推荐，还是把××呼到大陆来？"这种从自身感受出发的劝导比一些抽象的大道理会更有教育效果。

第二，引导他们摆脱那种纯出于主观的、情感的审美认识态度，较为客观理智地认识他们所迷恋的作品，所崇拜的明星。有的学校组织学生开展影评歌评活动，由老师引导学生对他们喜爱的影视歌曲作品和演员进行分析、鉴赏、评论，使学生们明白了这些作品与演员好在哪里，不足在何处，从而掀去了罩在"明星"身上的美丽光环。一些学生深有收获地说："明星也是人，我们应该学其所长，不能样样崇拜和模仿。"还有的学校组织师生恳谈会，请教师中的影迷、歌迷谈他们怎样看待"明星"。有的教师谈到，他从小就迷恋电影，崇拜"明星"。至今，赵丹扮演的林则徐，谢芳扮演的林道静，孙道临扮演的肖涧秋，白杨扮演的祥林嫂，仍活灵活现地生活在他的脑海里。他迷恋他们，崇拜他们，不是因为他们的美好容貌与潇洒风姿，而是因为他们的精湛的演技，他们所塑造的令人难以忘怀的艺术形象。这些话使学生们深受启发和教益。

第三，引导他们广泛了解古今中外的文化艺术，拓宽他们的艺术视野，提高他们的艺术修养。例如，有的学校举办音乐专题讲座，使学生们不仅懂得流行音乐，也懂得严肃音乐；不仅知道流行"歌星"，也知道贝多芬、莫扎特、聂耳、冼星海。有的学生说，艺术的天地真广阔，有些流行"歌星"固然可爱，贝多芬、冼星海等也令人尊敬；我们应该广泛吸收各种艺术营养。有的学校开办艺术欣赏专题讲座，使学生们懂得了应该以什么样的态度欣赏艺术，怎样欣赏艺术。

2. 树立科学的艺术审美标准

所谓艺术审美标准，就是艺术创作与艺术欣赏中人们衡量美丑的基本标准。无论是看一场电影还是听一段音乐，人们在欣赏一部艺术作品后往往都会对之评头品足，做出或优或劣、或美或丑的判断和评价。这种判断和评价就依据他的艺术审美标准。人们的艺术审美标准不同，就会对艺术作品的优劣美丑得出完全不同甚至截然对立的看法。例如我们一般认为《水浒》是一部歌颂农民起义的作品，而封建统治者却从封建主义的艺术审美标准出发将其斥为"海盗"之作，明清两代三令五申严加禁止。再从创作来看，人们的艺术审美标准不同，在作品中表现的审美理想、审美倾向和审美情趣也大相径庭。例如同样是以张君瑞和崔莺莺的爱情故事为题材，元稹出于封建士大夫阶级的审美标准在《莺莺传》中写张生对崔莺莺始乱终弃，并赞许他为"善补过者"；而王实甫的《西厢记》却以同情封建叛逆者的态度，歌颂了莺莺和张生反抗封建势力的斗争，表现了作者"愿天下有情的都成了眷属"的审美理想。由此可见，无论对艺术创作和艺术欣赏来说，具有什么样的艺术审美标准都是十分重要的。

帮助审美者确立科学的正确的艺术审美标准，是艺术美育的一项十分重要的任务。其做法主要是结合对具体艺术作品的鉴赏分析，向审美者进行马克思主义的美学理论和艺术理论的教育。

首先，要使审美者认识什么是科学的艺术审美标准。科学的艺术审美标准就是马克思主义的艺术审美标准。马克思主义认为，社会存在决定社会意识，社会意识反作用于社会存在，"物质生活的生产方式制约着整个社会生活、政治生活和精神生活的过程"。① 艺术与哲学、宗教、道德一样是一种社会意识形态，必然要受一定社会的经济、政治的制约并反映与之相应的社会生活（虽然这种反映是一种具有个性特点和感性方式的特殊反映）。因此，艺术创作绝不是一种随心所欲的个人行为。作为"一切社会关系之总和"的艺术家，不管他是否意识到，他的作品总要反映他所生存的一定社会的生活，反映他所从属的一定社会集团（阶级的、阶层的、民族的）的意志和情感，受到一定社会的经济、政治、道德、文化的影响和制约并对其产生反作用。马克思主义的艺术审美标准正是建立在这种辩证唯物主义和历史唯物主义基础之上的。恩格斯在就拉萨尔的历史剧《弗兰茨·冯·济金根》写的一封信中说："我是从美学观点和历史观点，以非常高的，即最高的标准来衡量您的作品的。"这里所说的"历史观点"，就是要求从历史唯物主义的观点出发考察艺术作品是否真实地反映了社会现实，是表现了推动历史前进的进步倾向性还是表现了把历史拖向倒退的反动倾向性，它要解决的是艺术与现实的关系问题；信中所说的"美学观点"，就是要求从艺术创作的自身规律出发，坚持正确的创作方法，以完美的艺术形式充分表现思想内容，达到内容与形式的完美统一，它要解决的是内容与形式的关系问题。这就是马克思主义的艺术审美标准，它的具体内容可以从真、善、美三个方面分别概括为真实性、倾向性、艺术性。

其次，要引导审美者用马克思主义的艺术审美标准分析评价作品；这种分析评价就可以从真实性、倾向性、艺术性三个方面来进行。

（1）真实性。所谓真实性，就是要求艺术作品忠实地反映社会生活的本质。艺术史上，凡是真实地反映了社会生活的作品，总是深受人民的欢迎，保持永恒的艺术魅力。反之，那些歪曲社会生活、违背真实性原则的作品，尽管可能会热闹一时，但终究经不住历史的考验而为人民所唾弃。

看一部作品是否真实，首先要看它所塑造的人物形象、所表现的社会生活是否符合历史与现实的实际情况。影片《大决战》上映后获得了广泛的好

---

① 《马克思恩格斯选集》，第2卷，第82页。

评,其中一个重要的原因就是真实地塑造了林彪的形象。林彪是人民解放战争中辽沈战役的直接指挥者,在这场战役中曾发挥过作用。影片没有因他在20多年后阴谋篡党夺权、事败投敌的罪行而否定他在辽沈战役中的业绩,而是真实地描写了他在挥师锦州、塔山阻击、黑山打援、攻克锦州、围困长春、截击逃敌、全歼廖耀湘兵团等一系列战局中所发挥的作用。但影片也如实写出了他在指挥上的失误之处:在战役前,他因对全局形势缺乏正确判断,畏首畏尾,做出了先打长春的决策,久攻不下之后才南下辽西;南下后得知蒋介石亲临葫芦岛调兵遣将,大兵压境,又匆忙决定北撤长春。这样就摘去了曾经罩在林彪头上的"天才指挥家"的光环。影片不仅在史实上是真实的,在人物性格的把握上也是真实的。影片中的林彪沉默寡言、面色严肃、喜怒不形于色,无论是战局险恶还是胜利在握,总是不紧不慢嚼着随身带的一小包黄豆,这种城府极深、居心叵测的性格表现,是与他后来韬光养晦、阴谋夺权的性格行为完全一致的。

考察一部作品的真实性,不仅要看现象,更要看本质。有一些文艺作品,所反映的现象可能是真实的,本质却可能是不真实的。例如十九世纪英国女作家哈克奈斯在她的小说《城市姑娘》中,描写了伦敦东头年轻的缝纫女工耐克被资产阶级欺侮压迫却屈从于命运摆布而并不起来抗争的故事。这种事情在当时是有现实根据的,如果脱离当时的历史大环境而单纯从具体现象上看可以说是真实的,所以恩格斯在给哈克奈斯的信中说她作品中的人物"就他们本身而言,是够典型的"。但当时欧洲工人作为阶级登上世界政治舞台已有五十年历史了,他们反对资产阶级和资本主义制度的斗争风起云涌,而这一社会生活的本质方面在哈克奈斯的小说中却没有得到反映,所以恩格斯说"环绕着这些人物并促使他们行动的环境,也许就不是那样典型了"。因此,评价一部作品是否真实,从根本上说要看本质。

还应该指出,有些艺术作品,为了表现生活的某些本质方面,往往采取夸张、变形等手法,从现象上看好像不够真实,实际却更深刻地反映了本质的真实。例如毕加索的名画《格尔尼卡》,将兽性发作的公牛、受伤嘶叫的奔马、肢体断裂的战士、张皇奔跑的妇女、托着死亡婴儿的母亲、以电灯泡做瞳仁的眼睛等经过夸张变形而又互不相干的形象组合在一起,深刻表现了德国法西斯对西班牙小镇格尔尼卡的狂轰滥炸所造成的悲惨情景以及作者对此的强烈愤慨。

（2）倾向性。所谓倾向性，是指艺术作品中所表现的艺术家对生活的主观态度和审美评价、审美理想等。要引导审美者通过对作品的分析，把握创作者的主观态度和倾向，并以历史唯物主义的观点对这种倾向给以进步还是反动、积极还是消极的评价。一些青年读了雨果的《九三年》后，对小说的结尾部分深为感动和赞赏。这部小说的结尾部分是这样的：叛匪头子朗德纳克的部队终于被郭文、西穆尔登领导的共和国军击溃，并被围困在朗德纳克的邸堡中。就在朗德纳克在阿尔马罗的救援下准备从容逃匿之时，突然良心发现，返身进入烈火中的邸堡，救出眼看要被火活活烧死的孩子。朗德纳克这一英雄行为感动了共和国军司令郭文，为了酬答朗德纳克，郭文擅自将其放走，自己甘愿接受军法处置。共和国军政委、公安委员会代表西穆尔登在下令绞死郭文的同时，终因不堪良心的谴责而开枪自杀。如何认识这一情节呢？孤立地看，这一系列"舍生取义"的行为确是令人感动和赞赏的。但是如果以历史唯物主义的观点把它与当时的社会生活实际联系起来，就可能会产生一些疑问。小说描写的是1793年法国共和国军征剿旺岱贵族叛乱的故事，这是革命的资产阶级与封建贵族的一场你死我活的斗争。人们很难想象，那个连农民捉了他田庄上一只兔子都要被他处死或打成残疾的朗德纳克，那个对革命刻骨仇恨并为此而血洗尼伯-昂-派若田庄的朗德纳克，如何会在生命攸关之时突然"良心发现""立地成佛"？而那个发誓要消灭朗德纳克并深知放掉他不啻是放虎归山的郭文，又怎能以牺牲共和国的利益为代价而"舍生取义"？至于西穆尔登对郭文的处决乃是正常的军法从事，又何能因良心谴责而自杀呢？这显然既不符合历史的逻辑又不符合人物性格的逻辑。那么作者为什么要进行这种违背历史逻辑和人物性格逻辑的虚构呢？这就涉及作者的思想倾向问题了。作者雨果认为：在绝对正确的革命之上，还有一个绝对正确的人道主义。显然，在阶级矛盾尖锐的法国资产阶级革命时期，这只能是一种幻想。历史的事实是：轰轰烈烈的革命正是在朗德纳克之流的反攻倒算中归于失败，罗伯斯庇尔等革命家一个个被送上了断头台。通过这样的分析，可以明显看出这部书结尾的反历史倾向，正是作家雨果的思想局限所在。

（3）艺术性。所谓艺术性，是要求艺术作品在艺术形式和表现手法上能充分而完美地表现内容。在分析作品的艺术性时可从两个方面着手：

一个方面是考察作品的内部结构（即题材的各种因素或部分的内部联系和组织）能否与内容相适应，能否鲜明有力地、深刻地和富有独创性地表现内容。以话剧《日出》为例，它在情节上没有像一般话剧那样采用环环相扣的单线结构方式，而是采取一种双线并行的网状结构方式，使剧情围绕着以陈白露和方达生为纽带的两条线索展开：一条线索以交际花陈白露所住的某大旅馆华丽的休息室为场景，展示了上层社会尔虞我诈、纸醉金迷的腐朽生活；另一条线索以三等妓院宝和下处为场景，表现了下层人民受屈辱、被损害的非人生活。作者为什么要采取这样一种情节结构方式呢？曹禺同志曾说，写这个剧本是要"用多少人生的零碎来阐明一个观念"，即揭露这种"损不足以奉有余"的黑暗社会的不合理，希望"平地轰起一声巨雷，把这群盘踞在地面的魑魅魍魉击个糜烂"。正是为了适应这种创作目的和思想内容，作者在艺术上进行了探索，采取了这种"没有绝对的主要动作，也没绝对的主要人物"的网状的情节结构方式，以一些相互联系而又相对独立的事件展示了"有余者"与"不足者"截然相反的生活以及前者对后者的损害与欺凌，对社会采取了横断面式的解剖。这种独特的结构方式和艺术手法对作品思想内容的表现是深刻的、鲜明的、有力的，这也是这部作品数十年来畅演不衰的一个重要原因。

另一个方面是考察作品的外部形式是否准确、鲜明、生动地表现了形象。这又分两层意思。第一层意思是看作者是否娴熟地以特定的艺术技巧发挥物质材料的特长，使塑造的艺术形象趋于完美。下面举对八大山人水墨画的一则鉴赏评论为例来说明这个问题：

> 再如画家写小鸟，以焦墨写出骨质的嘴、脚，以见其坚挺；以浓墨写出头尾，以见其毛质的紧敛；以淡墨勾画出鸟儿身体的圆锥体，中间的白色，显示出小鸟丰满的形体；特别是以重墨画其身后的羽毛，水墨控制恰当，能使人感受到羽毛的蓬松轻柔。用墨的精审得体，将一只小生灵，写得栩栩如生，惹人爱怜。

在这段鉴赏文字里，作者仔细分析了八大山人在用墨方面的技巧，指出画家发挥水墨画中"水墨"这一物质材料的特点，以焦、浓、淡、重等不同笔墨画出形象的不同部位，从而出色表现了所要描绘的对象。考察作品外部形式的第二层意思是看作品是否符合形式美的法则。形式美不仅有助于表现作品的内容，而且具有相对独立的审美意义；符合准确洗练、对称均衡、节奏韵律、多样统一等形式美法则的形象本身就给人以美感。

3. 养成一定的艺术审美修养

马克思说："如果你想得到艺术的享受，你本身就必须是一个有艺术修养的人。"艺术美育的又一任务，就是培养审美者成为具有一定的艺术修养和欣赏能力的人。为此，要引导他们从以下几个方面提高自己。

（1）提高艺术审美能力。任何艺术都有其特定的艺术形式和特殊的艺术之美，都要求审美者具有与之相应的审美能力。音乐之美不同于绘画之美，音乐的审美能力也不同于绘画的审美能力。另一方面，各门艺术又存在着审美共性，存在着一些相通的艺术规律和美学法则，也需要审美者学习掌握。那么，如何学习才能获得事半功倍的效果呢？可以分三个层次循序渐进地进行。

第一，深入学习某一专门艺术。英国哲学家休谟认为，在审美能力方面，"人和人之间敏感的程度可以差异很大，要想提高或改善这方面能力的最好办法无过于在一门特定的艺术领域里不断训练，不断观察和鉴赏一种特定类型的美。"[①] 这话是很有见地的。因为艺术的审美特性与审美共性是统一的，共性存在于个性之中。学习者在学习某一特定艺术时，在了解这门艺术审美特性的同时，也就或多或少地了解了艺术的某些共性，从而也就为进一步学习其他艺术打下了基础。

学习某一专门艺术，最主要是学习其特殊的艺术形式，掌握该艺术用以表现情感和意义的特定"语言"与手段。例如对绘画这种艺术，就应该掌握各种线条、色彩和构图的情感意味和意义。从线条看，其坚硬柔软、轻重缓急、光滑滞涩、清晰含混等品格，长短、粗细、疏密、干湿、曲直等变化，都可以表现出丰富的情感层次。例如平卧线一般表现宁静之感，上升线一般表现兴奋之感，下降线一般表现抑郁之感。从色彩看，红色令人感到热烈和激昂，绿色使人觉得清新与平静，蓝色给人以平和和安宁，黄色向人展示出温暖与喜悦。当线条与色彩组成形状时，不同的构图也会呈现出不同的表情。

---

① 休谟：《论趣味的标准》，见《古典文艺理论译丛》1962年第5期，第9页。

例如，斜线式构成常包含着运动和力量，锯齿状构成令人感到痛苦和紧张，圆状构成给人以圆满与完美，倒三角构成显示出危机与动摇，等等。只有掌握了这些绘画语言，才能较为准确地识别出一幅绘画作品所要表现的情感和意义。绘画艺术如此，其他艺术也是如此。

第二，在学会欣赏一门艺术的基础上，可扩展至其他艺术的欣赏学习，并通过比较掌握它们之间的美学特性与共性。例如，建筑与音乐都是表现性艺术，与绘画、雕塑、戏剧等再现性艺术迥然相异。著名建筑学家梁思成曾说："建筑虽然也反映生活，却不能再现生活。绘画、雕塑、戏剧、舞蹈能够表达它赞成什么，反对什么。建筑就很难做到这一点。建筑虽然也引起人们的感情反映，但它只能表达一定的气氛，或是庄严雄伟，或是明朗轻快，或是神秘恐怖等等。"[①]对于音乐的美学特征，黑格尔曾指出："音乐的基本任务不在于反映出客观事物而在于反映出最内在的自我。"[②]这些论述说明，建筑与音乐都长于表现而短于再现，并且它们的表现都具有抽象性的特点。这是它们共同的美学特征。因此，人们称建筑是"凝固了的音乐"，而"音乐是流动着的建筑"。但是，建筑与音乐又各有不同特点：建筑是以特殊的物质材料和形体结构体现造型美，因而是一种静态的空间艺术；音乐则是以和谐的乐音以及旋律、节奏、调式、和声等要素的有规律组合来体现声音美，因而是一种动态的时间艺术。这种比较对于学习者识别两种艺术的美学共性与各自特性是很有帮助的。

第三，在精通一门、掌握或了解多门艺术之后，可引导审美者总结、归纳各门艺术之间一些相通的规律和共性，从而在宏观上对艺术进行整体把握。例如使他们识别、把握普遍存在于各门艺术之中的对称、均衡、节奏、比例、齐整、和谐等形式美法则和崇高、优美、奇崛、雄健、浓艳、清秀、淡雅、枯涩等美的形式和风格，以及存在于我们民族艺术之中的形神、虚实、显隐、奇正、张弛等对立统一关系。以虚与实的关系来说，诗歌中的"言有尽而意无穷"，绘画中的"目尽尺幅，神驰千里"，书法中的"黑处是字，白处也是字"，音乐中的"此时无声胜有声"，无不体现了虚实结合、有无相生的艺术辩证法。掌握了这些，艺术审美者就不仅能把握各种艺术的特殊之美，而且

[①] 梁思成：《建筑和建筑的艺术特征》，载1961年7月26日《人民日报》。
[②] 黑格尔：《美学》第3卷，上册，商务印书馆1982年版，第331页。

能把握表现于各种艺术之中的具有普遍性的艺术美，从而在艺术审美中触类旁通，融会贯通，进入一个高层次的审美境界。唐人王维工诗会画，兼通音律。他以诗意入画，以画法写诗，以情景交融、虚实相生的艺术经验沟通诗画，使二者相得益彰，所以苏轼说："味摩诘之诗，诗中有画；观摩诘之画，画中有诗。"这里说的是创作，但是这种融会贯通的能力，无疑对欣赏也大有裨益。

提高艺术审美能力当然离不开理论，但更重要的是实践。因为艺术美存在于感性的艺术形象之中，只有通过实际的感受才能产生真正的美感；进而逐步加深对艺术特征的认识。理论固然对实践有指导意义，却不能代替实践。那么，能不能请富有审美实践的专家将他们的感受经验传授给学习者呢？这种传授无疑会对提高学习者的审美能力大有帮助，但仍然无法代替学习者的审美实践。因为感受经验是高度感性的，基本上属于第一信号系统；用属于第二信号系统的语言来表述，无论如何也不可能具体实在、细致入微；也就是说，传授者很难通过语言传述使接受者实际产生前者所经历过的审美体验。所以马克思说"只有音乐才能激起人的音乐感"；除了直接听音乐之外，无论什么样的传述都不能使人产生真正的音乐感。言语的传达当然可以说明音乐之美，但究竟是怎样的美，就必须亲耳听一听，才会有切实具体的感受。一切艺术审美无不如此。

（2）广泛积累知识经验。艺术是生活的反映，不论什么艺术，即使像音乐、书法这类较为抽象的艺术，其最终的源泉也是生活。艺术审美不仅要求审美者掌握某一艺术的表现形式，而且要求审美者具有一定的生活经验和历史文化知识，才能较为深入地理解作品的内容和美学价值。

首先说积累生活经验。在艺术审美活动中，审美者是以自己已有的知识和经验理解作品的。比之各种间接渠道获得的知识，直接的生活经验保存了个体许多实际的感受、体验和情感记忆，因而更容易获得对作品的真切感受。清人方薰在《山静居画论》中记述了这样一件事：

> 乃见石谷《清济贯河图》，笔势浩汗（瀚），沙黄日薄，一望弥漫，画水随笔曲折卷去，如闻奔腾澎湃声发纸上。旁观朱生者，移时色沮，以手指曰："前年舟过，几厄此处。畏途逼人，无那太似。"

朱生因有过河上遇险的经历，欣赏时自然引发了储存在记忆中的遇险的感受经验，因而脸色都变了，其感受当然要比没有这种生活经历的人真切得多。

其次，再说积累各种知识，主要是历史、文化和社会知识。任何艺术作品都既是一定社会历史的产物，又要受前代文化成果的影响。这就要求欣赏者具有一定的历史文化修养，修养越高，欣赏效果就越好。《文史知识》1981年第2期发表过一篇分析唐代孟浩然《过故人庄》的文章。《过故人庄》一诗粗看起来明白如话，然而文章作者在赏析中却深入开掘，指出诗中第一句"鸡黍"化用《论语·微子》荷蓧丈人典；第五句"开轩"用阮籍《咏怀》"开轩临四野，登高望所思"语意；第六句"桑麻"用陶渊明《归园田居》"相见无杂言，但道桑麻长"语意；末二句又用陶渊明在重阳节出宅把菊、酌酒醉归典，从而揭示这首诗在叙事、抒情中还有述志之意，写出了孟浩然原来想学孔子"为了行义而谋仕"，后来又像阮籍那样"从现实政治中有所觉悟"；最后"追慕陶渊明的意向"，"有意要归耕田园"。这一层自述志趣变化的含义，在诗中蕴藏较深，如果没有较深的历史文化修养，是不可能对此诗做出如此深刻的理解的。因此，丰富自己的文史知识，提高自身的文化修养，对艺术审美是很有意义的。艺术作品中所涉及的文化知识往往是很广泛的，举凡天文地理、物理化学、动物植物等各种科学知识，烟、酒、茶、烹饪、服饰、家具等各种生活知识，各个国家、民族、地区的风俗习惯、风土人情等各种社会知识，都可能在作品中有所反映。如果欣赏者具有较为广泛的知识，在艺术欣赏中就比较易于理解其内容，感受其意味。

（3）掌握艺术审美方法。在艺术审美活动中，要获得良好的审美效果，不仅要求审美者具有艺术审美能力和各种知识经验，还要求其掌握一定的艺术审美方法。

第一，抓住作品的最初感受。最初感受就是审美者接触作品后获得的第一印象和感觉，它之所以可贵，就在于它是作品对于人的感官的一种新鲜刺激，因而最为敏锐。品酒专家指出："人的嗅觉是最容易疲劳和麻痹的，只有最初一二次的闻嗅最灵敏，要抓住一刹那间所嗅到的香气特征。"[1] 当然，品酒并不能算是一种艺术审美，但这里所讲的道理，却适用于艺术审美中的感受。在艺术审美中，利用艺术作品给予感官的最初感受和给予大脑的第一印

---

[1]《品酒》，见1980年9月27日《文汇报》。

象，敏锐地抓住其中一些深入而细微的东西，进一步加以玩味和思考，会收到良好的审美效果。捕捉艺术作品的最初感受要注意以下几点：其一，必须集中和稳定注意，才能充分发挥尚处于敏锐状态的感觉器官的作用，浮光掠影、草草了事不可能感受到深入细致的东西。其二，捕捉最初感受必须果断，越是隐约的感受越要抓得狠，才不至于轻轻放过那较为含蓄隐蔽的艺术内涵。其三，初感虽然敏锐，却不一定准确和全面，甚至还会有错觉。因此在抓住某种初感之后，不仅要反复玩味，还要结合对整个作品的全面感受，统一进行思考，才能使敏锐而隐约的初感转化为准确而深刻的审美认识。其四，克服势利之心的影响与干扰，从艺术作品本身而不是从名气出发去进行欣赏，以保证最初感受的真实性和准确性。

第二，对作品进行整体评价。任何一部作品都是一个有机的整体，其各个部分都是相互联系地存在于整体之中，受整体性质的制约。因此在艺术欣赏中不能孤立地评价任何一个部分和细节的美丑得失，而要将部分置于整体之中，从各部分的相互关系出发去进行整体认识。下面以人物形象的评价为例说明一下这个问题。

对人物形象，首先要联系其基本特征来认识和评价其具体表现。任何成功的艺术形象都具有许多特征表现，但其中必有一种基本的、决定整个形象性质的特征，它制约着其他特征。因此在对形象的某一具体特征进行评价时，不能脱离其基本特征。有些青年读过《红楼梦》后，对王熙凤的精明能干深为赞赏。在《红楼梦》中，王熙凤确实是个精明能干的人。荣宁二府这么大的家业，上下左右错综复杂的关系，却被她安排得井井有条，处理得得心应手。但是精明能干只是王熙凤的诸多性格特征之一，却不是她的基本特征。她的基本特征是阴险狠毒、狡诈贪婪，正如书中所写，"明是一盆火，暗是一把刀"。从她毒设相思局、弄权铁槛寺、抄检大观园、逼死尤二姐、巧施调包计等种种表现中，确实能看出她的精明能干；但这种精明能干中无不渗透着阴险、狠毒和狡诈。这种精明能干是否值得赞赏呢？显然不值得。由此可见，将形象的某一特征从他的整体特征中分离出来，就不能获得对形象的正确认识和评价。

其次，要联系艺术形象的环境对其进行认识评价。在文艺作品中，人物形象与环境是密不可分的整体。人物的思想性格要受一定的环境（主要是社会环境）的制约，并在与周围环境的相互作用中变化发展。因此，一定要联系人物所在的环境、从人物与环境的相互关系中把握形象。如果把人物从环境中分离出来，孤立起来，就不会获得正确的认识。有些人读了《安娜·卡列尼娜》后，对安娜的所作所为很不以为然，认为安娜离夫弃子淫乱私奔，把一个好端端的家庭给破坏了，她的结局也是咎由自取。这就是一种脱离人物环境的认识。应该看到，十九世纪七十年代以后，俄国资本主义迅速发展，冲击着社会的各个领域，也冲击着封建宗法式的家庭婚姻关系。安娜正是在这种冲击下觉醒而追求资产阶级个性解放的人物。她要冲破与卡列宁没有爱情的婚姻枷锁，追求真正的爱情生活，这无疑具有进步意义。安娜的所作所为当然为虚伪的封建道德所不容，她的自杀实际是被封建势力迫害而死。像这样把人物放在环境中进行整体认识，就不会得出上面的结论了。

第三，深入开掘作品意蕴。艺术审美的核心是把握作品的意义和内涵。但是由于艺术作品都是以形象的方式反映生活，表达作者的思想感情，这种形象的传达往往比语言的传达模糊得多；加之一些创作者为了给欣赏者留下更多的想象空间而采取含蓄的表现，因此对作品意义和内涵的把握往往并不是一目了然的，而需要反复玩味，深入开掘。例如俄国著名风景画家列维坦曾经画过一幅风景画《弗拉基米尔卡》，画的是沙皇政府遣送千千万万"犯人"到西伯利亚去所必经的一段道路，画面上只有原野、天空和一条伸向远方的路。然而我们通过这条路却可以想到路上艰难行走着的一队队衣衫褴褛的"犯人"，想到沙皇政府的黑暗统治和人民的反抗，从而体会到作者对俄罗斯苦难现实和前途命运的思索。这就是深藏于画面之内的意蕴，如果只是走马观花、浅尝辄止看一看，显然不会获得这样的认识。

优秀的文艺作品往往蕴含着丰富的认识内容。这些内容大致可以分为外部形象、内部实质、深层意蕴三个由浅到深的层次。例如刘禹锡的"沉舟侧畔千帆过，病树前头万木春"两句诗，形象鲜明生动，语言明白晓畅。粗略一读，我们便可以想见这两句诗的形象。这是欣赏的第一层次。若再深入一步，联系作者的身世和诗的背景来读，那么我们便可以了解这两句诗的实质内容。刘禹锡因参加"永贞革新"而被贬边地23年，23年后应召回京，经扬州遇到白居易。白赠诗一首，内有"举眼风光长寂寞，满朝官职独蹉跎"，对刘的不幸遭遇深表同情。刘作诗相酬，内有"沉舟"二句便是对上两句的应答。诗人以"沉舟""病树"自喻,暗示自身遭遇虽然不幸,但却没必要为此而消沉颓唐;一个人一生中可能遭遇种种坎坷和不幸,但整个社会人事却是蓬蓬勃勃向前发展的。这两句诗显示了诗人豁达开朗的胸怀和乐观向上的生活态度。然而欣赏至此是不是就完了呢?没有。如果读者放开眼界深入开掘,将这两句诗从具体的情境中超脱出来,并将其置于更广阔的时间和空间之中,那么读者就可能进入欣赏的更深层次,即认识到无论是自然界还是社会人生,世间一切事物都是在新陈代谢的运动中不断向前发展;作为个体的人生是有限的、短暂的,甚至可能是坎坷的,然而整个自然和社会的新陈代谢却是无限的、永恒的、美好而又充满朝气的。于是读者就可能体味到一种超越特定时空的宇宙感和永恒感,一种开朗向上的情思。这就是作品的深层意蕴及其给予读者的审美感受。如果不是深入开掘,就不会获得这样的意蕴和感受。

第四,拓展作品审美意境。艺术审美毫无疑问是对艺术作品的欣赏,然而一个出色的审美者通过欣赏所获得的审美内容却远不止作品本身。法国大作家巴尔扎克在小说《幻灭》中指出:"真正懂诗的人会把作者诗句中只透露一星半点的东西拿到自己的心目中去发展。"这就是说,一个真正懂得艺术的审美者,不应该满足于作品所给的内容,而应该展开联想与想象的翅膀,拓宽作品的认识内容,扩展作品的审美意境,以获得更为丰富的审美享受。有一篇欣赏摄影作品《小鸟之曲》的短文,从摄影作品上展示的几根平行的电线及立于其上的几只小鸟的画面,联想到自然大成的五线谱,联想到小鸟在歌唱;继而又由小鸟的歌唱想到了春天和描写春天的诗句"春眠不觉晓,处处闻啼鸟。……"最后由小鸟的歌唱和春天想到了各种公害对自然生态的破坏,不禁发出这样的感慨:还我们的鸟儿,还我们美妙的自然乐章。可以看出,欣赏者通过联想和想象扩展了多少认识内容,这无疑会大大提高艺术审美的效果。但扩展作品的审美意境也应注意两点:

一是深深植根于原作的土壤。欣赏者对作品认识内容和审美意境的拓展固然是原作中没有的,却应是植根于原作土壤之中的。欣赏者不能随心所欲地胡思乱想、任意拓展,而必须根据作品给定的条件,即艺术形象所固有的质的规定性去进行生发。例如,欣赏唐人张继的《枫桥夜泊》:"月落乌啼霜满天,江枫渔火对愁眠。姑苏城外寒山寺,夜半钟声到客船。"这首诗描绘了一幅江天秋夜的景色，那悠扬的钟声的余韵触动了一个羁旅客子的缕缕情思。当欣赏者被这诗中的情韵所打动后，就可能引发起种种遐想：有的人可能想到自己半生飘零、一事无成；有的人可能怀念起故乡的父母妻儿、亲朋挚友；还有的人则可能想起失去的恋人，勾起对往事的痛苦回忆……这些新拓展的认识内容和审美意境都是原作中没有的，然而却是从霜天月夜、渔火微茫的诗境中生发出来的，因而都笼罩着统一的情感氛围，即一种深沉悠远的愁思；这正是原诗中固有的质的规定性。

二要大胆进行再创造。再创造是欣赏的最高境界，它要求欣赏者在原作的基础上进行创造，拓展出一个新的审美世界。据说，宋朝时曾以唐人诗句"嫩绿枝头红一点，动人春色不须多"为题让画工作画。大多数画工都通过花卉的描绘来装点春色，皆不中选。只有一人于危亭缥缈、绿树掩映之处，画一美妇人凭栏而立，于是众人皆服。如果把这个例子作为对这句诗的欣赏来看，那么可以看出，一般画工只是按照诗句所提供的条件把形象再现出来，即使有所补充（例如由"嫩绿枝头"和"红一点"而想到花卉），也只是量的变化，在意境上没有什么开拓。而那位独树一帜的画工却并不满足于对诗句的表面理解，他将红与绿的关系从一般红花绿叶的模式中突破出来，由物及人。这样，他的生发虽然仍围绕着红与绿的关系展开，却具有了异于原诗的新形象。毫无疑问，这是对原诗句的再创造。这种再创造所拓展出的审美意境，显然会使欣赏者获得更丰富的审美享受。

（四）艺术人才的培养

通过指导审美者进行艺术欣赏与艺术创作，培养他们成为具有较高艺术素养的人，是艺术美育的一般任务。在这个过程中，会有一些人脱颖而出，逐步走上艺术创作的道路，乃至成长为艺术家。这些艺术人才的成长与培养有一些特殊的规律，本节拟对此做一些初步的研讨。

1. 艺术人才的成长条件

艺术人才的成长，既受先天因素的制约，又受后天因素的影响。就前者而言，人的机体上的某些解剖生理学上的特点，特别是大脑的结构与机能上的特点，是养成艺术人才的自然前提。例如，天生耳聋的人不可能成为音乐家，天生失明的人也不可能成为画家。反之，一个先天具有某种艺术素质

（例如较强的音感或色觉）的人，再经过后天的环境影响和个人实践，就比较容易形成某种艺术才能。奥地利音乐家莫扎特从小就表现出惊人的音乐才气，被欧洲人称为"神童"。他三岁时就能在钢琴上弹出简单的和弦，五岁开始作曲，八岁创作了第一批奏鸣曲和交响曲，十一岁时竟写出了一部歌剧。这固然与他家庭的影响和主观努力分不开，但也不能排除他的天赋。歌德曾经说过："值得注意的是，各种才能之中，音乐的才能在很幼小的年龄就露头角。例如莫扎特在五岁，贝多芬在八岁，洪默尔（今译为胡梅尔）在九岁，就以音乐和作曲博得亲邻们的惊赞了。"[①] 其实，不仅音乐，各种艺术的才能一般都比其他方面的才能显露得早一些。初唐"四杰"之一的骆宾王，七岁时就能随口吟诵《咏鹅》诗："鹅，鹅，鹅！曲项向天歌。白毛浮绿水，红掌拨清波。"被人们称为神童。著名小说家和剧作家契诃夫，从小就显露出戏剧才能，善于活灵活现地模仿别人，有一次装扮成破衣烂衫的穷人，居然骗过了他的舅舅。因此，家庭和社会应该重视儿童早期所显露的艺术才能，并因势利导地进行培养教育。莫扎特的父亲在发现他的音乐才气后，就注意对他严格要求，耐心得法地教育。从六岁起，就带他到欧洲各国去演出、旅行，这一方面更加刺激了莫扎特的音乐兴趣和事业心，另一方面也使他开阔了眼界，增长了知识，促进了他的成长。

艺术人才的成长固然有赖于先天的自然生理因素，但起决定作用的却是后天的社会因素。那么对艺术人才成长产生影响的社会因素分别有哪些呢？

（1）家庭因素。家庭是个体降生后第一个微观社会环境，也是与个体关系最为密切、对个体影响最为直接的社会环境，因此对人才的成长有着重要的奠基意义。有人曾经对22名文艺工作者做过一次调查，其中有16名认为对他们影响最大的人是父母亲或其他家庭成员。作家张天民认为，对他走上文学创作道路影响最大的是他的母亲。他说："她富于形象思维，能用生动的口头语言描绘各种各样的农村人物，讲述那些十分动听的农村故事。……中学时代，我用母亲教我的语言写了一篇作文，具有远见的向锦江老师表扬了我，认为我一反'光阴似箭，日月如梭，转瞬之间'如何如何的洋八股，文章作得别开生面。我于是又立志当作家，这一次立志时间较长，一直到今天，矢志不移。当我十七八岁的时候，《光明日报》发表了我的一首诗和两篇小

[①] 见朱光潜译《歌德谈话录》，人民文学出版社1978年版，第230页。

说，其中一篇小说万余字，连载了一周。那小说还是用母亲教我的语言，她给我讲述过的人物形象写成的。至此，我的性格基本定型。"① 由此可见，家庭实际是艺术人才成长的第一所启蒙学校。此时的孩子处于个性心理发生期，他们的心灵如英国哲学家洛克所说是一块"什么字迹也没有的白板"，因此外界对他们的影响往往是深刻的，甚至是决定性的。特别是各种艺术，其形象性、情感性的特点更容易对还在用直观的、情感的方式认识世界的儿童心理产生重大影响。因此，年轻的父母应该重视对儿童早期的艺术启蒙教育。

（2）学校因素。学校是个体接受正规教育的地方，在这里他们从低到高地、较为系统地接受了语文、美术、音乐等艺术美育课程的教育。这些课程对学生的影响是深刻的、久远的。这个时期也是个体艺术才气开始显露的时期，教师如对那些开始显露才气的学生给予更多的关心、指导和鼓励，将对他们艺术才能的成长产生积极的影响。作家严文井在谈到少年时期对他影响最大的人时说："小学五年级时期的两位教师，一位叫舒衡蒲，他教给了我审美。他教体育、音乐、美术，总是要给我吃点偏食……我感到画得不好对不起老师的一片苦心，从此爱上了美术，在水彩画上尤其用功。教语文的邓老师，他肯定了我运用文字的能力。他在课堂上经常摇头晃脑地朗诵我的作文，大加赞赏，他对我的作文，总是密圈密点地加以称赞。有一篇作文还被拿到省里去展出，这种'隆遇'更我难于忘怀。初中一位语文老师我也忘不了他。我写了一篇作文，是悼念一个死去的弟弟的……老师看了之后评价道：该生是未来文坛有希望的人。我虽然当时还不知道文坛是个什么去处，但对我的鼓舞却是很大的。"② 严文井的成功是和这些老师们的培养分不开的。

（3）环境因素。这里是指家庭、学校以外的其他社会生活环境。任何个体都是在与周围环境的相互作用中成长、发展的，艺术人才也是如此。苏联著名文学家高尔基12岁时，为生活所迫到一条轮船上为一个厨师当差。这个厨师有个爱读书的嗜好，常让高尔基给他读书。他们一起读果戈理的小说《塔拉斯·布尔巴》，读完后两人都感动得落泪。就这样，高尔基在洗刷碗盘的空闲中，翻阅了厨师珍藏的满满一箱子书籍，这些书籍启发了他的智慧的

---

① 郭晨、王大伟编：《你想了解他们吗？——人物性格心理调查》，天津人民出版社1984年版。
② 郭晨、王大伟编：《你想了解他们吗？——人物性格心理调查》，天津人民出版社1984年版，第28页、29页。

心灵，并对他日后走上文学创作的道路产生了深远的影响。环境不仅会对个体走上艺术之路产生影响，而且会对其作品的倾向产生影响。作家孟伟哉有过一个悲惨的童年，他的父亲新中国成立前被反动派杀害，母亲带着他过着半流浪的生活，到处受欺侮、遭歧视，他在谈到这些对他创作的影响时说："我一直觉得我的少年生活中有一种悲剧性色彩，它对我的气质和性格一直有影响，在文学欣赏和个人创作上说，就使我比较偏爱和倾向于那种严肃的、庄严的甚至悲壮的格调。也由于我刚刚迈上人生旅途的这种遭际和经历，我特别注意人们之间的关系，特别憎恶仗势欺人、霸道、阴谋诡计和权术。……我最近将自己二十七年间的中短篇小说选了一本集子，我发现，我在自己的作品中一直谴责着自私。"[①]

艺术人才的成长不仅受客观的社会因素影响，而且受主观的个人因素制约，而且后者往往具有更为重要的作用。因为"外因是变化的条件，内因是变化的根据，外因通过内因来起作用。"[②]对艺术人才成长起作用的主观个人因素有哪些呢？

（1）动力因素。所谓动力因素，是指理想、愿望、情感、性格、意志、兴趣等能起动力作用的心理因素，它是与由感知、记忆、联想、想象、思维等心理活动能力组成的智能因素相对应的概念。任何学习都是智能的提高与增强，而创造则是智能的发挥与运用。但是无论是学习中智能的提高与增强，还是创造中智能的发挥与运用，都需要动力因素给予积极的支持，才能取得预期的效果。因为学习与创造都是艰苦的劳动，没有动力因素的强有力支持，智能因素不可能获得有效的提高与运用。艺术人才的成长过程实际就是一个学习与创造的过程，因此艺术能力的提高与运用，都需要动力因素的支持，都需要个体调动起自身理想、愿望、情感、意志、兴趣等动力因素去克服困难、不懈奋斗、执着追求，以取得出色的成果。

在艺术史上，依靠坚强的精神动力而获得成功的事例不胜枚举。著名京剧表演艺术家梅兰芳就是靠着发愤苦学才登上"环球独一清衣"宝座的。为了练嗓子，他每天除了早晨出外吊嗓子，白天也要对着一只小空酒坛反复练习唱腔和道白；为了挤时间练习《抗金兵》戏中梁红玉擂鼓的动作，他曾用

---

① 郭晨、王大伟编：《你想了解他们吗？——人物性格心理调查》，天津人民出版社版，第49页。
② 毛泽东：《矛盾论》。

自己的大腿当堂鼓，手里拿着两根木槌反复敲击，以至大腿上被打出了两块铜钱大小的青斑。比起一般技能的学习，艺术的创造是需要付出更多心理努力的活动。因为这是一种创造性劳动。古今中外的许多艺术家，都是以他们对艺术的热爱、对事业的追求为动力，以坚韧不拔的意志和毅力克服困难，呕心沥血地创作出一件件艺术珍品。曹雪芹为了《红楼梦》的问世，披阅十载，增删五次，真所谓"看来字字都是血，十年辛苦不寻常"；贝多芬创作时，常常用棉花蘸上药水塞在患耳疾的耳中，外面缠着纱布，汗流满面地在曲稿上反复涂改，为歌剧《费得里奥》的一个引子，他竟改了十八次。诗人臧克家在《我的诗生活》中的一段话最生动地道出了艺术创作的甘苦，他说我好沉思，苦思，整个的心为着诗跳动。走着想，坐着想，醒着想，睡下想，吃着饭想，同别人谈着话也在想。为了八句诗，我曾整整想了一年。有时，思想像枯涸了一样，人也变成了呆子，人家同自己说话，唯唯诺诺，然而说了些什么，我真不知道。想，想，想，一直想得头晕，眼黑，呕吐（尤其是在刚吃过饭的时候）；于是，病倒了，吃救急水，用针'挑'——（直到今天，我身上没断过救命的针）睡过一觉，好了，然而人疲惫得好似生了一场大病。这样，躺在床上，心不由得飞到诗上去了。"这是何等艰苦的劳动！诗人为何如此痴迷于此？因为他把诗看作是他的生命，他认为："诗，就是我以生命力去倾注的唯一事业。"这就是他的心理动力。一切要在艺术上有所成就的人，首先要建立起如此强有力的心理动力体系。

从艺术人才的成长来分析，其心理动力体系可以分为由低到高三个层次。第一个层次是兴趣。兴趣是人对客体的特殊的认识倾向，这种倾向常常与愉快的情感体验相联系。兴趣是艺术心理动力体系的基础，儿童最初对艺术的喜爱就是从兴趣出发的。当个体对某种艺术产生兴趣后，就会积极投身于这种艺术的实践。但兴趣毕竟是一种由事物直接吸引而产生的动力，存在着一定的不稳定性。当频繁的接触使事物的新奇感淡薄乃至消失后，个体的兴趣就有可能下降或消失；当实践的过程中遇到一定的困难，个体也可能失去原来的兴趣。因此，要保持住对某一艺术对象的积极性，就要在兴趣中加入意志的成分，成为志趣，这就是心理动力体系的第二个层次。意志是人自觉地调节行动去克服困难以实现预定目的的活动的心理过程。有了意志的参与，个体对对象的积极性就不是单纯出于乐趣，而是有了某种理性的要求，因此比过去稳定了。心理动力体系的第三个层次可称之为志向,就是在志趣之中再加入理想这一因素,将眼前的活动同美好的远景联系起来,甚至同一生的事业联系起来,从而增强了心理动力的力度,并使之具有了持久性。被誉为"钢琴之王"的匈牙利音乐家李斯特小时候酷爱音乐,六岁时他面对贝多芬的画像立下志向:"我要像他那样!"这种强有力的动力使他日夜醉心于音乐的学习中,甚至因用功过度得了重病,险些丧命。后来他终于成了世界著名的音乐家。

(2)方法因素。人们的积极性相同,但学习与创造中采取的方法不同,效果也往往不同。正确的方法可以收到事半功倍的效果,不正确的方法则相反,只能产生事倍功半的效果。因此,动力因素之外,方法是影响艺术人才成长的另一个重要因素。

怎样进行艺术学习与创造,可以说方法很多。这里不准备进行一般的讨论,只准备就学习与创造的关系问题做一点探讨。

学习是人较为系统地获得和掌握某一方面的知识和技能的过程,它基本是接收和模仿前人的创造成果。这一点在艺术学习中表现尤为突出,初学艺术者总是从模仿前人开始的。创造是运用已有的知识和技能生产新事物的过程,它要求生产出前人没有生产过的成果,这一点在艺术活动中也很突出,它是人们对艺术创作的基本要求。处理学习与创造的关系,有两种方法:一种是先学习后创造,另一种是边学习边创造。那么哪一种方法更有利于艺术人才的成长呢?答案是后者而不是前者。原因在于:

首先,边学习边创造能够促进艺术人才更快走上创作之路。创造是学习的目的,学习是创造的条件。任何学艺的人都不是为了学习而学习,而是为了创造而学习。然而创造并不是积累了一定的知识和技能就可以自然出现的;它更需要在创造的实践中学会创造。捷克著名教育家夸美纽斯说:"师傅并不用理论去阻留他们的徒弟,他们从早就叫他们去做实际工作;比如,他们从锻炼去学锻炼,从雕刻去学雕刻,从画图去学画图,从跳舞去学跳舞。"[①]这确是至理名言。莎士比亚一生创作了那么多戏剧,巴尔扎克一生写了那么多小说,莫扎特一生创作了那么多乐曲,他们都不是学完了创作的知识技巧才去创作,而是边学习边创作、在创作实践中把创作能力锻炼出来。著名京

[①]《大教学论》第160页。

剧表演艺术家梅兰芳在《舞台生活四十年》中说,他九岁那年学戏(在一起学习的还有朱幼芬和王惠芳),第一次出台是十一岁,又过了三年就正式搭班演出了,但演出的同时仍向老师学戏。"就这样一面学习,一面表演,双管齐下,同时并进,我的演技倒是进步得相当快,这让幼芬、惠芳看了才知道实习的重要,不久也陆续出台了。"当然,梅兰芳十一岁、十四岁时的演出肯定不会有多大的创造;但对他本人来说,演出毕竟有创作实践的意义,因此比只学不演的幼芬、惠芳成长快;并且为日后做出真正的创造奠定了基础。

其次,边学习边创造有利于强化动力系统的功能,从而促使学习和创造取得更好的效果。前面说过,无论学习和创造,都需要动力系统的支持。但是创造的愿望比之学习的愿望所产生的动力要强得多。因为创造是个体自我价值实现的过程,创造成果是人的本质力量对象化的产物,是人的最高需要和追求,因而能促使个体以更高的积极性投身于学习和创造的活动之中。另一方面,创作如果取得了成果,又会对个体的积极性产生激励和鼓舞,进而使兴趣、理想等动力系统进一步强化,继而又会取得新的创造成果;由此形成成果与动力相互促进、交替上升的良性循环。

再次,边学习边创造对学习来说,也有助于提高质量,提高知识与技能的应用性。学习质量主要表现为学到的知识与技能能够有效地应用,即学以致用。为了做到这一点,只有采取边学习边创造的方法最易于见效。下面分别从知识与技能两个方面做一点分析。从知识的学习来说,创造活动能使死的知识变活,因为采取的是"学为基础,想为主导,落实到用"的方法。学习者虽然也是在看、在听(即学习),但同时也围绕着创造的课题和内容在想。在想的过程中,学习者运用了以前的旧知识,又学习着需要的新知识,把这些知识落实到了创造性地使用上,使其成为真正属于自己的、能用的知识。从技能的学习来说,创造活动使分散的技能变成了有机的整体。单纯的技能学习,各种技能之间往往分别训练,缺乏内在的联系与配合。边学习边创造,则可以使所学的各种技能统一于创作活动,在创作实践中逐步形成一种适合创作实际和个人能力特点的有机整体,终于达到运用自如乃至出神入化的境界。

2. 艺术人才的素质要求

艺术创作是一种审美创造活动,对人的心理素质有某些特殊的要求。了解并研究这些要求，对艺术人才的发现和培养都具有重要意义。那么艺术人才应该具备哪些心理素质呢？

（1）易于动情、易于驭情的心理素质。

情感在艺术创作中具有极其重要的意义，它不仅是艺术创作的动力，而且是艺术创作所要表现的内容，可以说没有情感就没有艺术。因此，一个艺术家必须要有易于动情的心理素质。如何做到易于动情呢？

首先，要善于与周围的世界建立起情感关系，即把周围的一切与主体的需要、意愿、态度、价值观念等联系起来。这种需要不仅是个人的狭隘需要，而是在个人的需要中反映了时代的需要和社会的需要。有了这样的需要，主体才能"登山则情满于山，观海则意溢于海"，与周围的事物建立起广泛的情感关系；才能被那些与个体并无直接利害关系的事物激发起普遍的社会情感和人类情感。作家柳青在谈到这个问题时说："一个对人冷淡无情和对社会事业漠不关心的人，无论他怎样善于观察人，也不可能成为真正的作家。这就是说在生活中或工作中要有热情——热情地喜欢人、帮助人、批评人或反对人……"[①]

其次，要培养和建立起丰富的情感世界。一个人情感经验的丰富与否对于他的情感的易动与否关系很大。因为人是以已有的经验去认识事物的，一个没有与亲人离别过的人，看到送别的场面很可能体验不到离别的痛苦。因此，有志于艺术的人，应尽可能多地积累情感经验，设身处地地体验他人的情感。这样，在进入创作状态时，才能迅速有效地诱发起内心的情感活动。

再次，要培养并形成活跃的情感品质。要使内心的情感因子高度敏感，情感经验极易激活。外部世界中每一点与创作有关的刺激，都能在心灵上迸出情感的火花，并如电波一样向四周扩散，唤醒那些相关的情感经验，使情感很快发动起来。

艺术创作者不仅要善于动情，而且要善于驾驭自己的感情，并按照一定的艺术形式和创作需要将其表现出来。要做到这一点，最重要的是处理好情感活动与理性思维的关系，把情感有效地置于理智的调控之下。

（2）感性地把握事物、直觉事物的心理素质。

艺术创作是一种形象创造，它并不像一般的认识活动那样通过从感性认

[①] 《创作经验漫谈》，人民文学出版社1979年版，第314-315页。

识上升到抽象思维的过程来达到对事物本质的认识,而往往表现为一种对事物外部形态的感性把握和内部实质的直觉。列夫·托尔斯泰从一丛虽被折断、损伤、被尘土染成黑色但仍顽强地生长着的鞑靼木(牛蒡)中突然产生出一种认识:"把生命坚持到最后一息,虽然整个田野就剩下它孤单单的一个,但它还是坚持住了生命。"① 并从中受到启发,成功地塑造了哈泽·穆拉特这个不屈不挠、有着顽强生命力的英雄形象。这就是对事物感性的、直觉的把握。要成为一个艺术家,必须养成这种感性、直观地认识事物的方式和习惯。

(3)独立创新的心理素质。

任何创造活动都要求创造者具有独立创新的心理素质,艺术创作也是如此。真正的艺术都是独创的。文艺创作者在习艺初期的模仿是不可避免的,但单纯的模仿却是没有出路的,模仿的目的应是为了创新。画家齐白石曾送给他的学生胡佩衡八个字:"学我者生,似我者死",生动地指出了模仿与创新的关系。模仿可以引导习艺者进入艺术的殿堂,但同时也可能束缚他的创作灵性。习艺者如果能养成独立创新的心理素质,就能在模仿中取他人之精华而成自己的事业,在创作上走出一条自己的路来。传说郑板桥初习书法时临摹前人作品十分刻苦,晚上躺在床上用手画字时不知怎么画到妻子身上,妻子嗔道:"人有人一体,你体还你体,你这是干什么?"郑板桥猛然醒悟不能停留于临摹他人字体,于是创造了独树一帜的"板桥体"。这对于学艺者是很有启发的。

3. 艺术人才的能力培养

这里所说的能力,指的是艺术创造的能力。艺术创造的能力可分为特殊能力与一般能力。特殊能力是指各专门艺术所需的专业能力,如绘画的色彩感知能力、舞蹈的动作表现能力等等。一般能力是指各门艺术都需要的能力,例如感受生活的能力、构思形象的能力、艺术外化的能力等等。此处要讨论的是一般能力的培养。

(1)感受生活能力的培养。艺术是生活的反映,因此从事艺术创作首先要有感受生活的能力。有人认为,感受生活不就是通过感官去感知周围的事物吗?这是人人都会的,何必专门培养训练?其实不然。任何创造性的感知都不是一种简单的认知,而是对事物的某种特征的探索和发现;作为艺术创

---

① 康·洛穆诺夫:《托尔斯泰传》(李桅译),天津人民出版社 1981 年版。

造的一部分，创作者对生活的感受当然也要如此。而要探索和发现事物的特征，就需要一定的培养和训练。福楼拜曾经指导莫泊桑说："当你走过一位坐在他门口的杂货商面前，一位吸着烟斗的守门人的面前，一个马车站的面前的时候，请你给我画出这杂货商和守门人的姿态，用形象化手法描绘出他们包藏着道德本性的身体外貌，要使得我不会把他们和其他杂货商、其他守门人混同起来，还请你只用一句话就让我知道马车站有一匹马和它前前后后五十来匹是不一样的。"① 这就是比较的方法，即通过确定事物之间的同和异认识事物特征的方法。福楼拜要求莫泊桑把他看到的杂货商或看门人同其他杂货商或看门人比较，从而舍其同而求其异，找出前者的特点加以表现，以给读者留下鲜明深刻的印象。但是仅仅如此还不够，因为通过这种初次比较所得到的事物特征还可能是别人发现并表现过的，因此，福楼拜又说："对你所要表现的东西，要长时间很注意去观察它，以便能发现别人没有发现和没有写过的特点。"显然，感受者还要将初次比较所获得的事物特征与他人所发现的该事物的特征进行比较，以求获得别人没有发现过的该事物的新特征。应该说，福楼拜所传授的这种观察事物的方法，对于训练学艺者感受客观事物新特征的能力，是有普遍意义的。

艺术创造活动对生活的感受与其他创造性活动对对象的感知在抓事物特征方面基本是相同的。但二者也有相异之处。其他创造性活动的感知所要获得的只是客观对象的特征，而艺术创作中的感受则除此之外还要获得由客观对象所引起的主观情绪感受方面的特征。因此，学艺者不仅要训练自己具有探索和发现客观事物特征的能力，还要训练自己形成独特感受的能力。例如唐代诗人岑参有这样几句诗："北风卷地百草折，胡天八月即飞雪。忽如一夜春风来，千树万树梨花开。"一般来说，风雪呼啸的恶劣天气往往使人产生抑郁低沉的情绪感受，而岑参却形成了如春风送暖、梨花盛开一样的热情洋溢的感受，这就是一种不同一般的独特感受。如何形成这种独特感受呢？首先，要善于开启心灵的大门去迎接客观事物的信息。艺术家的独特感受，是主客观相互作用的物。只有敞开自己心灵的大门，让客观事物信息激活自己的整个个性世界，进而以自己的切身经验（而不是抽象的概念）、内心的真实情感（而不是"为赋新词强作愁"式的矫揉）和个性的独特方式（而不是一般的模

---

① 莫泊桑：《小说》，见《西方古典作家谈艺术创作》，春风文艺出版社，第612-613页。

式）去感受客观事物，才能在知觉客观事物特征的过程中形成自己的独特感受。其次，要克服一般的感受经验的影响。在感受之前，个体头脑中可能早已形成并储存着关于对象的感受经验，它们可能是生活中一般的、流行的印象，也可能是前人在作品中多次表现过的，例如"悲落叶于劲秋，喜柔条于芳春"之类的感受经验。这些传统的感受经验会形成一种习惯定势，使个体在刚一知觉对象时便自然而然地产生反应。因此，只有自觉克服头脑中的习惯定势，揭去那些传统感受经验的重压，才能形成自己独特的感受。

除了以上所谈，还要训练学艺者具有同感能力和内省能力。所谓同感能力，就是设身处地体验他人心理活动的能力。巴尔扎克说："当我观察一个人的时候，我能够使自己处于他的地位，过着他的生活……他们的欲望，他们的需求，这一切都深入我的心灵，我的心灵和他们的心灵已经溶而为一了。"[①] 这就是同感能力。具有同感能力的关键就是通过想象使自己处于对象的境地，并产生在那种主客观关系中的心理活动。所谓内省能力，就是创作者省视自身心理活动（包括感觉、知觉、情感等）的能力。因为创作者自身的心理活动（包括他体验他人的心理活动）往往是创作者所要表现的内容之一，而只有清晰地感知它才能准确地表现它。要训练这方面的能力，就要注意在感受生活时，一方面将自身置于感知情境之中，在与对象的心物交融中形成自己的感受；另一方面又要跳出感知情境，细心地审视自己内心感受的消长起伏，发展变化。

（2）构思形象能力的培养。构思形象的能力，亦即进行自觉表象运动的能力。表象就是客观事物反映在人的大脑中而形成的记忆印象；自觉表象运动即是对这种印象有意进行加工改造，以形成新的形象。自觉表象运动的能力有多种表现，此处重点说一说表象概括与表象分化、表象分解与表象综合的能力。

表象概括能力是指通过在众多相类表象中寻求异中之同而形成反映它们共同特点的形象的能力。例如我们要塑造一个革命军人的形象，就要在头脑中储存的千姿百态的军人表象中寻求他们的共同特点而形成一个最能体现革命军人精神风貌的概括性形象，这就是表象概括。表象概括是创造艺术典型

---

① 巴尔扎克：《法齐诺·加奈》前言，转引自科瓦廖夫《文艺创作心理学》，福建人民出版社1983年版，第82页。

形象所不可少的一种能力，是使艺术形象具有普遍性和代表性的重要手段之一。在训练表象概括能力时要注意：表象概括是一种具象的概括，因此不能脱离事物的形象、风貌、情调等感性因素而形成某种抽象概念，然后再由概念演绎成形象；那样做必然导致概念化与公式化。表象概括是一种出于个别形象又高于个别形象而并不脱离感性因素的概括。

表象分化能力是指在保持表象的基本形态和主要特征的同时构想种种类似新表象的能力。如果说表象概括是由多到一、由个别到一般的寻求异中之同的过程，那么表象分化则是由一到多、由一般到个别的寻求同中之异的过程。例如舞蹈演员可以从一些基本功动作化出极其丰富多彩的具体舞蹈动作，音乐工作者可以从主题曲中分化出种种变奏。给受教育者一个基本的视觉形象或听觉形象，然后要求他们在此基础上构想出种种变形或变奏，是训练表象分化能力的基本方法。

表象分解是把记忆中的有关表象拆散或碾碎，表象综合则是将这些经过分解的表象重新结合成一个新的表象。鲁迅说："人物的模特儿也一样，没有专用一个人，往往嘴在浙江，脸在北京，衣服在山西，是一个拼凑起来的角色。"（《南腔北调集·我怎么做起小说来》）从心理活动上分析，当鲁迅把人物的嘴、脸、衣服等从它们各自所属的表象中提取出来的时候，就是在进行表象分解；当把它们"拼凑"起来的时候，就是在进行表象综合。表象分解与表象综合是塑造典型艺术形象的最重要的心理活动过程。在训练表象分解与表象综合能力时应当注意：表象的分解，不应是生硬的割裂，而应是精细的分化；表象的综合，不应是简单的捏合、凑合，而应是有机的融合、化合。托尔斯泰在谈创造《战争与和平》中娜塔莎的形象时说："我拿过达尼亚来，把她同苏尼雅一同捣碎，于是就出现了娜塔莎。"歌德谈他创造《少年维特之烦恼》中的主人公夏绿蒂，是"把许多美女们的容姿和特性合在一炉而冶之，铸成那主人公绿蒂"。一个捣碎，足见表象分解之精细；一个"冶之""铸成"，足见表象综合之浑然天成。只有这样，创造出的艺术形象才能完整谐调。

（3）艺术外化能力的培养。艺术外化是指按照一定的艺术形式、运用一定的艺术技能，把头脑中构思的艺术形象展现于特定的物质材料的过程。这并不是一件简单的事情，它要求从事创作的人长期经受极其艰苦的工艺训练，才可望养成准确的外化技能。艺术外化能力的培养主要应把握以下几点：

第一，艺术外化能力主要是一些实践性、动作性极强的技能，例如钢琴、胡琴等的指法，书法、绘画等的笔法，京剧、舞蹈中的基本功，等等。这些技能的培养主要不是通过理论的讲解，而是通过实际经验的传授；而要掌握这些技能，则需要学习者进行长期的、反复的实际操作训练。"师傅领进门，修行在个人"这句话对于艺术外化技能的学习比对其他方面的学习都更为切要。

第二，艺术外化技能的训练要从"有意"阶段逐步进到"自动化"阶段。技能的初步训练是"有意"的，即根据一定的目的和要求有意识地控制动作的起止、快慢、强弱。例如草书的写作，最初的学习是伴随大量的指令性内部言语的，它指示初学者认识原来的楷书变成草体后是什么模样，这一笔如何与另一笔相连，以及根据传统的经验应当如何运笔落墨等等。经过反复的练习，大脑皮层对各种动作的联系形成了较为巩固的模型，于是内部言语的指令越来越少，整个动作逐步进入了一种"自动化"状态。音乐、舞蹈、绘画、戏曲等等外化技能的训练也是如此。就艺术创作来说，只有在外化技能动作达到"自动化"境界的情况下，才谈得上实现真正的艺术创造。因为只有这样，"人在完成某种动作时，就不必更多地集中注意于动作过程本身，不必把完整的动作系统划分为各个局部的动作，也不必考虑应该怎样去完成这些动作。因而整个动作就变得灵活而省力，人就有可能集中注意去考虑如何创造性地完成动作，选择更有效的途径与方法，发挥最大的效率，进一步提高动作的质量。"[①]当然，要达到这种炉火纯青、出神入化的境界，需要学艺者以顽强的意志，克服困难，付出巨大的努力，进行艰苦的训练。

第三，进行艺术外化的实践。艺术外化技能训练到一定程度，就要与艺术的构思配合，共同进行艺术创造。艺术构思与艺术外化是辩证统一的关系。艺术构思指导艺术外化，艺术外化要表现构思成果。而要使构思成果得到准确的表现，学艺者就要通过外化实践使各种外化技能有机配合，达到得心应手。另一方面，艺术外化又反作用于艺术构思，学艺者从外化的成果上发现构思的不妥当、不完善之处，从而对构思做出修改补充，使艺术创作更臻完美。

（本文系作者撰写的《现代美育教程》第四章，该书由金开诚、龙协涛主编，江苏教育出版社1994年11月出版）

[①] 曹日昌主编：《普通心理学》，下册，人民教育出版社1980年版，第105页。

艺术还是要发挥教育功能

教育是艺术固有的功能。两千多年前古希腊著名思想家亚里士多德曾说："音乐之所以必须学习，不是只为了一种益处，而是为了许多益处，这就是说：（1）为了教育，（2）为了心灵的'净化'……（3）为了理智的享受，为了紧张劳动后精神的松弛和修养。"我国古代的美学著作《礼记·乐记》中也说："乐也者，圣人之所乐也，而可以善民心，其感人深，其移风易俗，故先王著其教焉。"这两段论述对音乐的教育作用给予了高度评价。其实不只音乐，一切艺术都具有教育功能。

前一时期，社会上一些通俗的娱乐性作品红红火火，而那些高雅的、严肃的艺术则备受冷落。有人认为，现代社会的激烈竞争和快速发展使生活的节奏越来越快，人们在紧张的工作之余需要的是松弛和休息。因此艺术的主要功能是娱乐，要求它发挥教育功能是不合时宜的。笔者对此不敢苟同。毫无疑问，社会需要艺术发挥其娱乐功能，特别是在生活节奏加快的今天。但是社会更需要艺术发挥其教育功能。原因有二。其一，我们正在进行一场异常深刻的社会大变革：加快改革开放步伐，建立社会主义市场经济体制，尽快实现社会主义现代化。这必然会对人们的思想观念、精神状态和生活方式产生广泛而深刻的影响。时代需要艺术担负起社会责任，反映这一变革给我国社会带来的深刻变化，表现人民群众在改革开放中大胆探索、不断开拓的创造精神，塑造为社会主义现代化建设奋力拼搏、无私奉献的英雄人物，帮助人民认识时代的特征、前进的困难、历史的趋势、光辉的前景，鼓舞人民团结一致地开创祖国无限美好的未来。其二，我们所进行的社会主义现代化建设，既包括物质文明，也包括精神文明。特别是在改革开放条件下，加强社会主义精神文明建设，塑造人们的美好心灵，更具有特殊重要的意义。艺术应该责无旁贷地担负起这一重任，以生动感人的艺术形象讴歌爱国主义、集体主义、社会主义精神，颂扬真诚、善良、美好的事物，抨击虚假、邪恶、丑陋的灵魂。

有的同志说，艺术虽然具有教育功能，但群众却并不喜欢你去教训他；群众不喜欢看，其教育功能还是无法实现。的确，群众确实不喜欢那些板着面孔进行说教的概念化、公式化的作品。但是具有教育意义的作品并不意味着就是这种教训群众的作品。艺术的教育功能与娱乐功能并不是矛盾的，而是统一的。周恩来同志说："群众看戏，看电影是要从中得到娱乐和休息，你通过典型化的形象表演，寓教于其中，寓于娱乐之中"。事实说明，这种寓教于乐的艺术作品是能够赢得群众喜爱的。那么艺术作品怎样才能赢得群众的喜爱从而更好地发挥其教育功能呢？

（一）反映时代精神

艺术发展的历史说明，反映时代精神的作品一般都会受到人民群众的喜爱。欧洲文艺复兴时期，反对精神禁锢、主张个性解放成为当时的时代精神，但丁、薄伽丘、莎士比亚、达·芬奇等艺术家就创作反映这种精神的作品；中国"五四"时期，反帝、反封建、要民主、要科学成为时代精神，鲁迅、郭沫若等就创作了反映这种精神的小说和诗歌。这些作品不仅在当时深受人民群众的喜爱并使他们深受教益，而且因反映了特定时代的精神而保持了其永久的魅力。党的十一届三中全会以来，改革开放、加快社会主义现代化建设成为时代精神。这个时期，产生了一批反映这一精神和贴近现实生活的作品，都因对我们这一伟大时代的精神有所反映而受到人民群众的喜爱。这是因为，这些作品能帮助他们了解、理解和适应迅速变化的社会生活，使他们能从中获得一些启发和教益。由此可见，反映时代精神有助于艺术更好地发挥教育功能。

（二）反映人民群众的愿望和要求

不少从事教育工作的人都有这样的体会：当你和受教育者产生了某些共同语言后，你讲的道理就更容易为他们所接受。这个道理也适用于艺术发挥其教育功能。当一部作品反映了群众的愿望和要求，也就是说和他们产生了共同语言后，就会受到他们的欢迎，因而更有助于实现作品的教育目的。电影《焦裕禄》所描写的是一位家喻户晓的人物。影片既没有什么离奇的故事，也没有强烈的感官刺激，它只是以朴实的手法描写了一位为人民的幸福忘我工作、无私奉献、鞠躬尽瘁、死而后已的共产党员、革命干部，却在群众中引起了强烈反响，大家争相观看，许多人被感动得流下了热泪。影片之所以具有如此巨大的魅力，除了其艺术上的成就和演员的出色表演外，很重要的一个原因是它涉及了一个群众关心的重要问题，即党群关系问题。群众对改革开放条件下一些党员、干部经不住考验而脱离群众甚至走向腐败是不满意的，他们在心底呼唤焦裕禄这样全心全意为人民服务的好干部，因此能与影片产生强烈共鸣。同时，影片主人公焦裕禄所具有的巨大人格力量和高尚精神境界必然会使每一个观众的心灵受到震动，从而使他们在感动之余受到深刻教育。

（三）提高作品的艺术质量

艺术的教育功能是通过审美享受实现的，因此作品艺术质量的高低对于其教育效果有重要的作用。缺乏艺术魅力的作品，再强调教育意义也无济于事；因为它吸引不了接受者，从而也就无法实现其教育功能。反之，艺术质量高的作品，却能以其强大的艺术力量吸引欣赏者进而使他们从中受到教育。据报载，数年前上海戏剧学院教师曾演出过一场反映挽救失足女青年的话剧《救救她》，谢幕之后，虹口区工读学校的40多名女生扑向扮演方教师的演员，放声大哭。一出戏为什么会有如此巨大的力量？就是因为它不是以枯燥的说教和抽象的道理向受教育者灌输，而是以生动感人的艺术形象和跌宕起伏的戏剧情节引导欣赏者自己去感受和体验，进而自然而然地在他们心中体会到某种生活哲理，从而受到教益。

（四）多层次地发挥艺术的教育功能

当前，我国还处于社会主义的初级阶段，以社会主义公有制经济为主体多种经济成分并存的国情决定了群众的思想文化不可能是清一色的。因此，艺术教育功能的发挥也不是单层次的，而应是多层次的。我们既要有闪耀着社会主义乃至共产主义思想光辉的艺术形象，如电影《周恩来》《焦裕禄》《蒋筑英》中的主人公；也要有体现爱国主义精神风貌和思想感情的作品，如电影《甲午风云》《高山下的花环》、歌曲《我的中国心》等；还要有表现清正廉洁、见义勇为、尊老爱幼、尊师敬贤等中华民族传统美德的作品，如电视连续剧《渴望》《包公》、电影《烛光里的微笑》等。即使是那些没有什么深刻思想内容的通俗作品，如果能生动表现善良美好的品性、健康真挚的爱情、扶危解难的豪气、惩恶扬善的宗旨等等，也都可以使人们从中得到积极的情绪感染，乃至为人处世的有益启示。因此，我们要把宣传爱国主义、社会主义、集体主义作为艺术的主旋律，同时也要注意把主旋律与多样化辩证统一起来，全方位、多层次地发挥艺术的教育功能。

（刊于《民主与科学》1994年第4期）

第三部分

苏珊·朗格的符号学美学

（一）

符号学美学是现代西方美学中较有影响的流派之一。《世界艺术百科全书》指出："从最初系统地阐述移情说开始到恩斯特·卡西尔和苏珊·朗格的符号说，可以说是美学和艺术心理学发展的主线。现在，艺术心理学很难脱离符号学这种学说。"由此可见，符号学美学与文艺心理学的关系是十分密切的。

符号学美学的奠基人是德国哲学家卡西尔。他是新康德主义马堡学派的重要代表人物，主要著作有《符号形式的哲学》《语言与神话》和《人论——人类文化哲学导引》。他认为，整个文化都是人类的符号活动，不同的文化形式则是人类经验的不同符号形式，而不是对客观现实的反映。"符号化的思维和符号化的行为是人类生活中最富于代表性的特征"，是人与动物的根本区别。语言、宗教、神话、艺术等人类文化，都是符号世界的一部分，都是人类经验交织的网络。卡西尔不赞成艺术本质上的"模仿说"，认为它无法克服艺术创作"模仿自然"与艺术家主观性、创造性之间的矛盾。他认为"像所有其他的符号形式一样，艺术并不是对一个现成的即予的实在的单纯复写。它是导向对事物和人类生活得出客观见解的途径之一。它不是对实在的模仿，而是对实在的发现"。他也不赞成从卢梭开始直到科林伍德、克罗齐的"表情说"，认为它只注意情感的宣泄，而忽视了各种形式的观照和创造，而艺术"如果没有构形，它就不可能表现"。他认为"艺术可以被定义为一种符号的语言"，艺术创造实际上是审美经验客观化、符号化的过程。任何艺术"都是既非单纯再现的，亦非单纯表现的，在一个新的更深刻的意义上，它们都是象征的"。艺术作为特殊的符号形式，"既不是对物理事物的模仿，也不只是强烈感情的流溢。它是对实在的再解释，不过不是靠概念而是靠直观，不是以思想为媒介而是以感性形式为媒介"。

美国著名女哲学家苏珊·朗格在卡西尔的基础上对符号学美学进行了发展和完善，成为符号学美学最有影响的代表人物之一。她的主要著作有《哲学新解》《情感与形式》和《艺术问题》。朗格的观点集中表现在她对艺术所下的定义："艺术是人类情感符号的创造"。她继承了卡西尔关于艺术是一种符号的思想，进而把符号区分为推理性符号和表象性符号两种。语言是一种推理性符号，它以其表达事物内涵的明确和固定、事物之间逻辑关系的清晰和严密而成为人类符号活动所取得的最惊人的成果，成为人们认识事物、表达思想的有力工具。但是也正是由于语言符号的这种明确、固定、清晰、严密的特点，使得它在表现"内在经验的矛盾心理和错综复杂的情感、思想和印象、记忆和再记忆、先验的幻觉"等主观现实方面，"可悲地失败了"。"语言对于描绘这种感受，实在太贫乏了。"① 这种情感、感受等主观现实的表现有赖于一种非推理的表象性符号，这就是艺术。朗格认为，艺术作为表象性符号，与作为推理性符号的语言有着明显的不同。语言是一种有典型意义的符号体系，有着与所反映对象相对应的语词和将语词组织起来的句法，这些都是约定俗成的，可以通过不同的语词组合传达不同的明确含义。然而作为表象性符号的艺术却不具备有明确意义的、约定俗成的、类似语词那样的小单位，它"只能通过整个符号的意义，通过它们在总体结构中的各种关系才能领会。它们作为符号的功能就在于，它们包含在一个同时发生的、完整的表象之中"。

朗格对科林伍德等"表现论"者关于艺术要表现情感的观点给予了肯定，但是反对把"表现"的概念局限在艺术家个人情感的发泄上；也批评科林伍德等人没有区分一般表现和艺术表现，不重视艺术的表现形式和技巧。她也很赞赏贝尔"有意味的形式"的理论，认为这实际上是"所有艺术的本质"，暗含了情感的符号形式的因素；但她批评"有意味的形式"不重视表现人类普遍的情感。朗格认为，艺术所表现的并不是艺术家的个人情感，并不是情感的征兆性表现，而是艺术家所认识到的人类普遍情感，是一种关于情感的概念。艺术是将人类情感呈现出来供人观赏、把人类情感转变为可见或可听的形式的一种符号手段，也就是说，艺术表现情感并不像生活中那样将某种具体真实的情感自然发泄出来，而是借用具体真实的情感进行情感概念的抽

---

① 见《哲学新解》第101页。

象，将其变成蕴含某种情感意味的艺术形式，使人们通过对艺术形式的把握来认识艺术家所要表现的人类情感，于是艺术便通过形式而成为表现人类情感的符号。这样，朗格便用符号理论将西方艺术美学理论中各执一端的"表现说"与"形式说"统一了起来。

符号学美学的创立和发展，对推进文艺心理学的研究具有积极的意义。把艺术作品看作一种符号，把艺术的创作看作一种符号的制作，可以使人们从一个新的角度探讨艺术活动中的形象思维问题、情感表现问题、艺术外化问题、形象意蕴问题、艺术接受问题、创作与欣赏心理互动问题等等，从而对创作心理和欣赏心理获得更为全面系统的认识。但是，符号学美学也有其自身的弱点和局限。首先，这种学说的哲学根基都带有明显的唯心主义色彩。符号活动不是先验的活动，包括艺术在内的一切人类文化都不是"先验的构造"，而是历史的产物。艺术符号不仅是人的主体性的展现，同时也是客观世界的反映。其次，这种学说也具有形而上学的倾向。它只看到艺术的符号属性，而没有看到其意识形态属性；只看到艺术的形式因素，而没有看到其所反映的社会生活内容；只看到艺术表现情感，而没有看到艺术还表现思想。因此，符号学美学的一些见解，只有经过辩证唯物主义和历史唯物主义的改造，才能对科学的文艺心理学产生积极的影响和作用。

（二）

情感符号是苏珊·朗格符号学美学的重要概念。她认为"艺术是人类情感符号的创造"，艺术是一种"表达意味的符号，运用全球通用的形式，表现着情感经验"[①]。因此，所谓情感符号，实际是就艺术而言的，即艺术是表现情感的符号。

理解朗格"情感符号"的理论，首先要理解她关于"情感"的概念。她所说的"情感"，实际并不是狭义的心理学概念，而是一个广义的概念。她说："这里所说的情感是指广义上的情感。亦即任何可以被感受到的东西——从一般的肌肉觉、疼痛觉、舒适觉、躁动觉和平静觉到那些最复杂的情绪和思想紧张程度，还包括人类意识中那些稳定的情调。"[②]并且，她还把这种广

[①]《哲学新解》第224页。
[②]《艺术问题》第14页。

义的情感与生命活动联系起来,把它看作生命机能的一部分。她指出:"感觉能力就是生命机能的一个组成部分,而不是生命机能引起来的,生命本身也就是感觉能力。当然,这种作为感觉能力的生命与人们观察到的生命永远是一致的,而且当我们能够意识到情感和情绪是非物理的组合,而是精神的组成成分时,它们在我们眼里仍然是某种与有机躯体以及与这个躯体的种种本能相类似的东西。"①

对朗格的"情感符号"理论,主要可以从以下两个方面来理解:第一,她应用符号学理论对信号与符号的本质做了区分,从而驳斥了美学与艺术理论上的"自我表现"论,提出艺术对情感的表现是一种符号活动,所表现的是人类普遍情感。朗格认为,尽管信号与符号有着极为密切的关系,但就本质来讲它们是截然不同的两回事。信号是事件的一个部分,是"事态的征兆",它只包含三个基本因素:主体、信号、客体。符号则不然,它可以传达某种意味或某种内在含义,它不是事物的替身而是概念的媒介,它实际包含四个基本因素:主体、符号、概念和客体。由于符号活动中包含着人类所独有的概念抽象能力,所以信号可以为动物和人共有,而创造和理解符号的能力,却是人类独具的精神品质。以克罗齐、柏格森等为代表的自我表现论,认为艺术就是艺术家内心情感的流露,显然这是一种具体、个别情感的宣泄,没有普遍性和典型性,没有概念的抽象,因此它还停留在信号的水平上,是一种"征兆性"的表现。倘若艺术仅仅是一种自我发泄或自我表现,那就无异说动物也能够从事艺术活动,这种结论恐怕很难为任何严肃的理论家所接受。朗格认为,纯粹的自我表现不需要艺术形式。她嘲笑地诘问:号啕大哭的儿童恐怕比一个音乐家表现出更多的个人情感,可谁又会为了听这样的哭声去参加音乐会呢?她认为,艺术不是一种信号行为而是一种符号行为,艺术表现的是一种艺术家所认识到的人类普遍情感,亦即各种具体情感的抽象物,是标示情感和其他主观经验产生、发展和消失过程的概念。这些概念是艺术形式的内涵,艺术则是将这些概念细腻而深刻地表现出来的符号手段。当然,艺术活动也并不排斥个人情感,它往往是把握普遍情感的一个媒介。如果二者主题一致,可以通过个人情感对普遍情感进行感悟;这种个人情感与普遍情感实际是一种个别与一般的关系;感悟和表现的应是从这种个别情

---

① 《艺术问题》第43页。

感中抽象出的一般情感，即抽掉具体内容的情感概念或形式。

第二，她从广义的符号学理论出发，对不同的符号方式进行了分析确定，并具体分析论证了艺术作为情感符号的根据。卡西尔认为，一切人类的文化现象和精神活动，如语言、神话、艺术和科学，都是在运用符号的方式来表达人类的种种经验。朗格在此基础上则进一步将符号方式分为推理性符号和表象性符号。她认为语言是一种推理性符号，语词可以准确地表达各种事物概念，各种语词按照一定的语法关系结合又可以形成各种判断和推理，从而可以准确表达事物概念间的各种复杂关系。这种由概念到判断、由判断到推理的过程显然是一种逻辑推理的过程。语言符号的这种内部结构决定了其表达含义的明确和固定，进而决定了它可以胜任有余地表达任何确切的事物、确切的关系、确切的过程、确切的状态。但恰恰又是这个特点，使它很难表现人的内在情感和生命活动、各种细微的感觉和感受。因为"这样一些东西在我们的感受中就像森林中的灯火那样变化不定、互相交叉和重叠；当它们没有相互抵消和掩盖时，便又聚集成一定的形状，但这种形状又在时时地分解着，或是在激烈的冲突中爆发为激情，或是在这种冲突中变得面目全非"①。显然，具有表义明确、固定特点和静态、机械结构的语言符号，很难表现这种模糊、流动、有机的状态。因此，这种主观现实的表现就需要另一种符号方式，这就是作为表象性符号的艺术。

朗格认为，语言是一种具备了符号全部功能的"纯粹符号"。与之相比，作为表象性符号的艺术却有些特殊。她说："艺术符号是一种有点特殊的符号，因为虽然它具有符号的某些功能，但并不具有符号的全部功能，尤其是不能像纯粹符号那样，去代替另一件事物，也不能与存在于它本身之外的其他事物发生联系。"②例如"桌子"这个语词（纯粹符号）可以代替现实中的桌子，它的意义（桌子的内涵和外延）并不存在于它本身中（它只是标示现实中桌子的记号或工具），而是存在于它的字形之外；它是约定俗成的，与其意义之间并不存在有机的联系。"然而一件艺术品便不相同了，它并不把欣赏者带往超出了它自身之外的意义中去，如果它们表现的意味离开了表现这种意味的感性或诗的形式，这种意味就无法被我们掌握。在一件艺术品中，我

---

① 《艺术问题》第21页。
② 《艺术问题》第127页。

们看到的或从中把握的是浸透着情感的表象，而不是标示情感的记号"。[1]这就是说，艺术作为表象性符号与其所表现的情感内容是不可分的，情感意味就存在于这种表象性形式之中，通过直觉和想象而被欣赏者所把握。

朗格关于艺术是情感符号的理论曾经遭到不少人的非议。他们认为，符号是"一种可以通过某种不言而喻的或约定俗成的传统或通过某种语言的法则去标示某种与它不同的另外的事物的事物"（艾恩斯特·纳盖尔《符号学和科学》）。"一件艺术品倘若不代表其自身之外的任何意思，我们又何以称艺术品为一种符号呢？"（乔施《艺术与情感——试评朗格》）其实他们对于符号的理解只是限于语义学和分析哲学的狭窄范畴，而朗格关于符号的含义早已超出了这种狭窄范畴，而进入了人类文化的广泛领域。她指出："符号所起到的这些巨大的交流作用和联系作用，曾一度使得语义学家们把这样一些作用错当成对符号加以定义的重要性质——这就是说，把符号看作是一种用来再现另外一种事物并进而在论述中代替这种事物的记号。这种占优势的看法曾使得这些语义学家们忽视了，而且是完完全全忽视了符号的原始功能——即在最初就具有的将经验构造成某种形象性的东西的功用。这种功用包括对实体的确定，还包括把事实或存在于思想中的那些类似于现实的幻觉成分加以系统化的种种活动。"[2]朗格认为，将经验形式化并通过这种形式将经验客观地呈现出来以供人们观照、逻辑直觉、认识和理解是符号的最原始和最重要的功能，语言的标示和代替事物的功能是符号的这种原始功能进一步发展完善的产物。艺术作品如果具备了这种原始功能，"就能为情感、主观经验的表象或所谓的'内在生活'的种种特征赋予形式"[3]。正是在这种意义上，艺术可以被称之为情感符号。

朗格的情感符号理论对于深入研究艺术活动中情感的表现与交流等问题具有积极的意义。但是应该看到，这种理论也存在着偏谬之处。首先，朗格继承新康德主义的衣钵，笃信符号不是反应客观世界而是构成客观世界的唯心主义观点。这样，她就必然颠倒精神活动与物质活动的真实关系，错误地认为人类实践活动的起点在于符号的制造。其次，人类情感活动既因遵循某

---

[1] 《艺术问题》第128页。
[2] 《艺术问题》第127页。
[3] 《艺术问题》第128页。

些生理、心理规律而具有同一性，又因受种种社会因素的制约而具有差异性。朗格所谓"人类普遍情感""情感概念"，实际是强调了前者而排斥了后者，因此很难全面解释艺术中情感表现的许多复杂现象。

（三）

如果说"情感符号"是苏珊·朗格从符号学角度对艺术标定的概念，那么"虚像"与"直觉"这两个概念就是具体说明艺术家怎样创造出表现人类情感的符号和欣赏者怎样通过对这一符号的把握而认识其中的情感意味。

朗格认为，要解决"情感符号"的创造问题，首先要了解不表现人类情感的非艺术品与表现人类情感的艺术品的根本区别。这种区别主要表现在，前者是一种实在的事物，后者则是一种"虚像"（朗格有时也称为"幻象"）。例如，一幢房子，在现实中是由实实在在的砖木灰沙等材料构成的，在绘画中却不是由色彩和画布这些实在材料构成的，而是借助它们"创造"出来的。相对于前者，它是一个虚幻的空间结构，是一个过去从没有过的、被创造出来的空间幻象。它不像实像那样是由物质材料构成的，"而是由互相达到平衡的形状所组成的空间构成的，在这些形状中蕴含着能动的关系、张力和弛力等等。这种空间与实际的空间是不一样的，因为在实际的空间中不存在这种具有一定的组织结构的形象"①。这种虚幻空间是一种符号性的空间，它那诉诸视觉的组织结构是活生生的"情感表现符号"（同上）。

朗格指出，在日常生活中，事物表象往往被人们用来判断所见事物是什么的标记，而不是把它当作一个独立的表象来观察，因为人们往往习惯于从实用的角度来认识事物。

"情感符号（艺术）"的创造是制造虚像。任何符号的创造都需要抽象活动。朗格认为艺术抽象是一种不同于科学、数学和逻辑的抽象。它不是通过归纳概括的方法从某一类相似的事物中抽离出它们的共同形式。艺术抽象所要达到的目的是创造一个既不脱离个别，又完全不同于经验中的个别，比经验中的个别更具普遍意义，容纳更多意味的东西。达到这样目的的唯一方法，就是使创造出的东西成为虚幻的，隐去和排除一切实在性，使外观表象得以突出。说得更明确些，就是断绝这个东西与现实的一切关系，与自然脱离；

---

① 《艺术问题》第33页。

与此同时使其外观表象达到高度的自我完满，成为一个不用分析解释便可直观把握的概念性形式。这样，抽象物虽然仍呈现为一个具体的形式，但却比未经抽象的自然物包含了更多的内容与意味。这个抽象物就是"情感符号"，它是通过制造虚像形成的。

如果说虚像的制造只是为欣赏者把握"情感符号"这种具有特定组织结构的知觉形式，并进而了解其蕴含的意味创造了条件的话，那么这一目的的最后实现还有赖于欣赏者对"情感符号"采取一种正确的认识方式，这就是直觉。

在近现代西方美学中，对直觉谈论最多的是柏格森和克罗齐。他们都把直觉看成是一种非理性活动。朗格的直觉理论与他们有着本质的区别。她认为，"所谓直觉就是一种基本的理性活动，由这种活动导致的是一种逻辑的或语义上的理解，它包括对各式各样的形式的洞察，或者说包括对诸种形式特征、关系、意味、抽象形式和具体事例的洞察和认识"[1]。这种直觉并非单纯的感知，而是把情感、想象、感知交融在一起的"多种心理功能的综合有机体"。它是理性思维的起点，"如果没有直觉，一切理性思维都要遭受挫折"[2]。朗格认为，艺术直觉是指人们对艺术品的含义的直接把握和评价，是借助艺术符号对人类情感的直接判断。就直觉能力来讲，它与那种从语言声音或文字符号中辨别出它们意思的洞察力是一回事，都是人类心灵的一种能力。不同点只在于直觉的方式。后者是从一个基本直觉进入另一个基本直觉，逐步构成较为复杂的直觉过程；而前者则是对一个有表现力的形式的直接把握。可以看出，朗格对于直觉及两种直觉方式的解释与她对于符号及两种符号方式的解释是一脉相承的。

综上所述，朗格关于"情感符号"的创造与认识实际是这样一个思路：艺术作为"情感符号"，表现的是人类普遍情感；而要表现这种情感概念（非具体情感）就要抽象。但这种抽象不能通过概括形成一种推理性符号，而必须既保持具体视听形式，又具有普遍意味。因此就要通过制造幻象使其与现实事物相互脱离，鲜明有别，并在这个过程中使人类情感对象化为某种力或关系的结构，寓于此幻象之中，使其成为蕴含情感概念并保持其感性特征的

---

[1] 《艺术问题》第62页。
[2] 《情感与形式》第329页。

"有意味的形式"。这种幻象使欣赏者改变对现实事物的认识方式而把其作为一个独立表象来知觉,通过艺术直觉直接把握其形式结构,从而达到对其情感意味的感悟和把握。

朗格关于"虚像与直觉"的理论对于文艺心理学探讨艺术中情感表现与交流的机制是给人以启发的,但其缺陷也是明显的。她不承认"虚像"是现实的反映,而要二者断绝一切联系,这是完全唯心的谬说。她的理论只涉及抽象的情感与形式的关系,而对于具体的情感与形象的关系却无法解释,而后者恰恰是文艺活动中现实而又普遍存在的现象。

(四)

生命形式是苏珊·朗格符号学美学的重要概念。朗格从这个概念出发,阐述了艺术与情感在结构形式(或称逻辑形式)特征上的一致,从而解释了为什么语言不能而只有艺术能成为表现情感的符号的问题。

朗格认为人的感觉能力是组成生命活动的一个方面,在某种程度上,生命本身就是感觉能力。而情感实际上是一种集中、强化了的生命,是"生命湍流中最为突出的浪峰"。"因此,它们的基本形式也就是生命的形式,它们的产生和消失形式也就是生命的成长和死亡过程中所呈现出来的那种形式,而绝不会是那种机械的物理活动形式,它们之间的(即各种情感和情绪)相互关系和组合也就反映了生物存在的方式。这就是说,如果要想使得某种创造出来的符号(一个艺术品)激发人们的美感,它就必须以情感的形式展示出来;也就是说,它就必须使自己作为一个生命活动的投影或符号呈现出来,必须使自己成为一种与生命的基本形式相类似的逻辑形式。"①

那么什么是"生命形式"的特征呢?朗格把它概括为有机统一性、运动性、节奏性和生长性。她认为这些特征在艺术中都存在。

有机统一性是说生命体是一个复杂的有机统一体,构成它的各种因素都相互依赖,不能脱离整体孤立存在。生命形式的这一特点在任何优秀的艺术作品中都有着充分的体现。这表现为:第一,艺术作品是作为一个整体呈现在人们面前的,如果从中去掉某一部分,那么不但整个作品的意味和神采遭到破坏,而且被分离出的部分也失去了它在整体中的意义。第二,任何艺术

---
① 《艺术问题》第43页。

作品的内在结构都呈现出一种有机形式，其各构成要素之间，例如一定的旋律与一定的和声配器、一定的形象内容与一定的分层设色，都是一种有机的契合，就像一个生命体中的组织有排异性一样不能随意更换。

运动性是说整个生命体时时都处于一种永不停息的运动状态，机体不断地消耗与吸收，细胞不断地死亡和再生，一旦这种运动停止，生命也就消失了。优秀的艺术作品显然都具有这种特性。音乐、舞蹈、戏剧等都表现为一种运动的形式。优秀的绘画、雕塑、建筑等艺术作品也往往在静态的形象中表现出一种运动的倾向和趋势，就像著名雕塑作品《掷铁饼者》一样。这正如罗丹所说："如果不首先使自己要表现的人物活起来的话，那是不会感动我们的……在我们的艺术中，生命的幻象是由于好的塑造和运动得到的。"①

节奏性是"生命形式"的第三个特征。一个生命现象所以能够持续不断地存在和发展，就在于它按照各种方式的节奏，有条不紊地进行着运动，例如呼吸节律和心脏跳动、清醒与睡眠的交替，等等。朗格认为艺术也具备节奏的模式。音乐、舞蹈中的节拍，诗歌中的韵律，戏剧中情节展开的张弛相间，都是动态艺术中的节奏表现。至于静态艺术，例如绘画中线条的断续、色彩的浓淡，雕塑中质料的粗细等等，实际也是节奏因素的体现。

"生命形式"的第四个特征是生长性。这就是说每一个生命体都有其生长、发展和消亡的规律。艺术作品同样具有这样的特征。例如音乐中主题的呈现、展开、发展和尾声，戏剧中冲突的开始、展开、激化和解决。在静态艺术中，生长性表现为一种心理效果，线条及其所构成的图形的方向性伸展，给人以方向性运动的感觉，从而体现出"生命形式"的生长性。

综上所述，"生命形式"的全部特征都在艺术形式之中找到了。因而可以说，艺术形式与"生命形式（情感形式）"有着相类似的结构形态，或者借用格式塔心理学的一句话，它们之间有着"异质同构"的关系。格式塔心理学认为，当外部事物所体现的力的式样与某种人类情感中包含的力的样式同构时，人们便感觉它具有了人类情感。朗格的观点与此基本相同，她说："艺术形式与我们的感觉、理智和情感生活所具有的动态形式是同构的形式……因此，艺术品也就是情感的形式或是能够将内在情感系统地呈现出来以供我们

---

① 《罗丹艺术论》第35页。

认识的形式。"①

朗格以"生命形式"理论论证了艺术可以成为人类情感符号的根本原因,在探讨艺术与情感的关系上给人以有益的启示。但是,她的重要错误在于,把社会运动的高级形式简单地归为生命运动的低级形式。无论是人类情感还是艺术活动,固然不能脱离生物性因素的影响,但在根本上却是社会实践活动的产物。朗格的"生命形式"理论可以解释情感与形式关系中普遍适合一切时代、民族的规律特征,却不能解释不同时代、社会、民族、阶级在情感与形式相应关系中的差异,也不能解释人的生命形式相对于动物生命形式的特点。这个问题只有以马克思主义实践哲学理论为基础才能得到完满科学的解释。

(本文系作者对其撰写的相关词条编辑而成。词条刊于金开诚主编《文艺心理学术语详解词典》,北京大学出版社1992年10月出版)

---

① 《艺术问题》第24页。

"情景交融"刍议

在我国古典诗词中，写景抒情之作占有相当的比例。在这些作品中，诗人或借景抒情，或以情写景，景与情相辅相成，相得益彰。而在一些优秀的诗作中，诗人常能使自己的主观情意与客观物景有机地统一在一起，形成一种水乳交融的艺术境界，读之常令人有临景入情、流连忘我之感，这就是所谓的"情景交融"。清人王夫之言："情景名为二，而实不可离。神于诗者，妙合无垠。"① 这是对古典诗词中情景关系的绝好注释。

清人王国维在《人间词话》中曾将景物之描写分为"有我之境"与"无我之境"。他说："'泪眼问花花不语，乱红飞过秋千去'。'可堪孤馆闭春寒，杜鹃声里斜阳暮'。有我之境也。'采菊东篱下，悠然见南山'。'寒波澹澹起，白鸟悠悠下'。无我之境也。有我之境，以我观物，故物皆着我之色彩；无我之境，以物观物，故不知何者为我，何者为物。"其实，任何诗词都是主客观的统一，因此不可能有"无我之境"，即没有主观情感色彩的纯客观景物。即以"采菊东篱下，悠然见南山"两句诗来说，虽然并无喜怒哀乐等词语，只是写了东篱采菊，远望南山；但"采"与"悠然"二词，却将陶渊明退隐归耕后那种悠然自得、恬淡自适的内心感情真切地表现了出来。因此，这两句诗并不是"以物观物"，而是"以我观物"，只是其中的主观色彩较淡罢了。

古典诗词里情与景的交融大致有三种不同的形式。其一是绘景抒情。这样的诗一般是既写景又写情，先写景后抒情。诗人选择那些最能表现自己主观情感的客观景物，加以渲染描绘，烘托出所要表达的情志，情与景于和谐中得到统一。如李白的《静夜思》。

床前明月光，疑是地上霜。

---

① 王夫之：《夕堂永日绪论内编》，引自《中国古代文论选》第三册第301页。

举头望明月，低头思故乡。

诗人首先为我们勾画出一幅皎月当空、万籁俱寂的夜景。皎洁的月光自窗上射入室内，洒在床前的地面上，地面仿佛铺了一层薄薄的白霜。床上，客居的游子辗转反侧，难以入睡。在中国古典诗词中，月亮往往被视为引发思念家乡与亲友感情的一种景物；曹植曾有"明月照高楼，流光正徘徊。上有愁思妇，悲叹有余哀"之句，苏轼也有"但愿人长久，千里共婵娟"。李白在此诗中，以"天上明月光"奠定了全诗思乡念旧的基调，又以"疑是地上霜"创造了一种清冷孤寂的气氛，接下两句游子望月思乡之情的引发就令读者感到十分自然亲切，仿佛身临其境一般。在这种诗里，景是情所由产生的环境与根据，情是景所要表现的内容与主旨。写景为了抒情，抒情依赖于写景，情景相生，相辅相成。

其二是寓情于景。诗人在诗中只写景不写情，然景出其外，情蕴其内，情与景于内外联系上求得统一。试看李白的《早发白帝城》：

朝辞白帝彩云间，千里江陵一日还。
两岸猿声啼不住，轻舟已过万重山。

唐肃宗乾元二年，李白因参加永王李璘幕府而受牵累被流放夜郎，行至白帝城，接到赦免令，甚喜，遂乘舟东下。此诗写的就是这一情景。诗中写他朝辞白帝，夜傍江陵，一日千里，一叶轻舟穿峡过山顺流而下，在阵阵猿声中把崇山峻岭抛向身后。诗中无一情语，但字里行间却跳跃着诗人获赦后喜悦、兴奋、急切的心情。

其三是移情入景。这种写景抒情带有强烈的主观色彩。诗人内心积聚了强烈的感情，把这感情移入客观景物，甚至改变了客观景物的色彩与情调，高兴时看一切景物都高兴，悲哀时看一切景物都悲哀，即所谓"以我观物，故物皆着我之色彩"（王国维《人间词话》）。以杜甫"感时花溅泪，恨别鸟惊心"一联而论，鸟语花香，赏心悦目，原是令人欣喜愉快之景。但其时正遭"安史之乱"，杜甫全家流离失所，国破家亡之情郁积于内，以此着物，高兴之景变为悲哀之景，故诗人看花溅泪，闻鸟惊心。诗中情与景感情色彩相反，然移情入景，相反相成，更能打动人心。

　　大致说来，情景交融的三种形式中，第一种主客观并重，第二种偏重客观，第三种偏重主观。但这只是依外部形式的大致而言，不可拘泥过细。从本质上看，诗者皆为抒情言志，故景语中不能不含情；另一方面，诗又不能抽象议论，故情语中又不能不有景。以杜甫《登岳阳楼》看，"吴楚东南坼，乾坤日夜浮"写洞庭湖的浩渺无边，其中也隐含了自己漂泊之感；"亲朋无一字，老病有孤舟"，写投老无归之情，里面又含有孤舟漂泊的景物。因此，欣赏古典诗词，对其中的情与景，既不可囫囵不分，又不能生硬割裂，总须细细品味体会才好。

（刊于《民主与科学》1992年第6期）

第三部分

"入乎其内"与"出乎其外"

近人王国维在《人间词话》中说:"诗人对宇宙人生,须入乎其内,又须出乎其外。入乎其内,故能写之;出乎其外,故能观之。入乎其内,故有生气;出乎其外,故有高致。"这虽是就创作而言,但对欣赏也颇有意义。

汉代哲学家桓谭在《新论·琴道篇》中曾讲过一个"孟尝遭雍门而泣"的故事。说的是齐国的孟尝君有一次问当时著名的乐师雍门周:"先生弹琴能使我悲伤吗?"雍门周答:"我能叫他悲伤的是这样的人:先前富贵荣华而今贫困潦倒;品性高雅而不能见信于人;至亲好友被迫分离;孤儿寡母无依无靠……像这种人,听见鸟叫风鸣都会伤心;听我弹琴,没有不落泪的。至于你,养尊处优,无忧无虑,再会弹琴也不能感动你。"孟尝君听了觉得很有道理。但雍门周接着又说:"不过依我看你也有你的悲哀。你抗秦伐楚,得罪了两个大国,而今天下大事非秦必楚,你只拥有一个区区薛地,别人要收拾你如同拿斧头砍蘑菇一样容易。等你一死,祖宗无人祭祀,你的坟头长满荆棘,狐兔出没,牧童在坟上嬉戏,人们见了就会说:'孟尝君曾经那样尊贵显赫,到头来不过如此啊!'"孟尝君听了这番话深有所动,此时雍门周一弹琴,他不禁嘘唏哭了起来,说:"我一听先生弹琴,就感到自己好像是亡国之人了。"

这个故事告诉我们,在艺术欣赏中,要想获得真切的感受,必须将自身置于作品的情境之中,以自身的经验"入乎其内"地体验,而不能采取一种与我无关、冷眼旁观的态度。雍门周之所以一开始断言孟尝君不会被他的琴声感动,是因为他觉得孟尝君缺乏与琴声的情感基调相应的生活经验,因此不可能自然地进入作品的情境之中并产生相应的感受。而后来雍门周的琴声之所以又感动了孟尝君,则是因为他启发孟尝君认识到自己今后可能发生的不幸,并引导孟尝君通过想象进入到与琴声的情感基调相一致的情境之中。

由此看来，只有将自我融入作品之中才能获得真切的感受。前人曾总结这方面的体会说："读词之法，取前人名句意境绝佳者，将此意境缔构于吾想望中，然后澄思妙想，以吾身入乎其中而涵咏玩索之，吾性灵相与浃而俱化，乃真实为我所有而外物不能夺。"（况周颐《蕙风词话》）这确是有道理的。

一般来说，如果欣赏者有着与作品内容相类似或相一致的生活经验，往往能够自然地"入乎其内"，自发地与作品产生某种共鸣，从而获得深切的感受和体验。《红楼梦》第二十三回"牡丹亭艳曲警芳心"中，描写了林黛玉听了《牡丹亭》中杜丽娘的"如花美眷，似水流年""你在幽闺自怜"等唱词后，自然地产生了强烈的感受，始则"如醉如痴，站立不住"，继而"心痛神驰，眼中落泪"。之所以如此，就是因为林黛玉和杜丽娘的生活境遇、思想感情颇为一致，故而能感同身受、一触即发；如若换成薛宝钗，恐怕就未必会自发地产生这样真切的感受。然而，古今中外的文艺作品浩如烟海，其所反映的生活内容也是极其丰富复杂的，一个欣赏个体的生活经历再丰富，也不可能与所有文艺作品都建立起如林黛玉之于《牡丹亭》那样的感受关系。因此，一个欣赏者不能把获得真切感受的希望寄托在与作品相类似的生活经历上，寄托在自发形成的感同身受上；而应该充分发挥主观能动作用，自觉地将自身置于作品规定的情境之中，充分调动自己的有关生活经验，通过想象去体验自己在相应情境中的感受。前面所谈"孟尝遭雍门而泣"的故事中，孟尝君也并没有贫困潦倒的实际生活经历，而是通过设身处地的想象获得对作品的真切感受的。不过孟尝君是在雍门周的启发诱导下想象的，而对于广大欣赏者来说，则应该自觉地这样做。

艺术欣赏需要"入乎其内"的体验，但过分的"入乎其内"却可能适得其反。特别是当作品的内容、基调与欣赏者的生活经历、思想感情相一致时，往往会使一些人不自觉地陷于其中而不能自拔，甚至会引出某些不良后果。这种现象在青年中尤为突出。据清人陈其元在《庸闲斋笔记》中谈，杭州有个女子读《红楼梦》入了迷，"致成瘵疾"，"父母以是书贻祸，投之火，女在床，乃大哭曰：'奈何烧杀我宝玉！'遂死。"歌德的《少年维特之烦恼》出版后，曾经在欧洲引起一阵"维特热"，有些热恋中的青年将自己想象成维特，按照维特的衣着打扮、心理行为去生活和恋爱，甚至在失恋后模仿维特而自杀。这种情况在现代青年中也不乏其例。近年来青少年中出现的"追星族"现象,原因很多,其中有一点就是他们对审美对象的欣赏达到了"入乎其内"而不能自拔的程度;只不过他们所溺的不仅仅是作品,还包括演员本人。据报载,有些学生把印有香港所谓"四大天王"头像的画片贴在床头或课桌上,每天流连观看,迷恋得发狂;有些学生整夜守候在某歌星所住的饭店楼下,齐声高喊:"××,我爱你!"这些正值青春期的少男少女,觅寻着能够满足他们青春情感的歌曲,追寻着能够满足他们崇拜心理的偶像。他们把艺术欣赏当作现实生活,将被崇拜的歌星移入自己的精神生活,"入乎其内"至溺于欣赏对象而不能自拔。这显然不能说是正确的艺术欣赏。

正确的艺术欣赏不仅要对作品进行"入乎其内"的体验以获得真切的感受,而且要"出乎其外"地对其进行分析以做出理性的评价。一部作品究竟反映了什么生活内容?有哪些艺术特色?说它好好在哪里?说它不好又不好在何处?在欣赏完一部作品后,欣赏者总该对这些问题有一点理性的判断与评价。而要做到这一点,欣赏者就不能一味地沉溺于作品的情境之中,而应该自觉地与作品保持一定的距离,"出乎其外"地对其进行理性的观察与思考。苏轼在《题西林壁》这首诗中写道:"横看成岭侧成峰,远近高低各不同。不识庐山真面目,只缘身在此山中。"艺术欣赏也是如此,如果钻到作品中出不来,就可能一叶障目,看不到作品的全貌;更严重的,还可能由于情感冲动而丧失欣赏意识,做出类似前面所说的那些失去理智的蠢事来。

"入乎其内"与"出乎其外"是艺术欣赏活动中相互区别而又相互联系的两个方面,它们是对立的,又是统一的。作为欣赏者,应该将二者有机结合起来,在二者的相互作用中与作品保持一种不近不远、若即若离的关系,从而获得一种既有真切丰富的感受又有准确客观的认识的理想的欣赏效果。

(刊于《火花》1995年第11-12期)

感官愉悦与精神陶冶

——欣赏漫谈之一

青年朋友大都喜欢欣赏文艺作品。然而,要把艺术欣赏变作自觉的审美活动,却还是有一些讲究的。我曾经问一位青年为什么喜欢听音乐、看电影,他回答说:"这有什么好问的?音乐好听,电影好看,就这么回事。"他虽是随便一说,却也道出了欣赏中的一个普遍情况。任何艺术都是以一定的美的形式,作用于欣赏者的特定感官。这些艺术形式由于为欣赏者的特定感官提供了"好听""好看"的东西,因而能使人产生一种愉悦之感。这种由对象的美的形式作用于我们的感官而直接产生的"好听""好看"之感,叫作感官愉悦。任何艺术都有使人得到感官之娱的美的形式,因而都具有愉悦感官的功能。

然而,感官愉悦到底是以直接的生理反应为基础的一种愉快,因而在文艺欣赏审美愉悦的整体效应中处于较低的层次。文艺绝不是一种单纯愉悦耳目的小玩意儿,在它的美的形式中蕴含着丰富的社会内容、人生哲理和人类感情。当欣赏者探寻到其中的真谛、领略到其中的意蕴时,就会体验到一种更高的愉悦之情,获得一种不同于感官愉悦的精神享受。例如欣赏贝多芬的《命运交响曲》,如果我们从感官的直接感受上升到对作品主题的情感体验和理性思考,那么我们就能从第一主题与第二主题相互作用和错综复杂的音乐表现中,体会到其中的蕴藉:人民不甘于命运的摆布,起而同黑暗势力进行斗争,最后战胜了命运,赢得了光明和胜利。于是我们就能从中观照和体验到人的本质力量,那种为了美好的未来不屈不挠进行斗争的精神,从而受到鼓舞和激励,精神上得到陶冶和升华。

文艺欣赏是离不开感官愉悦的,却又不能仅止于此。感官的愉悦要向精神上的陶冶升华,精神陶冶又指导和影响感官的愉悦。当我们直观维纳斯雕像的时候,她那典雅美丽的面庞、丰腴饱满的体躯、优美庄重的神态、起伏多变的线条,会直接地使我们产生一种愉悦的感觉。此时如果我们怀着一种高尚的欣赏趣味和精神需求,就能从这优美的人体形象中感受到蓬勃的生命力量和青春活力,感受到人的伟大和美好。于是感官的愉悦就导向精神的愉悦。这样,欣赏者便取得了一种完整的审美效果。

怎样才能获得这样的效果呢?

首先要自觉养成高尚的欣赏趣味。欣赏趣味的高尚与否,直接影响欣赏感知中感官愉悦的性质和导向。鲁迅曾经讽刺过一种人:"一见短袖子,立刻想到白臂膊,立刻想到全裸体,立刻想到生殖器,立刻想到性交,立刻想到杂交,立刻想到私生子。"见到短袖子是一种感知,感知可能经过联想和想象而导向别处;而鲁迅笔下的这类人就是由于低级趣味的制约,把联想和想象导向极其庸俗的地步。

其次,要有自觉的欣赏意识。我们知道,感官愉悦是欣赏者对作品信息的一种直接反应,它往往并不需要意识活动的影响和干预。我们听到一曲优美的音乐所引起的愉悦之感是自然而然产生的,并不是通过我们的意识引导出来的。反之,以感官愉悦向精神陶冶的升华却需要意识活动的积极参与。因此,如果没有自觉的欣赏意识,我们就可能为声色之美和感官愉悦所陷而难以升到更高的境界。《大众电影》1986年第10期的一篇文章中指出了这样一种现象:对电影《日出》获得1986年百花奖的最佳影片奖和方舒获得最佳女演员奖,观众大都是认可的,然而专家们大都并不满意。为什么会出现这种现象呢?作者认为,编导者所寻求的是银幕视觉快感和观赏效果,着意展示陈白露这个摩登女郎的服饰、身腰、姿态、表情、绣床闺房,乃至她所置身的华丽场面和"上流"气氛。这样就使影片的思想含义被降至一个次要地位,以至陈白露的悲剧没有使人感到巨大的震撼力量,反而使人乐于欣赏她那富于生命力的形体表现。我们不想对这部电影和这篇文章的观点进行评论,只是想以这个例子说明,感官的愉悦具有一种自发的诱惑力量;如果没有一种自觉意识,很可能陷于感官愉悦而上升不到较高的境界。

再次,要具有一定的知识修养。有些青年说,他们也是带着高尚的欣赏趣味和自觉的欣赏意识去欣赏的,但为什么还是没有获得丰富的精神享受?这就涉及与艺术有关的知识修养问题。马克思说:"如果你想欣赏艺术,你就必须成为一个在艺术上有修养的人。"一个对京剧中的程式化动作不了解的外国人,固然能从这些优美的动作中直接得到某种愉快感觉,但却并不了解这些动作的微妙变化及其内在含义,因而不能对京剧的表演艺术有更深的理解和感受。实际上一切艺术作品的欣赏都是如此。

(本篇与金开诚教授合作,刊于《中国青年》1987年第2期)

第三部分

浅尝辄止与玩味无穷

——文艺欣赏漫谈之二

中国画史上有这样一个故事：唐代画家阎立本有一次在荆州看到梁朝大画家张僧繇的一幅画，粗粗一看，很觉平常，因此认为张僧繇是徒有虚名。第二天又去看，就发现了作品的妙处，觉得张还可算个"近代佳手"。第三天再去，对作品的认识更深了，不禁发出了"名下无虚士"的赞叹，乃至"坐卧观之，留具下，十余日不能去"。这个故事说明，对于优秀艺术作品的欣赏，浅尝辄止是不行的，只有反复玩味、细致认识，才能获得深刻的审美感受和理解。

我们不妨从欣赏对象和欣赏主体两方面对此作些分析。

从欣赏对象方面来说，应该看到文艺作品在表现方式上的特点。我们知道，文艺作品都是以形象的方式反映生活，表现作者对生活的感受和理解的。创作者将自己对生活的感受和认识熔铸于作品的形象之中，欣赏者则从自己的经验出发感受和认识作品中的形象及其内涵；艺术活动中进行思想感情交流的艺术形象，具有不同程度的模糊性和不确定性。例如，一位画家用一幅百花盛开、万木争春的图画来表现他的思想感情，我们可以从中得到什么样的认识呢？可以理解为这象征着祖国建设的欣欣向荣，也可以理解为这象征着科学文化"百花齐放，百家争鸣"的繁荣景象，还可以理解为象征着人们生活美好，心情舒畅……显然，艺术形象的表现内容比语言要模糊得多，也要丰富得多。如果不是反复玩味而是浅尝辄止，怎能获得准确、丰富的感受和认识呢？

再从欣赏主体方面来说，文艺欣赏既是一种认识活动，但又不是一般的认识活动，而是审美的认识活动。因此，它不仅取决于作品提供了真正具有美学意义的创造，也取决于审美活动本身。有个成语叫"对牛弹琴"，意思是无论弹琴者提供了多么优美的音乐，但因为牛是不能进行审美活动的，所以"对牛弹琴"是白费力气。对人弹琴情况就不同了，因为人是能够审美的，但人在审美活动中也要多多用心，既要力求感受和理解的深入，也要发挥联想和想象。在欣赏中付出的心理努力越大，其所带来的愉悦也越大。例如，对达·芬奇的杰作《蒙娜丽莎》中的"神秘的微笑"，为什么几个世纪以来千千万万的欣赏者要做出巨大的心理努力去认识和探索？这一方面是由于作品本身的巨大魅力，另一方面则是由于这种认识和探索能给欣赏者带来精神上的愉悦和满足。如果只是浅尝辄止，而不是反复玩味，显然不能获得这样的精神享受。

优秀的文艺作品往往蕴含着丰富的认识内容。这些内容大致可以分为外部形象、内部实质、深层意蕴三个由浅到深的层次。例如刘禹锡"沉舟侧畔千帆过，病树前头万木春"这两句诗，形象鲜明生动，语言明白晓畅。粗略一读，我们便可想见这两句诗的形象。这是欣赏的第一层次。若再深入一步，联系作者的身世和此诗的背景来读，那么我们便可以了解这两句诗的实质内容。刘禹锡因参加"永贞革新"而被贬边地23年，23年后应召回京，经扬州遇到白居易。白赠诗一首，内有"举眼风光长寂寞，满朝官职独蹉跎"，对刘的不幸遭遇深表同情。刘作诗相酬，内有"沉舟"二句便是对上两句的应答。诗人以"沉舟""病树"自喻，暗示自身遭遇虽然不幸，但却没必要为此而消沉颓唐；一个人一生中可能遭遇种种坎坷和不幸，但整个社会人事却是蓬蓬勃勃向前发展的。这两句诗显示了诗人豁达开朗的胸怀和乐观向上的生活态度。然而欣赏至此是不是完了呢？没有。如果读者放开眼界深入开掘，将这两句诗从具体的情境中超脱出来，并将其置于更广阔的时间和空间之中，那么读者就可能进入欣赏的更深层次，即认识到无论自然界还是社会人生，世间一切事物都是在新陈代谢的运动中不断向前发展；作为个体的人生是有限的、短暂的，甚至可能是坎坷的，然而整个自然和社会的新陈代谢却是无限的、永恒的、美好而又充满朝气。于是读者就可能体味到一种超越特定时空的宇宙感和永恒感，一种开朗向上的情思。这就是作品的深层意蕴及其可能挖掘而得的审美享受。如果不是深入体味，就显然不能获得如此深刻的感受。

（本篇与金开诚教授合作，刊于《中国青年》1987年第5期）

第三部分

囫囵吞枣与精细分析

——文艺欣赏漫谈之三

有些青年朋友说,常常看到一些评论文章对作品分析得头头是道、准确细致;而自己在读完一部作品后却往往印象模糊,说不出个所以然。这究竟是什么原因?其实,这没有什么神秘之处。除了欣赏水平的原因之外,恐怕有一个是否发挥了主观能动作用、对作品进行精细分析的问题。文艺欣赏并不是消极被动地接受,而是积极主动地认识。对艺术形象要获得鲜明的印象和准确的认识,需要欣赏者付出巨大的心理努力。青年朋友和评论家欣赏时的区别往往在这里。

对作品进行精细分析,以获得准确鲜明的认识,很重要的一点是探寻作品的特征,特别是艺术形象的特征。特征是一事物区别于它事物的特别显著的征象、标志。任何艺术形象虽然都是来源于生活,但是真正的艺术家总是千方百计探寻别人没有发现的客观事物特征或主观感受特征,并通过艺术形象给予独特的表现。正如法国作家福楼拜所说:"对你所要表现的东西,要长时间很注意去观察它,以便能发现别人没有发现和没有写过的特点。"艺术家通过创造艺术形象表现自己所发现的事物特征,欣赏者则是通过把握对象的特征认识和理解艺术家所创造的形象。因此,抓住了艺术形象的特征,就等于找到了打开艺术形象奥秘的钥匙,就可以使我们获得较为准确深刻的认识。

那么如何分析认识艺术形象的特征呢?可以从外部特征和内部特征两方面来分析。外部特征是艺术形象外在表现的特点,内部特征是艺术形象内在实质的特点。一般来说,对这两方面特征的分析是循着由外至内的顺序进行的。例如欣赏鲁迅小说《孔乙己》,读过几遍,我们头脑中会自然浮现出孔乙己的外部形象和行为的以下一些特点:他"是站着喝酒而穿长衫的唯一的人","青白脸色",长衫"又脏又破","满口之乎者也",但又好吃懒做,日子越过越穷，偷书被打断腿却自称是"跌断"的，等等。这样我们就抓住了艺术形象的外部特征。通过对外在表现的分析认识，我们便会逐步深入到艺术形象的内质：孔乙己是一个受封建制度毒害并最终被毁灭的，有着迂腐、懒散等性格特征的封建读书人形象。于是我们就抓住了艺术形象的内部特征。通过对外部特征和内部特征的分析，我们对艺术形象获得了一个统一完整的认识，留下了准确鲜明的印象。

在一些优秀的文艺作品中，艺术形象的特征往往并不是简单直露的，而是复杂含蓄的。艺术家一方面为欣赏者探寻形象特征提供条条线索，另一方面又为形象特征罩上层层面纱，以取得意蕴深长的艺术效果。同时，一个血肉丰满的艺术形象往往具有多方面、多层次的特征，有些细微隐蔽的特征很不容易被识别和发现。因此，欣赏者要准确细致地把握形象特征，就要付出巨大的心理努力。

首先，要有稳定注意。所谓注意，就是把感受、思考、联想、想象等心理活动指向并集中于某一特定的对象。注意可以分为不随意注意和随意注意。不随意注意是由对象的刺激及主观兴趣等因素引起的。在文艺欣赏中，富有刺激性的色彩、形态、音响、动作，新颖的形象与手法，紧张的情节与场面，以及欣赏者的某种趣味和倾向，都可能引发不随意注意。但是这种注意是一种被动的注意，它可能把欣赏者引向形象的特征，也可能把欣赏者引向别处，从而影响欣赏者对形象特征的探寻和开掘。因此欣赏者要善于将不随意注意转化为随意注意。随意注意是一种意志控制下的注意，它服从于人向自己提出的目的和任务。欣赏者只有从探寻形象特征的目的出发来调节自己的注意，才能把注意牢牢集中在形象特征的探索上。

其次，要讲究注意的转移。稳定注意是一种经过有意地努力而出现的心理状态，欣赏艺术必须在稳定注意的心态中，准确地进行注意的转移。例如欣赏一幅画，首先映入眼帘的很可能是画的完整形象；但接着就要转移注意于画的各个局部与细节；然后又回到整体的形象。这种转移还可能要往复多次，才可能有较深的感受并利于特征的发现。

再次，要进行比较。俗话说"不怕不识货，就怕货比货"，比较历来就是认识客观事物的有效方法。所谓比较，就是辨别两种或两种以上事物的异同或高下。在文艺欣赏中，通过比较，可以发现形象之间的细微差异，从而更准确地把握形象的特征。《红楼梦》中描写了不少性别相同,年龄和性格又十分相近的人物。如果囫囵吞枣地阅读,我们很难细致地分清他们的性格特征。如果对他们加以精细地分析和比较,我们就能发现:平儿和袭人虽然都具有温顺的性格,但平儿的温顺中透露出善良,袭人的温顺中表现出世故;凤姐与探春都很泼辣,但凤姐的泼辣中暗藏着狡诈,探春的泼辣中体现着严正。由此看出,比较确实是识别形象特征的一个好方法。

(本篇与金开诚教授合作,刊于《中国青年》1987年7月)

置入与超出

近人王国维在《人间词话》中说:"诗人对宇宙人生,须入乎其内,又须出乎其外。入乎其内,故能写之;出乎其外,故能观之。入乎其内,故有生气;出乎其外,故有高致。"这虽是对文艺创作而言,但在文艺欣赏中也有其相通之理。

入乎其内与出乎其外实际上是两种认识方式。所谓入乎其内,就文艺欣赏而言,就是在想象中将自身置入作品的情境之中,使自己的心灵与作品相融合,建立起物我同一的关系,进而通过感受和体验达到对作品的认识,简单地说,就是要"钻进去"。任何文艺作品都通过感性形象艺术地为欣赏者提供了一定的感受和情感所赖以产生的情境,欣赏者只有通过想象使自己置入这种情境之中,与其产生一定的关系,才能体验到一定的感受和情感。例如《西厢记》中"碧云天,黄花地,西风紧,北雁南飞。晓来谁染霜林醉,总是离人泪"这段曲词,将各种易于诱发人离愁别绪的自然景物(深秋、落花、西风、离雁、霜林等)结合在一起,创造了一种令人动情的氛围和情境,如果欣赏者在想象中使自己置身于这种情境之中,便很容易产生一种"多情自古伤离别"的感受与情感。但是如果欣赏者采取一种与我无关、冷眼旁观的认识态度和客观的认识方式,例如将这首曲词作为物候学的资料来研究认识,那么显然不能产生应有的感受与情感效果。因此,前人曾总结这方面的欣赏经验说:"读词之法,取前人名句意境绝佳者,将此意境缔构于吾想望中,然后澄思妙想,以吾身入乎其中而涵泳玩索之,吾性灵相与浃而具化,乃真实为我所有而外物不能夺。"(况周颐《蕙风词话》)这确是有道理的。

入乎其内固然对欣赏者对作品获得真切的感受和情感体验有意义,但作品毕竟是虚构的情境,欣赏也不是实际的体验,因此如果过于深入而不能自拔,乃至以假当真,硬钻入其中去充当一个角色,则不仅不能全面正确地认识作品，甚至会对欣赏者的身心健康产生不良影响。据清人陈其元在《庸闲斋笔记》中记载，杭州有个女子读《红楼梦》入了迷，"致成瘵疾"。"父母以是书贻祸，投之火，女在床，乃大哭曰：'奈何烧煞我宝玉！'遂死。"这个例子可能比较特殊，但这种为书所陷、为情所溺的现象在欣赏中却并不乏见。

正确的欣赏不仅能够置入，而且能够超出。所谓超出，就是自立于作品之外，与作品保持一种物我分立的关系，以客观的眼光对作品进行理性的品评和认识，简单地说，就是要从作品中"跳出来"。任何一部文艺作品都是一种社会性的精神产品，都有其复杂的社会联系和客观的社会属性，因此都需对其进行系统客观的品评和认识。入乎其内的认识方式虽然有助于欣赏者获得真切的感受和体验，但是也有一定的局限。其一是它容易限制欣赏者的视野，使其囿于作品的具体情境而看不到它与其他社会事物广泛联系，从而不能形成全面的认识；其二是它容易使欣赏者的主观因素过多地渗入到认识活动之中，影响其对作品的客观认识和评价。这正如苏东坡《题西林壁》一诗所言："横看成岭侧成峰，远近高低各不同。不识庐山真面目，只缘身在此山中。"因此，要对作品获得全面客观的认识，还需出乎其外地观之。

置入与超出这两种认识方式，在欣赏中可以有所侧重，但却是缺一不可的。事实上，在实际的欣赏活动中，二者并不是先此后彼或泾渭分明的，而是相互交织、相互配合，以使欣赏获得良好的效果。

（此文系作者为金开诚主编、北京大学出版社1992年10月出版的《文艺心理学术语详解词典》一书撰写的词条）

诗中有乐

苏轼称道王维"诗中有画",是说读王维的诗能使人产生欣赏绘画时的艺术感受。其实,诗中不仅可以有画,也可以有乐。近来读唐人几首描写音乐的诗,虽无真乐在耳,却仿佛感受到忽而高亢激昂、忽而悠扬婉转的乐声,令人不能不惊叹诗人出色的艺术表现技巧。

音乐是一门听觉艺术,诗歌则是语言艺术。用语言再现音乐的听觉形象,使欣赏者间接获得音乐的艺术感受,确实不是件容易的事。在唐人描写音乐的诗中,主要是通过心理感觉的类比来达到这一目的。这可以分为两类,一类是同类型感觉的类比,另一类是不同类型感觉的类比。

同类型感觉的类比,是将音乐的听觉感受比喻成与之类似的其他一些听觉感受,以唤起欣赏者的这些听觉感受经验,进而通过联想间接获得音乐的艺术感受。白居易的《琵琶行》在描写琵琶女的演奏时有这样几句:

大弦嘈嘈如急雨,小弦切切如私语。

嘈嘈切切错杂谈,大珠小珠落玉盘。

诗人将琵琶大弦急促激烈的音响听觉比喻成"急雨"的听觉,引导欣赏者通过疾风骤雨的声响去体会音乐的形象;将小弦轻柔缓慢的音响听觉比喻成窃窃私语的听觉,使欣赏者通过那轻微细碎的声感去品味音响的特征。而对于二者的交错演奏,作者则用"大珠小珠落玉盘"来唤起欣赏者相应的听觉经验,通过清脆圆亮、忽大忽小的珠玉碰撞之声诱导欣赏者把握乐曲的特点。当欣赏者把这些音响特点与头脑中储存的琵琶乐声的经验联系在一起时,就能体会出那忽而高亢激昂、忽而舒缓平和的旋律和忽而清脆活泼、忽而圆润柔和的乐声。

不同类型的感觉类比,是将音乐的听觉感受比喻成与之有着某些类似之处的视觉、味觉、触觉(包括肤觉)、动觉、机体觉等的感受,通过诱发欣赏者的这些感觉经验引导欣赏者去把握音乐形象,获得相应的艺术感受。例如韩愈《听颖师弹琴》中的一段描写:

> 昵昵儿女语，恩怨相尔汝。
> 划然变轩昂，勇士赴敌场。
> 浮云柳絮无根蒂，天地阔远随飞扬。
> 喧啾百鸟鸣，忽见孤凤凰。
> 跻攀分寸不可上，失势一落千丈强。

头一句是听觉类比，第二句将气势昂扬的曲调比作雄赳赳气昂昂的勇士开赴杀敌战场的场面，则是听觉感受比之于视觉感受。气势昂扬的乐曲和"勇士赴敌场"的场面虽作用于人的不同感觉，但都能使人获得一种热血沸腾、激昂向上的情绪感受。以这种感受为中介，欣赏者就能够将"勇士赴敌场"的视觉感受转化为对乐曲高亢雄壮旋律的艺术感受。第三句以浮云柳絮随风飘扬来比喻乐曲的悠扬飘逸、邈远轻长，同样是以视觉感受来比喻听觉感受。而第五句将乐曲音调渐进升高而后突然急速下降比作一个登攀者"跻攀分寸不可上，失势一落千丈强"，则不仅有视觉感受的类比，而且有动觉、机体觉感受的类比。当欣赏者设身处地将自己想象为即将临顶的攀登者、于筋疲力尽寸步难移之际而突然失足落向无底深渊时，就会产生一种筋肉的紧张感和身体的失落感，而这正是作者所要表现的乐曲给人的那种感受特征。

以上是听觉感受与视觉、动觉、机体觉感受的类比，至于与触觉、味觉感受的类比，则可以白居易《琵琶行》中"冰泉冷涩弦凝绝，凝绝不通声渐歇"一句为例。诗人将渐缓渐弱乃至最后停歇的音行过程，比作泉水因寒冷结冰、流淌不畅而渐渐凝滞，从而通过冷的触觉感受和涩的味觉感受使欣赏者体味到乐曲听觉的相应感受。

此外，李颀《听董大弹胡笳弄兼寄语房给事》中"空中百鸟散还合，万里浮云阴且晴"句，以百鸟散合、浮云阴晴来描绘胡笳乐曲高低强弱的起伏变化，是视觉感受与听觉感受的相通。李贺《李凭箜篌引》中"昆山玉碎凤凰叫，芙蓉泣露香兰笑。十二门前融冷光，二十三丝动紫皇"等句，前两句以玉碎凤鸣、芙蓉泣香兰笑来类比箜篌曲清脆优美的音色，是不同内容听觉感受的相通；而下一句言乐曲能融化温暖全城的寒光冷气，则是听觉感受与肤觉感受的相通。在此就不一一枚举了。

（刊于《红专》1987年第1期）

"情景交融"小议

语文课上，分析文章的艺术特点时，常常提到"情景交融"。什么是"情景交融"？怎样认识"情景交融"呢？

情景交融是我国古典诗词的最高境界。在许多优秀的诗词中，诗人的主观情志与客观物景有机地统一在一起，形成一种水乳交融的艺术境界，读之常令人有临景入情、流连忘我之感。因此，欣赏古典诗词，就不能不注意把握情与景二者之间的关系。

古典诗词里情与景的交融大致有三种不同的形式。其一是绘景抒情。这样的诗一般是既写景又写情，先写景后抒情。诗人选择那些最能表现自己主观感情的客观景物，加以渲染描绘，烘托出所要表达的情志。情与景于和谐平衡中得到统一，如李白的《静夜思》：

床前明月光，疑是地上霜。
举头望明月，低头思故乡。

诗人首先为我们勾画出一幅皓月当空、万籁俱寂的夜景。皎洁的月光从窗上射进来，洒在床前的地上，地面上仿佛铺上了一层白霜。客居的游子躺在床上辗转不能入睡。读到此，一种清冷、孤寂的气氛立刻笼罩了我们。接下游子望月思乡之情的抒发就令我们感到那样的自然真切，仿佛身临其境一般。在这种诗里，景是情所由产生的环境与根据，情是景所要表现的内容与主旨。写景为了抒情，抒情依赖于写景。情景相生，相辅相成。

其二是寓情于景。诗人在诗中只写景不写情，然景出其外，情蕴其内，景中含情。情与景于内外联系上求得统一。试看李白的《早发白帝城》：

朝辞白帝彩云间，千里江陵一日还。
两岸猿声啼不住，轻舟已过万重山。

此诗写诗人流放夜郎中途获赦自白帝城乘舟东下的情景。诗人朝辞白帝夜傍江陵，一日千里，一叶轻舟穿峡过山顺流而下，在阵阵猿声中把崇山峻岭抛向身后。诗中无一情语，但字里行间却跳跃着诗人获赦后的喜悦，兴奋，急切的心情。

其三是移情入景。这种写景抒情带有强烈的主观色彩。诗人内心积聚了强烈的感情，把这种感情移入客观景物，甚至改变了客观景物的色彩与情调，高兴时看一切景物都高兴，悲哀时看一切景物都悲哀，即所谓"以我观物，故物皆着我之色彩"（王国维《人间词话》）。以杜甫《春望》"感时花溅泪，恨别鸟惊心"一联而论，春天花开鸟鸣，原是令人欣喜愉快之景。但其时国家适遭丧乱，全家流离失所，国破家亡的悲愤之情郁积于内，以此着于物，高兴之景变成悲哀之景，故诗人看花溅泪，闻鸟惊心。诗中情与景感情色彩相反，然移情入景，相辅相成，更能打动人心。

大致说来，情景交融的三种形式中，第一种主客观并重，第二种偏重客观，第三种偏重主观。但这只是依外部形式的大致而言，不可拘泥过细。从本质上看，诗者皆为抒情言志，故景语中不能不含情；另一方面，诗又不能抽象议论，故情语中又不能不有景。以杜甫《登岳阳楼》看，"吴楚东南坼，乾坤日夜浮"与洞庭湖的浩淼无边，其中也隐含了自己漂泊之感；"亲朋无一字，老病有孤舟"，写投老无归之情，里面又含有孤舟漂泊的景物。因此，欣赏古典诗词，对其中的情与景，既不可囫囵不分，又不能生硬割裂，总须细细品味体会才好。

（刊于《语文教学通讯》1983年第10期）

马烽小说的幽默风格

马烽是在全国有影响的一位作家。他的作品朴实无华、平易亲切，特别是在那字里行间跳跃着的充满农民情趣和乐观向上精神的幽默，使他的作品具有一种特殊的艺术魅力。可以说，幽默是马烽小说艺术风格的重要内容。

美国著名作家马克·吐温，善于运用极度夸张的手法，像一面面哈哈镜，把事物的丑恶之点放大，以闹剧式的滑稽手法，从对社会现实的讽刺和嘲弄中表现出幽默的风格；王蒙的《说客盈门》则通过对生活中司空见惯的事物进行高度的概括和集中，组织成典型的故事情节，以轻松诙谐的语言寓幽默于舒缓自然的叙述之中。马烽却与他们迥然不同，他的幽默总是同作品中的人物性格有机地融合在一起，渗透于人物的血肉之中，成为人物性格中不可分割的一部分。随着情节的发展，人物性格的展示，幽默也就于人物的活动中自然而然地流露出来。这可以说是马烽小说幽默风格的第一个特点。如《饲养员赵大叔》中那个对社会主义无限热爱、性格开朗乐观，连喂牲口时也要和牲口说几句俏皮话的赵大叔；《三年早知道》中那个好显示自己的小聪明结果却办了不少令人啼笑皆非的"聪明事"的赵满屯；还有《结婚现场会》中那个脾气死犟而内心耿直、掏茅粪时溅身上几滴粪汤索性使劲晃动茅勺让它溅个痛快的老牛筋，等等。在这些作品中，幽默既不是通过游离于情节之外的插科打诨之言，也不是通过作者在故事叙述中诙谐的语气来表现的，而是通过人物自身的行动显示出来的。因此它就不仅起到了渲染气氛引人发笑的作用，而且成为塑造人物性格的一种有力手段。首先，它使人物具有了极其鲜明的个性特征。前面所举各例就很能说明这个问题。无论是赵大叔还是赵满屯、老牛筋，当我们伴随着笑声读完作品后，他们的形象就会生动地在我们的脑海中活动起来，使我们经久不忘，多年以后读起，还会不自觉地发出笑声。为了进一步突出人物个性特征，作者还常常喜欢给他们冠以生动幽默的绰号，这样就更增强了其艺术效果。诸如"三年早知道""老社员""五二四十五"这样的称号，常常被群众戏谑地命为生活中某一类人的代号而广泛流传。其次，人物性格中的幽默特点在展示人物心灵美中也发挥着重要的作用。小说《我的第一个上级》中的老田就是一个生动的例子。小说一开头对老田有这样一段描写：

> 天气这么热，而他却披着件夹衣，下身穿着黑棉裤，裤脚却还是扎住的，头上又戴了顶大草帽。这不知是嫌热还是怕冷？他低着头，驼着背，倒背着手，迈着八字步朝我走过来。

看到这里，我们会被老田这个"怪人"的"怪貌"引得笑起来。老田那滑稽幽默的外在性格特征给了我们深刻的印象，以致在笑过之后，我们会同作品中的"我"一起对他产生一种不满：这个人也太古怪疲沓了。然而，当我们在小说的结尾再一次看到他"驼着背，低着头，背着手，迈着八字步"时，我们不但不会发笑，反而会感到眼睛湿润了。因为我们在作品中看到了他奋不顾身与洪水搏斗的事迹，了解了他那驼背、八字步、他那因严重关节炎而在炎热的盛夏也需要穿棉裤的两条弯弓似的腿，正是多年来与洪水搏斗的结果。至此，作者让人物的崇高的心灵美冲破了滑稽可笑的性格外衣而表现出来，强烈地打动了我们的心。如果没有这种寓人物性格的内在美于外在的滑稽之中，寓悲壮于幽默之中的表现手法，是绝不会收到这样的相辅相成、相得益彰的艺术效果的。

朴实晓畅，清新明快，充满农民情趣，应该说是马烽小说幽默风格的第二个特点。幽默、作为一种艺术风格，是与作家的个人气质、社会经历、文学修养、社会环境等因素密切相关的。鲁迅是幽默讽刺的大师。鲁迅的幽默常寓讽刺于其中，辛辣而又深沉，尖刻而又含蕴，风趣而又雍容，他没有丝毫的油滑与哗众取宠，而是格调高雅，寓意深长、耐人寻味。例如《阿Q正传》中"优胜记略""大团圆"等章，阿Q的精神胜利法，他的临被杀以前还要认认真真地把圆画得圆一些，确实让我们感到风趣可笑，然而这却是一种含着泪水的沉重的笑，是哀其不幸怒其不争的笑，令人笑过之后不能不掩卷沉思。鲁迅在他的另一些杂文中则是更多地表现了辛辣尖刻，雍容高雅的幽默特点。这些特点都是与他深刻的思想，疾恶如仇的气质，广博的知识、深厚的文化修养与险恶的政治环境分不开的。而马烽，作为一个出身于农村，长在解放区，在党的培养下成长起来的、长期与农民接触并为他们服务的新中国的作家，他的幽默当然有着与鲁迅截然不同的特点。马烽的幽默是典型的农民的幽默。他的幽默中充满了我国农民所具有的纯朴、爽直、聪明、乐观的气质，充满了农民的生活情趣和农村的乡土气息。因此他的幽默既没存含蕴幽深，也没有油滑纤巧，而是质朴粗犷，晓畅明朗，天然而成，绝少雕饰。读着他的作品，我们犹如与农民围坐一起，嬉笑谈天，其欢声笑语，跃然纸上。例如小说《沈大妈》中有这样一段：保育员沈大妈从县里学习回来，一路上不停嘴地问一点不懂家务事的二贵："小宝出疹子好了没有？""你嫂子生下这孩子奶够不够吃？"二贵被问得答不上来，只好说："好我的大妈哩，俗话说'隔行如隔山'呀！你要问我哪头骡子不踢人，哪条牛力气大，我可以给你说个一清二楚，问小孩子的事，这可难了。究竟小孩子是树上结的还是地里长的，咱也弄不清楚。"二贵的话把沈大妈逗笑了，我们也会情不自禁地跟着笑起来。从二贵那诙谐的口气里，我们仿佛看到他被问得张口结舌的窘态，感受到这个青年农民的憨厚可爱。这种幽默令人感到真实、自然，健康，亲切。

　　马烽小说幽默的第三个特点是热情向上，活泼乐观的基调。凡具有幽默特色的作家，大部分是通过他们的作品对黑暗的不合理的社会进行揭露、讽刺和批判，对被欺侮与被损害者寄以怜悯与同情，因此他们作品中的幽默或辛辣尖刻，或哀婉深沉，从吴敬梓的《儒林外史》、到鲁迅的《阿Q正传》《孔乙己》，从马克·吐温的《竞选州长》到张天翼的《华威先生》，可以说都不同程度地具有这个特点。而马烽的幽默却与他们迥然相异。他作品中的内容绝大部分是对新人、新事、新生活的歌颂，是社会主义的颂歌。因此，读过他的小说后，我们不仅会从幽默的笑声中受到教育，而且会感到一种鼓舞和力量，会激起对新生活的热爱，对未来的信心。在小说《饲养员赵太叔》中，从赵大叔去太原看儿子夜里要给牲口添草料的笑话里、从他与牲口的亲切谈话中，从他那乐观开朗而又充满风趣的性格内，我们分明感到一种热情和力量，使我们不能不对这位一心扑在集体事业上的老人感到由衷的爱戴。

　　马烽幽默中这种乐观向上的基调是贯穿于他的全部作品中的。它不仅表现在那些对美好事物歌颂的作品里,而且也表现在那些对丑恶黑暗不合理事物的揭露批判的作品里。最生动体现这一点的是粉碎"四人帮"后新发表的小说《五二四十五纪要》。在这篇小说里,作者塑造了一个既对社会主义有着朴实真挚的感情又耿直而富有智慧、既敢于斗争又善于斗争、富有幽默诙谐性格特征的贫农社员五二四十五的形象。在那浮夸风风靡一时的日子里,在那人妖颠倒的十年动乱之中,在四人帮甚嚣尘上的淫威面前,他从不低沉、悲观,甚至在两次被打成反革命后,也没有停止以他那犀利尖刻而又幽默诙谐的语言进行战斗。他看不惯天天"念经"一样地早请示晚汇报,就提着猪娃的两条后腿,拍打着说:"你呀,叫喊的声音多有劲!身子骨健康!只要饲养得法,保证永远健康!"他对反击右倾翻案风不服气,就说:"不怨天不怨地,只能怨邓副主席。人家已经又把你打倒了,你偏要雇上二十万人冲击人民大会堂,还亲自划着洋火烧了汽车,烧了兵营……"在那险恶的政治形势下,这尖利而又幽默的反话,像匕首一样刺向敌人,使人们在哄笑中感到痛快,受到鼓舞。马烽这篇小说发表在揭露四人帮给国家人民造成的灾难与创伤的"伤痕文学"占主导地位的1979年,然而作者并没有浸倒在泪水与血泊里,而是通过幽默的笑声向人们指出:人民是永远压不垮吓不倒的,昨天在血与泪中他们没有停止战斗,今天,在擦干了眼泪和血迹后,他们将更加乐观地、充满信心地建设新生活!这种乐观向上的精神,不正是我们每一个有社会责任感的作家所应该给予人民的吗?

综上所述,马烽小说的幽默,是一种与人物性格有机结合在一起,充满着农民情趣,乐观向上、朴实明快的幽默。

(刊于《语文教学通讯》1982年第2期)

试析《鸿门宴》的艺术特色

《鸿门宴》是《史记·项羽本纪》中一个精彩篇章。司马迁以他杰出的艺术才能,为我们展示了刘项两个军事集团在鸿门宴上的一场剑拔弩张的激烈斗争,刻画了项羽、刘邦、樊哙等一系列有血有肉的人物形象,读之如临其境,如见其人。司马迁叙述故事、刻画人物的高度艺术技巧得到了全面而充分的表现。这是体现《史记》文学成就的一篇有代表性的作品。

《鸿门宴》的艺术特色首先表现在情节结构的设计和安排上。

第一,冲突尖锐,而矛盾集中;纵横交错,却主次分明。文章是以刘邦、项羽两个军事集团的斗争为主要线索展开矛盾推动情节的。刘邦以十万兵马攻下咸阳后,还军霸上;项羽率四十万大军破关而入,听说"沛公欲王关中",当即下令进攻刘邦。刘邦势单力薄,以屈求伸,上门求和。鸿门宴上这场动人心魄的斗争,关系到谁王天下的大问题;它不仅存在于刘项两大集团之间,而且存在于各个集团内部,真可谓敌中有我,我中有敌。如何安排这错综复杂的矛盾冲突呢?作者并没有单写刘项之争,也没有在各种矛盾中平分笔墨,而是以刘项之争为主要矛盾贯穿始终,将各集团内部的矛盾与主要矛盾联系起来,受主要矛盾的制约,又影响主要矛盾的发展。如文章的开头就以曹无伤告密点燃了刘项之争的导火索,刘邦集团的内部矛盾造成了刘项之间的外部冲突。接下的项伯泄密以及鸿门宴上拔剑与项庄对舞而"以身翼蔽沛公",又是项羽集团内部矛盾对刘项矛盾的影响。文章就是这样紧紧扣住刘项之争,同时将主次矛盾、内外矛盾有机地结合在一起,使得线索清晰,且妙趣横生。

第二,波澜起伏,张弛相间,引人入胜。为了达到摄人心魄的艺术效果,司马迁采取了抑扬交替,张弛相间的写法。开头写项羽听信曹无伤,下令"且日飨士卒,为击破沛公军!"。接着写双方悬殊的力量对比和范增火上浇油:"急击勿失!"于是,一场大战前的紧张气氛把读者的心提了起来。然而,接下来作者笔锋一转,以项伯夜告张良,刘邦求项伯通融的情节使紧张气氛稍见松弛。项伯泄密,出人意料,又在情理之中:它正是项羽在治军上任人唯亲、骄横粗率,讲义图名的必然结果。刘邦谢罪,项羽留宴,使矛盾得到了暂时缓和。但是,由于范增的作用,又突然出现了项庄舞剑,意在沛公的紧急场面,而在项伯对舞使冲突稍稍缓和之后,樊哙闯宴,项王"按剑而跽",一下子又把矛盾推向了高潮,这剑拔弩张的气氛使人预感到一场恶战即将爆发。却不料樊哙义正词严、刚柔相济的一番话折服了项王,使他"未有以应",紧张的气氛顿时松弛下来。本来人们感到樊哙这一武夫的上场只会加速这恶战的到来,不曾想反而平息了紧张气氛。这个意料之外,勾勒出樊哙勇中有谋、粗中有细的性格特点和项羽骄横自诩、沽名钓誉的心理发展逻辑。刘邦的不辞而别虽使他暂离虎穴,仍有可能触怒项羽而使大战爆发。直到张良谢宴范增认输才使矛盾得到了解决。在故事发展过程中,读者的心始终随着情节的跌宕起伏而忽紧忽松,直到矛盾最后解决才如释重负。作者在情节安排上的技巧令人惊叹!

第三,结构谨严,铺垫灵活自然。作者在事件的叙述上基本按照时间顺序,并注意首尾呼应。全文以曹无伤告密,范增说项始,以范增计败,曹无伤被诛终,结构严密。为了不损害情节的紧张与连贯,对于一些需要铺垫和说明的内容,作者并没有进行大段插叙,而是在情节的发展中通过人物的对话表现出来的。如项伯夜告张良一节,其时张良以什么身份在沛公军?与项伯又是什么关系?作者并未从旁介绍,而是借张良与项伯的话点出他"为韩王送沛公"的身份,借与刘邦对话点出他与项伯有故。这样灵活自然的铺垫照应,不但保持了情节紧凑,而且也展示了张良为人忠义、沉稳的性格,可谓一举两得。

《鸿门宴》的艺术特色还表现在对人物性格的刻画和表现上。

首先,作者善于将人物性格的鲜明性和丰富性统一起来,从而给我们刻画了一系列有个性特征而又血肉丰满的人物形象。司马迁并不是根据历史资料平板地、概念地记叙这些人物,而是抓住人物独具的个性、气质和风度,依靠丰富的生活经验和想象力,来揣摩人物在各个特定环境中的思想感情,言语行动。一方面努力突出人物性格的主要特征,一方面,又注意人物性格的其他侧面，使人物笃厚饱满，有血有肉。例如樊哙的主要性格特征是豪勇，司马迁对此做了生动地描绘。然而他并未满足于此，而是通过人物言行又为我们展示了人物性格的其他方面。例如说项羽一段，虽然义正词严，然而却对项羽以"大王"相称，且口气完全是以秦亡的教训告诫项羽的好大喜功、沽名钓誉的思想。因此非但没有激怒项羽，反而使剑拔弩张的场面得以平息。樊哙这一大段刚中有柔、亢中有卑的慷慨陈词，充分表现了他勇中有谋、粗中有细的特点。

其次，作者善于通过人物自身的言语行动展示人物的性格特征。例如，当刘邦知道张良与项伯的关系后，立即说："君为我呼入，我得兄事之。"见项伯后又"邦奉酒为寿，约为婚姻"。这些充分表现了他的机敏、狡诈、善钻空子，为达目的不择手段的性格特征。又如，刘邦见项羽谢罪说："臣与将军戮力而攻秦……不自意能先入关破秦……今者有小人之言，令将军与臣有郤"。短短数言，既迎合了项羽的居功自矜，又表示了自己的忠心不二。将责任推于"小人之言"，既开脱了自己，又平息了项羽的怒气。刘邦能言善辩，玩弄权术，随机应变的特点就十分深刻而明朗了。

第三，作者善于通过典型的细节准确生动地表现出特定环境中人物思想性格的细微处。例如鸿门宴上，范增为了杀害刘邦"数目项王，举所佩玉玦以示者三"。而当项王"默然不应"后，"范增起，出，召项庄"。这一段细节描写生动而细腻地刻画了范增的急躁性格和坐立不安的心理。又如樊哙闯宴一节，当樊哙"带剑拥盾"入军门而遭到卫士阻挡时，他"侧其盾以撞"。这"侧"的细节，准确而又逼真地表现了樊哙心急如火，却勇而不莽，粗中有细的性格。

第四，善于运用对比衬托的手法，以性格相反的人物对比，以地位、特点相似的人物衬托，使人物各自的性格特征更加鲜明，收到相反相成、交相辉映的艺术效果。刘邦的狡诈、伪善、善用权术与项羽的简单幼稚、沽名重义形成鲜明对比，互为增辉。又如范增与张良，虽然都是足智多谋，对各自主公忠心耿耿，但张良宽厚、稳重、沉静，才不外露，以此衬托，就更显出了范增的心胸狭窄，脾气急躁。同是出外叫人，张良是"至军门，见樊哙"，范增却是"起，出，召项庄"。前者的沉稳自如与后者的急不可待迥然相异，相得益彰。

第五，作者善于通过紧张的情节和典型的场面来表现人物的性格。如项羽要进攻刘邦，张良得知后，想到的不是自身安危，而是刘邦的大计。他不但"具告沛公"，而且在刘邦惊慌之时，冷静地给他分析情况，出谋划策，要刘邦"往请项伯，言沛公不敢背项王也"，从而奠定了刘邦处理他与项羽矛盾的策略原则。张良的忠贞不贰，沉着冷静，以及分析判断事物准确果决的性格特点就鲜明生动地表现了出来。在横向的空间范畴里，作者则善于安排典型的场面和环境，让各个人物在其中充分表现，演出一场威武雄壮的活剧，从而给人以深刻的立体感和形象感。最能说明这一点的是设宴一段。作者首先交代了各个人物的位置，明确而具体地安排了这一场景。此后范增谋害，项庄舞剑，樊哙闯宴，张良谢宴，亚父击斗等情节使每个人物都在这些场面中充分表现了自己。

（刊于《中文自学考试辅导》1985年第4—5期）

文艺欣赏心理趣谈（七则）

（一）

从"诗中有画"谈起
——文学欣赏中形象感受的特点

宋代大诗人苏轼称道王维的诗是"诗中有画"，这不但抓住了王维诗的艺术特色，而且对于我们认识文学欣赏中形象感受的特点也是不无启发的。让我们来欣赏一首王维的名篇《山居秋暝》：

> 空山新雨后，
> 天气晚来秋。
> 明月松间照，
> 清泉石上流。
> 竹喧归浣女，
> 莲动下渔舟。
> 随意春芳去，
> 王孙自可留。

反复吟咏，闭目凝思，我们的脑海里会浮现出这样一番景象：雨后初晴的秋夜，一轮皓月当空，远近的山冈都沐浴在银色的月光里；清风徐来，山下平静的湖面波光闪烁，令人感到阵阵寒意。月光透过松枝洒下，照着青石上淙淙流淌的清冽的泉水。山下湖边，竹叶沙沙，浣纱的姑娘们一路欢歌笑语，穿过竹林；湖上莲叶动处，一叶渔舟静静地荡出莲塘，轻盈地向前滑去……这难道不是一幅清新优美的图画吗？岂止是画，这上面有音响，有动态，简直就是一幕电影。有人可能会说，这都是想出来的，不是画出来。对，这话道出了文学欣赏中形象感受的特点。文学形象不像绘画那样直接作用于人的眼睛，产生视觉形象，而是间接地通过语言在欣赏者大脑中唤起相应的记忆表象，再通过想象形成艺术形象。苏轼说王维"诗中有画"，实际是说他诗中的语言具有很强的形象表现力，很容易透发欣赏者的想象，在头脑中形成鲜明生动的形象。因此，这里的"画"，恰恰是想象中的画。

文学既然是通过语言去"造画"，那么欣赏中首先就要吃透作品中的语词。假如我们对词意理解得不对，就不能产生相应的形象。这一点在欣赏古典文学作品中尤其重要。《诗经》中有一首诗《狡童》："彼狡童兮，不与我言兮，维子之故，使我不能餐兮。""狡"在当时与"佼""姣"相通，是"美好""漂亮"的意思，"童"是指小伙子。这句诗的意思是："那个漂亮的小伙子，不理我了，因为这个原因，使我吃不下饭去。"这首诗表现了一个少女在爱情遇到挫折后的苦恼心情。如果我们按照现在的意思把"狡"理解成"狡猾"，"童"理解成"儿童"，那我们头脑中就会形成"狡猾的小孩"的形象，这与原诗所表现的形象就大相悖忤了。

（二）

国歌与纪念碑浮雕
——视觉形象与听觉形象的感受特点

让我们做这样一个审美心理实验：先倾听一遍我们的国歌《义勇军进行曲》，再观赏一番天安门广场人民英雄纪念碑底座四周的浮雕。这两部伟大的艺术作品主题相近，都是歌颂人民英雄可歌可泣的斗争业绩，但给人的具体形象感受却不一样。《义勇军进行曲》那雄壮有力的旋律、铿锵顿挫的节奏、昂扬振奋的音调，会迅速激起我们内心感情的波涛，一种崇高与献身的感情在我们心中升起，使我们感到周身的热血在沸腾、在燃烧。同时，我们的脑海中也可能显现出千百万中华儿女高举红旗、前仆后继地冲向敌人的场面，但形象却是模糊的、朦胧的，看不见摸不着。相反，当我们观赏纪念碑浮雕时，那一组形象，不论是禁烟运动、五四运动，还是"百万雄师下江南"都令我们感到真切具体,如果我们凝神注视,简直会产生置身其中之感,此时,我们会油然产生一种对革命先烈缅怀而崇敬的感情,继而又会转化成一种继承先烈事业、为共产主义奋斗到底的崇高思想感情。我们如果细心地体会比较一下就会发现,我们此时的感情与听国歌时的感情相比,在性质上是相似的,但却没有前者来得直接,来得迅速,来得强烈。从这个实验中我们不难看出:视觉形象明确具体,但只能间接地诱发欣赏者的感情;听觉形象朦胧模糊,却可以直接激起欣赏者的感情。

在电影、戏曲等艺术中,视觉形象与听觉形象常常水乳交融地结合在一起,给人以更丰富的审美享受。让我们回忆一下电影《城南旧事》里小英子与宋妈告别的那一场戏:萧瑟的秋风中,小英子与母亲、弟弟坐在马车上与宋妈告别。她趴在马车后座上,眼里含着晶莹的泪珠,遥望着又一个离她远去的人。此时,响起了《送别》这支歌的变奏旋律,它是用箫和双簧管交替奏出的。沉闷、低回的音乐,伴着叮当的马铃声,好像在诉说这沉重的马车"载不动许多愁"。伴着乐声,马车迎着夕阳的余晖,消失在火红的枫林深处……这里,视觉形象与听觉形象和谐一致地形成了一个统一的银幕形象,宛如涓涓的细流,注入人们的心田,便人们沉浸在作者那依稀往事,缱绻愁思的情感之中。

(三)

阎立本观画的启示
——谈文学观赏中的注意问题

据宋朝郭若虚《图画见闻志》记载:唐代画家阎立本有一天看到了前代著名画家张僧繇的一幅画。粗略一观,觉得不过徒具虚名,没什么精妙之处。第二天又去看了看,有所收益,感到作者还算得上个高手。第三天又去画前仔细品味,不禁脱口赞叹作者确实名不虚传,于是坐卧起立,从不同的角度仔细观赏,在画前住了十余天舍不得离开。这个故事可能有些夸张的成分,但它却说明了一个深刻的道理:艺术欣赏包括文学欣赏不能漫不经心,走马观花,而要保持注意力的稳定,细心体味品评,只有这样才能挖掘出其中的美来。

注意是人的心理活动的一种特征。欣赏中注意稳定性的保持，当然有赖于作者用高水平的艺术抓住读者，但也不能完全否定欣赏者的主观能动作用。欣赏不是消极地接受，而是积极地体验与思考。文学史上的名篇佳句，看似平易，但不细心地玩研，就不能体察出作者的匠心，感到内中蕴含的美。宋朝诗人王安石《泊船瓜州》诗中有一句"春风又绿江南岸"，历来被人们传为名句。此句通俗明白，粗看并不易引起人们的注意。但仔细推敲，其用词确实妙不可言，特别是其中的"绿"字。据宋《诗话》言，"绿"字最初写的是"到"字，写后反复琢磨，改为"过"字，还是不满意，又改为"满"，还觉得不尽意，最后才定为"绿"。这个"绿"用得好！好在何处？前四个字虽内涵不尽相同，但都是动词，都只表现了春风吹到江南的动态。"绿"是形容词，作者在此作动词用，不仅表现了春风的到来，而且表现了春风吹后的效果：万木复苏，一派生机勃勃；不仅写出了动态，而且写出了色彩。到了这时我们深切感受到了作者对江南怀念向往的美好感情。

我们再看小说欣赏。《水浒传》在描写鲁智深打店小二时写道："鲁达大怒，揸开五指，去那店小二脸上只一掌……"如果单纯地受情节吸引，我们可能对里面的"揸"字并不注意。而如果我们积极地琢磨体验一下，就会发现，将"揸"字改成"张"字、"伸"字都觉得别扭。唯这个"揸"字，能把鲁智深那种豪勇、粗莽、疾恶如仇、见义勇为的性格恰如其分地凸现出来，使人感到形象逼真。

能不能得出这样的结论：文学欣赏中，深刻的艺术感受并非轻松随便地可以获得的，它需要欣赏者主观的积极努力，而审美乐趣也就在这种努力之中。

（四）

松下公司的广告牌为什么引人注目？
——谈文艺形象的动态美

当你穿过东单十字路口的时候，一定会被立于西南角的一块画有孙悟空形象的广告牌所吸引。广告牌是由一个个悬挂的小金属片组成的，微风吹过，整个画面熠熠闪动，令人感到孙悟空仿佛要从画面上一跃而出。为什么这块松下电器公司的广告牌这样引人注目？因为它的画面是动态的。

动态的形象最容易被感知，这是心理学揭示的一个奥秘。只有运动着的形象最逼真，最充满生气，最能给人以美的感染。因此，古今中外的艺术家们往往都在表现艺术形象的动态美上下功夫。音乐、电影、戏曲自不必说，即是绘画、雕塑这样的造型艺术也总是千方百计表现形象的动态。如果你凝神欣赏著名雕塑家罗丹的《步行的人》，你就会感到那石刻的形象确乎在走动，仿佛要姗姗而去了。为什么雕刻能表现这种动象？罗丹自己说："我们要先确定'动'是以一个现状转变到第二个现状。画家与雕刻家之表现'动象'就在能表现出这个现状中间的过程……使我们观者能在这作品中，同时看见第一现状过去的痕迹和第二现状初生的影子，然后'动象'就俨然在我们的眼前了。"我国古代文学家很注意表现形象的动态美。宋诗人宋祁在诗中写过一句"红杏枝头春意闹"，被王国维誉为"著一'闹'字而境界全出"。一个"闹"字何以有这么大的力量？就在于它写出了红杏枝头争妍斗艳的动态，写出了春天大自然的盎然生机。如果换成"春意浓"，则兴味索然了。不仅诗词，小说也是如此。中国古典小说注重通过对人物自身行动的准确传神的描绘来展示人物的性格和内心，而不像西方那样对人物的性格和心理做烦琐冗长的静态描写。《红楼梦》第二十三回在宝玉被迫去见贾政一段写道：

宝玉只得前去，一步挪不了三寸，蹭到这边来。……

这短短一段文字，特别是其中的几个动词，准确生动地把宝玉怕见贾政而又不得不去的复杂心理活动勾画了出来，给读者留下了难以磨灭的印象。

（五）

这双手太突出了
——谈艺术欣赏中抓形象特征

罗丹是法国著名的雕塑家。一天深夜，他完成了巴尔扎克的雕像，兴奋得连夜叫醒了他的学生来欣赏。学生先是惊奇，随后目光渐渐集在雕像胸前那双叠合的手上，并说："好极了！老师，我从来没有见过这样一双奇妙的手啊！"罗丹脸上的笑容慢慢消失了。突然，他抡起一把大斧，冲向雕像，砍掉了那双手。这时,人们看到的是一个披着睡衣的魁梧的身躯,他那高昂的头部深深吸引了人们的注意:那蒙眬的睡眼、紧闭的嘴唇、蓬松的头发,使人感到这位伟大的作家好像正沉浸在他创作幻象的世界里,又好像被紧张创作活动后的失眠折磨得无可奈何。

　　罗丹为什么要砍掉雕像的双手?用他自己的话来说就是"这双手太突出了"。心理学告诉我们,文艺欣赏中的审美注意并不是分散的,而是首先集中于对象中最吸引人的部分。因此高明的文艺家总是尽可能简洁地把最能显示形象特征的部分加以突出,以引起欣赏者注意。罗丹砍掉巴尔扎克雕像的双手就是为了使欣赏者把注意力集中于最能表现人物性格特征的部分——那充满智慧和富有创造力的面部表情。

　　读过鲁迅先生的小说《故乡》的人都不会忘记作品中"豆腐西施"杨二嫂的形象。作者并没有从头到脚烦琐地描写人物的服饰容貌,而是集中笔墨写了她"凸颧骨,薄嘴唇……两手搭在髀间,没有系裙,张着两脚,正像一个画图仪器里细脚伶仃的圆规"的外形,写了她尖刻泼辣的语言和边往外走边顺手将一副手套塞在怀里的行动。抓住这些形象特征深入体会,很容易理解到杨二嫂是一个尖嘴薄舌、能说会道、泼辣放肆、爱占小便宜的旧式农村妇女的形象。

　　特征是一事物区别于它事物的标志,欣赏中抓住了形象特征,就好像抓住了感受和理解形象的钥匙,会收到举重明轻的效果。

(六)

目尽尺幅神驰千里
——谈文学欣赏中的联想与想象

　　宋太祖赵匡胤开国以后,曾采用命题考画的方法取仕。有一次,考官出了"深山藏古寺"这样一个题目,不少人画的是密林之中,露出了寺庙的一角或一檐、一隅,这都不是上品。有一个考生,根本没画寺庙,只是画了一个和尚到绿丛掩映的溪边挑水,结果却得了第一。这幅画妙就妙在虽然没画寺庙,但那挑水的和尚却能引起人们丰富的联想,使欣赏者沿着和尚的足迹在头脑中想象出绿树映衬的深山古寺的形象来。这正体现了我国绘画艺术中

"目尽尺幅,神驰千里"的美学原则。

其实,一切艺术都追求在有限的形象内给读者留下更多的联想与想象的天地。我国古代诗论中强调诗歌要有"象外之象,景外之景",要"状难写之景如在目前,含不尽之意见于言外",就是如此。一切审美活动总需要有所发现,有所增添,才能产生新鲜愉快的感受;如果作品一露无余,读者在欣赏中还有什么兴味可言呢?宋代诗人梅尧臣提出"作者得于心,览者会以意",就是要求作者要把自己内心的感受通过艺术形象含蓄地展现出来,帮助读者在形象的启发下展开联想与想象的翅膀,从形象中感受到远为丰富的内容。唐诗人刘禹锡有两句广为人们传诵的诗:"沉舟侧畔千帆过,病树前头万木春。"就其表面形象而言,只不过写了自然界一些平凡的现象。但是当我们把这些平凡的现象与我们自身的直接间接的生活经验联系起来时,就会想到许多内容,例如十年动乱给我们党和国家带来深重的灾难,如今我们医治了"文化大革命"的创伤,不正在意气风发地向着"四化"进军吗?……这些内容一千多年前的刘禹锡自然不会想到,但是他的诗句中却蕴含了"世间一切事物都是在新陈代谢中不断向前发展"这一耐人寻味的哲理,只不过作者并没有直说出来,而是通过形象启发读者自己去联想。

诗歌是一种特别能启发人联想和想象的艺术,但联想和想象并不仅仅出现在诗歌欣赏之中?在其他的艺术形式中,同样存在着联想和想象。鲁迅说:"高尔基很惊服巴尔扎克小说里写的对话的巧妙,以为并不描写人物的模样,却能使读者看了对话,便好像目睹了说话的那些人。"出现这种效果自然因为小说作者手段高,但同时不也说明读者也在运用联想与想象吗?

(七)

从香菱赏诗的"一想"说起
——谈文艺欣赏中的审美体验

《红楼梦》第四十八回中描写了香菱谈赏诗的体会:

香菱笑道:"据我看来,诗的好处,有口里说不出来的意思,想去却是逼真的。"黛玉笑道:"这话有了些意思!——但不知你从何处见得?"香菱笑道:"我看他《塞上》一首,内一联云:'大漠孤烟直,长河落日圆。'想来烟如何直？日自然是圆的。这'直'似无理，'圆'字似太俗。合上书一想，倒像是见了这景的。要说再找两个字换这两个，竟再也找不出两个字来……"

香菱所说的是唐人王维《使至塞上》诗中的一联，烟是飘散的，太阳是圆的，这谁不知道呢？难怪香菱直观上去觉得没什么美可言。但当她"合上书一想"，也就是想象体验诗的意境时，就仿佛亲眼看到了塞外这一奇情异景了：浩瀚的沙漠无边无际，天广地阔，一股边塞烽烟升腾而上，远远望去，犹如拔地而起的一根立柱；落日余晖中，黄河好像一条明亮修长的飘带，而那又大又红的太阳则像一面铜盘悬在漠天之际，在大漠长河的衬托下，显得更加鲜亮浑圆……这是一幅多么壮美的图画！香菱这"一想"，使她沉浸在了美的享受之中，但是要她把这种美说出来，却又觉得有许多"口里说不出来的意思"。这是为什么？原来人们在艺术体验时大脑里所进行的主要是表象的活动，即人的记忆中保持的客观事物的形象再现。而语言是抽象思维的产物，很难赶得上形象感受的丰富细致。我们常说的"百闻不如一见"，道理也就在此。因此，欣赏中的审美感受有些是难以言传的，是需要自身体验的。

（此七则短文先后刊于1986年的《北京青年报》，作者为避零散将其辑为一篇）

看为基础，想为主导，落实到写
——读金开诚教授《艺文丛谈》

最近，北京大学中文系教授金开诚所著的《艺文丛谈》一书由北京出版社出版了。在书的一些篇章中，金先生根据青年朋友在学习和研究中存在的一些问题，运用心理学及"三论"的基本原理，分析了学习与创造之间的辩证关系，提出了充分发挥主观能动作用、边学习边创造的原则和"看为基础，想为主导，落实到写"的方法。

所谓"看为基础"，就是把看书学习作为创造过程的第一环节，强调为了创造需要而有目的地读书。有些青年片面理解学习与创造的关系，认为书读得越多，知识越丰富，就越有创造性，因而一味贪多求快，为读书而读书，结果常常事与愿违。对此，金先生深刻地指出："任何人读书都是为了取得某种成果，而不是'为读书而读书'。因此衡量书读得好不好的唯一标准，就是读了是否能用，是否能取得预期的成果。"所以，读书要有一定的目的，要有个"主心骨。"为什么呢？因为"吾生也有涯，而知也无涯"，这一点在知识爆炸的今天更为突出。那么怎样适应今天的形势而有效地读书呢？金先生运用控制论的原理，指出要"在看书学习中既看到它的'封闭性'，也看到它的'开放性'"。看到它的"开放性"，就要看到各学科各种知识间的相互联系，广泛地接收和处理各方面的信息。看到它的"封闭性"，就要注意在接收和处理知识信息时讲究系统性与序列性，以形成自己的最佳结构。那么怎么形成这种最佳结构呢？金先生认为第一要吃透马克思主义的基本原理，第二要建立有用的知识结构与可行的读书方法。有用的知识结构指最适合自己专业的创造知识系统，可行的读书方法则包括以下内容：一要精读少量的书；二要粗读较多的书；三要了解更多的书的大致内容和用处；四要尽可能多地了解各种信息、材料的线索。

所谓"想为主导"，就是说思考是整个学习和研究过程的核心环节。有的青年给金先生来信说，他常抱着"读书破万卷，下笔如有神"的信条拼命读书，结果却常常是"读书破多卷，下笔无主张"。为什么会如此呢？金先生认为"这里有一个读书之后想得不够、用得不够的问题"。他指出，"想"是脑力劳动创造过程的主要特征；就拿读书来说，也主要是脑力劳动，而不能降格为"眼力劳动"。因此，无论是读书还是研究，"一定要开动脑筋，全面运用思考、记忆、联想、想象等各种能力"。这种"想"不是胡思乱想，而是要想方设法在"已有的知识和面临的课题之间建立联系"，形成焦点。一个研究人员，如果在心中时时保持这个"焦点"（即已有知识和所要解决问题的联结点），在读书中就能成为有心人，甚至在日常生活中也常常会有感于物，有悟于心，发现可为"焦点"服务的东西。

"落实到写"，是学习研究过程的最后一个环节，也是一个十分重要的环节。那么，学习研究为什么一定要落实到写呢？金先生认为："在明确的创造目的和艰难的写作任务催逼下，开动脑筋才有一定的方向，脑力劳动才有深度和强度；而且在把思考的结果表现为文字时，还要求内容更为精密，表达更为准确。这种锻炼显然不是看了书想一想所能够比拟。"从这个意义出发，金先生认为，从广义来看，不能把写作仅仅看作是一种文字表达的技能，而应看成是"完成工作和进行创造的智能的综合表现"。因此他反驳了"知识多了，自然能写出好文章""怎么想就怎么说，怎么说就怎么写"等习惯看法，强调应该积极主动地下苦功去学、去想、去写。

金先生认为，"看为基础，想为主导，落实到写"是统一的学习创造过程中的三个既相互关联又相互作用的环节。只有先看，才能有的可想，有的可写；反之，只有带着"落实到写"的任务，才能积极、主动、有方向地去"想"，也才能有目的、有选择地去看。但是，相比之下，他更强调"写"对"想"、"想"对"看"的积极能动作用。他认为，只要充分发挥主观能动作用，勤于并善于思考和实践，在实践中边创造边学习并自觉培养自己的创造能力，即使是学习和研究条件有一定限制，也能较快地取得成果。这种成果反过来又会成为动力，激励研究者更努力地学习和创造。这是金先生从自身实践中总结出的经验，对广大条件不足而又渴望创造的青年来说，它确实是一种切实可行而又行之有效的方法。

（刊于《北京晚报》1986年8月22日版）